IGUALDADE e VULNERABILIDADE no PROCESSO CIVIL

O GEN | Grupo Editorial Nacional reúne as editoras Guanabara Koogan, Santos, Roca, AC Farmacêutica, Forense, Método, LTC, E.P.U. e Forense Universitária, que publicam nas áreas científica, técnica e profissional.

Essas empresas, respeitadas no mercado editorial, construíram catálogos inigualáveis, com obras que têm sido decisivas na formação acadêmica e no aperfeiçoamento de várias gerações de profissionais e de estudantes de Administração, Direito, Enfermagem, Engenharia, Fisioterapia, Medicina, Odontologia, Educação Física e muitas outras ciências, tendo se tornado sinônimo de seriedade e respeito.

Nossa missão é prover o melhor conteúdo científico e distribuí-lo de maneira flexível e conveniente, a preços justos, gerando benefícios e servindo a autores, docentes, livreiros, funcionários, colaboradores e acionistas.

Nosso comportamento ético incondicional e nossa responsabilidade social e ambiental são reforçados pela natureza educacional de nossa atividade, sem comprometer o crescimento contínuo e a rentabilidade do grupo.

Fernanda Tartuce

IGUALDADE e VULNERABILIDADE no PROCESSO CIVIL

Rio de Janeiro

- A EDITORA FORENSE se responsabiliza pelos vícios do produto no que concerne à sua edição, aí compreendidas a impressão e a apresentação, a fim de possibilitar ao consumidor bem manuseá-lo e lê-lo. Os vícios relacionados à atualização da obra, aos conceitos doutrinários, às concepções ideológicas e referências indevidas são de responsabilidade do autor e/ou atualizador.

  As reclamações devem ser feitas até noventa dias a partir da compra e venda com nota fiscal (interpretação do art. 26 da Lei n. 8.078, de 11.09.1990).

- Direitos exclusivos para o Brasil na língua portuguesa
  Copyright © 2012 by
  EDITORA FORENSE LTDA.
  Uma editora integrante do GEN | Grupo Editorial Nacional
  Travessa do Ouvidor, 11 – Térreo e 6º andar – 20040-040 – Rio de Janeiro – RJ
  Tel.: (0XX21) 3543-0770 – Fax: (0XX21) 3543-0896
  forense@grupogen.com.br | www.grupogen.com.br

- O titular cuja obra seja fraudulentamente reproduzida, divulgada ou de qualquer forma utilizada poderá requerer a apreensão dos exemplares reproduzidos ou a suspensão da divulgação, sem prejuízo da indenização cabível (art. 102 da Lei n. 9.610, de 19.02.1998).

  Quem vender, expuser à venda, ocultar, adquirir, distribuir, tiver em depósito ou utilizar obra ou fonograma reproduzidos com fraude, com a finalidade de vender, obter ganho, vantagem, proveito, lucro direto ou indireto, para si ou para outrem, será solidariamente responsável com o contrafator, nos termos dos artigos precedentes, respondendo como contrafatores o importador e o distribuidor em caso de reprodução no exterior (art. 104 da Lei n. 9.610/98).

- Capa: Rodrigo Lippi
  Revisora: Ada Santos Seles

- CIP – Brasil. Catalogação na fonte.
  Sindicato Nacional dos Editores de Livros, RJ.

  Tartuce, Fernanda, 1978-

  Igualdade e vulnerabilidade no processo civil / Fernanda Tartuce. – Rio de Janeiro: Forense, 2012.

  Inclui bibliografia
  ISBN 978-85-309-4174-1

  1. Processo civil - Brasil. I. Título.

  12-1537.   CDU: 347.91/.95(81)

Dedico este trabalho a cada jurisdicionado vulnerável que, sem voz no processo, sentiu o peso da desigualdade e da insensibilidade, almejando que a experiência não mais se repita.

AGRADECIMENTOS

O reconhecimento a pessoas de contribuição relevante ao desenvolvimento do trabalho é opcional; apesar da comodidade de não apresentá-lo, a genuína gratidão vem naturalmente a lume. Agradeço a Deus por tantas pessoas especiais, registrando meus particulares agradecimentos:

A Carlos Cesar Danese Silva e Maria Eliana Tartuce Silva, Pai e Mãe na mais adorável e completa acepção dos termos, por tão constante e iluminado apoio;

A Flávio Tartuce, pela desafiadora e fraternal intervenção que me estimula a prosseguir e, ainda, por Enzo, lindo afilhado e sobrinho, cuja presença tem sido grande bálsamo, bem como pela convivência com sua linda família, completada pelas queridas Lea e Laís;

A Odair Lucchetti Júnior, meu amor, pela carinhosa compreensão especialmente em momentos críticos;

A Rodolfo de Camargo Mancuso, orientador ímpar, pela confiança e pelas longas conversas sobre importantes experiências da vida, do Direito, da vida no Direito.

A José Rogério Cruz e Tucci, meu Professor da graduação à pós, pelo interesse em ouvir e abordar perspectivas atinentes ao teor do trabalho;

A Ricardo Barros Leonel e José Carlos Baptista Puoli, pelas esmeradas colaborações durante a qualificação, ao provocarem reflexão sobre importantes ajustes;

A Luiz Dellore, grande amigo e colega, pelo apoio solidário;

A Helena Abdo, Andréa Zanetti, Ana Marcato e ao Daniel Penteado, generosos amigos e atentos primeiros leitores, pelas valiosas percepções externadas;

A André Bergamaschi, exemplar assistente, pelo incansável empenho;

A meus alunos de ontem e de hoje, pela grande torcida;

A assistidos, funcionários, estagiários, advogados e demais colaboradores do Departamento Jurídico XI de Agosto de todos os tempos, pelos imensos esforços de superação que resultaram em concreta inspiração a esta tese, a demonstrar que mesmo suas árduas dificuldades rendem frutos.

"A nossa é a época do direito responsabilizado, do direito não separado da sociedade, mas intimamente ligado a ela, às suas necessidades, às suas demandas, ao grito de esperança, mais 'espesso' diante dos justos protestos e das dores, que vêm da sociedade."

(MAURO CAPPELLETTI)

Nota da Editora: O Acordo Ortográfico foi aplicado integralmente nesta obra.

PREFÁCIO

É com prazer renovado que aceitamos a solicitação de Fernanda Tartuce Silva para prefaciarmos a presente obra, que vem a lume sob o título *Igualdade e Vulnerabilidade no Processo Civil*, com alteração de pormenor em relação à denominação da tese de doutorado da autora, sob nossa orientação, sustentada e aprovada junto à Faculdade de Direito da Universidade de São Paulo, em 29.03.2011. Neste ensejo, homenageamos os ilustres componentes da Banca Examinadora, Professora Titular Giselda Maria Fernandes Moraes Hironaka e os Professores Doutores Sidnei Amendoeira Junior, Antonio Cláudio da Costa Machado e William Santos Ferreira.

Dissemos logo ao início que temos renovado prazer nesta apresentação, porque antes tivemos, igualmente, ensejo de prefaciar o livro da autora *Mediação nos conflitos civis* (São Paulo: Método, 2008), originário de sua dissertação de mestrado sustentada e aprovada junto à mesma Faculdade, também sob nossa orientação.

Em verdade, Fernanda Tartuce Silva não precisa ser propriamente apresentada ao mundo jurídico, dado que seus trabalhos e realizações no universo do Direito, como ciência, atividade profissional e magistério, já a tornaram bastante conhecida e acreditada junto aos operadores do Direito e estudantes.

O trabalho ora vindo a lume se destaca, desde logo, sob duas conotações precípuas: (i) a extrema atualidade do tema, visto que a experiência jurídica brasileira de alguns anos a esta parte tem sido marcada pela tendência à identificação de segmentos estigmatizados por alguma singularidade ou especificidade, tomadas como suficientes para justificar tratamentos diferenciados, tanto ao interno da vida em sociedade como sob forma de certas prerrogativas no acesso a bens e serviços, assim no setor privado como no público; (ii) nem sempre, todavia, essas desequiparações têm sido acompanhadas da devida massa crítica, em ordem a que se possa discernir aquelas que efetivamente se justificam daquelas que, embora à primeira vista pareçam consistentes, todavia não resistem a uma análise mais profunda e isenta, não raro dando ensejo a que um indevido ou excessivo tratamento benéfico a certo grupo ou classe acabe por se degradar em privilégio indevido, tornando-se fator de injustiças e desigualdades, num deletério efeito reverso.

De resto, a dificuldade no manejo desse tema já transparece na própria tentativa de definição do que seja a igualdade, a ponto de induzir que se deva tirá-la pela negativa: trato desigual aos desiguais, na medida em que se desigualam, segundo o clássico preceito.

O livro, a bem dizer, esgota o tema: sob o prisma histórico, passa em revista o fio evolutivo desde a Antiguidade, passando pelo Medievo até chegar aos tempos atuais; analisa a questão da isonomia, como conceito e como princípio e garantia constitucional; avalia os tópicos concernentes à inclusão das minorias, às ações afirmativas e à constitucionalização do processo civil; promove o cotejo entre a igualdade e as demais garantias constitucionais, inclusive as situações de possível confronto, a serem resolvidas sob a técnica da ponderação entre os princípios. No tocante à abordagem processual propriamente dita, o livro toma posição em face dos vários aspectos sob os quais a questão da igualdade se projeta na relação processual (acesso à Justiça, partes, provas, postura do juiz, decisão, execução), sem descurar da contemporânea proposta do processo de estrutura cooperatória, adjacente a uma postura proativa do juiz, esta última podendo, alguma vez, resvalar num excesso de ativismo.

Na sequência, a questão da vulnerabilidade é examinada sob enfoques diversos, tais como os da relação entre capital e trabalho; das relações consumeristas; dos Estatutos do Idoso, da Criança e do Adolescente, da Igualdade Racial, e mesmo, sob o prisma da violência doméstica (Lei Maria da Penha). Mereceram ainda a devida atenção tópicos mais específicos subjacentes ao tema, como os dos indivíduos em condição de vulnerabilidade organizacional ou de hipossuficiência técnico-jurídica.

Em suma, trata-se de obra que, no fundo e na forma, reúne plenas condições para preencher, com brilho, o espaço que se abria para uma monografia sobre um tema tão atual e desafiador, o que tudo credencia o trabalho a merecer acolhida e apreço da inteligência jurídica nacional.

Rodolfo de Camargo Mancuso
Doutor em Direito, Livre-docente e Professor Associado na Faculdade de Direito da Universidade de São Paulo.

SUMÁRIO

INTRODUÇÃO.. 21

1. IGUALDADE NO PENSAMENTO HUMANO E DESIGUALDADE COMO CONSTATAÇÃO HISTÓRICA NO BRASIL 27

1.1. Igualdade: importância e dificuldades...................................... 27

1.2. Notícia sobre relevantes contribuições ao pensamento humano............ 29

    1.2.1. Platão e Aristóteles 29

    1.2.2. Roma e o Estoicismo... 32

    1.2.3. Idade Média... 33

    1.2.4. Jusnaturalismo... 33

    1.2.5. Conclusão sobre a evolução histórica da igualdade 36

1.3. Igualdade e justiça distributiva... 36

1.4. O panorama brasileiro de desigualdades 38

    1.4.1. O contexto da América Latina...................................... 38

    1.4.2. O sistema institucional brasileiro.................................. 42

    1.4.3. Visão sobre a *res publica* e o Direito no Brasil 44

1.5. O discurso sobre iguais e desiguais no Brasil: visão crítica................. 46

    1.5.1. Contradições e cidadania no Brasil 47

    1.5.2. Classes de cidadãos e acessibilidade ao sistema jurídico 48

1.6. Repercussões das desigualdades na credibilidade do sistema judiciário... 50

2. A IGUALDADE COMO VALOR JURÍDICO NA PERSPECTIVA CONSTITUCIONAL 53

2.1. Isonomia na perspectiva do Estado Democrático de Direito 53

    2.1.1. Igualdade como princípio, direito fundamental e garantia 55

        2.1.1.1. Isonomia como princípio 56

        2.1.1.2. Isonomia como direito fundamental e garantia 58

    2.1.2. Igualdade perante a lei, igualdade na lei e igualdade no Direito ... 60

    2.1.3. A igualdade e o reforço do processo democrático: a inclusão das minorias 62

        2.1.3.1. Breve relato histórico sobre as cláusulas da igual proteção (*equal protection*) e do devido processo substantivo (*substantive due process*) no sistema norte-americano 65

        2.1.3.2. O reforço democrático: casos de proteção das minorias 68

        2.1.3.3. Ações afirmativas 69

2.2. Neoconstitucionalismo 72

2.3. Direitos fundamentais na perspectiva contemporânea 74

2.4. Constituição e Processo Civil 78

    2.4.1. Constitucionalização do Processo Civil 79

    2.4.2. Conexão da igualdade com as demais garantias constitucionais 81

        2.4.2.1. Igualdade, jurisdição e acesso à justiça 81

        2.4.2.2. Igualdade e dignidade 84

        2.4.2.3. Igualdade e devido processo legal 86

        2.4.2.4. Igualdade e segurança jurídica 88

        2.4.2.5. Igualdade, contraditório e ampla defesa 89

        2.4.2.6. Igualdade e imparcialidade 91

        2.4.2.7. Situações de possível confronto 93

3. PROCESSO CIVIL: OBJETO, FUNÇÃO E ATUAÇÃO DO JUIZ À LUZ DA IGUALDADE 97

3.1. Proposta de análise: a isonomia como pauta para a consideração dos institutos processuais 97

3.1.1. Relevância e atualidade da abordagem..	97
3.1.2. Isonomia e diferenciações...	98
3.1.3. *Locus* da contemplação da isonomia: direito material e/ou processual?..	100
3.2. Visões sobre o processo civil..	102
3.2.1. Processo como relação jurídica...	103
3.2.2. Processo como situação jurídica e como instituição.....................	106
3.2.3. Processo como procedimento em contraditório.............................	108
3.3. Tutela jurisdicional: proteção estatal via processo?.............................	109
3.4. Função e finalidade do processo civil...	112
3.4.1. Visão liberal do processo...	115
3.4.2. Finalidade publicista: concepção social.....................................	116
3.4.3. O embate entre privatismo e publicismo....................................	118
3.4.4. Conclusão sobre o debate entre privatismo e publicismo à luz da igualdade...	121
3.5. A igualdade e o processo brasileiro..	123
3.5.1. O processo e o contexto brasileiro de desigualdades sociais.........	123
3.5.2. Igualdade nos processos penal e trabalhista...............................	125
3.5.2.1. Igualdade no processo penal...	126
3.5.2.2. Igualdade no processo do trabalho................................	129
3.5.3. Igualdade no processo civil brasileiro..	133
3.5.3.1. Premissas relevantes...	133
3.5.3.2. Técnica processual e igualdade......................................	141
3.5.3.3. Uma visão atualizada sobre a imparcialidade do juiz.....	144
3.5.4. Igualdade e participação: cooperação no processo civil...............	145
3.5.4.1. Participação do juiz com novos deveres.........................	147
3.5.4.2. Limitações à implementação do modelo cooperativo......	157
3.5.4.3. Participação das partes...	158
4. VULNERABILIDADE, DIREITO E PROCESSO CIVIL.........	**161**
4.1. Identificação e relevância do tema...	161

4.2. Acepções do vocábulo 162

4.3. Vulnerabilidade e Direito 165

4.4. Vulnerabilidade e Direito brasileiro: seara material 166

    4.4.1. Leis trabalhistas 167

    4.4.2. Proteção à saúde 169

    4.4.3. Leis relativas ao Direito do Consumidor 171

    4.4.4. Estatuto da Criança e do Adolescente 174

    4.4.5. Lei "Maria da Penha" 175

    4.4.6. Estatuto do Idoso 177

    4.4.7. Estatuto da Igualdade Racial 180

4.5. Vulnerabilidade e hipossuficiência: distinções 181

4.6. Vulnerabilidade processual: conceito, base e natureza 184

    4.6.1. Noções conceituais 184

    4.6.2. Bases e fundamento ético: humanização do processo civil ... 186

    4.6.3. Necessidade de identificação de fatores objetivos 189

        4.6.3.1. Insuficiência econômica 190

        4.6.3.2. Óbices geográficos 193

        4.6.3.3. Debilidades na saúde 195

        4.6.3.4. Desinformação pessoal 197

        4.6.3.5. Dificuldades na técnica jurídica 201

        4.6.3.6. Incapacidade de organização: vulnerabilidade organizacional ... 208

4.7. Legitimidade do *discrimen* vulnerabilidade processual 218

    4.7.1. Critério discriminatório 220

    4.7.2. Justificativa racional 221

    4.7.3. Consonância com finalidades reconhecidas na Constituição ... 221

5. DIFERENCIAÇÕES NA ATUAÇÃO PROCESSUAL CIVIL E VULNERABILIDADE 225

5.1. Proposta de análise 225

5.2. Natureza das diferenciações: prerrogativas ou privilégios?..................... 226

5.3. Hipossuficiência econômica: contemplações 230

    5.3.1. Assistência jurídica integral e gratuita.. 230

    5.3.2. Edital e assistência judiciária 231

    5.3.3. Remessa ao contador do juízo 232

    5.3.4. Dispensa de caução na execução provisória 233

5.4. Nomeação de curador especial aos réus preso e citado fictamente........... 235

    5.4.1. A situação do réu preso.. 237

    5.4.2. Sobre o réu citado de forma ficta que não compareceu.................... 239

5.5. Fazenda Pública e Ministério Público 240

5.6. Esposa... 244

5.7. Idoso.. 248

5.8. Enfermo 252

5.9. Consumidor.. 252

5.10. Autor nas demandas coletivas 257

5.11. Reconhecimento ao litigante de *ius postulandi*...................................... 260

5.12. Reconhecimento de ofício da incompetência do foro de eleição em favor do aderente 265

5.13. Competência *ratione muneris* 268

5.14. Credor alimentar... 270

5.15. Regime diferenciado de precatórios 271

5.16. Criança e adolescente 273

5.17. Credor na execução.. 277

5.18. Anulação da convenção de distribuição diversa do ônus da prova 278

5.19. Procedimentos diferenciados.. 280

6. VULNERABILIDADE COMO CRITÉRIO LEGÍTIMO DE DESEQUIPARAÇÃO NO PROCESSO CIVIL: PROPOSTA DE APLICAÇÃO.. 285

6.1. Relevância da abordagem 285

6.2. Diferenciação na competência 287

6.3. Análise da petição inicial 288

6.4. Determinação da citação 291

    6.4.1. Modalidade citatória 291

    6.4.2. Fixação do prazo de resposta pelo juiz 296

6.5. Ausência e revelia: possível superação dos efeitos da inércia 297

    6.5.1. Apresentação extemporânea de contestação 299

    6.5.2. Apresentação incompleta de resposta e complementação 303

6.6. Julgamento conforme o estado do processo 307

    6.6.1. Tentativa de autocomposição 308

    6.6.2. Decisão saneadora 313

6.7. Considerações diferenciadas sobre a prova 314

    6.7.1. Inversão do ônus da prova nas relações de consumo 315

    6.7.2. A distribuição dinâmica do encargo de provar 317

    6.7.3. Expedição de ordens judiciais para a obtenção de informações relevantes 320

    6.7.4. Prova pericial 322

6.8. Concessão de medidas liminares 324

    6.8.1. Antecipação de tutela de ofício 324

    6.8.2. Dispensa de caução e garantias em medidas cautelares 327

6.9. Atividade executiva 329

    6.9.1. Atuação de curador especial 330

    6.9.2. Dispensa de garantia para a concessão de efeito suspensivo 332

6.10. Sistematização da tese: alegação de justa causa 334

    6.10.1. Configuração da justa causa 334

    6.10.2. Lapso temporal e prova da alegação 340

    6.10.3. Preclusão e/ou atuação de ofício? 343

    6.10.4. Contraditório e recorribilidade 344

6.10.5. Constatação de falsidade da alegação inicial sobre vulnerabilidade: sanções 345

CONCLUSÃO 351

REFERÊNCIAS 367

INTRODUÇÃO

A despeito da contemplação da igualdade no texto constitucional e em diversos dispositivos legais da legislação pátria, a marcante desigualdade social no Brasil apresenta inegáveis repercussões na prestação jurisdicional.

O tema foi escolhido com supedâneo na constatação pragmática de que alguns demandantes, em razão de suas condições pessoais mais favorecidas, obtêm êxito na seara judicial por serem tratados da mesma forma que um litigante vulnerável atuando em clara situação de desvantagem. Essa ocorrência pode ensejar comprometimento da isonomia, do acesso à justiça e do devido processo legal gerando situação com a qual o intérprete não precisa compactuar passivamente.

Porque *há de se tratar desigualmente os desiguais*, o ordenamento prevê mecanismos que visam compensar desequilíbrios verificados no processo pelas dificuldades experimentadas por certos litigantes; assim, há previsões como a dispensa de pagamento de despesas processuais pelo hipossuficiente, a preferência na tramitação de ações em que figurem idosos ou portadores de doença grave, a inversão do ônus da prova ao consumidor, bem como prazos dilatados e reexame necessário em favor da Fazenda Pública, dentre outras prescrições, criticadas, em muitos casos, pela doutrina.

Com supedâneo na constatação de que as previsões não esgotam todas as disparidades e de que é dever do magistrado assegurar a isonomia em bases concretas, a tese identifica a situação de litigantes vulneráveis nos aspectos técnico-jurídico, econômico, geográfico, organizacional e atinente à saúde preconizando seu especial tratamento no processo civil à luz da igualdade. A parte que postula sem advogado, o litigante que não pode arcar com os custos do processo sem prejuízo da subsistência e o demandado doente e/ou despojado de seu lar, dentre outros jurisdicionados suscetíveis a óbices consideráveis para se desincumbir de ônus processuais, precisam ser, assim, objeto de especial cuidado a fim de que a propalada concretização da igualdade não se configure como mais uma promessa descumprida pelo Estado.

A relevância do tema é significativa porque há milhões de jurisdicionados padecendo de dificuldades involuntárias para atuar em juízo; embora de início se possa inferir que os litigantes enfocados representam uma minoria, o número de pobres, doentes, desinformados e acometidos por outras ordens de vulnerabilidade é, lamentavelmente, bastante elevado.

A abordagem enfoca a garantia isonômica, os poderes do julgador e o papel da técnica na consideração dos atos processuais no tocante às atribuições conferidas a cada sujeito processual, com especial relevo ao papel do juiz para assegurar a concreta isonomia sob a égide da verificação de uma justa causa.

Enfrenta-se, assim, a possibilidade de o magistrado, no caso concreto, reconhecendo a condição de vulnerabilidade do litigante, à luz dos ditames constitucionais e infraconstitucionais, promover a igualdade material ao aplicar as regras processuais.

Analisa-se também a preocupação marcante sobre a aparentemente excessiva divisão dos ramos do direito em face das situações das partes em consonância com suas peculiaridades. Pela presença de tantas previsões diferenciadas, é importante divisar as regras e as exceções em termos de aplicação das normas. Será trabalhado, portanto, o *discrimen* relativo à vulnerabilidade para aferir se, cientifica e legitimamente, há como sustentar a existência de diferenciações em razão desse critério, em especial considerando os panoramas protetores existentes no sistema jurídico.

Assegurar a concretização das garantias constitucionais processuais constitui tema central no direito processual, exigindo dos operadores do direito atenção extremada para que sejam concretizadas as diretrizes do Estado Democrático de Direito.

A Declaração Universal dos Direitos do Homem, aprovada pela Assembleia-Geral das Nações Unidas em 10 de dezembro de 1948, dispõe, no art. VIII, que "todo homem tem direito a receber dos tribunais nacionais competentes remédio efetivo para os atos que violem os direitos fundamentais que lhe sejam reconhecidos pela constituição ou pela lei". A Declaração em referência contempla, assim, o princípio da igualdade entre todos aliada à idêntica proteção de seus direitos; o desafio é tornar esse ditame concretamente operante.

Tratar igualmente os iguais e desigualmente os desiguais, na medida de sua desigualdade constitui o enunciado mais propalado da garantia constitucional da isonomia. No aspecto processual, como deve operar o magistrado para concretizar a diretriz em comento?

A proposta do presente trabalho é verificar em que medida o sistema processual, em atendimento à Lei Maior, contempla previsões aptas a atender às peculiaridades de litigantes com dificuldades consideráveis.

Um litigante hipossuficiente, que só consegue ser atendido por órgão conveniado à Defensoria Pública semanas após procurá-lo para defender seus interesses, pode ter perdido o prazo para a prática do ato processual. Surge, assim, a seguinte indagação: seu tratamento deve ser o mesmo conferido a um litigante com plenas condições técnicas e econômicas que atua de modo displicente?

Mesmo sem previsão expressa em norma infraconstitucional, é cabível uma exegese ampla que contemple o contexto e a situação peculiares da parte considerando sua situação segundo parâmetros diferenciados: como a Lei Maior prevê a garantia da isonomia e o Código de Processo Civil diz incumbir ao magistrado assegurar a igualdade, ele deve, para proporcionar o efetivo acesso à justiça, proceder à análise criteriosa do contexto concreto em que se inserem as partes.

Como, então, compete ao juiz atentar para a situação de vulnerabilidade dos litigantes procedendo à sua análise aprofundada no caso concreto, a respeito dos critérios nos quais ele deverá se pautar para atuar? Caso constate situação de vulnerabilidade, como o magistrado deve se portar para concretizar a garantia constitucional da igualdade? Há ferramentas no ordenamento processual para permitir eventual e necessária moderação do rigor técnico em prol da parte vulnerável?

As perguntas formuladas são relevantes porque, embora o sistema judiciário tenha sido concebido como instrumento de proteção a todos os cidadãos, há, como assinalado, grandes disparidades na prestação da tutela jurisdicional. É inegável a dificuldade vivenciada por variadas razões: óbices econômicos, técnicos, informacionais, geográficos, organizacionais, jurídicos e ligados à saúde comprometem, muitas vezes – total ou parcialmente –, a dedução do pedido, da defesa e da apresentação da prova em juízo.

O processo civil, com o escopo de dar cumprimento à garantia constitucional do devido processo legal, prevê regras para a atuação das partes e do magistrado em juízo. A despeito de não poder alegar ignorância da lei, é inegável a realidade social na qual os litigantes são desprovidos de informações técnicas básicas. Para corroborar essa assertiva, basta que se atente para a situação do demandante sem advogado nos Juizados Especiais: o desconhecimento sobre o trâmite processual e a inacessibilidade ao linguajar técnico podem prejudicar a prática dos atos em juízo.

Esta tese aborda mecanismos para enfrentar as disparidades entre os litigantes, *v.g.*, no que tange ao panorama probatório ante as possibilidades de cada um, por ser indubitável que o litigante com superior poderio econômico possa dispor de melhores chances de provar do que aquele sem suporte financeiro.

Não há como ignorar também a flagrante disparidade entre partes representadas por advogados com substancial estrutura, de um lado, e litigantes cujos advogados têm reduzido aparato técnico, de outro.

A despeito da constatação de desigualdades tanto em relação às partes como aos seus procuradores, prevalece, hodiernamente, que a inobservância de ônus processuais em circunstâncias de limitação dos litigantes acarretarão as consequências padrões previstas na lei, não ensejando, em regra, contemplação diferenciada em atenção à complicada situação individual do sujeito que os descumpriu.

Ainda que se cogite sobre a alegação de justa causa, é forçoso reconhecer que o artigo 183 do Código de Processo Civil tem alcance limitado e não contempla literalmente a hipótese de vulnerabilidade do litigante.

Como restará demonstrado, o presente trabalho propugna pelo abandono do modelo processual liberal para que se avance a uma perspectiva mais eficiente rumo à efetivação do modelo processual de cooperação.

Se a parte descumpriu as normas processuais em razão das dificuldades decorrentes de sua condição vulnerável, o magistrado deve, em atenção aos comandos constitucionais da isonomia e do acesso à justiça, interpretar as normas em consonância com as referidas garantias? Como compatibilizar técnica, formalismo e isonomia?

A tese preconiza a releitura de institutos fundamentais do processo civil e de diversas regras à luz da igualdade para que o processo possa servir aos seus propósitos com utilidade a todos os jurisdicionados.

A tarefa do Estado na obrigação de possibilitar, a todos, igual acesso à justiça, é hercúlea. Para viabilizar esse desiderato, urge considerar que os necessitados da tutela jurisdicional não são apenas os hipossuficientes, mas todos aqueles que necessitem de proteção jurídica, incluindo desde o pequeno e solitário demandante na sociedade de massa até os grupos que compõem minoria em busca de concretização dos direitos fundamentais.

É preciso atualizar a noção sobre a imparcialidade do juiz e sobre o espectro de sua atuação; assim, aborda-se a realidade social atualmente experimentada em cotejo com o olhar sobre o processo civil estabelecido em bases alheias à situação brasileira vigente.

Em contribuição original ao sistema jurídico, este trabalho visa dar concretude à igualdade prevista na Constituição Federal demonstrando que o juiz tem plenas condições, *de lege lata*, de atuar transformando a garantia de isonomia efetivamente no princípio dinâmico da paridade de armas em prol do desejável equilíbrio entre os litigantes.

A originalidade desta tese, portanto, consiste na apresentação de conceitos e de fatores de vulnerabilidade sob o aspecto processual com a finalidade de ensejar a viabilização, com base no sistema constitucional e na legislação ordinária, do direito do litigante vulnerável de ser efetivamente ouvido; para tanto, ele deve contar com uma exegese diferenciada e protetora em seu favor, fundada na contemplação da garantia da igualdade material.

O tema desenvolvido insere-se nas linhas de pesquisa referentes a "Processo Civil e Constituição" e "Garantias e princípios do direito processual".

No que tange à metodologia, o trabalho ampara-se em vários métodos de pesquisa e abordagem. O método dedutivo é empregado para, com fundamento em conceitos gerais, empreender a interpretação e a compreensão de fatos particulares, ao passo que o método indutivo é invocado para, partindo de fatos particulares, alcançar conclusões gerais.

Pelo método analítico-sintético, examinam-se textos para a extração de conclusões próprias; por fim, os métodos histórico e comparativo são invocados com o intento de localizar o tema no contexto atual e traçar um panorama da situação em outros ordenamentos jurídicos.

Como opção metodológica, abandonando a praxe generalizada de desenvolvimento de capítulos autônomos para abordar conteúdo histórico e notícia de direito estrangeiro, são feitas inserções pontuais sobre tais perspectivas na medida em que se revelam úteis para a compreensão dos temas abordados.

No que alude às técnicas de pesquisa, destaca-se a utilização das modalidades documental e bibliográfica com a análise de leis, precedentes judiciais e de outras fontes de direito sobre a matéria.

O Capítulo 1 – "Igualdade no pensamento humano e desigualdade como constatação histórica no Brasil" – tem como proposta demonstrar como a isonomia desponta no pensamento humano enquanto essencial diretriz; para tanto, retoma fontes históricas e lança olhar sobre a justiça distributiva, bases importantes para a compreensão do tema. Após a análise do ideário, a realidade da America Latina e do Brasil é abordada para a compreensão da situação cultural e jurídica pátria, bem como dos paradoxos e discursos padrões sobre como *tratar igualmente os iguais e desigualmente os desiguais*. Por fim, enfrenta-se a repercussão do panorama na visão sobre o funcionamento do Poder Judiciário.

No Capítulo 2 – "A igualdade como valor jurídico na perspectiva constitucional" – aborda-se o assento do tema na estrutura do sistema normativo brasileiro. Analisam-se seu aspecto enquanto garantia, sua ligação com as polêmicas ações afirmativas e as diretrizes hermenêuticas afins. Na abordagem do Direito Processual Constitucional, são expostas garantias constitucionais que podem ser tocadas pela diretriz isonômica, cogitando, ao final, sobre eventual situação de confronto entre elas.

O Capítulo 3 – "Processo civil: objeto, função e atuação do juiz à luz da igualdade" – demonstra conceitos basilares dos institutos fundamentais do processo sob a égide da isonomia, provocando reflexão sobre os poderes do magistrado e a atualizada visão acerca da imparcialidade judicial. Apresentam-se os perfis dos processos penal e do trabalho com destaque aos principais aspectos que tangenciam a desigualdade entre os litigantes; por fim, expõe-se a conexão do tema com o modelo processual de cooperação em sua nova visão sobre os poderes do juiz e a participação das partes.

No Capítulo 4 – "Vulnerabilidade, Direito e Processo Civil" – identificam-se as acepções do vocábulo *vulnerabilidade* e como a seara jurídica brasileira reagiu, em termos legislativos, à sua constatação. Propõe-se, então, a definição de *vulnerabilidade processual* por meio da indicação de critérios para sua aferição com base nas carências econômicas, informacionais, geográficas, atinentes à saúde e organizacionais. Por último, aborda-se a temática da legitimidade do *discrimen* com esteio nas lições doutrinárias de Celso Antônio Bandeira de Mello.

O Capítulo 5 – "Diferenciações na atuação processual civil e vulnerabilidade" – apresenta as distinções consagradas no sistema normativo processual com o escopo de aferir se a razão de sua contemplação decorre da vulnerabilidade dos litigantes.

No Capítulo 6 – "Vulnerabilidade como critério legítimo de desequiparação no processo civil: proposta de aplicação" – retoma-se a proposta desta tese para demonstrar as possibilidades de sua aplicação nos principais momentos de tramitação do processo civil. Destacam-se aspectos procedimentais para a arguição da vulnerabilidade pela invocação da justa causa e fatores atinentes ao uso indevido da alegação como a recorribilidade e a imposição de sanções em caso de abuso.

A Conclusão, por sua vez, revisita e sintetiza os principais assuntos abordados para ao final apresentar contribuições pertinentes ao tema central do presente trabalho.

1

IGUALDADE NO PENSAMENTO HUMANO E DESIGUALDADE COMO CONSTATAÇÃO HISTÓRICA NO BRASIL

1.1. IGUALDADE: IMPORTÂNCIA E DIFICULDADES

São facilmente constatáveis, *pari passu*, a importância e as divergências sobre a contemplação da igualdade; como bem destaca Ronald Dworkin, a isonomia é essencial para a legitimidade[1] dos governos e constitui um tema tão controverso que "quem a louva ou deprecia discorda com relação àquilo que louvam ou depreciam"[2].

A isonomia pode ser vislumbrada como um conceito comparativo que visa "estabelecer um equilíbrio entre os membros da sociedade, de forma a assegurar, mesmo que indireta e parcialmente, a efetivação da ideia de justiça"[3].

A conexão da igualdade com a justiça é muito comum[4], mas também não é infensa a críticas; após asseverar que desde os gregos se verifica a

---

[1] "Podemos dar costas à igualdade? Nenhum governo é legítimo a menos que demonstre igual consideração pelo destino de todos os cidadãos sobre os quais afirme seu domínio e aos quais reivindique fidelidade. A consideração igualitária é a virtude soberana da comunidade política – sem ela o governo não passa de tirania – e quando as riquezas da nação são distribuídas de maneira muito desigual, como o são as riquezas das nações muito prósperas, então sua igual consideração é suspeita, pois a distribuição das riquezas é produto de uma ordem jurídica [...]" (Dworkin, Ronald. *A virtude soberana*: a teoria e a prática da igualdade. Tradução Jussara Simões; revisão técnica e da tradução Cícero Araújo, Luiz Moreira. São Paulo: Martins Fontes, 2005. p. IX).

[2] "A teoria correta da igualdade é em si uma questão filosófica difícil: os filósofos defendem uma diversidade de respostas [...]" (Dworkin, Ronald. *A virtude soberana*: a teoria e a prática da igualdade, cit., p. XI).

[3] MENEZES, Paulo Lucena de. Igualdade. In: DIMOULIS, Dimitri (coordenador-geral). *Dicionário brasileiro de direito constitucional*. São Paulo: Saraiva, 2007. p. 175.

[4] Representando essa vertente, Alf Ross afirma: "uma vez adotada a ideia de que todos os problemas jurídicos são problemas de distribuição, o postulado da justiça equivale

assimilação entre justiça e isonomia, José de Oliveira Ascensão propugna que essa identificação enseja, inevitavelmente, um empobrecimento da figura da justiça[5], sendo a razão das dificuldades o fato de a justiça consistir em um valor[6].

Ao abordar a isonomia, Dworkin identifica que a igual consideração requer que o governo aspire a um tipo de igualdade material por ele designada "igualdade de recursos", embasando sua percepção em duas diretrizes do individualismo ético: o princípio da igual importância – sendo objetivamente relevante que cada vida humana seja bem-sucedida e não desperdiçada – e o princípio da responsabilidade especial – apesar do reconhecimento geral sobre a igual importância do êxito de toda vida humana, a pessoa dona da vida é a especial e final responsável por seu sucesso[7].

O autor conclui ser inviável, senão impossível, abandonar o tema da igualdade. Em especial ante a correlação desta com a justiça, a conclusão parece acertada; afinal, como bem destaca Tercio Sampaio Ferraz Junior, ninguém pode sobreviver em uma situação "em que a justiça, enquanto sentido unificador de seu universo moral, foi destituída, posto que a carência de sentido torna a vida insuportável"[8].

A abordagem do tema traz logo um imenso desafio: como proporcionar a equalização de possibilidades e oportunidades se cada ser humano é único? Apesar da dificuldade de apresentar uma resposta completa, o tema precisa ser enfrentado.

Uma conhecida fórmula busca contemplar a isonomia sob o prisma de "tratar igualmente os iguais e desigualmente os desiguais na medida de

---

a uma exigência de igualdade na distribuição ou partilha de vantagens ou cargas. A justiça é igualdade. Este pensamento foi formulado no séc. IV a.C. pelos pitagóricos, que simbolizaram a justiça com o número quadrado, no qual está unido ao igual. A ideia de justiça como igualdade, desde então, tem se apresentado sob inumeráveis variantes" (ROSS, Alf. *Direito e justiça*. Tradução Edson Bini; revisão técnica Alysson Leandro Mascaro. 1. reimpr. Bauru/SP: Edipro, 2003. p. 313-314).

[5] ASCENSÃO, José de Oliveira. *Introdução à ciência do direito*. 3. ed. Rio de Janeiro: Renovar, 2005. p. 181.

[6] "Ora, os valores são mais suscetíveis de serem intuídos e ilustrados com o seu modo de aplicar-se do que de serem racionalmente descritos" (ASCENSÃO, José de Oliveira. *Introdução à ciência do direito*, cit., p. 181).

[7] Dworkin, Ronald. *A virtude soberana*: a teoria e a prática da igualdade, cit., p. XV.

[8] FERRAZ JUNIOR, Tercio Sampaio. *O justo e o belo*: estudos de filosofia do direito: reflexões sobre o poder, a liberdade, a justiça e o direito. São Paulo: Atlas, 2002. p. 220. A ideia é corroborada por José Afonso da Silva, para quem a igualdade substancial – não meramente formal – configura valor fundante do regime político democrático "porque, sem sua efetiva realização, os demais não se verificarão" (SILVA, José Afonso da. *Curso de direito constitucional positivo*. 19. ed. rev. e atual. São Paulo: Malheiros, 2001. p. 136).

suas desigualdades"; essa expressão, atribuída a Aristóteles, parece ser, para muitos, a chave da devida abordagem.

Rui Barbosa ampara-se nessa clássica afirmação para se referir à proporcionalidade entre iguais e diferenciados e cogitar sobre a verdadeira isonomia; sua manifestação será abordada em momento oportuno, após exposição sobre o contexto brasileiro de desigualdades.

A isonomia desponta no ideário humano há tempos imemoriais. Como salienta com propriedade José Cretella Neto, constata-se uma evolução em tal noção, já que a igualdade formal negativa – pela qual a lei não podia estabelecer diferenças – gradualmente cedeu espaço à concepção positiva da igualdade – iguais oportunidades devem ser concedidas a todos –; como decorrência da mudança de enfoque, passou-se a permitir que a lei trace diferenciações concedendo certos benefícios aos jurídica ou economicamente hipossuficientes para que não sejam prejudicados em razão de suas carências[9].

A experiência histórica é valiosa para a percepção dos erros e dos acertos nas tentativas empreendidas; afinal, o presente é mais bem esclarecido mediante a pesquisa de suas raízes no passado[10].

Reconstituir historicamente os caminhos da contemplação da igualdade é, contudo, tarefa bastante complexa e longa. A proposta deste trabalho não é esgotar o tema, mas proporcionar um panorama breve e suficiente sobre os principais marcos da procura por isonomia ancorada nas bases lançadas por grandes pensadores.

Como, porém, este trabalho tem por escopo a aplicação no processo civil nacional, será abordada a sistemática concreta da realidade brasileira desde sua gênese para que o conhecimento sobre os aspectos paradoxais das desigualdades verificadas no tecido social possa apoiar a compreensão do intérprete.

1.2. NOTÍCIA SOBRE RELEVANTES CONTRIBUIÇÕES AO PENSAMENTO HUMANO

1.2.1. Platão e Aristóteles

Fontes remotas demonstram que os gregos[11] abordavam a igualdade mediante sua associação à justiça. A simbologia retratava esse vínculo por

---

[9] CRETELLA NETO, José. *Fundamentos principiológicos do processo civil*. Rio de Janeiro: Forense, 2002. p. 55.

[10] CRUZ E TUCCI, José Rogério; AZEVEDO, Luis Carlos. *Lições de processo civil romano*. 1. ed. 2. tir. São Paulo: Revista dos Tribunais, 2001. p. 21.

[11] Afirma-se que "a igualdade como ideal surge já em Sólon (c. 640- c. 560 A.C.) e ganha particular relevo na teoria dos pitagóricos. Os últimos pitagóricos entendiam a Justiça

meio da balança, considerando a existência do justo quando os dois pratos estivessem em equilíbrio (*ison*)[12].

Na teoria desenvolvida por Platão[13], a igualdade despontava como elemento da justiça, sendo esta entendida como uma virtude humana[14]. Para o pensador grego, a justiça não devia ser concebida tão somente no plano da relação entre os sujeitos – enquanto justiça comutativa –, mas sim na estrutura do Estado[15], plano no qual traçou sua ideia de distribuição de justiça. Dar a cada um aquilo a que fazia jus por pertencimento e adequação era elemento fundamental à estrutura do Estado platônico, que se dividia em planos conforme as aptidões de cada um de seus integrantes[16].

Aristóteles[17] foi o pensador grego que melhor trabalhou a identidade entre justiça e igualdade. Ao corroborar a visão de Platão sobre a justiça como virtude humana, afirmou configurarem elementos desta o reconhecimento

---

como um número par, isto é, composto por partes iguais, sendo o número de partes igual ao valor numérico de cada uma. Estará, acaso, nesta condição, a base da teoria da justiça particular aristotélica." (ALBUQUERQUE, Eduardo Corte Real Martim de. *Da igualdade*: introdução à jurisprudência. Coimbra: Almedina, 1993. p. 11).

[12] A imagem da justiça se apresentava "com os dois pratos, mas sem o fiel no meio, na mão esquerda da deusa Diké, filha de Zeus e Themis, em cuja mão direita estava uma espada e que, estando em pé e tendo os olhos bem abertos, dizia (declarava solenemente) existir o justo quando os dois pratos estavam em equilíbrio (ison, donde a palavra isonomia). Daí para a língua vulgar dos gregos, o justo (o direito) significar o que era visto como igual (igualdade)" (FERRAZ JUNIOR, Tercio Sampaio. *Introdução ao estudo do direito*: técnica, decisão e dominação. São Paulo: Atlas, 1999. p. 34).

[13] O filósofo viveu no séc. IV a.C., sendo desconhecidas as datas precisas de nascimento e falecimento.

[14] Segundo Joaquim Carlos Salgado, "com base no mito da caverna e na teoria da reminiscência conclui Platão que 'só conhece a justiça aquele que é justo', que está no trato constante com a justiça. Esse agir com justiça consiste exatamente na superação de toda atitude egoísta, como interpreta Hartmann, no sentido de reconhecimento da igualdade de direito do outro contra a reivindicação de todo para mim, indiferente ao que ocorra com o outro. Por colocar o autor na mira do agir humano, a justiça torna-se a maior das virtudes, pois que as demais, a sabedoria, a coragem e a temperança são apenas interiores e ela é precisamente a que atine diretamente ao Estado como um todo. Por isso, porque a tônica está no outro como igual, é que fazer a justiça é melhor que recebê-la, e sofrer a injustiça é melhor que praticá-la" (SALGADO, Joaquim Carlos. *A ideia de justiça em Kant*. 2. ed. Belo Horizonte: UFMG, 1995. p. 24-25).

[15] SALGADO, Joaquim Carlos. *A ideia de justiça em Kant*, cit., p. 27.

[16] Relata o estudioso que "dar a cada um o que lhe pertence, o que lhe é adequado, explicita-se na estrutura do Estado Platônico, dividido em planos segundo as aptidões de cada um de seus participantes, de modo semelhante".(SALGADO, Joaquim Carlos. *A ideia de justiça em Kant*, cit., p. 27).

[17] O autor viveu entre 384 e 322 a.C.

do "outro" e a igualdade no tratamento em relação a ele[18]. Na visão desse filósofo, a igualdade aparecia não apenas como elemento da justiça, mas como sua própria essência: ao definir o *medium* da virtude, o equilíbrio perfeito era por ele considerado a única forma de obter a felicidade e a realização plena do potencial do ser humano[19].

A maior contribuição de Aristóteles foi desenvolver as noções de justiça distributiva e de igualdade geométrica: na distribuição dos bens entre os sujeitos deve-se considerar que, não sendo iguais, não receberão as mesmas concessões – a noção de justiça determina que sejam dadas coisas iguais aos iguais e coisas desiguais aos desiguais[20].

A assertiva de Aristóteles é invocada com frequência nos dias de hoje quando se pretende invocar a proporcionalidade na consideração da isonomia, sendo bastante recorrente a expressão *tratar igualmente os iguais e desigualmente os desiguais na medida de sua desigualdade.*

Conclui-se, portanto, que dada a marcante contribuição de seus teóricos, a democracia ateniense pode ser identificada como berço da igualdade: na pólis, os cidadãos podiam exercer o direito de opinar sobre assuntos de interesse do Estado. Essa modalidade de democracia, contudo, não era plena, já que prevalecia a divisão social em cidadãos e castas "sem acesso aos direitos de cidadania e [que] ficavam sempre à margem da vida política ateniense"[21].

---

[18] "O justo com relação ao outro é, para dizê-lo numa palavra, o igual. Pois o injusto é o desigual. Com efeito, quando os homens se atribuem a si mesmos parte maior dos bens e menor dos males, isto é desigual e desta forma pensam que se comete e se sofre injustiça" (ARISTÓTELES. *Ética a Nicômaco*. Tradução Leonel Vallandro e Gerd Bornheim. São Paulo: Abril Cultural, 1973. p. 1196a).

[19] Prossegue Sebastião Salgado destacando que no equilíbrio destaca-se o conceito de igualdade, "de dar a cada um o seu e não reivindicar em excesso o bem, nem suportar com escassez o mal em prejuízo de outrem" (SALGADO, Joaquim Carlos. *A ideia de justiça em Kant*, cit., p. 47).

[20] Assim, a igualdade era realizada "ora dando a cada um o que lhe corresponde por mérito, ou o que equivale ao seu mérito, ora reparando o dano que uma das partes tenha causado à outra, ou presidindo à troca equânime de bens" (SALGADO, Joaquim Carlos. *A ideia de justiça em Kant*, cit., p. 47-48).

[21] ALVES, Francisco Glauber Pessoa. *O princípio jurídico da igualdade e o processo civil brasileiro*. Rio de Janeiro: Forense, 2003. p. 13. Segundo Aristóteles, "[...] parece que o justo é igual, e é, mas não para todas as pessoas; apenas para as que são iguais. O desigual também parece justo, e é, mas não para todos; apenas para os desiguais. Cometemos erros terríveis ao negligenciar esse 'para quem' quando decidimos o que é justo" (ARISTÓTELES. *Política*. Tradução Therezinha M. Deustch. São Paulo: Nova Cultural, 1999. p. 23. (Coleção Os pensadores).

1.2.2. Roma e o Estoicismo

Seguindo na evolução histórica, chegamos a Roma. No Direito Romano[22] erigiu-se de maneira sólida a importante construção da equidade, desenvolvendo mais amplamente na seara jurídica a importante proposta filosófica grega.

Ulpiano[23] contribuiu sobremaneira ao trabalhar o conceito de justiça no *Corpus Iuris Civilis*[24] fundado na máxima *"constants et perpetuas voluntas, ius sum cuique tribuere"*; a associação do direito com a atribuição a cada um do que é seu resgata de algum modo a ideia de Platão de dar a cada qual o que lhe é devido[25].

Vê-se que, apesar do aparente formalismo da definição do Ulpiano – que parece sugerir a submissão do ser humano ao arbítrio dos legisladores –, os romanos identificaram, seguindo a tradição grega, a lei natural que prescreve à conduta humana o *aequum* (igual).

Os filósofos da época, filiados à corrente do estoicismo – originária da Grécia – relacionaram a justiça com a submissão à ordem posta, mas em concordância com a lei natural[26] e a *recta ratio*, isto é, "concorde com a natureza, difundida em todos os homens, constante e eterna".[27] Reside aí, portanto, o fundamento da igualdade para os estoicos, devendo-se compreender que todos os homens são submetidos à mesma lei natural.

---

[22] Em todos os períodos processuais romanos podem ser identificadas situações em que se conferia ao magistrado liberdade para dissociar-se do padrão e atuar em prol do interesse das partes e do interesse social de forma diferenciada.

[23] Eneo Domitius Ulpianus viveu entre 150 e 228 d.C.

[24] O *Corpus Iuris Civilis*, grande monumento jurídico, foi publicado entre 524 e 539 d.C.

[25] O *ius suum cuique tribuere*, segundo Salgado, "equivale ao 'devido' de que Platão, de certo modo, ou o que convém a cada um na linguagem do mesmo Platão. [...] O devido, porém, não é o que decorre da ideia de Justiça como em Platão, mas o que define o direito, ou seja, a lei, positiva ou natural" (SALGADO, Joaquim Carlos. *A ideia de justiça em Kant*, cit., p. 55).

[26] Para Salgado, "esta lei natural é a vontade de Deus ou razão de Deus, *ordinem naturalem conservari iubens*. [...] O Deus do estoicismo é um princípio que anima a matéria como o lógos (λόγος) de Heráclito. Deus é a causa intrínseca e imanente do universo, ou seja, a razão que forma também a essência da alma humana, pois o homem também pertence à ordem cósmica que se rege por princípios necessários" (SALGADO, Joaquim Carlos. *A ideia de justiça em Kant*, cit., p. 53).

[27] CÍCERO, Marcus Tullius. *Da República*. Tradução Amador Cisneiros. São Paulo: Abril Cultural, 1973. p. 33.

1.2.3. Idade Média

Na Idade Média, a organização social afastou-se intensamente da diretriz isonômica com a polarização senhor–servo; houve sensível redução da influência da igualdade antes existente na Grécia e repassada para os romanos, de maneira que a realidade de então acabou por retirar importância da isonomia.

Nessa época, vigorou a filosofia de Santo Agostinho[28] e São Tomás de Aquino[29], segundo os quais, apesar da contemplação da igualdade entre os homens – porque ditada pela lei natural e correspondente à justiça perfeita – esta só seria possível na "Cidade de Deus" (no Reino dos Céus) e não nos domínios de César.

A emblemática expressão "dai a Deus o que é de Deus e a César o que é de César" bem revela a ideia de Santo Agostinho sobre a existência de duas cidades – a de Deus e a dos homens –, sendo a plena igualdade impossível nesta última. A cidade dos homens tem como fim o combate aos maus e aos "injustos", o que justifica a submissão destes aos "justos", ou seja, aqueles que realizam a finalidade última dos homens: Deus.

São Tomás, contudo, identifica certa igualdade no *ius suum*, que deve decorrer de uma lei ou norma geral para que não tenha origem apenas no fato ou na força, observado, contudo, o princípio hierárquico da lei natural sobre a lei positiva[30].

1.2.4. Jusnaturalismo

As mudanças na visão retromencionada somente começaram a se fazer sentir com o declínio do feudalismo e o advento do Renascimento e do Iluminismo[31]. Nesse contexto, importante marco normativo foi a edição da Magna Carta em 1215: ao contemplar o *due process of law* e mencionar a *law of the land*, a norma "visava evitar o abuso da coroa inglesa contra

---

[28] Aurelius Augustinus (354-430 d.C)

[29] Tommaso d'Aquino (1224-1234 d.C.)

[30] Na interpretação de Salgado, São Tomás entende como justo equânime do *ius suum* o "*medium rei*, já que a igualdade deve dar-se no que é devido ao outro, externamente, trate-se de coisa ou de ação, segundo uma regra de quantidade (aritmética) ou de proporcionalidade (geométrica)" (SALGADO, Joaquim Carlos. *A ideia de justiça em Kant*, cit., p. 64).

[31] ALVES, Francisco Glauber Pessoa. *O princípio jurídico da igualdade e o processo civil brasileiro*, cit., p. 16.

os nobres ingleses, garantindo-lhes um tratamento mínimo em termos de igualdade – direito de se defender minimamente"[32].

A Idade Moderna "jogou luzes" sobre os conceitos de justiça e igualdade por meio de uma evolução teórica que teve início no desenvolvimento do conceito de "direito natural", passou pelo reconhecimento da liberdade do ser humano como fundamento da igualdade – bem como de outros direitos "fundamentais" – e culminou na positivação desses princípios nas Declarações dos Direitos Humanos no século XVIII; estas, para muitos estudiosos de Direito Constitucional, constituem o grande marco sobre o tema da igualdade, já que tais documentos precederam as primeiras Constituições modernas e lhes indicaram importantes paradigmas – dentre os quais a igualdade perante a lei era consagrada fortemente[33].

Como apontou Georges Gusdorff, o princípio da igualdade de todos guarda uma continuidade entre o estoicismo e os jusnaturalistas, interrompido pela concepção teocrática da Idade Média, revelando-se ainda em termos políticos: a cidadania passou a se definir em função da igualdade.[34]

Samuel Pufendorf[35] é tido como o primeiro jusnaturalista clássico responsável por essa continuidade. Ele identificou na regra fundamental de direito natural três deveres do homem para com os outros: 1. não prejudicar o outro; 2. considerar o outro como igual em direito; 3. ser útil aos outros, tanto quanto possível[36]. A síntese dessas regras foi assim posta por Gusdorff: "o que cada um pode esperar ou exigir de todos os outros, deve ser permitido a todos, com fundamento na equidade, exigir de cada um"[37].

Em Hobbes[38] e Locke[39], a igualdade aparece como "pressuposto de toda ordem normativa, de direito natural e de direito positivo. Em um e outro a igualdade é condição do próprio direito natural que, para Hobbes, é a vida e, para Locke, além da vida, a propriedade"[40].

---

[32] ALVES, Francisco Glauber Pessoa. *O princípio jurídico da igualdade e o processo civil brasileiro*, cit., p. 17.

[33] MENEZES, Paulo Lucena de. Igualdade. *Dicionário brasileiro de direito constitucional*, cit., p. 175.

[34] GUSDORFF, Georges. *Les sciences humaines et la pensée occidentale*: la conscience révolucionaire, les ideologies. Paris: Payot, 1978. v. 3, p. 110.

[35] O pensador viveu entre 1632 e 1694.

[36] SALGADO, Joaquim Carlos. *A ideia de justiça em Kant*, cit., p. 72.

[37] GUSDORFF, Georges. *Les sciences humaines et la pensée occidentale*: la conscience révolucionaire, les ideologies, cit., v. 3, p. 110.

[38] Thomas Hobbes (1588-1679).

[39] John Locke (1632-1704).

[40] SALGADO, Joaquim Carlos. *A ideia de justiça em Kant*, cit., p. 75-76.

Cap. 1 – IGUALDADE NO PENSAMENTO HUMANO

Merece destaque o pensamento de Hobbes, para quem a natureza fez os homens tão iguais no tocante às faculdades do corpo e do espírito que, embora por vezes haja diferenças – sendo um homem mais forte de corpo ou de espírito mais vivo do que outro –, ainda assim, ao se examinar tudo em conjunto, a diferença entre um e outro "não é suficientemente considerável para que qualquer um possa com base nela reclamar qualquer benefício a que outro não possa também aspirar, tal como ele"[41].

A despeito da significativa contribuição desses pensadores, Jean-Jacques Rousseau[42] é aclamado como o grande filósofo da igualdade e seu pensamento vige, em grande parte, ainda na sociedade hodierna, tendo sido decisiva sua contribuição para o dever da humanidade.[43]

A igualdade desponta nas obras de Rousseau como valor humano e maior dos bens[44]. O sociólogo chamava a atenção para a necessidade de não apenas reconhecer a igualdade dos homens perante o direito natural, mas também de positivá-la no direito estatal[45]. Em sua ideia de Estado como contrato social, a igualdade foi mencionada, ao lado da liberdade, como peça fundamental da formação do pacto entre os homens[46].

Mais tarde, Immanuel Kant[47] beberia da fonte de Rousseau para formular sua teoria sobre a justiça e originar a concepção humanista do direito.

---

[41] HOBBES, Thomas. *Leviatã ou matéria, forma e poder de um Estado eclesiástico e civil*. Tradução João e Maria Beatriz da Silva. São Paulo: Abril Cultural, 1974. p. 78.

[42] Jean-Jacques Rousseau viveu entre 1712 e 1778.

[43] PAREDES, Wilfrido Palaces. O dilema da liberdade e igualdade do homem segundo Rousseau. In: Colóquio Rousseau, 2., 2005. *Anais...* UNICAMP. Disponível em: <http://www.unicamp.br/ ~jmarques/gip/AnaisColoquio2005/cd-pag-texto-43.htm>. Acesso em: 30 jul. 2010.

[44] Já em *Emilio*, o filósofo sugeria: "No estado de natureza há uma igualdade de fato indestrutível e real, porque não é possível que neste estudo seja tão grande a mera diferença de homem a homem, que constitua dependente um de outro. No estado civil há uma igualdade de direito, vã, fantástica, pelos mesmos meios destinados para mantê--la" (ROUSSEAU, Jean Jacques. *Emilio ou da educação*. Tradução Sérgio Milliet. São Paulo: Bertrand Brasil, 1995. p. 45-46).

[45] "[...] a primeira lei de todas as sociedades é uma igualdade de convenção, seja nos homens, seja nas coisas. A igualdade de convenção, muito distinta da igualdade natural, faz necessário o direito positivo, isto é, o governo e as leis" (ROUSSEAU, Jean Jacques. *Emilio ou da educação*, cit., p. 242).

[46] "Se se procura saber em que consiste precisamente o maior dos bens, que deve ser o objeto de todo sistema de legislação, achar-se-á que se reduza esses dois objetos principais: a liberdade e a igualdade" (ROUSSEAU, Jean Jacques. *O contrato social*. Tradução Rolando Roque da Silva. São Paulo: Cultrix, 1965. p. 60).

[47] Immanuel Kant (1724-1804).

1.2.5. Conclusão sobre a evolução histórica da igualdade

A igualdade foi pauta importante e central no desenvolvimento do conceito de justiça, sendo sua teorização engendrada em um movimento contínuo que originou a elevação da garantia da igualdade entre os homens à categoria de direito humano fundamental.

Ao observar a sociedade norte-americana do século XX, em especial ante as discrepâncias de tratamento entre brancos e negros, Tocqueville concluiu ser a expansão gradual da igualdade um fato providencial universal e durável a ponto de todos os acontecimentos e todos os homens favorecerem seu desenvolvimento[48].

1.3. IGUALDADE E JUSTIÇA DISTRIBUTIVA

A evolução do pensamento humano demonstra que a justiça foi objeto de duas essenciais perspectivas: desde Platão, já despontava ao lado da justiça comutativa a percepção sobre a justiça distributiva.

Aristóteles concebia, nas relações humanas, a isonomia como igualdade geométrica por entender que o fim da existência humana residia na atualização do homem que participasse da comunidade; assim, o conceito de igualdade atuava como mecanismo de exclusão[49].

De forma diametralmente oposta, Kant, ao afirmar que todo homem é um fim em si mesmo, preconizava a igualdade aritmética; esclarece Marcello Galuppo que essa visão configura um conceito inclusivo de igualdade por exigir que o maior número possível de pessoas seja incluído pelo Direito[50].

---

[48] Questionou ainda o autor: "Seria sensato acreditar que um movimento social que vem de tão longe pudesse ser detido por uma geração? Pode-se imaginar que após haver destruído o feudalismo e vencido os reis, a democracia recue diante dos burgueses e ricos? Deter-se-á ela justo agora que se tornou tão forte e seus adversários tão fracos?" (TOCQUEVILLE, Alexis de. A democracia na América. In: WEFFORT, Francisco Correia (Org.). *Os clássicos da política*. São Paulo: Ática, 1998. p. 161).

[49] GALUPPO, Marcelo Campos. *Igualdade e diferença*: Estado democrático de direito a partir do pensamento de Habermas. Belo Horizonte: Mandamentos, 2002. p. 98-99.

[50] "A filosofia kantiana concebe a igualdade como um mecanismo de inclusão em direitos e, fundamentalmente, na liberdade civil. A partir de Kant, quer dizer, com a sociedade contemporânea, torna-se impossível pensar uma igualdade geométrica na organização social moderna e contemporânea. Ao contrário, a civilização ocidental se pauta, na organização político-jurídica, preponderantemente, pela igualdade aritmética, pela igualdade como mecanismo de inclusão social, capaz de permitir o pluralismo de projetos já indicados por Kant em *Sobre a expressão da corrente*" (GALUPPO, Marcelo Campos. *Igualdade e diferença*: Estado democrático de direito a partir do pensamento de Habermas, cit., p. 99).

Enquanto a justiça comutativa diz respeito a princípios de equidade nos acordos de índole privada, a justiça distributiva objetiva contemplar a equidade na distribuição de bens e na repartição dos frutos da atividade econômica – especialmente diante de conflitos em situações de escassez moderada[51].

A diferença apontada foi observada por Aristóteles, para quem a justiça distributiva não define uma relação apenas dos indivíduos entre si, mas entre os particulares e a comunidade – na qual a posição de cada um deve ser definida em termos de vantagens, ônus, honras, penas e desonras[52].

Hoje o conhecimento sobre tais perspectivas deve ser enriquecido por um novo olhar: é de suma importância a concepção da justiça social, que pressupõe, em virtude da interdependência entre os indivíduos e a comunidade, a "participação que consubstancia simultaneamente uma obrigação do sujeito e uma responsabilidade da sociedade[53]".

Incumbe à sociedade administrar suas novas realidades; exemplo disso é a situação da crescente população idosa que enseja mudanças nas vivências sociais e "postula princípios de justiça adequados para orientar as diversas opções políticas respeitantes à distribuição de recursos socioeconômicos[54]".

A intersubjetividade tem trazido panoramas cada vez mais complexos. Como leciona Paulo Otero, garantir e regular o exercício dos direitos dos indivíduos é a razão de ser da existência do Estado, que deve criar condições para seu desenvolvimento e sua implementação, prevenindo conflitos e resolvendo os litígios já verificados[55].

---

[51] TOMÉ, Maria José Romão Carreiro Vaz. Algumas considerações sobre a dependência. In: LEITE NETO, Diogo (Coord.). *Pessoa humana e direito*. Coimbra: Almedina, 2009. p. 300.

[52] De acordo com Salgado, "diferentemente do que ocorre com a justiça comutativa, a justiça distributiva define uma relação, não dos particulares entre si, mas uma relação entre os particulares e a comunidade. Aqui também rege o conceito de igualdade, não, porém, a aritmética, mas a proporcional ou geométrica, visto que se trata de definir a posição de cada indivíduo na comunidade, vantagem e ônus, honras e também penas e desonras. O pressuposto da justiça distributiva é que todos os homens são iguais, mas também em um certo sentido desiguais, mesmo porque, se não fossem desiguais, seriam idênticos, o que acarretaria o desaparecimento como substâncias individuais" (SALGADO, Joaquim Carlos. *A ideia de justiça em Kant*, cit., p. 50).

[53] TOMÉ, Maria José Romão Carreiro Vaz. Algumas considerações sobre a dependência, cit., p. 301.

[54] TOMÉ, Maria José Romão Carreiro Vaz. Algumas considerações sobre a dependência, cit., p. 302.

[55] Conclui o autor: "é no indivíduo e na garantia dos seus direitos que reside, em última análise, a própria razão de existência do Estado e dos textos constitucionais" (OTERO,

Conclui-se, portanto, ser de suma relevância a consideração da subjetividade e o respeito às diferenças segundo uma perspectiva humanista para que se possa melhor compreender a devida valorização da isonomia.

Após identificar como a igualdade esteve na pauta de discussão filosófica, sendo seu desenvolvimento teórico uma marcha contínua e irregressível, é importante perceber dados concretos da moderna história brasileira e questionar: a tão decantada igualdade encontra reprodução na sociedade pátria? Ou pelo menos há esforços para a plena integração de todos os cidadãos?

1.4. O PANORAMA BRASILEIRO DE DESIGUALDADES

Da abordagem filosófica para a realidade concreta uma imensa diferença pode ser sentida. Não há como olvidar que, por mais atraentes que sejam as lições de filósofos e pensadores, é essencial a contextualização com o intento de compreender como a isonomia pode (ou não) se verificar no cenário nacional.

A desigualdade social é, paradoxalmente, um dos problemas mais antigos e mais urgentes[56] do País. É relevante compreender como a situação se formou na região, em particular porque as Ciências Sociais não são nem podem restar indiferentes às decorrências do círculo vicioso que enseja a conexão entre pobreza e desigualdade na América Latina[57].

1.4.1. O contexto da América Latina

Pobreza e desigualdade são construções desenvolvidas e consolidadas na sociedade com base em estruturas, agentes e processos; da colonização aos dias atuais, países e regiões da América Latina moldaram expressões de

---

Paulo. Pessoa humana e Constituição: contributo para uma concepção personalista do direito constitucional. In: LEITE NETO, Diogo (Coord.). *Pessoa humana e direito*. Coimbra: Almedina, 2009. p. 367).

[56] A urgência é mencionada de maneira apropriada pela Unesco em seu sítio: "Ao tentar enfrentar seu problema mais urgente – a desigualdade social – o país vem descobrindo a forte influência da cultura para a configuração dessa realidade, bem como seu potencial de transformação social do cenário atual" (Diversidade cultural no Brasil. *Unesco*. Disponível em: <http://www.unesco.org/pt/brasilia/culture-in-brazil/cultural-diversity-in-brazil>. Acesso em: 28 nov. 2010).

[57] CIMADAMORE, Alberto D.; CATTANI, Antonio D. A construção da pobreza e da desigualdade na América Latina: uma introdução. In: CATTANI, Antonio David; CIMADAMORE, Alberto D. (Orgs.). *Produção de pobreza e desigualdade na América Latina*. Tradução Ernani Só. Porto Alegre: Tomo Editorial/Clacso, 2007. p. 8.

tais fenômenos que, apesar de apresentarem características próprias em cada recorte geográfico e histórico, compartilham "altíssimos níveis de pobreza e desigualdade que condicionam a vida política, econômica, social e cultural"[58]. É importante compreender como esse quadro preocupante se formou.

Desde sua gênese, as sociedades latino-americanas foram submetidas a forças externas em razão da colonização, tendo havido diferenças profundas na relação estabelecida entre a sociedade civil e o Estado[59]. A colonização ensejou a dominação de populações seminômades por europeus detentores da mais avançada tecnologia, sendo efeito imediato da conquista o "extermínio pela guerra, pela escravização e pela doença de milhões de indígenas"[60].

Ante a necessidade de vasta mão de obra para a extração de minérios e a agricultura, os nativos que sobreviveram foram submetidos a diversas formas de exploração, de sorte que a desigualdade decorreu não apenas da concentração da renda, mas também da existência de relações assimétricas entre os colonizadores europeus e a população nativa[61].

Após séculos de submissão, exploração e forte luta social, no século XIX os países latino-americanos lograram a independência política e formal dos impérios espanhol e português; contudo, continuaram dependentes do capitalismo europeu e, "na prática, os descendentes europeus continuaram configurando as instituições e as políticas em seu próprio benefício, quanto ao sufrágio, ao acesso à educação e à política de terras, o que tornou possível que mantivessem seus privilégios e posições estratégicas dentro da sociedade[62]".

O século XX foi marcado por muitos problemas em razão da herança colonial; a baixa qualidade educacional afetava a maioria da população,

---

[58] CIMADAMORE, Alberto D.; CATTANI, Antonio D. *A construção da pobreza e da desigualdade na América Latina*: uma introdução, cit., p. 7.

[59] Giamberardino, André Ribeiro. *Tráfico de drogas e o conceito de controle social*: reflexões entre a solidariedade e a violência. *Revista Brasileira de Ciências Criminais*, São Paulo, v. 83, p. 256, 2010.

[60] FONSECA, Regina Lúcia Teixeira Mendes da. A "oração aos moços" de Ruy Barbosa e o princípio da igualdade a brasileira. *Pública Direito*. Disponível em: <http://www.publicadireito.com.br/conpedi/manaus/ arquivos/Anais/sao_paulo/2684.pdf>. Acesso em: 1 dez. 2010.

[61] DIAZ, Laura Mota. Instituições do Estado e produção e *reprodução* da desigualdade na América Latina. In: CATTANI, Antonio David; CIMADAMORE, Alberto D. (Orgs.). *Produção de pobreza e desigualdade na América Latina*. Tradução Ernani Só. Porto Alegre: Tomo Editorial/Clacso, 2007. p. 130.

[62] "Os poderes político e econômico permaneceram em mãos de uns poucos, e a concentração do poder constituiu um legado inquestionável do colonialismo (DIAZ, Laura Mota. Instituições do Estado e produção e *reprodução* da desigualdade na América Latina, cit., p. 131-132).

destacando-se, na longa lista de dificuldades vivenciadas, corrupção, "exclusão e discriminação sociais, oligarquias poderosas, dependência de minerais e produtos agrícolas para a exportação, debilidade do Estado de direito, relações de patronato[63]".

Passada a crise mundial de 1929, verificou-se, na maior parte dos países latino-americanos, um novo processo industrial: com a substituição de importações, permitiu-se que o capital nacional consolidasse a burguesia industrial com recursos nacionais; o novo modelo ensejou a preeminência do Estado sobre a sociedade em razão da exigência de crescente intervenção estatal na economia

> [...] e a formação de condições próximas ao modelo do Estado de bem-estar, como maneira de redistribuir a renda e, assim, alcançar a justiça social. Legitimou-se ideologicamente a intervenção do Estado nas mais diferentes áreas desde que fosse possível controlarem-se o ciclo econômico e a ordem social[64].

No final da década de 70 do século XX, forte crise abalou o Estado interventor na América Latina em razão de sua incapacidade para resolver problemas como o desemprego, o aumento e a ineficiência do gasto público, a crise fiscal e o advento de novas condições internacionais – que modificaram a visão sobre a soberania nacional –; em tal quadro, "além de não conseguir modificar substancialmente as raízes histórico-estruturais da desigualdade, o Estado contribuiu para a reprodução e ampliação do fenômeno[65]".

Com o fim dos regimes ditatoriais nos anos 80, esperou-se que as transições democráticas consolidassem o Estado de Direito[66], havendo forte crença na melhoria de condições sociais, econômicas, políticas e sociais que ensejariam o equilíbrio apto a assegurar "estabilidade econômica, governabilidade e bem-estar social[67]".

---

[63] DIAZ, Laura Mota. Instituições do Estado e produção e *reprodução* da desigualdade na América Latina, cit., p. 132.

[64] DIAZ, Laura Mota. Instituições do Estado e produção e *reprodução* da desigualdade na América Latina, cit., p. 132.

[65] DIAZ, Laura Mota. Instituições do Estado e produção e *reprodução* da desigualdade na América Latina, cit., p. 133.

[66] PINHEIRO, Paulo Sérgio. Introdução: o Estado de direito e os não privilegiados na América Latina. In: MÉNDEZ, Juan E.; O'Donnell, Guillermo; Pinheiro, Paulo Sérgio (Orgs.). *Democracia, violência e injustiça*: o não Estado de direito na América Latina. São Paulo: Paz e Terra, 2000. p. 11.

[67] A afirmação é de Laura Mota Diaz, que completa: "A derrocada dos governos militares e o retorno à democracia na América Latina apresentavam um novo cenário de otimismo nos campos político e social. A adoção de uma nova estratégia de desenvolvimento,

Na realidade, porém, as práticas autoritárias foram mantidas e o processo de consolidação democrática acabou fazendo emergir e fortalecer cinco campos que, interagindo, sustentam-se: "a sociedade civil, a sociedade política, o Estado de Direito, o aparato estatal (um Estado 'usável'), a sociedade econômica[68]".

Como resultado desse modelo, a América Latina é considerada a parte do mundo em que a desigualdade social é mais gritante[69]. Os países da região estão expostos à intensa fragilidade social, encontrando-se quase a metade da população na pobreza ou no limite de atingi-la[70].

Como resultado, grande porcentagem da população latino-americana não crê que o governo civil tenha implementado – ou ao menos tentado implementar – o Estado de Direito com isonomia e imparcialidade em relação a todos os cidadãos[71].

Constatada a situação da região em que se localiza o Brasil, é importante inquirir: ante tal concreto produto de desenvolvimento histórico nacional,

---

inspirada no neoliberalismo, prometia trazer mudanças nas economias de nossos países, desta vez por via das liberalizações econômica e comercial, assim como pela abertura ao investimento estrangeiro. A meta era alcançar suficiente competitividade para inserir-se com sucesso na economia globalizada e fortalecer os mercados internos" (DIAZ, Laura Mota. Instituições do Estado e produção e *reprodução* da desigualdade na América Latina, cit., p. 134).

[68] PINHEIRO, Paulo Sérgio. Introdução: o Estado de direito e os não privilegiados na América Latina, cit., p. 11.

[69] "Aqui, na América Latina, a desigualdade e a pobreza são desafios persistentes. A região tem o mais alto grau de desigualdade do mundo na distribuição da receita, e 220 milhões de pessoas vivem na pobreza"; [...] "Um destes desafios são as desigualdades arraigadas. Todos esperávamos que a globalização nos aproximaria, mas, em alguns aspectos, afastou-nos ainda mais. As correntes financeiras líquidas continuam fluindo dos países pobres para países ricos, como água contra a corrente", declarou Kofi Annan em 03/11/2006 na inauguração da XVI Cúpula Ibero-Americana, em Montevidéu (Desigualdade na América Latina é a maior do mundo, diz Annan. Disponível em: < http://www1.folha.uol.com.br/folha/mundo/ ult94u101501.shtml >. Acesso em: 28 nov. 2010).

[70] CIMADAMORE, Alberto D.; CATTANI, Antonio D. *A construção da pobreza e da desigualdade na América Latina*: uma introdução, cit., p. 10.

[71] A informação é de Paulo Sérgio Pinheiro: "As instituições do Estado encarregadas de garantir a lei e a ordem são percebidas amplamente como disfuncionais [...]. As garantias formais fixadas na Constituição e os códigos legais são sistematicamente violados, principalmente por causa da gritante lacuna entre o que a lei diz e maneira como as instituições responsáveis por proteger e implementar a lei funcionam na prática; por exemplo, a policia e o Judiciário. Nos países latino-americanos os pobres veem a lei como um instrumento de opressão a serviço dos ricos e poderosos" (*Democracia, violência e injustiça*: o não Estado de Direito na América Latina. In: MÈNDEZ, Juan E.; O'Donnell, Guillermo; Pinheiro, Paulo Sérgio (Orgs.). São Paulo: Paz e Terra, 2000. p. 23).

como o direito brasileiro enfrentou o desafio de promover a isonomia no âmbito de suas instituições judiciárias? Sua atuação contribuiu para a promoção da igualdade ou para o aprofundamento das desigualdades?

1.4.2. O sistema institucional brasileiro

Antônio Carlos Wolkmer, adepto da moderna e crítica historiografia, pontua que a igualdade e a liberdade – tais como propostas pelos movimentos burgueses dos séculos XVII e XVIII – geraram uma cultura jurídica perpetradora de desigualdades ocultadas sob o manto da igualdade formal, supondo, falsamente, a igualdade dos homens sem considerar seus condicionamentos sociais concretos[72].

Esse modelo liberal-individualista da visão da igualdade resultou na supervalorização dos princípios da generalidade (a lei para todos) e da impessoalidade (confecção "neutra" da lei)[73], que justificaram a neutralidade do governo diante de seus administrados de todas as camadas populares e a aceitação pela lei de negócios jurídicos celebrados entre partes diferenciadas em grande medida.

O autor explica ainda que as ideias liberais na Europa, apesar de tudo, foram levadas a cabo por uma categoria dominada politicamente (burguesia) em face de uma classe dominante (monarquia). Ao importar o modelo, o Brasil o ajustou à manutenção do domínio da monarquia e da sociedade escravista, gerando um liberalismo que, paradoxalmente, convivia com o patrimonialismo e a hereditariedade[74].

Os índios foram fortemente excluídos e discriminados no Brasil[75]. A escravidão foi outro fator extremamente negativo para o desenvolvimento da cidadania entre os brasileiros: todos possuíam escravos e muitos destes, uma vez libertos, faziam questão de ter escravos[76].

---

[72] WOLKMER, Antonio Carlos. *História do direito no Brasil*. 3. ed. Rio de Janeiro: Forense, 2003. p. 27.

[73] WOLKMER, Antonio Carlos. *História do direito no Brasil*, cit., p. 28-29.

[74] WOLKMER, Antonio Carlos. *História do direito no Brasil*, cit., p. 62-63.

[75] "Colonizado por portugueses, numa política nitidamente de exploração, o Brasil tem em seus índios o primeiro exemplo de exclusão e discriminação, que, em razão da política portuguesa de expansão do cristianismo, se veem obrigados a abrir mão de sua cultura por motivos de sobrevivência" (GOMES NETO, José Mário Wanderley; VEIGA, Ana Carolina Gomes. Crítica aos dispositivos processuais contidos no Estatuto do Idoso: um estudo de caso frente ao acesso à justiça. *Revista de Processo*, São Paulo, v. 32, n. 143, 2007. p. 261).

[76] Regina Teixeira Mendes prossegue: "A escravidão e a grande propriedade não contribuíam, como é óbvio, para a formação de futuros cidadãos, uma vez que os escravos

As leis e as instituições jurídicas desenvolvidas no século XIX no Brasil se colocaram a serviço, portanto, da oligarquia agrária e do governo monárquico central; a legislação oitocentista omitiu-se sobre direitos de índios e escravos, parecendo "envergonhada" por não considerar o escravo pessoa civil[77] e deixando-os, juntamente com os pobres, à margem do Direito.

Constata-se, assim, a existência de uma herança pouco encorajadora legada pelo colonialismo com marcas duradouras; após quase três séculos (1500-1822), "os portugueses, malgrado tenham construído um enorme país dotado de unidade territorial linguística, cultural e religiosa, deixaram aqui uma população analfabeta, uma sociedade escravocrata, uma economia monocultora e latifundiária, um Estado absolutista"[78].

Além dos graves problemas econômicos, no plano sociológico verifica-se no Brasil, a partir daí, intensa influência das relações pessoais sobre a atuação dos sujeitos e das instituições; como bem narram Marinoni e Becker, desde o período colonial vigora uma organização estatal burocrática, corrupta e ineficiente[79].

Quem melhor explica essa situação – historicamente arraigada na sociedade brasileira – é Sérgio Buarque de Holanda: como o sistema administrativo e os funcionários só atuaram dedicando-se a interesses puramente objetivos em momentos excepcionais, predominaram constantemente em nossa história as vontades particulares "que encontram seu ambiente próprio em círculos fechados e pouco acessíveis a uma ordenação impessoal"[80].

A temática merece destaque em separado, já que a prestação jurisdicional verifica-se por meio de serviço estatal e o domínio da coisa pública no País tem peculiaridades significativas em sua configuração.

---

não tinham os direitos civis básicos à integridade física, à liberdade e, em casos extremos, à própria vida (MENDES, Regina Lúcia Teixeira. Igualdade à brasileira: cidadania como instituto jurídico no Brasil. In: AMORIM, Maria Stella de; LIMA, Roberto Kant; TEIXEIRA, Regina Lúcia (Orgs.). *Ensaios sobre a igualdade jurídica*. Rio de Janeiro: Lúmen Júris, 2005. p. 19).

[77] WOLKMER, Antonio Carlos. *História do direito no Brasil*, cit., p. 72.

[78] FONSECA, Regina Lúcia Teixeira Mendes da. *A "oração aos moços" de Ruy Barbosa e o princípio da igualdade a brasileira*, cit.

[79] MARINONI, Luiz Guilherme; BECKER, Laércio A. A influência das relações pessoais sobre a advocacia e o processo civil brasileiros. *Professor Marinoni*. Disponível em: <http://www.professormarinoni.com.br/ manage/pub/anexos/2007081011250503.pdf>. Acesso em: 26 dez. 2009.

[80] BUARQUE DE HOLANDA, Sérgio. *Raízes do Brasil*. 26. ed. São Paulo: Companhia das Letras, 2004. p. 146.

1.4.3. Visão sobre a *res publica* e o Direito no Brasil

Segundo Roberto Kant de Lima, o sistema jurídico brasileiro não se pauta pela origem popular ou democrática, mas se apresenta como "produto de uma reflexão iluminada, uma 'ciência normativa' que tem por objetivo o controle de uma população sem educação, desorganizada e primitiva"[81].

Na sociedade brasileira, o domínio da coisa pública não é identificado como o espaço da regra local, explícita e de aplicação universal – "de todos conhecida e a todos acessível, portanto a todos aplicável por igual, universalmente, que é a condição indispensável e necessária para a interação social entre indivíduos diferentes mas iguais" –; o domínio da seara pública – moral, intelectual ou referente ao espaço físico – constitui o local dominado pelo Estado segundo

> "[...] as 'suas' regras, de difícil acesso e, portanto, onde tudo é possivelmente permitido, até que seja proibido ou reprimido pela 'autoridade', que detém não só o conhecimento do conteúdo, mas principalmente a competência para a interpretação correta da aplicação particularizada das prescrições gerais, sempre realizadas através de formas implícitas e de acesso privilegiado[82]".

Nesse panorama, a organização estatal foi desde o início pautada por leis de árduas compreensão e execução, havendo dissociação entre os reclamos mais prementes da população (rural e urbana)

> "[...] e o proselitismo acrítico dos profissionais da lei que, valendo-se de um intelectualismo alienígeno, inspirado em princípios advindos da cul-

---

[81] Roberto Kant de Lima completa: "Os modelos jurídicos de controle social, portanto, não têm nem poderiam ter como origem a 'vontade do povo', enquanto reflexo de seu estilo de vida, mas são resultado dessas formulações legais especializadas, legislativa ou judicialmente. Nessas circunstâncias, não é difícil compreender que, ao não ser considerada como formula ideal a aplicação da lei pelo povo', valores legais, quando se aplicam, tendem a ser vistos como constrangimentos externos ao comportamento dos indivíduos. Em consequência, o 'capital simbólico' do campo do direito não reproduz ampliadamente seu valor porque expressa a 'vontade do povo' ou um conjunto de prescrições morais compartilhadas e internalizadas pelo cidadão comum, mas como uma imposição das 'autoridades', não importa quão legal e legitimamente produzidas e postas em vigor" (LIMA, Roberto Kant de. Carnavais, malandros e heróis: o dilema brasileiro do espaço público. In: GOMES, Laura Graziela; BARBOSA, Lívia; DRUMMOND, José Augusto (Orgs.). *O Brasil não é para principiantes*: carnavais, malandros e heróis 20 anos depois. 2. ed. Rio de Janeiro: FGV, 2001. p. 108-109).

[82] LIMA, Roberto Kant de. Carnavais, malandros e heróis: o dilema brasileiro do espaço público, cit., p. 109. O autor cita como exemplo os efeitos imprevisíveis que podem ser provocados com as publicações no *Diário Oficial* – que todos têm a "obrigação" de conhecer.

tura inglesa, francesa ou alemã, ocultavam, sob o manto da neutralidade e da moderação política, a institucionalidade de um espaço marcado por privilégios econômicos e profundas desigualdades sociais"[83].

O espaço público acabou se configurando como lugar apropriado por certas figuras – Estado ou outros membros da sociedade autorizados ou não por ele –, aparecendo como "opaco, caótico e imprevisível ao olhar coletivo, onde tudo pode acontecer e de onde 'quero tudo o que tenho direito'"; em tal contexto, a liberdade não é associada à autonomia para optar em um mercado em que as escolhas

> "[...] foram previamente negociadas, como no sistema angloamericano, mas à possibilidade aberta de todos poderem 'ter' tudo, que encontra sua expressão paroxística no delírio carnavalesco. Assim, a ideia de igualdade torna-se substantiva, associada à semelhança, não à diferença, entre as pessoas. Nesse contexto, as negociações se tornam deslocamentos estruturais, que afetam posições desiguais em uma hierarquia excludente, não composições que visam à produção de uma hierarquia social includente, de um rank[84]".

A sociedade brasileira é marcada por uma noção moderna de indivíduo superposta a um vigoroso sistema de relações pessoais no qual opera a pessoa; "assim, o 'você sabe com quem está falando', o Carnaval, o futebol, a patronagem e o sistema de relações pessoais são fenômenos estruturais que permitem descobrir uma dialética que torna muito complexa a operação do sistema no nível puramente econômico[85]".

Essa sistemática acaba perpetuando disparidades e a desigualdade passa a ser vista como princípio organizador decorrente da sociedade brasileira desde os tempos coloniais e imperiais[86].

---

[83] WOLKMER, Antonio Carlos. *História do direito no Brasil*, cit., p. 82.

[84] LIMA, Roberto Kant de. Carnavais, malandros e heróis: o dilema brasileiro do espaço público, cit., p. 110.

[85] BARBOSA, Lívia. O Brasil pelo avesso: Carnavais, malandros e heróis e as interpretações da sociedade brasileira. In: GOMES, Laura Graziela; BARBOSA, Livia; DRUMMOND, José Augusto (Orgs.). *O Brasil não é para principiantes*: Carnavais, malandros e heróis 20 anos depois 2. ed. Rio de Janeiro: FGV, 2001. p. 54.

[86] Concluem os autores que a desigualdade, "entranhada no tecido social, contamina as relações nas instituições sociais" (LIMA, Roberto Kant de; AMORIM, Maria Stella de; BURGOS, Marcelo Baumann. A administração da violência cotidiana no Brasil: a experiência dos Juizados Especiais Criminais. *Revista Ciências Sociais*, Rio de Janeiro, v. 8, n. 1/2, p. 103, 2002).

A compreensão dessa situação é importante para analisar se procede a máxima sobre a igualdade tantas vezes repetida em discursos jurídicos: *tratar igualmente os iguais e desigualmente os desiguais na medida de sua desigualdade* é assertiva que efetivamente concretiza a isonomia ou aprofunda a aceitação das desigualdades?

1.5. O DISCURSO SOBRE IGUAIS E DESIGUAIS NO BRASIL: VISÃO CRÍTICA

Em clássica lição, Rui Barbosa assim abordou a isonomia:

> "A regra da igualdade não consiste senão em quinhoar desigualmente aos desiguaes, na medida em que se desigualam. Nesta desigualdade social, proporcionada á desigualdade natural, é que se acha a verdadeira lei da igualdade. O mais são desvarios da inveja, do orgulho ou da loucura. Tratar com desigualdade a iguaes, ou a desiguaes com igualdade, seria desigualdade flagrante, e não igualdade real. Os appetites humanos conceberam inverter a norma universal da criação, pretendendo, não dar a cada um, na razão do que vale, mas atribuir o mesmo a todos, como se todos se equivalessem. Esta blasphemia contra a razão e a fé, contra a civilização e a humanidade, é a philosophia da miséria, proclamada em nome dos direitos do trabalho; e, executada, não faria, senão inaugurar, em vez da supremacia do trabalho, a organização da miséria. Mas, se a sociedade não pode igualar os que a natureza criou desiguaes, cada um, nos limites da sua energia moral, pode reagir sobre as desigualdades nativas, pela educação, atividade e perseverança. Tal a missão do trabalho[87]".

Regina Teixeira Mendes questiona por que o discurso do autor – localizado em uma República agrária, conservadora e oligárquica – ainda se revela tão eficiente para resolver dilemas do Brasil contemporâneo, industrial e preconizador do Estado Democrático de Direito[88].

Para a autora, tal noção de isonomia não apenas justifica a existência de privilégios como também revela características peculiares da cultura nacional atualizadas no ordenamento jurídico[89].

---

[87] BARBOSA, Rui. *Oração aos moços*. São Paulo: Martin Claret, 2003. p. 17. O discurso foi proferido aos formandos na Faculdade de Direito da USP em 1920, razão pela qual se denominou "oração aos moços".

[88] "Por que, afinal, a igualdade que pressupõe a desigualdade não nos parece tão anacrônica, absurda e inaceitável quanto o instituto da escravidão?" (MENDES, Regina Lúcia Teixeira. Igualdade à brasileira: cidadania como instituto jurídico no Brasil, cit., p. 7).

[89] MENDES, Regina Lúcia Teixeira. Igualdade à brasileira: cidadania como instituto jurídico no Brasil, cit., p. 7-8.

1.5.1. Contradições e cidadania no Brasil

Para Regina Teixeira Mendes, a cidadania no País acabou reduzida ao aspecto político (votar e ser votado)[90], sem abordar os relevantes aspectos social e civil – devidamente desenvolvidos nos países europeus – sobre os quais faltam práticas e mesmo literatura a respeito[91].

A importância do tema é significativa porque desde seus primórdios a cidadania, enquanto decorrência do princípio de igualdade jurídica, está intrinsecamente ligada "à ideia da atribuição de um mínimo jurídico comum a todos aqueles que estão vinculados a determinado Estado[92]".

Com o enriquecimento dos direitos atribuídos aos indivíduos, foi gradualmente aumentando a compreensão sobre o que deve compor o mínimo comum: o aspecto civil da cidadania abrange o possível exercício de todos os direitos essenciais à fruição da liberdade individual como ir e vir, pensar, expressar sua fé, ter propriedade, celebrar contratos válidos e, em especial, acessar a justiça – já que a implementação de muitos direitos depende do encaminhamento judicial[93].

Por seu turno, o elemento social da cidadania enseja o direito de todos de participar na riqueza comum, sendo informado pelo princípio jurídico da solidariedade social e materializado "pelo direito de acesso à educação, à saúde e à previdência, entre outros[94]".

A construção da cidadania está ligada à relação das pessoas com a nação e com o Estado, surgindo cidadãos "na medida em que as pessoas passam a se sentir parte de um Estado, e com isto passam a ser sujeitos de determinados direitos e obrigações para com este mesmo Estado[95]".

Como se percebe, sob o aspecto da cidadania, a situação é preocupante no País, já que se contempla apenas o aspecto político; como decorrência,

---

[90] MENDES, Regina Lúcia Teixeira. Igualdade à brasileira: cidadania como instituto jurídico no Brasil, cit., p. 8.
[91] FONSECA, Regina Lúcia Teixeira Mendes da. A "oração aos moços" de Ruy Barbosa e o princípio da igualdade a brasileira, cit.
[92] FONSECA, Regina Lúcia Teixeira Mendes da. A "oração aos moços" de Ruy Barbosa e o princípio da igualdade a brasileira, cit.
[93] FONSECA, Regina Lúcia Teixeira Mendes da. A "oração aos moços" de Ruy Barbosa e o princípio da igualdade a brasileira, cit.
[94] FONSECA, Regina Lúcia Teixeira Mendes da. A "oração aos moços" de Ruy Barbosa e o princípio da igualdade a brasileira, cit.
[95] FONSECA, Regina Lúcia Teixeira Mendes da. A "oração aos moços" de Ruy Barbosa e o princípio da igualdade a brasileira, cit.

o Estado acaba assumindo o papel de promover justiça e compensar as "desigualdades 'naturais' da sociedade[96]".

Uma rápida análise da situação brasileira evidencia que o Estado não tem logrado atingir tal objetivo e peca pela falta de prestações primárias básicas; além disso, o tratamento dispensado aos cidadãos não é isonômico.

1.5.2. Classes de cidadãos e acessibilidade ao sistema jurídico

Em termos de garantias de direitos civis, José Murilo de Carvalho assevera que a cidadania brasileira pode ser dividida em três distintas classes: a dos privilegiados, a dos "cidadãos simples" e a dos "elementos"[97].

A primeira classe é composta pelos "doutores" que, posicionados acima da lei, conseguem atuar em prol de seus interesses valendo-se do poder do dinheiro e do prestígio social, trabalhando a lei em seu benefício[98].

Na segunda categoria estão os "cidadãos simples", componentes da classe média modesta que inclui os trabalhadores assalariados, os pequenos funcionários e os pequenos proprietários de terras. Em geral esses indivíduos completaram o ensino médio, mas nem sempre têm uma precisa noção de seus direitos; as leis civis e penais existem, mas em sua percepção são aplicadas de modo parcial e incerto[99].

Por fim, têm-se como cidadãos de terceira classe os "elementos" – assim mencionados no jargão policial – da população marginal dos grandes centros urbanos, que inclui os trabalhadores sem carteira assinada, os posseiros, os camelôs, os biscateiros, os menores abandonados e os mendigos. Embora integrem a comunidade política nominalmente, na prática ou ignoram seus direitos ou os veem violados de maneira sistemática por outras pessoas ou pelo Estado – por meio do governo ou da polícia. Evidente que seu sentimento é de total desproteção nos sistemas social e legal, para eles valendo o Código Penal[100].

---

[96] A autora esclarece que nos países em que a cidadania foi construída de forma plena, "o Estado tem a função de solucionar os conflitos de interesses daqueles que são diferentes de fato, mas que são tratados isonomicamente pelas leis e pelos tribunais para, assim, haver justiça" (FONSECA, Regina Lúcia Teixeira Mendes da. A "oração aos moços" de Ruy Barbosa e o princípio da igualdade a brasileira, cit.).

[97] CARVALHO, José Murilo de. *Cidadania no Brasil*: o longo caminho. 3. ed. Rio de Janeiro: Civilização Brasileira, 2002. p. 219.

[98] CARVALHO, José Murilo de. *Cidadania no Brasil*: o longo caminho, cit., p. 219.

[99] CARVALHO, José Murilo de. *Cidadania no Brasil*: o longo caminho, cit., p. 219.

[100] CARVALHO, José Murilo de. *Cidadania no Brasil*: o longo caminho, cit., p. 219.

Como a sociedade brasileira se porta diante desses últimos cidadãos? Para Lucio Kowarick, está em curso um processo de destituição de direitos pautado por duas matrizes diversas e articuladas: a naturalização dos acontecimentos e a neutralização[101].

A naturalização dos acontecimentos é uma forma de acomodação social e controle pela qual os pobres não são reputados culpados, mas sim lançados na situação em que se encontram por puro acaso; com base em argumentos sobre o imponderável – decorrente de leis incontroláveis da natureza ou da inevitabilidade do que é assim porque sempre foi –, considera-se inexorável a incidência de "leis inescapáveis do mercado, da globalização, do avanço tecnológico ou da hierarquização social"[102].

As alegações mencionadas costumam ser invocadas com frequência nas exposições; consoante salienta Vera Silva Telles, as elites brasileiras podem ficar "satisfeitas com a modernidade e dizer candidamente que a pobreza é lamentável, porém inevitável"; afinal, com a transmutação da miséria em fato bruto da natureza esvazia-se "a função crítica das noções de igualdade e justiça"[103].

Já a neutralização conforma, por meio de artifícios de persuasão e métodos de escancarado constrangimento, "mecanismos para reforçar as dinâmicas de subalternização" de que são exemplos a expressão "cada macaco no seu galho" – cada um deve ficar em seu devido lugar – e a violência cotidiana que indica ser arriscado sair de seu limitado espaço – "humilhação, extorsão, agressão, espancamento ou até mesmo homicídio" são "atos cotidianos praticados tanto pela polícia como por bandidos", não havendo dados a respeito nas estatísticas por medo de represália[104].

---

[101] KOWARICK, Lúcio. Sobre a vulnerabilidade socioeconômica e civil: Estados Unidos, França e Brasil. *Revista Brasileira de Ciências Sociais*, v. 18, n. 51, p. 77-78, fev. 2003. Disponível em: < http://www.scielo.br/pdf/rbcsoc/v18n51/15986.pdf >. Acesso em: 31 jul. 2010.

[102] "Estar desempregado, morar em favela ou ser assassinado pela polícia ou por bandidos é equacionado como uma sina que cai sobre os deserdados da sorte: trata-se, enfim, de um 'coitado'. Em consequência, não só quem está no comando da relação social se desobriga dos que estão em posição de subalternidade, mas também a própria dinâmica que produz a marginalização ganha a nebulosidade do descompromisso, pois, segundo esse raciocínio, ela é também tida e havida como inelutavelmente natural" (KOWARICK, Lúcio. Sobre a vulnerabilidade socioeconômica e civil: Estados Unidos, França e Brasil, cit.).

[103] TELLES, Vera Silva. A 'nova questão social' brasileira: ou como as figuras do nosso atraso viraram símbolo de nossa modernidade. *Cadernos CRH*, 30/31, Salvador, p. 87-88, jan./dez. 1999. Disponível em: <http://www.fflch.usp.br/sociologia/veratelles/artigos/1999%20Questao%20Social.pdf>. Acesso em: 16 nov. 2010.

[104] "Trata-se de uma forma de discriminação escrachadamente marginalizadora e, com certeza, de difícil aplicação, pelo menos nos grandes centros urbanos" (KOWARICK, Lúcio. Sobre a vulnerabilidade socioeconômica e civil: Estados Unidos, França e Brasil, cit.).

Como é notório, a cidadania no Brasil enfrenta o imenso desafio de fazer valer o princípio da igualdade – sem o qual se revela inviável atribuir um mínimo jurídico comum a todos os indivíduos – sobretudo no aspecto civil da cidadania[105].

O discurso de Rui Barbosa infelizmente, divide as pessoas entre iguais e desiguais aprofundando a noção de que as diferenças são naturais no sistema pátrio. Como bem expõe Regina Teixeira Mendes, o discurso do Águia de Haia não colabora na empreitada de fomentar a cidadania civil a todos "porque antes de tudo, pressupõe as diferentes 'classes' de cidadãos"[106].

A repercussão na credibilidade das instituições é evidente; em face desse panorama, Anton Menger afirma que não é de surpreender "que las clases pobres de todos los Estados civilizados miren con gran desconfianza la administración de la justicia civil"[107].

1.6. REPERCUSSÕES DAS DESIGUALDADES NA CREDIBILIDADE DO SISTEMA JUDICIÁRIO

Desde há muito tempo se constata o abissal distanciamento que as classes menos favorecidas experimentam em relação ao sistema formal de justiça.

No Brasil, pesquisas recentes demonstram grande desconfiança da sociedade em relação ao Poder Judiciário; entre 0 e 10, a nota média atribuída foi de 5,3, tendo a população afirmado vê-lo como parcial e inacessível[108].

---

[105] FONSECA, Regina Lúcia Teixeira Mendes da. A "oração aos moços" de Ruy Barbosa e o princípio da igualdade a brasileira, cit. A autora completa: "No Brasil, o desafio consiste em fazer valer o instrumento jurídico como denominador comum, de forma isonômica, especialmente no que se refere à garantia e à proteção dos direitos civis, que como vimos são os que estão mais desprotegidos".

[106] FONSECA, Regina Lúcia Teixeira Mendes da. A "oração aos moços" de Ruy Barbosa e o princípio da igualdade a brasileira, cit.

[107] MENGER, Anton. *El derecho civil y los pobres*. Buenos Aires: Atalaya, 1947. p. 66.

[108] "A pesquisa da Fundação Getúlio Vargas (FGV) mostra que o índice de credibilidade da Justiça é menor entre os brasileiros mais pobres e com menor escolaridade. No grupo de pesquisados com renda de até R$ 1 mil, a confiança no Judiciário atinge a nota de 5,4 (em uma escala que varia de 0 a 10). Para a população dessa faixa de renda, os maiores problemas da Justiça são os custos e a dificuldade de acesso. Entre os que têm até 1º grau incompleto, o índice de confiança é de apenas 5,3 pontos. Nesse grupo, 87,2% dizem que os custos para ingressar no Judiciário são altos ou muito altos; e 81,7% afirmam que o grande problema do Poder Judiciário é a sua desonestidade e parcialidade. O acesso à Justiça também é outro problema para os que têm escolaridade mais baixa – 72,9% consideraram o acesso difícil" (Pesquisa mostra que a confiança é

A situação vem piorando: em pesquisa mais recente realizada por uma fundação federal[109], a visão negativa sobre a prestação jurisdicional do Estado acentuou-se e a média nacional alcançou um sofrível 4,55; o Poder Judiciário tem como um de seus piores quesitos a imparcialidade, que na avaliação obteve a nota média de 1,18[110] na escala de 1 a 4.

O que as pesquisas revelam é a quantificação de uma sensação difusa na sociedade perceptível há longo tempo. Como destacam com propriedade Luiz Guilherme Marinoni e Laércio Becker, o aumento da desigualdade, o uso do "jeitinho" e do "sabe com quem está falando" geram total desconfiança no tocante a normas universais e ao serviço público; além de todos os fatores de ineficiência – custo, demora e complexidade operacionais –, corrobora para a crise no prestígio do Poder Judiciário a desconfiança de que confere tratamento desigual; segundo os autores, "da percepção popular desse flagrante tratamento desigual à perda de confiança e de legitimidade há apenas um passo"[111].

Também José Carlos Barbosa Moreira salienta a associação entre a percepção de igualdade e o prestígio da justiça: "la credibilidad del proceso como instrumento de solución de conflictos de intereses depende esencialmente de su capacidad para ofrecer a los respectivos titulares una perspectiva de ecuanimidad[112]".

Em exemplo atual de tentativa de superação de problema relativo à parcialidade, a Emenda Constitucional n. 45 buscou enfrentar a corriqueira situação de potencial tráfico de influência prevendo prazos de quarentena

---

menor entre os mais pobres. Disponível em: <http:portal.rpc.com.br>. Acesso em: 12 jan. 2010).

[109] SIPS – Sistema de Indicadores de Percepção Social: Justiça, pesquisa divulgada pelo IPEA (Instituto de Pesquisas Econômicas Aplicadas), fundação do Governo Federal, em 17/11/2010. Disponível em: <http://www.ipea.gov.br/portal/images/stories/PDFs/SIPS/101117_sips_justica.pdf>. Acesso em: 23 nov. 2010. Em uma das conclusões, consta que "os dados parecem indicar que, para a avaliação geral que o conjunto da população brasileira faz da justiça, tão importante quanto o rápido trâmite dos processos é a produção de resultados que ajudem na resolução dos conflitos e afirmem um sentido de justiça nos casos concretos".

[110] A *imparcialidade* da justiça foi considerada sob "sua capacidade de tratar ricos e pobres, pretos e brancos, homens e mulheres, enfim, todos de maneira igual".

[111] MARINONI, Luiz Guilherme; BECKER, Laércio A. A influência das relações pessoais sobre a advocacia e o processo civil brasileiros, cit.

[112] BARBOSA MOREIRA, José Carlos. La igualdad de las partes en el proceso civil. *Revista de Processo*, São Paulo, n. 44, p. 182, out./dez. 1986.

para magistrados[113] e promotores[114] aposentados ou exonerados. Vale refletir se tal previsão é vocacionada a promover a pretendida imparcialidade.

Ricardo Barros Leonel salienta que será questionável a eficácia das regras por duas essenciais razões: possível atuação oficiosa do magistrado aposentado ou exonerado – "sem procuração nos autos, e eventualmente supervisionando outro advogado mais jovem e menos experiente" – e inexistência de poder disciplinar dos Tribunais sobre os juízes que não se encontram mais em seus quadros. Afirma, com toda razão, ser "mais razoável e eficaz que as vedações, que são garantias de imparcialidade, sejam dirigidas aos membros do Poder Judiciário e do Ministério Público que estejam 'na ativa', e não aos afastados da atividade funcional por aposentadoria"[115].

Espera-se, neste estudo, não ter de responder às perguntas formuladas no início deste capítulo com a constatação de que a formação histórica e a cultura jurídica do Brasil não favoreceram a superação das desigualdades socioeconômicas, mas, ao contrário, fomentaram seu aprofundamento na contramão daquilo que foi desenvolvido modernamente na filosofia e nos movimentos internacionais de direitos humanos.

Em face desse panorama, é relevante lograr certas conquistas para que não se concretizem as graves ameaças que pairam sobre a cidadania brasileira; urge que o Poder Judiciário seja fortalecido e afirmado "como agente público responsável pela prestação jurisdicional e guardião do respeito às garantias individuais do cidadão", bem como sejam adequados os "serviços de segurança à prestação do serviço público que lhes compete"[116].

Faz-se, portanto, necessário aprofundar a análise sobre o sistema constitucional e o ordenamento processual para aferir em que medida o intérprete pode resgatar a evolução da diretriz isonômica e aportar para a busca de sua concretização no processo civil brasileiro.

---

[113] CF, art. 95. (...) Parágrafo único. Aos juízes é vedado: (...) IV – receber, a qualquer título ou pretexto, auxílios ou contribuições de pessoas físicas, entidades públicas ou privadas, ressalvadas as exceções previstas em lei; V – exercer a advocacia no juízo ou tribunal do qual se afastou, antes de decorridos três anos do afastamento do cargo por aposentadoria ou exoneração.

[114] CF, art. 128, § 5º, II, *f*, e art. 128, § 6º.

[115] LEONEL, Ricardo de Barros. Reforma do Judiciário: primeiras reflexões. *Revista Magister de Direito Civil e Processual Civil*, Porto Alegre, v. 4, p. 90, jan./fev. 2005.

[116] FONSECA, Regina Lúcia Teixeira Mendes da. A "oração aos moços" de Ruy Barbosa e o princípio da igualdade a brasileira, cit.

2

A IGUALDADE COMO VALOR JURÍDICO NA PERSPECTIVA CONSTITUCIONAL

2.1. ISONOMIA NA PERSPECTIVA DO ESTADO DEMOCRÁTICO DE DIREITO

Prestigiada no plano normativo desde 1776 no *Bill of Rights*, a igualdade encontra previsão em ordenamentos jurídicos e em cartas internacionais como a Declaração de Independência dos Estados Americanos e a Declaração dos Direitos do Homem e do Cidadão.

Na esteira da tradição de normas detalhadas[1], a Constituição da República brasileira de 1988 contempla numerosas previsões[2] sobre a isonomia,

---

[1] A igualdade sempre foi consagrada nas Constituições brasileiras; partiu-se de um conceito de igualdade formal e absoluta em 1824 para uma tentativa de igualdade social e econômica em 1934, chegando-se a uma igualdade proporcional e positiva em 1976 (premissa mantida em 1967 e 1969) (FARIA, Anacleto. *O princípio da igualdade jurídica*. São Paulo: Revista dos Tribunais, 1973. p. 65-69 *passim*).

[2] A preocupação com a igualdade é expressa nos seguintes dispositivos constitucionais: art. 3º, III (constituem objetivos fundamentais da República Federativa do Brasil: erradicar a pobreza e a marginalização e reduzir as desigualdades sociais e regionais); art. 4º, V (igualdade entre os Estados); art. 5º, I (todos são iguais perante a lei, sem distinção de qualquer natureza, garantindo-se aos brasileiros e aos estrangeiros residentes no País a inviolabilidade do direito à vida, à liberdade, à igualdade, à segurança e à propriedade, nos termos seguintes: I – homens e mulheres são iguais em direitos e obrigações, nos termos desta Constituição); art. 7º, XXXIV (igualdade de direitos entre o trabalhador com vínculo empregatício permanente e o trabalhador avulso); art. 37, XXI (ressalvados os casos especificados na legislação, as obras, serviços, compras e alienações serão contratados mediante processo de licitação pública que assegure igualdade de condições a todos os concorrentes, com cláusulas que estabeleçam obrigações de pagamento, mantidas as condições efetivas da proposta, nos termos da lei, o qual somente permitirá as exigências de qualificação técnica e econômica indispensáveis à garantia do cumprimento das obrigações); art. 43, § 2º (os incentivos regionais compreenderão, além de outros, na forma da lei: I – igualdade de tarifas, fretes, seguros e outros itens de custos e preços de responsabilidade do Poder Público); art. 206, I (o ensino será ministrado com base nos seguintes princípios: I – igualdade de condições para o acesso

destacando desde o preâmbulo[3] que a igualdade consubstancia uma diretriz essencial no sistema pátrio.

Embora a igualdade possa ser vislumbrada por alguns como uma meta utópica, não é possível que o Estado de Direito deixe de prevê-la em razão de seu inegável valor no regime democrático[4].

Consoante leciona Paulo Bonavides, é impossível entender "o constitucionalismo do estado social brasileiro contido na Carta de 1988 se fecharmos os olhos à teoria dos direitos sociais fundamentais, ao princípio da igualdade, aos institutos processuais que garantem aqueles direitos e aquela liberdade"[5].

Na perspectiva igualitária, como os fenômenos do multiculturalismo e do pluralismo[6] marcam a democracia[7] contemporânea, o Estado, longe de eliminar qualquer desígnio ou valor, deve reconhecer como valiosos todos os projetos de vida –inclusive os minoritários[8].

---

e permanência na escola); art. 227, § 3º, IV (garantia de pleno e formal conhecimento da atribuição de ato infracional, igualdade na relação processual e defesa técnica por profissional habilitado, segundo dispuser a legislação tutelar específica).

[3] "Nós, representantes do povo brasileiro, reunidos em Assembleia Nacional Constituinte para instituir um Estado Democrático, destinado a assegurar o exercício dos direitos sociais e individuais, a liberdade, a segurança, o bem-estar, o desenvolvimento, *a igualdade* e a justiça como valores supremos de uma sociedade fraterna, pluralista e *sem preconceitos*, fundada na harmonia social e comprometida, na ordem interna e na ordem internacional, com a solução pacífica das controvérsias, promulgamos, sob a proteção de Deus, a seguinte Constituição da República Federativa do Brasil" (sem grifo no original).

[4] Norberto Bobbio assinala ser frequente na história a associação entre governo popular e igualdade (BOBBIO, Norberto. *A teoria das formas de governo*. Tradução Sérgio Bath. 9. ed. Brasília: UnB, 1997. p. 42).

[5] BONAVIDES, Paulo. *Curso de Direito Constitucional*. 18. ed. São Paulo: Malheiros, 2006. p. 373.

[6] A cultura não tem "caráter fechado, principalmente a nossa, que é pluralista. Sofre varias influencias. [...] Por outro lado, a diversidade é um bem e não um mal. Ninguém tem o direito de manter uma cultura ensimesmada, fechada e concentrada. A convivência de culturas diferentes em um mesmo espaço é algo diverso" (PARIZ, Ângelo Aurélio Gonçalves. *O princípio do Devido Processo Legal*: direito fundamental do cidadão. Coimbra: Almedina, 2009. p. 172).

[7] Apenas na democracia o Direito pode operar permitindo a coexistência de vários planos pessoais sem prejudicar as exigências de segurança e justiça essenciais à integração social. Para Marcelo Gallupo, a democracia "deve ser entendida como uma comunidade real de comunicação em que se realiza, na maior medida possível, a situação ideal de fala, ou seja, aquela em que os envolvidos podem desenvolver completamente sua competência comunicativa, o que só é possível [...] se eles não sofrerem limitações nem externa (violência) nem interna (ideologia)" (GALUPPO, Marcelo Campos. *Igualdade e diferença*: Estado democrático de direito a partir do pensamento de Habermas, cit., p. 152-153).

[8] GALUPPO, Marcelo Campos. *Igualdade e diferença*: Estado democrático de direito a partir do pensamento de Habermas, cit., p. 20-21.

Cap. 2 – A IGUALDADE COMO VALOR JURÍDICO NA PERSPECTIVA CONSTITUCIONAL

Como não há igualdade jurídica absoluta – porque sempre haverá uma razoável desigualdade –, busca-se, na medida do possível, neutralizar as disparidades promovendo nivelação e equilíbrio[9].

Revela-se, assim, pertinente a lição de Jorge Miranda sobre três elementos essenciais: igualdade não é identidade, assim como igualdade jurídica não é igualdade natural; igualdade retrata intenções de racionalidade e justiça; igualdade não deve ser considerada de modo isolado, mas sim em conexão com outras diretrizes, devendo ser compreendida no plano global de valores, critérios e opções da Constituição material[10].

2.1.1. Igualdade como princípio, direito fundamental e garantia

A Declaração Universal dos Direitos do Homem reconhece a igualdade de todo e cada indivíduo protegendo-o contra discriminações ilegítimas[11]. A isonomia perante a lei resta consignada no art. 24 do referido Pacto ao afirmar que, por serem iguais, as pessoas "têm direito, sem discriminação alguma, à igual proteção da lei".

A expansão e a generalização da proteção internacional dos direitos humanos foram de grande importância para que pessoas necessitadas de proteção especial fossem alvo de atenção, tendo paulatinamente avançado o reconhecimento de direitos a distintas pessoas – como os trabalhadores, os refugiados, as mulheres, os idosos e os inválidos[12].

Em estudos doutrinários varia o tratamento dado à igualdade, havendo referências à sua configuração ora como princípio, ora enquanto direito fundamental, ora como garantia. O impacto do reconhecimento de uma ou outra natureza enseja diferenças em relação ao compromisso do legislador e do intérprete na implementação da diretriz, razão pela qual merece análise mais detida[13].

---

[9] BORTHWICK, Adolfo E.C. *Principios formativos de los procesos*: principios que rigen el proceso civil, penal, laboral, administrativo y constitucional. Corrientes: Mario A. Viera Editor, 2005. p. 58.

[10] MIRANDA, Jorge. *Manual de Direito Constitucional*. Coimbra, Coimbra, 2000. t. IV, p. 237-238.

[11] Segundo o art. 70, "todos são iguais perante a lei e, sem distinção, têm direito a igual proteção da lei. Todos têm direito a proteção igual contra qualquer discriminação que viole a presente Declaração e contra qualquer incitamento a tal discriminação".

[12] CANÇADO TRINDADE, Antônio Augusto. *Proteção internacional dos direitos humanos*: fundamentos jurídicos e instrumentos básicos. São Paulo: Saraiva, 1991. p. 39.

[13] Assim, é corrente a afirmação de que se a natureza for de princípio, o legislador pode considerar ou não seu teor; contudo, em se tratando de direito fundamental e garantia,

2.1.1.1. Isonomia como princípio

A abordagem dos princípios é tema complexo[14] que enseja inúmeros debates na ciência jurídica[15].

A doutrina tradicional identifica os princípios como mandamentos nucleares do sistema[16], ordenações que irradiam e imantam o sistema normativo[17]. Para Robert Alexy, eles são "mandados de otimização em face das possibilidades jurídicas e fáticas"[18].

Em distinta perspectiva metodológica[19], Ronald Dworkin assevera que os princípios dão coerência e justificação ao sistema jurídico, permitindo ao juiz decidir *hard cases* pela interpretação da forma mais adequada em relação à Constituição[20].

A título de contraponto, é lapidar a crítica de Lenio Streck a Robert Alexy – porque a noção de mandado de otimização reavivaria a abstração

---

é essencial uma atuação mais intensa em prol de sua configuração, sendo menor a possibilidade de limitação.

[14] Conforme leciona Virgílio Afonso da Silva, o termo princípio é plurívoco e isto enseja problemas "a partir do momento em que o jurista deixa de perceber esse fato e passa a usar o termo como se todos os autores que a ele fazem referência o fizessem de forma unívoca" (SILVA, Virgílio Afonso da. *A constitucionalização do direito*: os direitos fundamentais nas relações entre particulares. 1. ed. 2. tir. São Paulo: Malheiros, 2008. p. 35).

[15] A discussão filosófica pode ser aferida na obra de Rafael Tomáz de Oliveira (*O conceito de princípio entre a otimização e a resposta correta*: aproximações sobre o problema da fundamentação e da discricionariedade das decisões judiciais a partir da fenomenologia hermenêutica. 2007. Dissertação (Mestrado) – Universidade do Vale do Rio dos Sinos, 2007. Disponível em: <http://www.dominiopublico.gov.br/download/ texto/cp042844. pdf>. Acesso em: 10 dez. 2010).

[16] MELLO, Celso Antônio Bandeira de. *Curso de Direito Administrativo*. 15. ed. São Paulo: Malheiros, 2003. p. 817-818.

[17] CANOTILHO, J. J. Gomes; MOREIRA, Vital. *Fundamentos da Constituição*. Coimbra: Coimbra, 1991. p. 49.

[18] ALEXY, Robert. *Teoria dos direitos fundamentais*. Tradução Virgílio Afonso da Silva. São Paulo: Malheiros, 2008. p. 90.

[19] "Para Alexy, o princípio tem caráter deôntico porque, como *mandado*, participa, ao lado das regras, do gênero *normas*. Para Dworkin, a normatividade do direito se manifesta concretamente na própria *prática interpretativa* e não num sistema lógico previamente delimitado, sendo, portanto, o conceito de norma remetido a um nível pragmático e não meramente semântico como quer Alexy" (OLIVEIRA, Rafael Tomáz de. *O conceito de princípio entre a otimização e a resposta correta*: aproximações sobre o problema da fundamentação e da discricionariedade das decisões judiciais a partir da fenomenologia hermenêutica, cit., p. 173).

[20] DWORKIN, Ronald. *Levando os direitos a sério*. São Paulo: Martins Fontes, 2007. p. 43.

afastando o mundo prático inerente aos princípios[21] – e a Ronaldo Dworkin – pela questionável distinção entre *easy* e *hard cases*[22].

Para Humberto Ávila, estudioso que também vê problemas nas concepções anteriores, os princípios são

> "[...] normas imediatamente finalísticas, primariamente prospectivas e com pretensão de complementaridade e de parcialidade, para cuja aplicação demandam uma avaliação de correlação entre o estado de coisas a ser promovido e os efeitos decorrentes da conduta havida como necessária a sua promoção[23]".

Nelson Nery Junior leciona com propriedade que todas as elaborações têm aspectos positivos e negativos, apresentam vantagens e desvantagens e podem se adaptar (ou não) ao ordenamento de um Estado[24].

Na esteira de uma ou outra concepção, nas doutrinas de Direito Constitucional e Processual Civil sobejam menções à igualdade como princípio, sendo nessa perspectiva considerada um postulado informador dos demais direitos que se destina tanto ao legislador – impedindo-o de criar normas arbitrárias ou reconhecedoras de privilégios – como ao administrador público – que também não poderá cometer discriminações ou favorecimentos[25].

Para Willis Santiago Guerra Filho, a igualdade é um princípio constitucional geral e deve ser considerado de forma abstrata por não disciplinar situação específica; com base nesse princípio em seu sentido estrito, enquanto afirmação da igualdade formal de todos perante a lei, são atribuídos direitos civis e políticos, "enquanto a distribuição dos deveres e ônus correlatos deve se dar obedecendo a 'igualdade relativa' ou proporcionalidade"[26].

---

[21] STRECK, Lênio Luiz. *Verdade e consenso*. 3. ed. Rio de Janeiro: Lumen Juris, 2009. p. 531-532.

[22] STRECK, Lênio Luiz. *Verdade e consenso*, cit., p. 245-251.

[23] ÁVILA, Humberto. *Teoria dos princípios*: da definição à aplicação dos princípios jurídicos. 8. ed. São Paulo: Malheiros, 2008. p. 180.

[24] NERY JUNIOR, Nelson. *Princípios do processo civil na Constituição Federal*: processo civil, penal e administrativo. 9. ed. rev. e aum. com as novas súmulas do STF (simples e vinculantes) e com análise sobre a relativização da coisa julgada. São Paulo: Revista dos Tribunais, 2009. p. 21.

[25] BASTOS, Celso Ribeiro. *Dicionário de direito constitucional*. São Paulo: Saraiva, 1994. p. 161.

[26] GUERRA FILHO, Willis Santiago. Sobre princípios constitucionais gerais: isonomia e proporcionalidade. *Revista dos Tribunais*, São Paulo, v. 84, n. 719. p. 58-59, set. 1995.

Como poderá ser observado adiante, há muita polêmica no que tange à igualdade formal, devendo-se repensar se essa concepção merece prevalecer no sistema vigente.

Segundo Pontes de Miranda, o princípio da isonomia está logo no início da enumeração dos direitos fundamentais e se dirige a todos os poderes do Estado por ser cogente "para a legislatura, para a administração, e para a Justiça". O autor divisava dois princípios: um, de "igualdade perante a lei feita, e outro, de igualdade na lei para fazer-se. Não são só a incidência e a aplicação que precisam ser iguais, é preciso que seja igual para a legislação"[27].

É relevante, portanto, perceber a configuração da isonomia da perspectiva dos direitos fundamentais.

2.1.1.2. Isonomia como direito fundamental e garantia

Os direitos fundamentais são marcados por grande variação terminológica[28] e podem ser definidos, segundo Alexandre Moraes, como "um conjunto de faculdades e instituições que, em cada momento histórico, concretizam as exigências da dignidade, da liberdade e da igualdade humanas, as quais devem ser reconhecidas positivamente pelos ordenamentos jurídicos a nível nacional e internacional"[29].

É corrente a configuração da igualdade como direito fundamental: para José Afonso da Silva, este retrata conceito amplo que abrange não só os princípios que resumem a concepção de mundo e informam a ideologia de um ordenamento jurídico, mas também é reservado para designar, no

---

[27] Segundo Pontes de Miranda, "a enumeração dos direitos fundamentais começa pelo princípio da isonomia ou princípio da igualdade perante a lei, dito, também, princípio de igualdade formal, porque não igualiza 'materialmente'. 'Todos são iguais perante a lei'. O princípio dirige-se a todos os poderes do Estado. É cogente para a legislatura, para a administração, e para a Justiça." (PONTES DE MIRANDA, Francisco Cavalcanti. *Comentários à Constituição de 1967 com a Emenda nº 1 de 1969*. 2. ed. 2. tir. São Paulo: Revista dos Tribunais, 1974. t. 4, p. 698).

[28] Eles são também denominados direitos naturais, direitos humanos, direitos do homem, direitos individuais, direitos públicos subjetivos, liberdades fundamentais, liberdades públicas e direitos fundamentais do homem (SILVA, José Afonso da. *Curso de direito constitucional positivo*. 26. ed. São Paulo: Malheiros, 2006. p. 175).

[29] MORAES, Alexandre de. Direitos humanos fundamentais e a Constituição de 1988. In: _____ (Coord.). *Os 10 anos da Constituição Federal*: temas diversos. São Paulo: Atlas, 1999. p. 66-67.

nível *positivo*, aquelas prerrogativas que ele concretiza em garantias de uma convivência digna, livre e igual de todas as pessoas[30].

O art. 5°[31] da Constituição Federal brasileira, importante veículo de garantias constitucionais, preconiza a isonomia de todos os indivíduos brasileiros e estrangeiros residentes no País assegurando-lhes importante gama de direitos fundamentais.

Robert Alexy esclarece que as disposições de direitos fundamentais podem ser consideradas uma positivação e uma decisão a favor de princípios, expressando "uma tentativa de estabelecer determinações em face das exigências dos princípios contrapostos"[32].

É comum que a igualdade seja também denominada como uma das garantias constitucionais; estas constituem os pressupostos e as bases *do exercício e da tutela dos direitos fundamentais, regendo, com proteção adequada e nos limites da Constituição, o funcionamento das instituições estatais*[33].

A igualdade configura garantia constitucional geral e, como tal, não apenas orienta o funcionamento do ordenamento como também integra o conjunto de prerrogativas de cada cidadão oponíveis ao Estado, sendo limitação imposta pela soberania popular aos poderes constituídos do Estado que dela depende[34].

Para Gomes Canotilho, os direitos fundamentais exercem importante função democrática e a isonomia desponta como princípio-direito essencial à participação popular[35].

---

[30] SILVA, José Afonso da. *Curso de direito constitucional positivo*. 26. ed., cit., p. 178.

[31] "Todos são iguais perante a lei, sem distinção de qualquer natureza, garantindo-se aos brasileiros e aos estrangeiros residentes no País a inviolabilidade do direito à vida, à liberdade, à igualdade, à segurança e à propriedade, nos termos seguintes".

[32] Para o autor, disposições de direitos fundamentais "adquirem um caráter duplo. De um lado, princípios são positivados por meio delas; mas, de outro lado, elas contêm determinações em face das exigências de princípios contrapostos, na medida em que apresentam suportes fáticos e cláusulas de restrição diferenciados. Essas determinações têm, contudo, um caráter incompleto, já que por meio delas não são possíveis decisões independentes do sopesamento em todo e qualquer caso. Além disso, as diferentes regulações constitucionais têm um grau de determinação bastante diversificado. Basta comparar a regulação da liberdade artística com a da inviolabilidade do domicílio" (ALEXY, Robert. *Teoria dos direitos fundamentais*. Tradução Virgílio Afonso da Silva. São Paulo: Malheiros, 2006. p. 139).

[33] BONAVIDES, Paulo. *Curso de Direito Constitucional*. 10 ed. São Paulo: Malheiros, 2000. p. 493.

[34] SILVA, José Afonso da. *Curso de direito constitucional positivo*. 26. ed., cit., p. 188-189.

[35] CANOTILHO, J. J. Gomes. *Direito Constitucional*. 6. ed. Coimbra: Almedina, 1993. p. 431.

José Afonso da Silva ainda identifica como garantias constitucionais especiais da igualdade[36] os incisos XLI[37] e XLII[38] do art. 5º da Constituição Federal, que vedam ao Estado e aos particulares a prática de discriminações injustificadas[39].

Como é notório, há na doutrina menções à isonomia como princípio, como direito fundamental e como garantia processual.

Para Cândido Rangel Dinamarco, as grandes linhas mestras insculpidas na Constituição são princípios efetivados mediante a atribuição da eficácia imperativa de garantias constitucionais, de sorte que ante sua inobservância o ato seja reputado inválido ou ineficaz; por essa razão, os grandes princípios são considerados garantias, sendo ambos os vocábulos utilizados para retratar a mesma ideia[40].

É possível, assim, cogitar-se de sua configuração nas três perspectivas sem qualquer prejuízo ou contradição porque a isonomia apresenta um aspecto político relevante e sua adoção exige o comprometimento dos agentes públicos para a efetiva concretização da proposta isonômica. Não é válido, portanto, qualquer discurso sobre sua possível limitação pelo legislador porque configuraria princípio e não garantia: ao contrário, dada a multiplicidade de contemplações no Estado de Direito, é essencial que haja esforços para sua implementação a despeito da dificuldade experimentada para tanto.

2.1.2. Igualdade perante a lei, igualdade na lei e igualdade no Direito

As considerações doutrinárias clássicas sobre a isonomia costumavam divisar dois aspectos: a igualdade perante a lei (igualdade formal) e a igualdade na lei.

---

[36] Segundo o autor, garantias constitucionais especiais são prescrições constitucionais que conferem aos titulares dos direitos fundamentais, meios técnicas, instrumentos ou procedimentos para imporem o respeito e a exigibilidade desses direitos. Em outras palavras, são prescrições de Direito Constitucional positivo, de constituições rígidas, que, limitando a atuação dos órgãos estatais ou mesmo de particulares, protegem a eficácia, aplicabilidade e inviolabilidade dos direitos fundamentais de modo especial (SILVA, José Afonso da. *Curso de direito constitucional positivo*. 26. ed., cit., p. 413).

[37] A lei punirá qualquer discriminação atentatória dos direitos e liberdades fundamentais.

[38] A prática de racismo constitui crime inafiançável e imprescritível, sujeito à pena de reclusão, nos termos da lei.

[39] SILVA, José Afonso da. *Curso de direito constitucional positivo*. 26. ed., cit., p. 414.

[40] DINAMARCO, Cândido Rangel. *Instituições de Direito Processual Civil*. 2. ed. São Paulo: Malheiros, 2002. v. I, p. 194-195.

A perspectiva da igualdade perante a lei preconizava sua destinação ao aplicador – que devia executar a norma "com fidelidade ou respeito aos critérios por ela mesmo estabelecidos"[41].

Cármen Lúcia Antunes Rocha aduz que esta primeira compreensão sobre a igualdade, ao determinar que a lei fosse aplicada de maneira uniforme a todos, acabou garantindo a manutenção do *status quo ante* e impedindo que o Direito constituísse um instrumento de harmonização social – servindo, *v.g.*, para justificar a doutrina do *separate but equal* nos Estados Unidos[42].

Para Pontes de Miranda, a igualdade perante a lei era formal por não equalizar materialmente, devendo haver a igualdade perante a lei feita e a igualdade na lei para fazer-se, porque não só incidência e aplicação devem ser iguais[43].

A concepção, portanto, estava fadada a não prevalecer porque a realidade social demonstrava a insuficiência da consagração meramente formal da igualdade, de forma que o contexto social e suas situações de extremas disparidades passaram a exigir novos olhares[44].

Doutrina e jurisprudência então desenvolveram a concepção da igualdade na lei que impingiu ao legislador a obrigação de assegurar o princípio da isonomia: com base na nova interpretação do princípio, "busca-se superar a possibilidade de arbítrio legal, vale dizer, a situação jurídica em que, com base na norma posta, pode-se praticar a mais ampla injustiça"[45].

José Afonso da Silva entende que a distinção entre igualdade na lei e perante a lei é supérflua e desnecessária porque a jurisprudência pátria há muito concluiu que a expressão "igualdade perante a lei" equivale em

---

[41] SILVA, José Afonso da. *Curso de direito constitucional positivo*. 26. ed., cit., p. 215. Na mesma esteira manifesta-se J. J. Gomes Canotilho: "Ser igual perante a lei não significa apenas aplicação igual da lei. A lei, ela própria, deve tratar por igual todos os cidadãos. O princípio da igualdade dirige-se ao próprio legislador, vinculando-o à criação de um direito igual para todos os cidadãos" (CANOTILHO, J. J. Gomes. *Direito constitucional*, cit., p. 563).

[42] ROCHA, Cármen Lúcia Antunes. *O princípio constitucional da igualdade*. Belo Horizonte: Lê, 1990. p. 37. A doutrina "iguais, mas separados" permitiu a segregação entre brancos e negros e será oportunamente abordada com mais profundidade.

[43] PONTES DE MIRANDA, Francisco Cavalcanti. *Comentários à Constituição de 1967 com a Emenda nº 1 de 1969*, cit., p. 698.

[44] À época da Revolução Industrial, *v.g.*, a despeito da preconização de liberdades públicas e da previsão de igualdade perante a lei, crianças trabalhavam horas a fio em minas de carvão.

[45] ROCHA, Cármen Lúcia Antunes. *O princípio constitucional da igualdade*, cit., p. 37.

significado ao que no exterior se pensa como "igualdade na lei", orientando tanto legisladores quanto aplicadores[46].

Tem certa razão o estudioso porque cogitar de igualdade formal não mais atende ao desiderato do sistema constitucional. É inegável, contudo, que historicamente foi de suma importância a distinção, já que a "igualdade na lei" abriu as portas para a equalização material efetiva.

Cármen Lúcia Antunes Rocha aponta a terceira inteligência do princípio, derivada dessa noção: a igualdade no Direito, que impõe a promoção da "igualação dos iguais e o tratamento diversificado daqueles que se diversificam segundo critérios de Justiça racionalmente postos e suficientemente motivados"[47]. Amplia-se, desse modo,

> "[...] a esfera de obrigações do Poder Público, porquanto se pretende que o Direito seja pensado, elaborado e aplicado como instrumento realizador do princípio, que deixa de ser estático ou passivo para constituir uma diretriz dinamizadora de um Direito que somente será legítimo à medida que atenda e concretize a igualdade justa na sociedade"[48].

Na esteira dessa concepção, a identificação de grupos merecedores de especial atenção passou a ser pauta importante na temática constitucional.

2.1.3. A igualdade e o reforço do processo democrático: a inclusão das minorias

É notória a existência de minorias[49] em todas as sociedades, sejam elas de índole racial, religiosa, sexual ou econômica. Os grupos que as compõem estão à margem do processo democrático, dispondo geralmente

---

[46] SILVA, José Afonso da. *Curso de direito constitucional positivo*. 26. ed., cit., p. 215.
[47] ROCHA, Cármen Lúcia Antunes. *O princípio constitucional da igualdade*, cit., p. 39.
[48] ROCHA, Cármen Lúcia Antunes. *O princípio constitucional da igualdade*, cit., p. 39.
[49] A minoria pode ser conceituada como "segmento social, cultural ou econômico vulnerável, incapaz de gerir e articular sua própria proteção e a proteção de seus interesses, objeto de pré-conceituações e pré-qualificações de cunho moral em decorrência de seu distanciamento do padrão social e cultural hegemônico, vitimados de algum modo e em graus variados de opressão social e, por tudo isso, necessitados e demandantes de especial proteção por parte do Estado" (MINHOTO, Antonio Celso Baeta; OTERO, Cleber Sanfeleci. Portador de deficiência, federação e inclusão social. In: MINHOTO, Antonio Celso Baeta (Org.). *Constituição, minorias e inclusão social*. São Paulo: Rideel, 2009. p. 22).

de nenhuma – ou, se alguma, deficiente – representação perante os órgãos legislativos.

Gustavo Tepedino e Anderson Schreiber esclarecem que a minoria não é identificada por sua amplitude numérica, como sugere o vernáculo, mas sim por sua condição vulnerável, pela dificuldade ou impossibilidade de exercer a cidadania, pela incapacidade de defender de forma eficaz os próprios interesses e pela submissão perante a autoridade, controle ou poder de outros[50].

Para os autores, a previsão constitucional de tutela das minorias está contida no art. 3º da Constituição Federal ao impor como objetivos fundamentais da República a erradicação da pobreza e da marginalização, a redução das desigualdades sociais e regionais e a promoção do bem de todos, sem qualquer forma de discriminação.

Os objetivos traçados nesse dispositivo, segundo Carmen Lúcia Antunes Rocha, não podem ser lidos como "um esboço quimérico, ineficaz, ou inexequível", mas sim como norma jurídica autêntica e eficaz para impedir o poder público de neles retroceder; a autora também salienta que nessa previsão a igualdade emerge como componente fundamental dos fins traçados[51].

Tepedino e Schereiber ainda indicam que a tutela das minorias não deve ser confundida com a proibição de tratamento discriminatório, pois aquela é, ou deve ser, muito mais abrangente do que o mandamento do art. 5º, *caput*[52].

Apesar dessa visão, o pensamento esposado pela autora deste trabalho vai ao encontro do entendimento de que a tutela das minorias encontra guarida no princípio da igualdade em aliança com os objetivos da República. É inquestionável o mérito do art. 3º da Constituição brasileira por valorizar

---

[50] "O termo minoria deve ser reservado àqueles grupos sociais que, independentemente de sua amplitude quantitativa, encontram-se qualitativamente em uma situação de inferioridade, seja por fatores sociais, técnicos ou econômicos. Esta é, aliás, a acepção que também atribuem ao termo os estudiosos de outras ciências sociais, referindo-se usualmente a minorias como grupos sujeitos à dominação de outros grupos prevalentes. É comum incluir-se no conceito a impossibilidade ou dificuldade no exercício da cidadania, a incapacidade de defender de forma eficaz os próprios interesses e a submissão perante a autoridade, controle ou poder de outros. Em síntese: a vulnerabilidade é o critério central para a definição e identificação das minorias" (TEPEDINO, Gustavo; SCHREIBER, Anderson. Minorias do Direito Civil Brasileiro. *Revista Trimestral de Direito Civil*, Rio de Janeiro: Padma, v. 10, p. 136, abr./jun. 2002).

[51] ROCHA, Cármen Lúcia Antunes. *O princípio constitucional da igualdade*, cit., p. 69-70.

[52] TEPEDINO, Gustavo; SCHREIBER, Anderson. Minorias do Direito Civil Brasileiro, cit., p. 137.

a igualdade e indicar ao Estado formas obrigatórias de atingi-la, mas é na isonomia que reside o fundamento maior de proteção.

José Afonso da Silva explica que os objetivos da República "são, em verdade, normas dirigentes ou teleológicas, porque apontam fins a serem alcançados pela aplicação de preceitos concretos definidos em outras partes da Constituição"[53].

Os objetivos apontados demandam uma postura ativa do Estado[54] porque por si só são inaptos a alcançar plena efetividade, necessitando do arsenal de direitos fundamentais constitucionalmente garantidos enquanto normas de eficácia plena capazes de assegurar às minorias o direito ao tratamento diferenciado e, portanto, à igualdade material.

Para sua instrumentalização diante de negativas à sua observância voluntária, pode se revelar imprescindível o acesso à via judicial. Mauro Cappelletti partilha da opinião que os juízes estão legitimados a atuar de maneira ativa em favor das minorias porque, como as portas do Poder Judiciário não podem ser fechadas a qualquer cidadão, aqueles que ficam à margem do processo político operante nos poderes Legislativo e Judiciário têm no "terceiro gigante" a única opção de acesso à máquina democrática; dessa maneira, o Judiciário contribui para a representatividade geral do sistema[55].

Para aferir a evolução histórica da proteção das minorias, bem como seu desenvolvimento com base no princípio da igualdade e na proibição de tratamento discriminatório, é oportuno trazer a lume a profícua experiência norte-americana.

---

[53] SILVA, José Afonso da. *Comentário contextual à Constituição.* 6. ed. São Paulo: Malheiros, 2009. p. 46. O autor ainda explica que o artigo "correlaciona-se com as promessas do preâmbulo, pois, 'construir uma sociedade livre, justa e solidária' corresponde a formar uma sociedade dotada dos valores supremos dos direitos sociais e individuais, tais a liberdade, a segurança, o bemestar, o desenvolvimento, a igualdade e a justiça – que é aquela sociedade fraterna, pluralista e sem preconceitos e fundada na harmonia social. Mas também se vincula de alguma maneira com as normas que contemplam os direitos da Seguridade Social (arts. 194 e ss.) como instrumentos de erradicação da pobreza e da marginalização e redução das desigualdades e se desdobra em normas precisas e de eficácia plena como as que definem o princípio da igualdade (art. 5º, *caput*, I, e 7º, XXX, XXXI e XXXII), de modo que só na aparência é que as disposições do art. 3º têm sentido programático".

[54] ROCHA, Cármen Lúcia Antunes. Ação afirmativa: o conteúdo democrático do princípio da igualdade jurídica. *Revista Trimestral de Direito Público*, São Paulo, n. 15, p. 92, 1996.

[55] CAPPELLETTI, Mauro. *Juízes legisladores?* Tradução Carlos Alberto Álvaro de Oliveira. Porto Alegre: Sérgio Antonio Fabris, 1999. p. 99.

2.1.3.1. Breve relato histórico sobre as cláusulas da igual proteção (equal protection) e do devido processo substantivo (substantive due process) no sistema norte-americano

Eduardo Appio, em interessante estudo, relata que antes da abolição da escravatura nos Estados Unidos vigorava na Suprema Corte americana o precedente do caso *Dred Scott v. Sanford*, que em 1858 afirmou expressamente não serem cidadãos os negros[56].

Em 1863, o presidente Lincoln proclamou o fim da escravidão e em 1865 foi promulgada a Emenda 13 à Constituição norte-americana proibindo definitivamente no país; contudo, apesar da vedação, alguns estados-membros, liderados pelo Mississipi, editaram diversas leis – os *black codes* – para limitar os direitos dos ex-escravos e ainda fizeram "vistas grossas" a grupos que promoviam extermínios de negros e praticavam outros atos discriminatórios[57].

Nesse contexto, no ano de 1868 foi editada a Emenda 14[58] à Constituição, com três importantes cláusulas: a das imunidades e privilégios, a do devido processo legal (*due process of law*) e a da igual proteção (*equal protection*); interessa sobremaneira para os fins deste trabalho esta última, cuja origem teve por objetivo proibir as leis estaduais de promoverem discriminações contra os ex-escravos e de forçá-los a conter os grupos racistas[59].

Ante a promulgação da Emenda, a Suprema Corte, em nome da cláusula da igual proteção, revogou imediatamente o precedente *Dred Scott* para

---

[56] APPIO, Eduardo. *Direito das minorias*. São Paulo: Revista dos Tribunais, 2008, p. 100.

[57] APPIO, Eduardo. *Direito das minorias*, cit., p. 101.

[58] "Nenhum Estado-membro deve fazer ou executar qualquer lei que venha a violar os privilégios e imunidades dos cidadãos dos Estados Unidos; nem devem privar qualquer indivíduo de sua vida, liberdade, ou propriedade sem o devido processo legal".

[59] APPIO, Eduardo. *Direito das minorias*, cit., p. 101. A demonstrar a dinâmica americana ao longo do tempo, consta que "in the economic sphere, the U.S. Supreme Court has all but abandoned the due process and equal protection clauses of the Fourteenth Amendment as defenses of property rights. As we shall see shortly, the states are free to develop their own constitutional doctrines regarding the relationship of government to private property. In addition, there is some evidence that the Supreme Court has backed away from activist interpretations of the dormant commerce power and preemption doctrines, again allowing the states more constitutional space for the forging of economic policy" (KATZ, Ellis. The complete American constitution: state constitutions and constitutional law in the American federal system. *Revista de Direito Constitucional*, v. 17, out.-dez. 1996, p. 23).

garantir os mesmos direitos civis e políticos – especialmente em relação à vida, à liberdade e ao patrimônio – a negros e brancos[60].

A aplicação, porém, foi limitada, já que por muito tempo a Corte se recusou a aplicar a cláusula da igual proteção a casos que não envolvessem discriminações entre brancos e negros por entendê-la incidente apenas no contexto da abolição da escravatura – procedendo, assim, a uma interpretação histórica de cunho originalista[61].

Mesmo após a Emenda vigorou no país a doutrina do *separate but equal* em que se admitia amplamente a segregação espacial entre negros e brancos[62]. As leis estaduais que sustentavam a doutrina foram consideradas constitucionais e conformes à cláusula da igual proteção[63]; a doutrina gerava

---

[60] APPIO, Eduardo. *Direito das minorias*, cit., p. 103.

[61] APPIO, Eduardo. *Direito das minorias*, cit., p. 101.

[62] Como destaca Barbosa Moreira, "os negros, e em geral as pessoas de cor, desde sempre haviam sido vítimas de discriminação, sobretudo nos Estados americanos do sul"; no final do século XIX tentou-se reagir contra a segregação racial verificada nos vagões de trem a partir da expulsão do cidadão de origem africana Homer Plessy do vagão destinado aos brancos; a alegação de inconstitucionalidade da separação, contudo, não logrou êxito (BARBOSA MOREIRA, José Carlos. O poder da Suprema Corte Norte--Americana e suas limitações. *Revista Magister de Direito Civil e Processual Civil*, Porto Alegre, v. 23, p. 14, mar./abr. 2008.).

[63] O entendimento em referência foi consolidado no precedente do caso *Plessy v. Ferguson* em 1896. Justice Brown, ao relatar a decisão da Corte, proferiu as seguintes palavras: "The object of the amendment was undoubtedly to enforce the absolute equality of the two races before the law, but, in the nature of things, it could not have been intended to abolish distinctions based upon color, or to enforce social, as distinguish d from political, equality, or a commingling of the two races upon terms unsatisfactory to either. Laws permitting, and even requiring, their separation, in places where they are liable to be brought into contact, do not necessarily imply the inferiority of either race to the other, and have been generally, if not universally, recognized as within the competency of the state legislatures in the exercise of their police power. The most common instance of this is connected with the establishment of separate schools for white and colored children, which have been held to be a valid exercise of the legislative power even by courts of states where the political rights of the colored race have been longest and most earnestly enforced". Houve, contudo, louvável dissidência do Justice Halan: "In respect of civil rights, common to all citizens, the constitution of the United States does not, I think, permit any public authority to know the race of those entitled to be protected in the enjoyment of such rights. Every true man has pride of race, and under appropriate circumstances, when the rights of others, his equals before the law, are not to be affected, it is his privilege to express such pride and to take such action based upon it as to him seems proper. But I deny that any legislative body or judicial tribunal may have regard to the race of citizens when the civil rights of those citizens are involved. Indeed, such legislation as that here in question is inconsistent not only with that equality of rights which pertains to citizenship, national and state, but with the personal liberty enjoyed by everyone within the United States" (History matters.

Cap. 2 – A IGUALDADE COMO VALOR JURÍDICO NA PERSPECTIVA CONSTITUCIONAL

ainda autênticos problemas de representação política ao separar distritos eleitorais negros e brancos[64].

A extensão da ingerência da Corte Suprema na legislação americana – desde a Emenda 14 até tempos atuais – foi dada pela cláusula do devido processo legal; além de ser entendida em sua forma procedimental[65], ela também era considerada em sua faceta substantiva para proteger o cidadão contra leis arbitrárias e interferências indevidas nos direitos fundamentais com base no critério da razoabilidade da lei.

Após historicamente proteger a liberdade de contratar e o liberalismo econômico[66], a Corte começou, assim, a considerar a cláusula do devido processo legal sob a ótica da igual proteção e assumir uma postura protetora dos direitos civis das minorias: o devido processo legal substancial passou a ser utilizado na defesa de direitos de classes minoritárias constituídas por negros, trabalhadores e mulheres[67].

Separate But Equal: The *Plessy* v. Ferguson Case. Disponível em: <http://historymatters.gmu.edu/d/5485/>. Acesso em: 11 jan. 2011).

[64] APPIO, Eduardo. *Direito das minorias*, cit., p. 101.

[65] Nos Estados Unidos, o devido processo em sua faceta procedimental é a garantia de que os americanos não serão privados de direito fundamental – notadamente da vida, da liberdade e da propriedade – sem serem antes notificados da acusação e sem terem direito a uma resposta. Appio indica um interessante caso (*Goldberg v. Kelly*, de 1970), no qual "a Suprema Corte fixou o entendimento de que o cancelamento de benefício social que concedia uma renda mínima a um indigente, diante da importância e repercussão da medida para a subsistência da vida do cidadão, exigia do governo a adoção de um procedimento sumário com a oitiva do afetado pela medida, como uma garantia efetiva do devido processo" (APPIO, Eduardo. *Direito das minorias*, cit., p. 135).

[66] Precedente essencial para esse mister foi o julgamento do caso *Lochner v. New York* (1905), no qual se discutiu a constitucionalidade de norma do Estado de Nova Iorque que vedava o trabalho em padarias por tempo superior a 60 horas semanais e 10 horas diárias (*Lochner v. New York* (1905). Disponível em: <http://supreme.justia.com/us/198/45/case.html>. Acesso em: 21 jul. 2010)

[67] "A ênfase até então concedida pela Suprema Corte à tutela da propriedade privada migrou para a defesa da democracia por meio da interpretação judicial da cláusula da igual proteção (*equal protection*). Essa nova interpretação da Suprema Corte colocava a tônica no direito de participação popular na soberania do país. Até então, a Suprema Corte interpretava a cláusula de igual proteção como uma garantia constitucional de que todos os cidadãos teriam direitos iguais à posse da propriedade privada e ao livre direito de negociação. A consequência natural dessa nova doutrina judicial foi um intenso incremento da proteção judicial das minorias, mediante uma grande ênfase nos direitos políticos de participação. A democracia – e não a propriedade privada – passa a ser o valor constitucional mais importante para a Suprema Corte. O Justice Stone desenvolveu seu raciocínio no caso *Carolene Products* enfatizando que as escolhas legislativas detêm presunção de constitucionalidade sempre que reforçarem proibições já contidas nas dez primeiras Emendas à Constituição dos Estados Unidos, as quais

2.1.3.2. O reforço democrático: casos de proteção das minorias

Dois importantes casos decididos pela Suprema Corte americana merecem destaque por seu evidente papel na defesa das minorias.

No caso *Roe v. Wade* (1973), a Corte foi chamada a decidir sobre uma lei do Estado do Texas que proibia qualquer tipo de aborto. O julgamento culminou na declaração de inconstitucionalidade da lei texana, esquivando-se da discussão sobre o início da vida e a ponderação entre vida e liberdade para centrar-se na liberdade da gestante. A Corte, na oportunidade, lançou a diretriz de que os abortos não poderiam ser proibidos antes do período de viabilidade do feto[68].

Eduardo Appio explica que o valor protegido no caso não foi apenas a liberdade da mulher, mas a igualdade de sua autodeterminação em relação aos homens. A classe feminina se apresentava, historicamente, como "classe suspeita"[69] e as leis que limitassem seus direitos estavam sujeitas a exame rigoroso pela Corte, que partia do pressuposto de sua inconstitucionalidade[70].

O mérito do caso *Roe v. Wade* foi conferir a cláusula da igual proteção a um grupo distinto daquele para o qual ela havia sido historicamente

---

foram parcialmente incorporadas por meio da Emenda 14" (APPIO, Eduardo. *Direito das minorias*, cit., p. 152).

[68] APPIO, Eduardo. *Direito das minorias*, cit., p. 159.

[69] Para não violar a isonomia, toda diferenciação deve ser razoável e a jurisprudência norte-americana aprecia a razoabilidade das diferenciações segundo diferentes fatores em um verdadeiro "sistema de escrutínios": "nem todo tipo de diferenciação deve ser avaliado pelo juiz com o mesmo critério. Os tipos de escrutínio são aplicações concretas do controle constitucional de razoabilidade e, mais especificamente, são os diferentes níveis de intensidade na aplicação desse juízo de razoabilidade – isto é, na avaliação de fins e de meios, com relação ao direito regulamentado – às distinções efetuadas pelas normas gerais que foram impugnadas em juízo. Pode-se dizer, graficamente, que equivalem ao 'grau de desconfiança com que será avaliada a norma' ou aos 'bons ou maus olhos com que o juiz olhará a lei'"; por tal razão, "uma norma submetida ao chamado *strict scrutiny* – 'escrutínio estrito' – será olhada com suma desconfiança pelo juiz (daí o rótulo de 'categorias suspeitas' atribuído àquelas que estão submetidas a este tipo de escrutínio), presumindo-se sua inconstitucionalidade perante a mera impugnação por uma parte interessada, ficando, então, o Estado obrigado a levar a cabo uma dificílima tarefa probatória e de argumentação, a fim de evitar que a mesma seja declarada inválida. Para quem quiser defender a norma, tal tarefa é tão difícil que se chegou a dizer que este escrutínio é 'estrito na teoria, mas fatal nos fatos'" (GIARDELLI, Lucas; TOLLER, Fernando M.; CIANCIARDO, Juan.Os parâmetros para julgar normas que realizam distinções – paralelismo entre a doutrina da Corte Suprema norte-americana e a do sistema interamericano sobre o direito à igualdade. *Revista dos Tribunais* (São Paulo), São Paulo, v. 99, n. 898, p. 17-18, ago. 2010).

[70] APPIO, Eduardo. *Direito das minorias*, cit., p. 167-168.

concebida; contudo, na linha tradicional de interpretação da cláusula, o julgamento mais expressivo é o do caso *Brown v. Board Education of Topeka* (1954)[71], pelo qual se superou a doutrina *separate but equal* declarando a inconstitucionalidade das leis segundo as quais estudantes negros e brancos deveriam estudar em instituições de ensino separadas[72].

O caso *Brown* é festejado porque nele a Corte demonstrou que a democracia não se cinge à "regra da maioria", mas reforça suas bases na proteção judicial das minorias carentes de representação[73].

Como forma de otimizar o princípio da igualdade, há quem propugne a diferenciação positiva em favor de certos sujeitos: concedendo-lhes prerrogativas e preferências, será possível compensar eventual disparidade de tratamento em razão de sua condição originária, colocando-os em iguais oportunidades de cotejo com as dos demais indivíduos. Está-se diante das polêmicas ações afirmativas, cuja abordagem mais detida se revela pertinente.

2.1.3.3. Ações afirmativas

A criação dos mecanismos propiciados pelas ações afirmativas se verificou nos Estados Unidos com fundamento em situações discriminatórias em face de minorias, já que por muito tempo se verificou no país a perpetração de medidas segregacionistas que apartavam negros e brancos sob o manto da doutrina *separate but equal*.

---

[71] "Oliver Brown, cidadão de cor, pretendeu matricular a filha Linda numa das escolas reservadas a crianças brancas. Recusada a matrícula, recorreu aos préstimos da *National Association for the Advancement of Colored People* (conhecida pela sigla *NAACP*), a qual patrocinou a iniciativa de pleitear em juízo o reconhecimento do direito à matrícula da menina, com fundamento na inconstitucionalidade da lei local que prescrevia a separação. Derrotado Brown na Justiça estadual, o caso chegou à Suprema Corte, onde foi decidido em conjunto com outros análogos, em 1954. Por pronunciamento unânime, julgou a Corte que não era admissível a segregação nas escolas públicas" (BARBOSA MOREIRA, José Carlos. O poder da Suprema Corte norte-americana e suas limitações, cit., p. 15).

[72] SANTOS, Élvio Gusmão. Igualdade e raça. O erro da política de cotas raciais. *Jus Navigandi*, Teresina, ano 14, n. 2041, 1 fev. 2009. Disponível em: <http://jus.uol.com.br/revista/texto/12281>. Acesso em: 7 dez. 2010. Para o autor, "a decisão foi um marco na história da Suprema Corte dos EUA, declarando que as leis estaduais que estabeleciam escolas públicas diferentes para negros e brancos negavam aos estudantes da cor negra iguais oportunidades educacionais. A decisão da Corte foi tomada por unanimidade (9-0) e tais leis foram consideradas violadoras da Décima Quarta Emenda à Constituição dos Estados Unidos. Esta decisão pavimentou o caminho para a integração racial nos EUA e deu força aos movimentos pelos Direitos Civis".

[73] APPIO, Eduardo. *Direito das minorias*, cit., p. 248.

Como a revisão da doutrina após o julgamento *Brown* não foi suficiente para promover a desejada integração racial – ante a resistência de alguns estados-membros e a relutância de outros –, a Corte começou então a admitir e recomendar medidas práticas aos estados, como o fornecimento de transporte escolar para que crianças negras frequentassem escolas não segregadas[74]. Mais tarde, passou a admitir as ações afirmativas como forma de remediar os prejuízos decorrentes das discriminações operadas no passado[75].

A expressão "ação afirmativa", aliás, foi usada pela primeira vez em 1965 no contexto de uma ordem executiva federal americana emitida para que empreiteiras contratadas pelo Poder Público fossem obrigadas a aumentar o emprego de integrantes de grupos minoritários[76].

A partir desse momento essa expressão foi empregada para retratar a exigência de favorecer certas minorias inferiorizadas e desigualadas, respectivamente, em termos sociais e jurídicos, em razão de preconceitos enraizados na cultura que precisavam ser dominados para que se pudesse "alcançar a eficácia da igualdade proclamada e assegurada constitucionalmente, baseada nos princípios de direitos fundamentais[77]".

Conquanto certas ações afirmativas específicas tenham tido sua constitucionalidade questionada, a Corte americana as manteve, o que contribuiu para que a ideia geral fosse muito bem-recebida.

No Brasil, a concepção é defendida, em sede doutrinária, por dois membros da atual composição do Supremo Tribunal Federal: Joaquim Barbosa Gomes e Cármen Lúcia Antunes Rocha.

Joaquim Barbosa toma as ações afirmativas como uma "discriminação positiva" juridicamente admissível, pois ao afastar a ideia de igualdade formal e de aplicação de uma lei "neutra", corrige uma desigualdade historicamente comprovada e promove a igualdade material[78],

---

[74] APPIO, Eduardo. *Direito das minorias*, cit., p. 227.
[75] APPIO, Eduardo. *Direito das minorias*, cit., p. 229.
[76] ATCHABAHIAN, Serge. *Princípio da igualdade e ações afirmativas*. São Paulo: RCS, 2004, p. 150.
[77] Prossegue o autor que a partir da concepção da ação afirmativa houve a "fixação de planos e programas governamentais e particulares, através dos quais as chamadas minorias sociais começavam a ter, necessariamente, percentuais de oportunidades, de empregos, de cargos, de espaços sociais, políticos, econômicos, enfim, nas entidades publicas e privadas" (ATCHABAHIAN, Serge. *Princípio da igualdade e ações afirmativas*, cit., p. 150).
[78] "A Segunda forma de discriminação tida como juridicamente admissível é a chamada 'Discriminação Positiva' ('reverse discrimination') ou ação afirmativa. Consiste em dar tratamento preferencial a um grupo historicamente discriminado, de modo a inseri-lo no mainstream, impedindo assim que o princípio da igualdade formal, expresso em leis neutras que não levam em consideração os fatores de natureza cultural e histórica, fun-

cujas bases filosóficas assentam-se com solidez no conceito de justiça distributiva[79].

Cármen Lúcia aponta as ações afirmativas como "desigualações positivas" para a promoção de "igualação jurídica efetiva" assegurada no sistema constitucional democrático[80].

A ação afirmativa costuma ser concebida como um remédio temporário que visa superar a discriminação histórica e efetivar a igualdade material[81]; a proposta é que ela desapareça quando atingido seu objetivo, sob pena de transmudar-se em uma diferenciação indevida que viola o princípio da igualdade.

Segundo Eduardo Cambi, a adoção de ações afirmativas é uma resposta ao fracasso da neutralidade estatal em efetivar, *v.g.*, os direitos humanos previstos na Convenção sobre a Eliminação de Todas as Formas de Discriminação Racial, que exigiam intervenções mais profundas na realidade.[82]

---

cione na prática como mecanismo perpetuador da desigualdade. Em suma, cuida-se de dar tratamento preferencial, favorável, àqueles que historicamente foram marginalizados, de sorte a colocá-los em um nível de competição similar ao daqueles que historicamente se beneficiaram da sua exclusão. Essa modalidade de discriminação, de caráter redistributivo e restaurador, destinada a corrigir uma situação de desigualdade historicamente comprovada, em geral se justifica pela natureza temporária e pelos objetivos sociais que se visa com ela atingir". (GOMES, Joaquim B. Barbosa. *Ação Afirmativa e o princípio constitucional da igualdade* (o Direito como instrumento de transformação social – a experiência dos EUA). Rio de Janeiro: Renovar, 2001. p. 22)

[79] "[...] pessoas que vieram ao mundo num dado momento e que portanto ao longo de suas vidas teriam tudo para obter idêntica evolução cultural e social, passam, por meio de artifícios injustificáveis que lhe são impostos pela sociedade, a ter trajetórias distintas, uns usufruindo plenamente de todas as vantagens, benefícios e oportunidades que se lhes apresentam, e outros sendo aberta ou dissimuladamente subtraídos de tais benefícios. Portanto, racismo e sexismo constituem explicações plausíveis para esse desvio de rota. Para mitigá-lo, a tese distributivista propõe a adoção de ações afirmativas, que nada mais seria do que a outorga aos grupos marginalizados, de maneira equitativa e rigorosamente proporcional, daquilo que eles normalmente obteriam caso seus direitos e pretensões não tivessem esbarrado no obstáculo intransponível da discriminação" (GOMES, Joaquim B. Barbosa. *Ação Afirmativa e o princípio constitucional da igualdade* (o Direito como instrumento de transformação social – a experiência dos EUA), cit., p. 67-68).

[80] ROCHA, Cármen Lúcia Antunes. *Ação afirmativa*: o conteúdo democrático do princípio da igualdade jurídica, cit., p. 92.

[81] Flávia Piovesan observa que "as ações afirmativas constituem medidas especiais e temporárias que, buscando remediar um passado discriminatório, objetivam acelerar o processo de igualdade, com o alcance da igualdade substantiva pelos grupos socialmente vulneráveis, como as minorias étnicas e raciais, dentre outros grupos" (PIOVESAN, Flávia. *Direitos humanos e o direito constitucional internacional*. 4. ed. São Paulo: Max Limonad, 2000. p. 184-185).

[82] CAMBI, Eduardo. *Neoconstitucionalismo e neoprocessualismo*. São Paulo: Revista dos Tribunais, 2009. p. 43.

O autor aduz que o Brasil adotou algumas ações afirmativas após a Constituição de 1988[83]; contudo, há ainda resistência que mina sua força contra o preconceito, com apoio especialmente de setores mais conservadores do Judiciário que se valem do conceito ambíguo e impreciso da discriminação reversa para a manutenção do *status quo*[84].

Sobreleva extrair da experiência das ações afirmativas que a diferenciação positiva em favor de pessoas e grupos discriminados historicamente é reconhecida aplicação do princípio da isonomia; a busca da igualdade faz parte da efetivação dos direitos humanos fundamentais que, como adverte Cambi, resulta de duras e difíceis conquistas sociais tradutoras da história de luta dos direitos fundada na superação das graves diferenças entre sujeitos de direitos[85].

O tema da concretização dos direitos humanos fundamentais está no centro do debate contemporâneo de Direito Constitucional e se expande por todos os ramos do Direito, conforme abordado a seguir.

2.2. NEOCONSTITUCIONALISMO

O termo *neoconstitucionalismo* retrata uma linha de pensamento comum a vários autores contemporâneos que, apesar de não unívocos, apresentam uma convergência de ideias que permite agrupá-los em um mesmo grande movimento[86].

---

[83] Entre as medidas citadas pelo autor estão: 1. o art. 68 do ADCT da Constituição que assegura a propriedade definitiva das terras ocupadas pelas comunidades remanescentes dos quilombos; 2. o art. 189 da Constituição da Bahia, que prevê a inclusão obrigatória de 50% de artistas negros em publicidade oficial; 3. a Lei nº 12.353, do Município de São Paulo, que assegura participação de pessoas negras em eventos publicitários promovidos pala Prefeitura; 4. a concorrência 3/2001 do STF, que reservou 20% das vagas de jornalistas para negros (CAMBI, Eduardo. *Neoconstitucionalismo e neoprocessualismo*, cit., p. 46).

[84] CAMBI, Eduardo. *Neoconstitucionalismo e neoprocessualismo*, cit., p. 45. Como exemplo, Cambi cita o caso no qual o Ministério Público de São Paulo ajuizou ação civil pública a fim de que a Faculdade de Medicina de Marília fixasse cota de 30% das vagas para estudantes carentes egressos de escolas públicas. Concedida medida liminar em primeiro grau, esta foi confirmada em segundo grau; o então Presidente do STF Nelson Jobim, todavia, suspendeu a liminar sob o argumento de grave lesão à ordem jurídico-constitucional e jurídico-administrativa, na medida em que o Judiciário não pode atuar como legislador, sob pena de violar os princípios da legalidade e da independência dos poderes.

[85] CAMBI, Eduardo. *Neoconstitucionalismo e neoprocessualismo*, cit., p. 30.

[86] MOREIRA, Eduardo Ribeiro. *Neoconstitucionalismo*: a invasão da Constituição. São Paulo: Método, 2008. p. 18-20. O autor assinala que têm relevo no tema a obra coletiva

O marco histórico de seu advento foi, na Europa continental, a constitucionalização do Direito após a Segunda Grande Guerra e, no Brasil, a promulgação da Lei Maior de 1988 com o processo de redemocratização que ajudou a protagonizar [87].

Pode-se observar no neoconstitucionalismo uma mudança de paradigma tanto da teoria do direito – por alterar os elementos gerais que o descrevem – quanto na metodologia – por alterar as técnicas de interpretação do direito[88].

Eduardo Ribeiro Moreira aduz que, se o pressuposto do constitucionalismo clássico era a limitação dos poderes estatais, para o neoconstitucionalismo são desígnios a disposição e a defesa de um catálogo de direitos fundamentais orientados por princípios[89]. Por sua vez, é também marcante a introdução das técnicas de interpretação conforme os princípios constitucionais e das técnicas de ponderação entre princípios.

Eduardo Cambi relaciona o neoconstitucionalismo com o abandono da pretensa segurança e do projeto científico-positivista que vigorou até a primeira metade do século XX[90]. No "mundo da segurança", a infalibilidade derivava dos sistemas fechados codificados a partir dos quais qualquer indivíduo saberia o que esperar do outro[91].

A sociedade moderna, porém, é caracterizada pela insegurança e pela instabilidade, de maneira que os sistemas fechados codificados não mais conseguem acompanhar a realidade, motivo pelo qual a Constituição, como elemento aglutinador único do direito, passa a ocupar o centro do ordenamento jurídico.[92]

Neoconstitucionalismo(s), da qual participaram teóricos do direito como Alfonso Figueroa, Sastre Ariza, Robert Alexy e Pietro Sanchís. Esses autores divergem em muitos pontos, o que demonstra que *neoconstitucionalismo* é mesmo uma terminologia ambígua.

[87] BARROSO, Luís Roberto. Neoconstitucionalismo e constitucionalização do direito: o triunfo tardio do direito constitucional no Brasil. *Jus Navigandi*, Teresina, ano 9, n. 851, 1 nov. 2005. Disponível em: <http://jus2.uol.com.br/doutrina/texto.asp?id=7547>. Acesso em: 20 abr. 2010.

[88] Segundo Eduardo Ribeiro Moreira, as alterações em comento podem ser consideradas o marco teórico do neoconstitucionalismo (MOREIRA, Eduardo Ribeiro. *Neoconstitucionalismo*: a invasão da Constituição, cit., p. 33-37).

[89] MOREIRA, Eduardo Ribeiro. *Neoconstitucionalismo*: a invasão da Constituição, cit., p. 35.

[90] CAMBI, Eduardo. *Neoconstitucionalismo e neoprocessualismo*, cit., p. 30.

[91] CAMBI, Eduardo. *Neoconstitucionalismo e neoprocessualismo*, cit., p. 30.

[92] MOREIRA, Eduardo Ribeiro. *Neoconstitucionalismo*: a invasão da Constituição, cit. p. 37-38.

As consequências advindas dessa mudança de paradigma, segundo identifica Eduardo Ribeiro Moreira, são: 1. a submissão de toda a manifestação de poder à Constituição, não apenas os poderes públicos, mas também os privados, ao que se dá o nome de "eficácia horizontal da Constituição"; 2. a efetividade de todos os direitos previstos constitucionalmente (direitos fundamentais), como os sociais e prestacionais, antes relegados a normas de eficácia limitada; 3. a presença da Constituição em todos os ramos do direito, interligando os diversos sistemas; 4. ampliação do papel da hermenêutica constitucional e da argumentação jurídica; 5. ênfase nos princípios e direitos fundamentais, em relativização às regras fechadas; 6. introdução da técnica de ponderação dos direitos fundamentais[93].

É nítido como os direitos fundamentais ocupam posição central no neoconstitucionalismo. Nessa etapa do desenvolvimento do direito, eles são considerados autênticos "trunfos" das minorias que prevalecem sobre as decisões ou desejos da maioria. Faz-se oportuno trazer, na sequência, alguns esclarecimentos sobre a evolução dos direitos fundamentais.

2.3. DIREITOS FUNDAMENTAIS NA PERSPECTIVA CONTEMPORÂNEA

A noção de direitos fundamentais tem origem no direito natural[94]. O movimento jusnaturalista na França inspirou o advento da Declaração dos Direitos do Homem e do Cidadão aprovada em 26 de agosto de 1789.

---

[93] MOREIRA, Eduardo Ribeiro. *Neoconstitucionalismo*: a invasão da Constituição, cit. p. 38-39.

[94] José Damião de Lima Trindade assim sintetiza a evolução do conceito: "A concepção de um Direito aproximadamente equiparado à noção de Justiça, em forte conexão com a moral e, portanto, mais perfeito do que o direito objetivamente encontrável nas sociedades humanas, era muito antiga entre os pensadores, deitando raízes em filósofos da Grécia antiga. Sua gênese helênica foi primordialmente laica, na medida em que esse Direito superior decorria da própria natureza, ou da observação do equilíbrio a ela inerente, e não dos deuses. Na Idade Média, ao retomar Aristóteles, São Tomás de Aquino buscou atualizar para o pensamento cristão a ideia desse direito natural (*ius naturae*), esforçando-se para demonstrar a sua compatibilidade com a fé, uma vez que a natureza seria obra da criação divida. Mas logo o direito natural seria dessacralizado pelo Iluminismo, substituindo-se progressivamente a natureza em geral (isto é, o mundo físico ou social externo) pela ideia de natureza humana e, especificamente, pela razão humana, fonte interior do conhecimento. O direito, portanto, poderia ser descoberto/produzido pelo espírito humano, desde que se procedesse à sua investigação com os rigores do raciocínio, configurando-se então como expressão moral das possibilidades inalienáveis, universais e eternas do ser humano (os direitos naturais humanos)" (TRINDADE, José Damião de Lima. *Anotação sobre a história social dos direitos humanos*: direitos humanos: construção da liberdade e da igualdade. São Paulo: Centro de Estudos da Procuradoria-Geral do Estado de São Paulo, 1998. Série Estudos, n. 11, p. 44.).

Como aponta Bobbio, seu núcleo doutrinário localiza-se nos três artigos: o primeiro[95] se refere

"[...] à condição natural dos indivíduos que precede a formação da sociedade civil; o segundo[96], à finalidade da sociedade política, que vem depois (se não cronologicamente, pelo menos axiologicamente) do estado de natureza; o terceiro[97], ao princípio da legitimidade do poder que cabe à Nação"[98].

Pressões do "terceiro estado" conduziram à elaboração de uma Constituição por *referendum* popular que, além dos direitos e liberdades previstos na Declaração de 1789, inseria a igualdade entre os direitos naturais imprescritíveis – no mesmo nível de propriedade, liberdade e segurança – e bania qualquer tipo de distinção política entre os cidadãos.

Com o desenvolvimento da sociedade industrial e a acentuação das desigualdades materiais entre burgueses e operários, iniciou-se o movimento para o reconhecimento de direitos sociais como direitos humanos[99].

É emblemática dessa fase dos direitos humanos a Constituição de Weimar que, aprovada em 1919, influenciou todo o constitucionalismo após a Primeira Guerra Mundial. Salientem-se, entre outras garantias, o reconhecimento da igualdade de direitos entre os cônjuges; a responsabilidade do Estado no amparo à maternidade, à saúde e ao desenvolvimento social das famílias; a assistência à juventude; o acesso ao serviço público, inclusive para mulheres; e a escolaridade obrigatória, pública e gratuita até os 18 anos.

---

[95] Art. 1º "Os homens nascem livres e são iguais em direitos".

[96] Art. 2º "A finalidade de toda associação política é a conservação dos direitos naturais e imprescindíveis do homem".

[97] Art. 3º "O princípio de toda Soberania reside essencialmente na Nação. Nenhuma instituição nem nenhum indivíduo pode exercer autoridade que não emane expressamente dela".

[98] BOBBIO, Norberto. *A era dos direitos*. Tradução Carlos Nelson Coutinho. Rio de Janeiro: Elsevier, 2004. p. 93.

[99] Para José Damião de Lima Trindade, "se, no final do século XIX, os trabalhadores do sexo masculino já conquistavam direitos políticos em vários países, à medida em que o século XIX avançou os êxitos da pressão operária e camponesa também forçaram a que o próprio *conceito* setecentista de Direitos Humanos (direitos civis e políticos) se expandisse, com a progressiva incorporação jurídica dos direitos jurídicos econômicos e sociais, nunca contemplado pelas revoluções burguesas" (TRINDADE, José Damião de Lima. Anotação sobre a história social dos direitos humanos. Direitos Humanos: Construção da Liberdade e da Igualdade, cit, p. 140).

Em uma terceira etapa, a noção de Estado Social, na procura de um modelo para sua concepção na seara internacional, tornou-se mais concreta no momento da divulgação da Carta das Nações Unidas, em 26 de junho de 1945, em São Francisco, Estados Unidos. Dentre tantas afirmações, a igualdade é contemplada com destaque[100].

Thiago Sombra adverte que, "enquanto resultado da reestruturação histórico-dialética do Estado Liberal", o Estado Social se destaca "pela atuação nas duas vertentes de maior descaso" por parte daquele: "a concretização do princípio da igualdade material e a extensão da eficácia dos direitos fundamentais às relações entre particulares"[101].

O moderno conceito de direitos fundamentais inclui os direitos humanos individuais e sociais garantidos pelo ordenamento jurídico. Ao lado dos direitos pessoais universais (como vida, liberdade, integridade, personalidade) há os direitos sociais universais (de que são exemplos o mínimo de existência condigna e o direito à saúde)[102].

Para José Afonso da Silva, os direitos sociais ligam-se ao princípio da isonomia porque, enquanto

"[...] dimensão social dos direitos fundamentais do homem, são prestações positivas proporcionadas pelo Estado direta e indiretamente, enunciadas

---

[100] "Nós, os povos das Nações Unidas, resolvidos a preservar as gerações vindouras do flagelo da guerra que, por duas vezes, no espaço de uma vida humana, trouxe sofrimentos indizíveis à humanidade; A reafirmar a nossa fé nos direitos fundamentais do homem, na dignidade e no valor da pessoa humana, na igualdade de direitos dos homens e das mulheres, assim como das nações, grandes e pequenas. A estabelecer as condições necessárias à manutenção da justiça e do respeito das obrigações decorrentes de tratados e de outras fontes do direito internacional; A promover o progresso social e melhores condições de vida dentro de um conceito mais amplo de liberdade; E para tais fins, praticar a tolerância e a viver em paz, uns com os outros, como bons vizinhos; Unir as nossas forças para manter a paz e a segurança internacionais; Garantir, pela aceitação de princípios e a instituição de métodos, que a força armada não será usada, a não ser no interesse comum; Empregar mecanismos internacionais para promover o progresso econômico e social de todos os povos; Resolvemos conjugar os nossos esforços para a consecução desses objetivos. Em vista disso, os nossos respectivos governos, por intermédio dos seus representantes reunidos na cidade de São Francisco, depois de exibirem os seus plenos poderes, que foram achados em boa e devida forma, adotaram a presente Carta das Nações Unidas e estabelecem, por meio dela, uma organização internacional que será conhecida pelo nome de Nações Unidas" (Disponível em: <http://www.onu-brasil.org.br>. Acesso em: 22 dez. 2009).

[101] SOMBRA, Thiago Luís Santos. *A eficácia dos direitos fundamentais nas relações jurídico-privadas*. Porto Alegre: Sergio Antonio Fabris, 2004. p. 65.

[102] OTERO, Paulo. *Pessoa humana e Constituição: contributo para uma concepção personalista do Direito Constitucional*, cit., p. 368.

em normas constitucionais que possibilitam melhores condições de vida aos mais fracos, direitos que tendem a realizar a igualização de situações sociais desiguais[103]".

Atuam, assim, "como pressupostos do gozo dos direitos individuais na medida em que criam condições materiais mais propícias ao auferimento da igualdade real, o que, por sua vez, proporciona condição mais compatível com exercício efetivo da liberdade"[104].

Antônio Cláudio da Costa Machado aponta que o jurista de origem tchecoslovaca Karel Vasak foi, em 1979, o primeiro a propor a divisão dos direitos fundamentais em "gerações"[105].

Segundo tal divisão, a primeira geração contempla os direitos dos indivíduos oponíveis contra o Estado e caracterizados por obrigações de não fazer (como os direitos à honra, à vida e à livre concorrência, entre outros, baseados na concepção liberal de Estado)[106].

A segunda geração abrange direitos assentados na concepção de *welfare state* consistentes nos direitos sociais, ou "liberdades positivas" (como os direitos à saúde, à educação e à habitação)[107].

A terceira geração enfoca direitos baseados nos ideais de fraternidade e integração mundial (inserem-se aqui a proteção do consumidor e os direitos ao meio ambiente ecologicamente equilibrado e ao justo desenvolvimento econômico)[108].

Não obstante a importância didática dessa divisão, há autores que afirmam que, na perspectiva contemporânea, vem sendo abandonada a noção de gerações de direitos fundamentais – válida enquanto dado histórico – porque todos os direitos reconhecidos como tais ganham efetividade, superando-se

---

[103] SILVA, José Afonso da. *Curso de Direito Constitucional Positivo*, cit., p. 286.
[104] SILVA, José Afonso da. *Curso de Direito Constitucional Positivo*, cit., p. 287.
[105] MACHADO, Antônio Cláudio da Costa et al. Processo de realização dos direitos fundamentais: um caminho teórico para distinguir os fenômenos "efetivação" e "concretização". *Revista Mestrado em Direito da Unifieo*, Osasco, Ano 5, n° 5, p. 123-156, 2005, p. 131.
[106] MACHADO, Antônio Cláudio da Costa et al. Processo de realização dos direitos fundamentais: um caminho teórico para distinguir os fenômenos "efetivação" e "concretização", cit., p. 131.
[107] MACHADO, Antônio Cláudio da Costa et al. Processo de realização dos direitos fundamentais: um caminho teórico para distinguir os fenômenos "efetivação" e "concretização", cit., p. 132-134.
[108] MACHADO, Antônio Cláudio da Costa et al. Processo de realização dos direitos fundamentais: um caminho teórico para distinguir os fenômenos "efetivação" e "concretização", cit., p. 135.

antiga noção de que os direitos sociais acabavam relegados a um segundo plano ante a eficácia limitada das previsões normativas[109].

Ademais, a utilização do vocábulo "gerações" dá a falsa impressão da existência de uma cronologia estanque entre as categorias de direitos fundamentais. Se é certo que, na história, cada geração de direitos fundamentais teve seu momento de despertar, também é verdade que certos direitos fundamentais que poderiam se enquadrar na primeira e na segunda gerações continuam a ser criados e aperfeiçoados até hoje (é o que ocorre, por exemplo, no aperfeiçoamento das inviolabilidades de correspondência e de domicílio previstas na Constituição Federal Brasileira de 1988).

Algumas questões se impõem: como o Processo Civil se relaciona a esse fenômeno e qual é a interferência projetada pela Constituição sobre o processo?

Enquanto seara jurídica, a ciência processual também foi afetada pela "invasão constitucional" e sua compreensão não pode mais se limitar ao conjunto fechados de regras processuais do Código de Processo Civil ou de outras leis processuais especiais. Cada ato normativo deve se comunicar com a Constituição e ser interpretado à luz de seus princípios e direitos fundamentais.

2.4. CONSTITUIÇÃO E PROCESSO CIVIL

A Constituição é concebida como um sistema de princípios e regras que tem como destinatários os titulares de todos os poderes[110], tendo estes o compromisso de atuar em consonância com os direitos e garantias lá previstos.

O Direito Constitucional é, segundo Paulo Otero, "simultaneamente, um Direito da garantia e da desconfiança, da satisfação de reivindicações e reivindicativo de insatisfações, inquietantemente problematizante de novas soluções e pacificamente tranquilo quanto aos fins ou propósitos que devem guiar suas soluções"[111].

---

[109] "Todos os direitos possíveis ganham em efetividade, os direitos sociais e os direitos prestacionais como um todo, antes relegados a um segundo plano e preteridos no discurso dos custos orçamentários e das normas de eficácia limitada pelos direitos de primeira geração. Hoje não é mais assim. Basta ver o resultado de um exercício de ponderação, em que o direito à saúde é efetivado, ao prevalecer em confronto com o regime de previsão orçamentária em favor da temática 'políticas públicas e tutela judicial'" (MOREIRA, Eduardo Ribeiro. *Neoconstitucionalismo*: a invasão da Constituição, cit., p. 37).

[110] CAMBI, Eduardo. *Neoconstitucionalismo e neoprocessualismo*, cit., p. 21.

[111] OTERO, Paulo. *Pessoa humana e Constituição*: contributo para uma concepção personalista do Direito Constitucional, cit., p. 354.

Cap. 2 – A IGUALDADE COMO VALOR JURÍDICO NA PERSPECTIVA CONSTITUCIONAL   79

Segundo o autor precitado, "a afirmação do *Digesto* de que 'todo o Direito se constitui por causa dos homens', transformando a humanidade em uma característica do Direito, é também válida e aplicável a nível constitucional: todo o Direito Constitucional existe por causa do Homem"[112].

É inegável que o processo, enquanto veículo de exercício do poder jurisdicional do Estado, deve respeitar os preceitos constitucionais quando a jurisdição atuar.

Cândido Rangel Dinamarco menciona a existência de um ciclo hermenêutico-constitucional no qual se verifica a simbiose entre a tutela constitucional do processo e a tutela da Constituição pelo processo para assegurar que o sistema produza decisões justas com a máxima proteção dos direitos fundamentais[113].

2.4.1. Constitucionalização do Processo Civil

Na segunda metade do século XX, em decorrência da evolução da cidadania e da ampliação da cláusula do devido processo, configurou-se a constitucionalização do processo[114].

Em sede doutrinária, Eduardo Couture é referido como o primeiro jurista do sistema de *civil law* a abordar o tema nos idos dos anos 50[115];

---

[112] "Colocar o Homem no centro do fenômeno constitucional determina que a essência de cada Constituição se encontre numa busca incessante de um modelo de organização do poder político que vise a edificação de uma sociedade mais justa, mais segura e mais livre ao serviço do respeito e da garantia da dignidade de cada ser humano [...]" (OTERO, Paulo. Pessoa humana e Constituição: contributo para uma concepção personalista do Direito Constitucional, cit., p. 351).

[113] DINAMARCO, Cândido Rangel. *Instituições de direito processual civil*. 6. ed. São Paulo: Malheiros, 2009. v. 1, p. 189. Na mesma linha se manifesta Carlos Alberto Álvaro de Oliveira, para quem "o direito processual é o direito constitucional aplicado", não se esgotando o processo na simples concretização do direito material, "constituindo, sim, mais amplamente, a ferramenta de natureza pública indispensável para a realização de justiça e pacificação social" (Oliveira, Carlos Alberto Álvaro de. O formalismo-valorativo em confronto com o formalismo excessivo. *Revista de Processo*, São Paulo, ano 31, n. 137, p. 12, jul. 2006).

[114] CALMON DE PASSOS, J. J. A instrumentalidade do processo. *Revista de Processo*, São Paulo, ano 26, n. 102, abr./jun. 2001. p. 59.

[115] "Se si considera il primo aspetto dell'esperienza che ho ricordato, il ruolo della comparazione appare essenziale e emerge con chiarezza in uno scritto di Eduardo Couture che risale agli inizi degli anni cinquanta e che ha introdotto, credo per la prima volta, il tema del *due process* nella nostra cultura processuale" (DENTI, Vittorio. Valori costituzionali e cultura processuale. *Rivista di Diritto Processuale*, Padova, v. 39, n. 3, p. 445, 1984).

no Brasil, é reconhecido o pioneirismo de juristas da Escola Processual de São Paulo na abordagem do tema a partir da década de 70[116].

Augusto Morello refere que a constitucionalização dos direitos sociais até os anos 60 verificou-se como um fenômeno praticamente universal e passou a constar, em menor ou maior escala, em todas as constituições latino-americanas; em razão disso, ao abordar a proteção processual dos direitos da pessoa, passou a ser indispensável compreender também a tutela dos direitos de caráter social[117].

No plano normativo brasileiro, o advento da Constituição de 1988 foi essencial para o panorama de valorização das diretrizes contidas na Lei Maior. José Carlos Barbosa Moreira lembra que as Constituições anteriores davam escassa atenção ao processo civil, mas com a mudança do panorama provocada pela Lei Maior vigente, advieram muitas disposições processuais, tendo sido os processualistas levados a examinar e reexaminar os problemas inerentes ao processo sob o manto da Constituição[118].

Nelson Nery Junior diferencia o direito constitucional processual do direito processual constitucional, salientando que, enquanto o primeiro representa a gama de normas de direito processual presente na Lei Maior, o segundo aborda a reunião dos princípios reguladores da denominada jurisdição constitucional[119].

Cumpre ao intérprete compreender os institutos processuais sob a égide das diretrizes constitucionais consentâneas com a realidade social contemplando os escopos do processo e procurando realizar as promessas isonômicas do Estado-juiz, sendo o magistrado o agente público encarregado de operacionalizar a isonomia.

---

[116] Segundo Humberto Theodoro Junior, "quem primeiro destacou a presença marcante dos princípios constitucionais no moderno direito processual civil brasileiro foram Cândido Dinamarco e Ada Pellegrini Grinover" (THEODORO JUNIOR, Humberto. Direito processual constitucional. *Revista Magister de Direito Civil e Processual Civil*, n. 25, p. 29, jul./ago. 2008).

[117] MORELLO, Augusto M. *El proceso justo*. 2. ed. La Plata: Librería Editora Platense, 2005. p. 155.

[118] BARBOSA MOREIRA, José Carlos. A constitucionalização do processo no direito brasileiro. In: MAC-GREGOR, Eduardo Ferrer; LARREA, Arturo Zaldívar Lelo de (Coord.). *Estudos de direito processual constitucional*: homenagem brasileira a Héctor Fix-Zamudio em seus 50 anos como pesquisador do direito. São Paulo: Malheiros, 2009. p. 47-48.

[119] NERY JUNIOR, Nelson. *Princípios do processo civil na Constituição Federal*: processo civil, penal e administrativo. 9. ed. rev. e aum. com as novas súmulas do STF (simples e vinculantes) e com análise sobre a relativização da coisa julgada, cit., p. 41.

Cap. 2 – A IGUALDADE COMO VALOR JURÍDICO NA PERSPECTIVA CONSTITUCIONAL

É essencial ampliar o espectro de avaliação da eficiência do processo cotejando as garantias constitucionais; como ressalta com lucidez Cândido Dinamarco, o processualista moderno conscientizou-se de que o processo, enquanto "instrumento a serviço da ordem constitucional", "precisa refletir as bases do regime democrático, nela proclamados; ele é, por assim dizer, o microcosmo democrático do Estado de Direito, com as conotações da liberdade, igualdade e participação (contraditório), em clima de legalidade e responsabilidade"[120].

Por fim, é oportuno trazer a lume a ponderação de Nicoló Trocker quanto à afirmação de que o cotejo do direito processual na perspectiva constitucional enseja a necessária coordenação entre duas importantes exigências: a correção formal e a justiça substancial[121].

2.4.2. Conexão da igualdade com as demais garantias constitucionais

A isonomia pode ser concebida, na precisa lição de Marcelo Galuppo, "como procedimento de inclusão formal e material nos discursos de justificação e aplicação das normas", só se podendo reconhecer legitimidade ao Direito se este garantir a "igualdade nos discursos que realiza[122]".

Inserida no devido processo legal, a isonomia conecta-se de modo natural a outras garantias constitucionais, merecendo análise mais detida a potencial confluência e a eventual divergência entre as diretrizes.

2.4.2.1. Igualdade, jurisdição e acesso à justiça

Incumbe ao Poder Judiciário a missão de assegurar os direitos fundamentais de quaisquer categorias – dentre as quais se incluem as minorias. A partir do momento em que, para assegurar a observância das prestações primárias descumpridas pelo Estado se revela necessário o encaminhamento judicial[123], o processo civil ganha imensa relevância. É imperioso assegu-

---

[120] DINAMARCO, Cândido Rangel. *A instrumentalidade do processo*. 8. ed. São Paulo: Revista dos Tribunais, 2000. p. 25-26.
[121] TROCKER, Nicolò. *Processo civile e Costituzione*. Milano: Giuffrè, 1974. p. 678.
[122] GALUPPO, Marcelo Campos. *Igualdade e diferença*: Estado democrático de direito a partir do pensamento de Habermas, cit., p. 208.
[123] Como acentua de modo preciso Mauro Cappelletti, "a tarefa dos tribunais, de dar atuação aos modernos '*Bill of Rights*', grandemente contribui para 'expandir o âmbito do direito judiciário' e aumentar a criatividade dos juízes" (CAPPELLETTI, Mauro. *Juízes legisladores?*, cit., p. 66).

rar que os indivíduos serão recebidos adequadamente em seus pleitos de proteção judiciária levando-se em conta as limitações que naturalmente trazem da vida social.

Afirmar que o acesso à justiça integra a dignidade do homem implica dizer que todos devem ter acesso à autoridade responsável, em caso de descumprimento dos comandos, por impor coercitivamente sua observância[124].

Pelo princípio formal da igualdade de jurisdição, todos se submetem igualmente ao poder jurisdicional do Estado e todos têm igual acesso a ele. Como aponta José Afonso da Silva[125], esse princípio se desdobra no princípio do juiz natural[126] – sendo todos submetidos à mesma Justiça quando estiverem na mesma situação – e na vedação do Tribunal de exceção[127] – ninguém será submetido à Justiça que não possa ser prevista constitucionalmente, criada para fatos ou pessoas exclusivas[128]. A diretriz também se manifesta "quando a lei cria situações de desigualdade em confronto concreto com outras que lhe sejam iguais, como o dispositivo que trata de forma desigual a entes que devam litigar em igualdade de condições"[129].

O autor precitado entende, no entanto, que a faceta isonômica aludida está *formalmente* garantida, inclusive no que toca à acessibilidade da Justiça (art. 5º, XXXV) porque, em princípio, a prestação jurisdicional estaria igualmente à disposição de todos, mas na realidade isso não se verifica[130].

---

[124] BARCELLOS, Ana Paula de. *A eficácia jurídica dos princípios constitucionais*: o princípio da dignidade da pessoa humana. 2. ed. Rio de Janeiro: Renovar, 2008, p. 325.

[125] SILVA, José Afonso da. *Comentário contextual à Constituição*, cit., p. 77.

[126] CF, art. 5º, LIII: "ninguém será processado nem sentenciado senão pela autoridade competente".

[127] CF, art. 5º, XXXVII: "não haverá juízo ou tribunal de exceção".

[128] José Carlos Barbosa Moreira leciona que o princípio do juiz natural "manifesta relação com o da igualdade perante a lei. Para quaisquer litigantes, hão de valer as regras gerais de atribuição de competência, previamente editadas. Nenhum será submetido a julgamento por órgão diverso daquele a que o ordenamento atribui competência para os outros pleitos análogos. Da igualdade perante a lei deriva a igualdade perante a *justiça*." (BARBOSA MOREIRA, José Carlos. A constitucionalização do processo no direito brasileiro, cit., p. 50.) O mestre ainda assinala que "não significa isso, é evidente, que fique proibida a *especialização* de juízos, quer em razão da matéria, quer, mesmo, em razão da qualidade de alguma das partes (por exemplo: pessoa jurídica de direito público). O essencial é que se possa saber *antes do início do processo*, e à luz de critérios *genéricos*, que órgão será competente para julgar; e que as normas atinentes à competência sejam uniformemente aplicadas a todos os casos que apresentarem as mesmas características." (BARBOSA MOREIRA, José Carlos. A constitucionalização do processo no direito brasileiro, cit., p. 49)

[129] SILVA, José Afonso da. *Comentário contextual à Constituição*, cit., p. 77.

[130] SILVA, José Afonso da. *Comentário contextual à Constituição*, cit., p. 77.

Cap. 2 – A IGUALDADE COMO VALOR JURÍDICO NA PERSPECTIVA CONSTITUCIONAL

Não basta, assim, simplesmente afirmar que a jurisdição se encontra à disposição: é essencial viabilizar aos necessitados a transposição dos óbices sociais e econômicos que dificultam o acesso a ela.

O tema foi objeto da primeira onda renovatória de universalização de acesso à justiça – preconizada no Projeto Florença por Mauro Cappelletti e Bryan Garth – em que se reconheceu a importância da superação dos obstáculos financeiros para que a proteção judiciária pudesse ser implementada de modo efetivo[131].

Como prova do compromisso com a remoção dos óbices econômicos à proteção judiciária, a Constituição Federal brasileira previu a assistência jurídica integral e gratuita, a instituição das Defensorias Públicas e a instalação dos Juizados Especiais[132].

É oportuno ressaltar que Mauro Cappelletti e Bryant Garth identificaram uma terceira onda de acesso à justiça focada em garantir a todos, sobretudo os menos favorecidos, uma efetividade de seus direitos que vai além de simplesmente poder postulá-los perante o Judiciário: a perspectiva do acesso à ordem jurídica justa decorre da preocupação com a representação legal destinando-se a efetivar os direitos de indivíduos e grupos que por longo tempo foram "privados dos benefícios de uma justiça igualitária"[133].

No ordenamento constitucional pátrio, Luiz Guilherme Marinoni vê na garantia do acesso à justiça o direito à prestação jurisdicional efetiva pregado por Cappelletti e Garth[134], configurando este um direito fundamental que pressupõe o direito à técnica adequada de tutela, o direito à resposta do juiz e o direito à participação, tudo conduzindo à necessidade de um procedimento justo[135].

---

[131] CAPPELLETTI, Mauro; GARTH, Bryant. *Acesso à justiça*. Tradução Ellen Gracie Northfleet. Porto Alegre: Sergio Antonio Fabris, 1988. p. 31-32. A segunda onda de acesso à justiça abordou a tutela dos direitos coletivos ante a incapacidade da tutela individual clássica de fazer frente à necessidade de respostas adequadas aos problemas de massificação de consumo e de novos direitos que passaram a ser reconhecidos (cit., p. 50-51). Já a terceira onda, em complementação às duas anteriores, vai além da disposição de meios processuais adequados ou do fornecimento de assistência jurídica técnica, complementado as duas primeiras ondas.

[132] BARCELLOS, Ana Paula de. *A eficácia jurídica dos princípios constitucionais*: o princípio da dignidade da pessoa humana, cit., p. 327.

[133] CAPPELLETTI, Mauro; GARTH, Bryant. *Acesso à justiça*, cit., p. 68.

[134] MARINONI, Luiz Guilherme. *Técnica processual e tutela de direitos*. 3. ed. São Paulo: Revista dos Tribunais, 2010. p. 139.

[135] MARINONI, Luiz Guilherme. *Técnica processual e tutela de direitos*, cit., p. 143-144.

Considerado esse panorama, a garantia do acesso à justiça pode ser abordada de duas perspectivas: enquanto proteção judiciária e enquanto atuação por meio de um processo justo.

Na primeira concepção, o acesso à justiça é sinônimo de acesso ao Poder Judiciário, sendo este possível mediante a simples afirmação de existência de um direito[136]; no ordenamento brasileiro esse sentido se encontra contemplado na previsão de inafastabilidade da jurisdição[137].

Ainda que essa visão do acesso à justiça se alinhe às ideias defendidas pelo Estado Liberal[138], no Estado Social ela se presta a sustentar que o acesso à Justiça deve ser efetivado por meio da eliminação dos óbices ao ingresso em juízo.

A segunda perspectiva é aquela que concebe o acesso à justiça como "acesso à ordem justa", entendida por Luiz Guilherme Marinoni como acesso ao processo justo, a uma justiça imparcial, que permita o desenvolvimento de um processo com participação equilibrada e efetiva das partes, incluindo o acesso à informação, à orientação jurídica e aos meios alternativos de composição de controvérsias[139].

2.4.2.2. Igualdade e dignidade

A dignidade tem expressão constitucional[140] sob a denominação de *dignidade da pessoa humana*. Segundo Giselda Hironaka, a dignidade da pessoa humana configura temática constante na discussão dos direitos fundamentais, mas ainda carece de precisão quanto à sua utilização[141].

---

[136] Já foi visto que, na perspectiva constitucional atual, para fins de proteção, não tem mais sendo reconhecido essencial diferenciar as gerações de direitos fundamentais, não havendo limitação da sua eficácia jurídica de acordo com a geração a que pertencem. Dessa forma, o acesso à justiça deve contemplar quaisquer tipos de direito: individual, coletivo, difuso etc. Nessa esteira: NERY JUNIOR, Nelson. *Princípios na Constituição Federal*, p. 172.

[137] Art. 5º, XXXV, da CF: "a lei não excluirá da apreciação do Poder Judiciário lesão ou ameaça a direito".

[138] MORALLES, Luciana Camponez Pereira. *Acesso à justiça e princípio da igualdade*. Porto Alegre: Safe, 2006. p. 52.

[139] MARINONI, Luiz Guilherme. *Novas linhas do processo civil*. 4. ed. São Paulo: Malheiros, 2000. p. 28.

[140] CF art. 1º, inciso III.

[141] HIRONAKA, Giselda Maria Fernandes Novaes. *Responsabilidade pressuposta*. Belo Horizonte: Del Rey, 2005, p. 162.

Cap. 2 – A IGUALDADE COMO VALOR JURÍDICO NA PERSPECTIVA CONSTITUCIONAL

É fácil constatar que não há uma concepção unívoca do termo; o sentido em que ele tem sido empregado é mais coloquial do que científico, talvez porque a doutrina jurídica ainda resiste em se valer de outras ciências para elaborar o sentido dos termos. Contudo, a autora ressalta a imprescindibilidade de, ao menos, buscar uma aproximação terminológica antes de falar de seus efeitos ou de sua importância[142].

Apesar de não formular um conceito próprio, Giselda Hironaka fixa alguns pontos com base em outros doutrinadores. Analisando a posição de Alexandre de Moraes, a autora destaca que a ideia de dignidade é vista como um valor espiritual e moral inerente à pessoa: é impossível reconhecer, conceber ou considerar a pessoa sem reconhecê-la, concebê-la ou considerá-la sem dignidade[143].

Em uma aproximação mais bem definida, dignidade da pessoa humana é a característica intrínseca e distintiva de cada indivíduo, que o faz merecedor de respeito e consideração pelo Estado e pela comunidade, implicando direitos e deveres fundamentais que lhe garantam proteção contra atos degradantes e desumanos e assegurem "condições existenciais mínimas para uma vida saudável, além de propiciar e promover sua participação ativa e corresponsável nos destinos da própria existência e da vida em comunhão com os demais seres humanos"[144].

Ingo Wolfgang Sarlet entende que o princípio da igualdade ancora-se na dignidade da pessoa humana ao proibir sua submissão a tratamento discriminatório e arbitrário, não podendo ser toleradas "a escravidão, a discriminação racial, perseguições por motivo de religião, sexo, enfim, toda e qualquer ofensa ao princípio isonômico na sua dupla dimensão formal e material"[145].

A relação entre isonomia e dignidade é inegável porque como esta compreende a livre capacidade de autodeterminação; contar com iguais oportunidades é crucial para o desenvolvimento pleno dos direitos de personalidade.

---

[142] HIRONAKA, Giselda Maria Fernandes Novaes. *Responsabilidade pressuposta.* cit., p. 162.

[143] HIRONAKA, Giselda Maria Fernandes Novaes. *Responsabilidade pressuposta.* cit., p. 166.

[144] SARLET, Ingo Wolfgang. *Dignidade da pessoa humana e direitos fundamentais na Constituição Federal de 1988.* 6. ed. Porto Alegre: Livraria do Advogado, 2008. p. 63.

[145] SARLET, Ingo Wolfgang. *Dignidade da pessoa humana e direitos fundamentais.* Porto Alegre: Livraria do Advogado, 2001. p. 89.

Sem que os direitos civis e políticos sejam assegurados e sem contemplação dos direitos sociais fundados na igualdade, a dignidade da pessoa humana não passa de mera retórica[146].

Transportando essa noção de dignidade para o processo civil, pode-se concluir que o tratamento isonômico e o reconhecimento das particularidades de cada litigante são condições para que o Estado-juiz reconheça cada pessoa como sujeito merecedor de respeito à sua dignidade intrínseca. De outra forma, estar-se-á negando ao litigante esse valor espiritual inerente ao ser humano destacado por Giselda Hironaka.

2.4.2.3. Igualdade e devido processo legal

Nos tempos modernos, o devido processo legal vem sendo concebido sob os enfoques procedimental e substancial.

O enfoque procedimentalista (*procedural due process*) sinaliza que pela garantia do processo devido o Estado-juiz não deve agir de qualquer maneira, mas segundo formas específicas; são beneficiários do princípio tanto o autor como o réu, já que as partes esperam que o processo se desenvolva segundo o modelo previamente estabelecido e por todos conhecido, evitando nocivas surpresas no processamento da causa.

A esse propósito, José Carlos Barbosa Moreira salienta a conexão clara entre formalismo e igualdade, advertindo sobre a imprescindibilidade da igualdade de tratamento por parte do órgão judicial: a previsibilidade do procedimento permite que o litigante não se submeta ao arbítrio do juiz e promove condições para o justo equilíbrio entre o poder do órgão judicial e os direitos das partes[147].

O devido processo legal abrange a condução do processo segundo as garantias de ordem constitucional, o que assegura às partes o exercício de

---

[146] A afirmação é de Fernando Luiz Ximenes Rocha, para quem a cidadania e a dignidade previstas no art. 1º da Constituição como princípios fundamentais, estão "irmanados" e demonstram não haver Estado de direito sem direitos fundamentais, nem direitos fundamentais sem democracia (ROCHA, Fernando Luiz Ximenes. Direitos fundamentais na Constituição de 1988. In: MORAES, Alexandre de (Coord.). *Os 10 anos da Constituição Federal*: temas diversos. São Paulo: Atlas, 1999. p. 269).

[147] "Esto exige, ante todo, que la conformación del procedimiento no quede sujeta al arbitrio del juez, sino que se ajuste al modo previamente instituído por la ley para los procesos en general. Una dosis razonable de 'formalismo' es necesaria como condición del justo equilibrio entre el poder del órgano judicial y los derechos de las partes, y asimismo de la uniforme aplicación del derecho material" (BARBOSA MOREIRA, José Carlos. La igualdad de las partes en el proceso civil, cit., p. 178).

suas faculdades e legitima a própria função jurisdicional;[148] portanto, ao se reportar ao respeito a essa garantia, não se deve pensar simplesmente nas regras procedimentais que descrevem os diferentes processos positivados em nível infraconstitucional, mas, sobretudo, na harmonia das previsões com os princípios constitucionais – inclusive a igualdade.

A esse propósito, ainda que respeitado um procedimento prévio de conhecimento mútuo das partes, o processo não respeitará o devido processo legal se as regras conduzirem à discriminação de um dos litigantes de forma ilegítima e desconectada da realidade.

Não se pode olvidar, ademais, que o devido processo legal deve ser considerado também sob o prisma substancial. Segundo essa vertente, almeja-se a observância não só da forma, mas também da substância do ato: verifica-se a preocupação concreta no tocante à concessão da tutela jurisdicional apta a satisfazer não apenas os órgãos jurisdicionais, mas também a sociedade em geral[149].

Nessa medida, o *due process of law* representa um megaprincípio que "permeia e coordena toda a complexa função jurisdicional do Estado", orientando os princípios processuais a atender aos critérios de proporcionalidade e razoabilidade, harmonizando-os e garantindo a eficácia da Justiça por meio de um processo justo[150].

Como princípio, o devido processo legal figura como uma das projeções do princípio geral da dignidade humana por ser capaz de materializar e tutelar, nas lides concretas, o respeito à existência digna, síntese da totalidade dos direitos fundamentais do cidadão[151].

José Carlos Barbosa Moreira anota ser interessante que a Constituição brasileira tenha feito referência ao "devido processo legal", pois vários de seus aspectos foram consagrados *expressis verbis* – como as garantias do contraditório, da ampla defesa e a do juiz natural. O emprego da fórmula genérica se mostra necessário na ausência de disposições específicas, que, entretanto, não faltam na Constituição atual.[152] Isso apenas pode significar

---

[148] FREIRE, Ricardo Maurício. *Devido processo legal*: uma visão pós-moderna. Salvador: Jus Podium, 2008. p. 68.

[149] LUCON, Paulo Henrique dos Santos. *Devido processo legal substancial*. Disponível em: <http://www.mundojuridico.adv.br/sis_artigos/artigos.asp?codigo=6>. Acesso em: 20 jul. 2008.

[150] CRETELLA NETO, José. *Fundamentos principiológicos do processo civil*, cit., p. 45.

[151] FREIRE, Ricardo Maurício. *Devido processo legal*: uma visão pós-moderna, cit., p. 68.

[152] BARBOSA MOREIRA, José Carlos. A constitucionalização do processo no direito brasileiro, cit., p. 53.

que as garantias do devido processo não se esgotam naquelas previstas de forma expressa.[153]

2.4.2.4. Igualdade e segurança jurídica

Não há como contestar o inegável valor da segurança jurídica no Estado Democrático de Direito; ocorre, todavia, que tal princípio vem sofrendo forte tensão em relação a outros valores contemplados pelo sistema.

Para J. J. Gomes Canotilho, a segurança jurídica, em seu aspecto objetivo, diz respeito à garantia de estabilidade jurídica proporcionando tanto a segurança de orientação quanto da realização do direito[154]. Em sua faceta subjetiva, a segurança jurídica denomina-se "princípio da proteção da confiança"[155] e se apresenta como certeza do direito, ou seja, como projeção da segurança objetiva nas situações pessoais.

É preciso atualizar e contextualizar a acepção de segurança jurídica: não há mais como falar em certeza e estabilidade nas relações humanas da mesma forma como outrora[156] se cogitou: a realidade atual traz dinâmicas

---

[153] Segundo Nelson Nery Junior, "a amplitude da cláusula do *devido processo legal* tronaria desnecessária qualquer outra dogmatização principiológica relativamente ao direito processual. Nada obstante, é importante fixarem-se os critérios de incidência do princípio em suas variadas manifestações, notadamente no que respeita aos limites dessa incidência, de sorte a não tornar os direitos e garantia fundamentais como direitos absolutos, oponíveis a tudo e a todos, pois tal irrestringibilidade não se coaduna com o estado de direito nem atende ao interesse público." (NERY JUNIOR, Nelson. *Princípios do processo civil na Constituição Federal*: processo civil, penal e administrativo. 9. ed. rev. e aum. com as novas súmulas do STF (simples e vinculantes) e com análise sobre a relativização da coisa julgada, cit., p. 76) Nessa obra, o autor lista os princípios derivados do *due process*: princípio da isonomia; princípio do juiz e do promotor natural; princípio da inafastabilidade do controle jurisdicional; princípio do contraditório e da ampla defesa; princípio da proibição da prova ilícita; princípio da publicidade dos atos processuais; princípio do duplo grau de jurisdição; princípio da motivação das decisões judiciais e administrativas; princípio da presunção de não culpabilidade; princípio da celeridade e da duração razoável do processo.

[154] CANOTILHO, J. J. Gomes. *Direito constitucional*, cit., p. 256.

[155] CANOTILHO, J. J. Gomes. *Direito constitucional*, cit., p. 256.

[156] Para Ricardo Lobo Torres, sendo coextensiva ao Estado de Direito, a segurança o acompanha em configurações diversas e se diferencia segundo as características próprias de cada época: no Estado Liberal de Direito ela é compreendida como segurança dos direitos fundamentais; no Estado Social ela aparece como segurança social e no Estado Democrático de Direito seu senso é de segurança preventiva (TORRES, Ricardo Lobo. A segurança jurídica e as limitações constitucionais ao poder de tributar. *Revista Eletrônica de Direito Tributário*, Salvador, n. 4, out./dez. 2005. Disponível em: <http://www.direitodoestado.com/revista/REDE-4-OUTUBRO-2005-RICARDO%20TORRES.PDF>. Acesso em: 12 dez. 2010).

complexas que revelam a quebra de paradigmas e desafiam o indivíduo a uma reorganização das relações travadas no meio social.

Como adverte Raffaele de Giorgi, a estrutura da sociedade contemporânea é paradoxal e reforça "simultaneamente segurança e insegurança, mais igualdade e mais desigualdade, mais participação e menos participação, mais riqueza e mais pobreza"[157]. Por essa razão, embora os riscos e a insegurança não possam ser simplesmente eliminados, deve-se diligenciar a fim de encontrar mecanismos sociais, econômicos e ambientais para aliviá-los[158].

A isonomia é fator de medida e legitimação da segurança jurídica[159], devendo o intérprete estar preparado para lidar com eventuais conflitos entre tão importantes diretrizes.

Embora dotada de grande relevância e positivada no início da Constituição Federal brasileira[160], a segurança jurídica não é a única diretriz a ser observada: também justiça e igualdade material são valores caríssimos que frequentemente com ela colidem; como aduz Daniel Sarmento, sendo a segurança jurídica "protegida ao máximo, provavelmente o preço que se terá que pagar será um comprometimento da tutela da justiça e da igualdade substancial, e vice-versa"[161].

2.4.2.5. Igualdade, contraditório e ampla defesa

Pelos princípios do contraditório e da ampla defesa[162], aos litigantes e acusados em geral deve ser assegurada a possibilidade de ciência e mani-

---

[157] DE GIORGI, Raffaele. *Democracia e riscos* – vínculos com o futuro. Porto Alegre: Sergio Antonio Fabris, 1998. p. 192.

[158] TORRES, Ricardo Lobo. A segurança jurídica e as limitações constitucionais ao poder de tributar, cit.

[159] TORRES, Ricardo Lobo. A segurança jurídica e as limitações constitucionais ao poder de tributar, cit.

[160] CF, art. 5°: "Todos são iguais perante a lei, sem distinção de qualquer natureza, garantindo-se aos brasileiros e aos estrangeiros residentes no País a inviolabilidade do direito à vida, à liberdade, à igualdade, à *segurança* e à propriedade, nos termos seguintes" (sem grifo no original).

[161] Na opinião do autor, "o correto equacionamento da questão hermenêutica ora enfrentada não pode, na nossa opinião, desprezar esta dimensão do problema, refugiando-se na assepsia da interpretação jurídica fechada para o universo de valores" (SARMENTO, Daniel. *Livres e iguais*: estudos de direito constitucional. Rio de Janeiro: Lúmen Júris, 2006. p. 18).

[162] Sendo as referidas garantias tão interligadas, há diferença significativa entre elas? Para substancial parte da doutrina, a primeira já contém a segunda, pois não há contraditório sem ampla defesa (SILVA, José Afonso da. *Comentário contextual à Constituição*, cit., p.

festação sobre todos os atos processuais, bem como a defesa com todos os meios e recursos a ela inerentes de modo a poder influir decisivamente no convencimento do juiz.

A doutrina processual costuma identificar o contraditório equilibrado como condição necessária para a promoção da paridade de armas[163]. A esse respeito, pontua Antônio Carlos Marcato que a relação entre os princípios da igualdade e do contraditório é íntima porque, estabelecido o contraditório, viabilizam-se os preceitos constitucionais da ampla defesa e da isonomia[164].

É possível que litigantes com profundas disparidades de condições exerçam de forma proporcionalmente isonômica o contraditório e a ampla defesa?

Rui Portanova aduz, com propriedade, que a visão tradicional considera o contraditório de maneira estática correspondendo à igualdade formal das partes; todavia, em uma perspectiva crítica, menos individualista e mais dinâmica, é necessário temperar com cautela a equidistância do juiz: a concretização do contraditório "tem íntima relação com o princípio da igualdade em sua dimensão dinâmica (princípio igualizador). Assim, o contraditório opera com vistas a eliminação (ou pelo menos diminuição) das desigualdades, jurídicas ou de fato, entre os sujeitos do processo"[165].

Na esteira desse entendimento, Luiz Guilherme Marinoni propugna que na atualidade o contraditório deve ser delineado "com base no princípio da igualdade substancial, já que não pode se desligar das diferenças sociais e econômicas que impedem a todos de participar efetivamente do processo"[166].

---

154). É possível, contudo, identificar uma distinção significativa: enquanto o contraditório implica o binômio "informação necessária-reação possível", a ampla defesa representa fenômeno mais amplo ao permitir a livre atuação do indivíduo ante a prepotência do Estado (CRETELLA NETO, José. *Fundamentos principiológicos do processo civil*, cit., p. 63).

[163] CRUZ E TUCCI, José Rogério; TUCCI, Rogério Lauria. *Devido processo legal e tutela jurisdicional*. São Paulo: Revista dos Tribunais, 1983. p. 20.

[164] MARCATO, Antônio Carlos. Preclusões: limitação ao contraditório? *Revista de Processo*, São Paulo, ano 5, n. 17, p. 110-111, 1980.

[165] PORTANOVA, Rui. *Princípios do processo civil*. 5. ed. Porto Alegre: Livraria do Advogado, 2003. p. 163-164.

[166] MARINONI, Luiz Guilherme. *Novas linhas do processo civil*. 4. ed. São Paulo: Malheiros, 2000. p. 254. No mesmo sentido se manifesta Sidnei Amendoeira Junior, para quem "a ideia de contraditório pleno e substancial (que conta com participação ativa do juiz e das partes) está diretamente ligada à ideia de igualdade" (AMENDOEIRA JUNIOR, Sidnei. *Poderes do juiz e tutela jurisdicional: a utilização racional dos poderes do juiz como forma de obtenção da tutela jurisdicional efetiva, justa e tempestiva*. São Paulo: Atlas, 2006. p. 67).

José Afonso da Silva também identifica ser insuficiente o aspecto formal do princípio para fomentar "uma justiça igual para todos" porque "nem sempre o pobre tem condições de realizar uma contradição efetiva ao seu opositor em juízo, nem tem ele a possibilidade de exercer o direito de ampla defesa com todos os meios a ela inerentes"[167].

Como é notório, a temática se conecta à imparcialidade, tema de grande relevância que requer análise mais detida.

2.4.2.6. Igualdade e imparcialidade

A imparcialidade se traduz na equidistância e na ausência de compromisso entre as partes e o juiz. Conforme pondera Enrico Tullio Liebman, para atuar em uma causa o magistrado deve ser "completamente estranho" aos interesses em jogo, "não sendo ligado às partes por especiais relações pessoais": a referida abstenção é fundamental para o reconhecimento de sua credibilidade em relação aos litigantes e à opinião pública pela certeza de sua independência[168].

Na conexão do princípio com a diretriz isonômica, é pertinente questionar: ao vislumbrar situações díspares entre os litigantes que possam afetar a prestação jurisdicional, como o magistrado deve comportar-se: de forma passiva ou ativa no enfrentamento das diferenças?

Como poderá ser observado em momento oportuno, a atuação do juiz e a visão sobre suas limitações variam conforme a concepção sobre a função do processo em uma perspectiva liberal ou social. De qualquer maneira, ao menos em uma perspectiva geral vários estudiosos advertem sobre a importância de que o juiz tenha coragem de superar tabus e repensar seu papel.

Para Cândido Rangel Dinamarco,

> "[...] o juiz moderno compreende que só se lhe exige 'imparcialidade' no que diz respeito à oferta de iguais oportunidades às partes e recusa a estabelecer distinções em razão das próprias pessoas ou reveladoras de preferências personalíssimas. Não se lhe tolera, porém, a 'indiferença'"[169].

---

[167] SILVA, José Afonso da. *Comentário contextual à Constituição*, cit., p. 155.

[168] O autor conclui: "Por isso, não basta que o juiz, no íntimo, se sinta capaz de exercer seu ofício com a habitual imparcialidade: é necessário que não reste sequer a dúvida de que motivos pessoais possam influir em seu animo" (Liebman, Enrico Tullio. *Manual de direito processual civil*. 3. ed. Tradução e notas de Cândido Rangel Dinamarco. São Paulo: Malheiros, 2005. v. 1, p. 113).

[169] DINAMARCO, Cândido Rangel. *A instrumentalidade do processo*, cit., p. 275.

Da perspectiva isonômica, esse olhar é imprescindível para a devida compreensão do papel do Estado atinente à missão constitucional de procurar reduzir as disparidades.

O mito da neutralidade do magistrado foi, conforme manifestado, há muito abandonado; o juiz deve ser imparcial, mas não a ponto de decidir mecanicamente[170] ignorando as condições dos litigantes em juízo.

Ao abordar o papel esperado do magistrado nos tempos atuais, Zygmunt Bauman assevera que ele se desvincula da "surdez distante" e se aproxima das necessidades dos litigantes "sem receios comezinhos de uma possível afronta à imparcialidade ou à própria sanidade", prostrando-se "perseverante a perseguir a justiça social, descobrindo, a cada nova demanda, seu real conceito e desencadeamento ético"[171].

Nas precisas palavras de Rui Portanova, quando o juiz se queda inerte ante a desigualdade entre os litigantes, "não há imparcialidade judicial, mas conivência na opressão pela via judicial do mais forte sobre o mais fraco. Sem que as partes estejam em igualdade de condições de postular seus direitos (que não raro desconhecem) o contraditório é uma farsa"; o princípio deve ser considerado em uma perspectiva dinâmica focada em equalizar as condições entre as partes, evitando que excessos ou abusos de poder econômico acometam "os menos favorecidos na relação jurídica material ou processual"[172].

Assiste razão, pois, a Mauro Cappelletti quando afirma que o juiz deve adotar "uma atitude processual de imparcialidade, neutralidade e distanciamento", "um comportamento de equânime tratamento ('fairness') das partes do processo, no sentido que deve garantir a todas elas a adequada oportunidade de fazer valer as próprias razões"[173].

---

[170] TARTUCE, Fernanda. Aumento dos poderes decisórios no "Código dos Juízes" e sua repercussão no processo civil. *Revista da Escola Paulista de Direito*, São Paulo, v. 1, p. 409, 2005.

[171] Prossegue o autor: "[...] a justiça é, sob muitos aspectos, infiel às suas origens éticas, incapaz de preservar sua herança em toda a riqueza interna – não pode esquecer suas origens sem deixar de ser ela própria, a justiça. [...] Por isso, o traço indelével de toda justiça é a insatisfação consigo mesma: 'Justiça significa constante revisão da justiça, expectativa de uma melhor justiça'. A justiça poder-se-ia dizer, deve existir perpetuamente em uma condição de *noch nicht geworden*, impondo-se padrões mais elevados do que os já praticados" (BAUMAN, Zygmunt. *O mal-estar da pós-modernidade*. Tradução Mauro Gama e Cláudia Martinelli Gama. Rio de Janeiro: Jorge Zahar, 1998. p. 66).

[172] PORTANOVA, Rui. *Princípios do processo civil*, cit., p. 47.

[173] CAPPELLETTI, Mauro. *Juízes legisladores?*, cit., p. 82-83.

Evidencia-se, portanto, que diante de consideráveis disparidades não há como considerar a imparcialidade com base em uma visão estática ou simplista. O tema será retomado adiante, em uma perspectiva participativa.

2.4.2.7. Situações de possível confronto

Assumida a preocupação em contemplar a igualdade, eventual disputa em uma situação limite não implicará a prevalência pura e simples de uma norma sobre a outra, mas situação na qual princípios podem se chocar[174]; assim, na hipótese de questionamento entre isonomia e segurança jurídica ou igualdade e imparcialidade, haverá antinomia entre diretrizes de similar altitude preordenadas a finalidades diversas.

Consoante salienta Virgílio Afonso da Silva, nos casos de colisão "não há como falar em um princípio que *sempre* tenha precedência em relação a outro. Se isto ocorrer, não estaremos diante de um princípio – pelo menos não na acepção usada por Alexy"[175].

Para a promoção da melhor exegese, os métodos hermenêuticos devem considerar diversos elementos no processo interpretativo[176].

Na hipótese de conflito entre princípios, o intérprete precisará se valer da técnica da ponderação para analisar, no caso concreto, qual valor é mais relevante e merece ser contemplado, sendo a referida técnica parte do postulado da proporcionalidade.[177]

Ao enfrentar o tema, J. J. Gomes Canotilho assevera que a ponderação configura "um modelo de verificação e tipificação da ordenação de bens em concreto"; longe de constituir um esquema aberto para uma justiça "casuís-

---

[174] "No constitucionalismo contemporâneo a colisão entre normas constitucionais, princípios e direitos fundamentais foi reputada natural e mesmo inevitável porque as Constituições modernas são dialéticas e "consagram bens jurídicos que se contrapõem" (BARROSO, Luís Roberto. Neoconstitucionalismo e constitucionalização do direito: o triunfo tardio do direito constitucional no Brasil. *Jus Navigandi*, Teresina, ano 9, n. 851, 1 nov. 2005. Disponível em: <http://jus2.uol.com.br/doutrina/texto.asp?id=7547>. Acesso em: 20 abr. 2010.).

[175] SILVA, Virgílio Afonso da. *A constitucionalização do Direito*: os direitos fundamentais nas relações entre particulares, p. 35.

[176] Luís Roberto Barroso salienta com propriedade que "a moderna interpretação constitucional envolve escolhas pelo intérprete, bem como a integração subjetiva de princípios, normas abertas e conceitos indeterminados" (BARROSO, Luís Roberto. *Interpretação e aplicação da Constituição*. 6. ed. São Paulo: Saraiva, 2003. p. 349).

[177] CAMBI, Eduardo. *Neoconstitucionalismo e neoprocessualismo*, cit., p. 463.

tica" ou de "sentimentos"[178], deve envolver critérios claros para a solução do conflito. Afirma, então, que a análise do conflito deve submetê-lo ao teste da razoabilidade, que "permitirá, por exemplo, descobrir o *desvalor* constitucional de alguns interesses pretensamente invocados como dignos de proteção e em conflito com outros"[179].

Assevera, ainda, retomando lição já consolidada em doutrina, que a ponderação reconduz "à criação de uma hierarquia axiológica móvel entre os princípios conflitantes[180]".

A técnica de ponderação analisa em primeiro lugar a proporcionalidade, que, por sua vez, se desdobra em: 1. adequação dos meios ao fim; 2. exigibilidade ou necessidade; e 3. proporcionalidade em sentido estrito[181].

Pela adequação entende-se que um princípio só será sacrificado se o sacrifício (meio) contribuir para o fim pelo qual foi adotado; pela exigibilidade, diligencia-se outro meio que não sacrifique um princípio caro ao ordenamento para atingir o mesmo fim[182]; essas fases situam-se no exame das possibilidades fáticas.

---

[178] CANOTILHO, J. J. Gomes. *Direito constitucional e teoria da Constituição*. 7. ed. 3. reimpr. Lisboa: Almedina, 2003. p. 1238.

[179] CANOTILHO, J. J. Gomes. *Direito constitucional e teoria da Constituição*, cit., p. 1239.

[180] "*Hierarquia* porque se trata de estabelecer um 'peso' ou um 'valor' maior ou menor entre princípios. *Móvel,* porque se trata de uma relação de valor instável, que é válida para um caso concreto, podendo essa relação inverter-se em outro caso" (CANOTILHO, J. J. Gomes. *Direito constitucional e teoria da Constituição*, cit., p. 1241).

[181] CANOTILHO, J. J. Gomes. *Direito constitucional,* cit., p. 382-383.

[182] Robert Alexy assim explica a primeira parte da técnica de ponderação: "A máxima de proporcionalidade em sentido estrito decorre do caráter principiológico dessas normas, será utilizada aqui, a forma mais simples que um exame da necessidade pode ter. [...] Ela tem a seguinte estrutura: o Estado fundamenta a persecução do objetivo Z com base no princípio P1 (ou Z é simplesmente idêntico a P1). Há pelo menos duas medidas, M1 e M2, para realizar ou fomentar Z, e ambas são igualmente adequadas. M2 afeta menos intensamente que M1 – ou simplesmente não afeta – a realização daquilo que uma norma de direito fundamental com estrutura de princípio – P2 – exige. Sob essas condições, para P1 é indiferente se se escolhe M1 ou M2. Nesse sentido, P1 não exige que se escolha M1 em vez de M2, nem que se escolha M2 em vez de M1. Para P2, no entanto, a escolha entre M1 e M2 não é indiferente. Na qualidade de princípio, P2 exige uma otimização tanto em relação às possibilidades fáticas quanto em relação às possibilidades jurídicas. No que diz respeito às possibilidades fáticas, P2 pode ser realizado em maior medida se se escolhe M2 em vez de M1. Por isso, pelo ponto de vista da otimização em relação às possibilidades fáticas, e sob a condição de que tanto P1 quanto P2 sejam válidos, quaisquer princípios, objetivos e medidas. Portanto, o exame da necessidade, que o Tribunal Constitucional Federal define como a exigência de que 'o objetivo não possa ser igualmente realizado por meio de outra medida, menos gravosa

Superadas as etapas mencionadas, parte-se para a análise da proporcionalidade em sentido estrito, que se situa no plano das possibilidades jurídicas. Para Eduardo Cambi, nessa fase há de ser escolhida a solução que, conforme o peso no caso – segundo a intensidade e a extensão com que se dá a compreensão concreta do direito fundamental –, comprima o menos possível cada um dos direitos fundamentais contrapostos; em outros termos, o exame da proporcionalidade em sentido estrito consiste em sopesar "a intensidade da restrição ao direito fundamental atingido" e a relevância "da realização do direito fundamental colidente e que justifica a adoção da medida restritiva"[183].

Conclui-se, assim, que em caso de conflito entre diretrizes constitucionais haverá de ser invocada a técnica da ponderação para sopesar e poder elaborar, na hipótese sob análise, uma regra resultante da aplicação da proporcionalidade na situação concreta[184].

Em particular no que tange a confrontos com o princípio da isonomia, é oportuno salientar as precisas palavras de Robert Alexy:

"[...] nos casos em que o peso da igualdade fática é suficiente para superar as razões a ela contrapostas, é possível garantir um direito definitivo concreto à criação de determinada igualdade fática. Tudo isso se encaixa sem contradições em um modelo com grau de complexidade relativamente baixo, o qual, além disso, deixa espaço para valorações das mais variadas espécies[185]".

---

ao indivíduo', decorre do caráter principiológico das normas de direitos fundamentais" (ALEXY, Robert. *Teoria dos direitos fundamentais*, cit., p. 117-119).

[183] CAMBI, Eduardo. *Neoconstitucionalismo e neoprocessualismo*, cit., p. 469.

[184] ALEXY, Robert. *Teoria dos direitos fundamentais*, cit. p. 141. Em trecho anterior, o autor assim se manifesta: "Quando uma norma de direito fundamental com caráter de princípio colide com um princípio antagônico, a possibilidade jurídica para a realização dessa norma depende do princípio antagônico. Para se chegar a uma decisão é necessária um sopesamento nos termos da lei de colisão. Visto que a aplicação de princípios válidos – caso sejam aplicáveis – é obrigatória, e visto que para essa aplicação, nos casos de colisão, é necessário um sopesamento, o caráter principiológico das normas de direito fundamental implica a necessidade de um sopesamento quando elas colidem com princípios antagônicos. Isso significa, por sua vez, que a máxima da proporcionalidade em sentido estrito é dedutível do caráter principiológico das normas de direito fundamental. A máxima da proporcionalidade em sentido estrito decorre do fato de princípios serem mandamentos de otimização em face das possibilidades jurídicas. Já as máximas de necessidade e de adequação decorrem da natureza dos princípios como mandamentos de otimização em face das possibilidades fáticas" (ALEXY, Robert. *Teoria dos direitos fundamentais*, cit., p. 118-119).

[185] ALEXY, Robert. *Teoria dos direitos fundamentais*, cit., p. 429.

Nota-se que a tarefa do intérprete não será simples. Após verificar como a isonomia despontou no ideário humano e alcançou contemplação no sistema constitucional, sobreleva analisar como o processo civil se conecta aos temas da igualdade e das diferenciações.

3

PROCESSO CIVIL: OBJETO, FUNÇÃO E ATUAÇÃO DO JUIZ À LUZ DA IGUALDADE

3.1. PROPOSTA DE ANÁLISE: A ISONOMIA COMO PAUTA PARA A CONSIDERAÇÃO DOS INSTITUTOS PROCESSUAIS

Em face da constatação histórica das desigualdades sociais no Brasil e das promessas assumidas na Constituição Federal, é importante aferir em que medida a isonomia deve ser concebida na análise dos institutos processuais. Como será possível notar, haverá significativa diferenciação no modo de ver o desenvolvimento do processo a partir do reconhecimento das disparidades entre os litigantes e da postura adotada pelo juiz diante dessa constatação.

3.1.1. Relevância e atualidade da abordagem

A análise reveste-se de grande importância porque, muito embora se propale em discursos a preocupação em assegurar a igualdade, em termos concretos esta dificilmente se faz perceber perante o jurisdicionado que visualiza uma Justiça inacessível e parcial. Além da perspectiva do consumidor da justiça, é preciso pensar no papel das instituições e no aprimoramento de sua atuação rumo à melhoria do panorama existente.

Urge ressaltar, no escólio das lições de Kazuo Watanabe, ser imperiosa a "mudança de mentalidade que seja capaz de rever as categorias, conceitos e princípios estratificados na doutrina dominante, pois somente assim poderão ser extraídas desses dispositivos todas as consequências possíveis para a modernização de nosso processo civil"[1].

---

[1] WATANABE, Kazuo. Tutela antecipatória e tutela específica das obrigações de fazer e não fazer – arts. 273 e 461, CPC. *Revista de Direito do Consumidor*, São Paulo, n. 19, p. 77-101, jul./set. 1996, p. 100.

A realidade social é marcada por intensas modificações em seus mais diversos setores, sendo natural que também na seara jurídica as mutações abalem os paradigmas antes estabelecidos e ensejem a necessidade de "revisitar" os institutos processuais com a finalidade de adaptá-los para maior aderência tanto social como jurídica[2].

A noção de "revisitação" diz respeito à rigorosa e atenta revisão que se promoveu sobre os princípios e os institutos fundamentais do processo civil a fim de dar-lhes uma feição mais adaptada e harmoniosa em relação às exigências da vida moderna[3].

Cândido Rangel Dinamarco enfatiza que é por meio da revisitação – que envolve não só os institutos processuais clássicos como também sua técnica – que se objetiva alcançar soluções novas para velhos problemas pautando-se na releitura dos institutos tradicionais[4].

A proposta deste trabalho é promover a análise de elementos importantes do processo civil sob a égide da igualdade e das disparidades verificadas no tecido social.

3.1.2. Isonomia e diferenciações

A existência de diferenças entre os sujeitos processuais é natural decorrência da heterogênea condição humana.

Daniel Hertel assinala que, ao atuar, o legislador naturalmente promove distinções e classificações prevendo pautas diferenciadas para

---

[2] Como bem pondera Ovídio Baptista da Silva, "a ideia de que as instituições processuais – o processo de conhecimento e o cortejo conceitual que os sustenta – sejam neutras e livres de qualquer compromisso com a História e com o contexto cultural que as produziu é absolutamente falsa. Na verdade, o processo de conhecimento, como qualquer 'lógica absolutizante', que se construa sobre rígidos silogismos, particularmente quando esse tipo de lógica se aplique às ciências sociais, estará fadado ao insucesso, sempre que as situações sofram modificações profundas" (SILVA, Ovídio Baptista da. *Jurisdição e execução nas tradições romano canônica*. 2. ed. São Paulo: Revista dos Tribunais, 1997. p. 201-202).

[3] LOPES, João Batista. Tutela antecipada no processo civil brasileiro, São Paulo: Saraiva, 2001, p.14-15. Em suas palavras, "essa tentativa de atualização (aggiornamento) se faz presente na doutrina mais autorizada, que, reconhecendo embora a importância da contribuição de autores clássicos como Chiovenda, Carnelutti, Calamandrei e Liebman, procura avançar em busca de um modelo de processo mais moderno ajustado aos anseios e reclamos da sociedade".

[4] "E assim é que, ao lado das disposições tradicionais do direito processual civil e mesmo na sua interpretação teleológica, vão surgindo soluções reveladoras de uma sensibilidade social antes inexistente" (DINAMARCO, Cândido Rangel. *A instrumentalidade do processo*, cit., p. 226-227).

as diversas classes sociais; deve-se não apenas constatar a diversidade como também analisar limites e parâmetros utilizados na classificação, sendo imprescindível que "esse tratamento seja razoável, proporcional e justificado"[5].

Pode causar estranheza o grande número de diferenciações previstas nos ordenamentos contemporâneos e acarretar perplexidade o fato de tantas normas se destinarem a contemplar sujeitos tidos como especiais – crianças e adolescentes, consumidores, mulheres, idosos –, gerando a impressão de que o homem médio em breve poderá ficar sem proteção no sistema jurídico.

Sem dúvida, é de suma importância identificar elementos consistentes para trabalhar diferenciações; como bem pondera Cláudia Lima Marques, se todos forem reputados consumidores, nenhum terá tratamento diferenciado e o direito especial de proteção previsto no Código de Defesa do Consumidor "passaria a ser um direito comum, que já não mais serve para reequilibrar o desequilibrado e proteger o não igual"[6].

Apesar das dificuldades e resistências, é justificável a intensa previsão de diferenciações. Segundo Barbosa Moreira, ante a justa insatisfação com a mera proclamação de princípios, é natural que a sensibilidade contemporânea procure prever mecanismos para concretizar as promessas normativas, não se reduzindo o fenômeno aos aspectos da proliferação e da especificação progressiva de pretensões juridicamente tuteladas: "na 'era dos direitos', quer-se mais que vê-los consagrados em solenes declarações: o que se quer, acima de tudo, é superar os obstáculos de toda sorte que se opõem à respectiva realização"[7].

Serão analisadas oportunamente as principais diferenciações existentes no processo civil com base em critérios eleitos pelo legislador verificando sua correlação com eventual vulnerabilidade. Cabe por ora analisar importante temática: o âmbito do reconhecimento de diferenças deve ser o direito material ou o direito processual? A técnica legislativa varia e é importante tecer algumas considerações sobre o assunto.

---

[5] HERTEL, Daniel Roberto. Reflexos do princípio da isonomia no direito processual. *Jus Navigandi*, Teresina, ano 10, n. 761, 4 ago. 2005. Disponível em: <http://jus.uol.com.br/revista/texto/7112>. Acesso em: 10 jan. 2011.

[6] MARQUES, Cláudia Lima. *Contratos no Código de Defesa do Consumidor*. 5 ed. São Paulo: Revista dos Tribunais, 2006. p. 337.

[7] BARBOSA MOREIRA, José Carlos. A justiça e nós. In: _____. *Temas de direito processual*: sexta série. São Paulo: Saraiva, 1997. p. 1.

3.1.3. *Locus* da contemplação da isonomia: direito material e/ou processual?

Como abordado, a Constituição Federal consagra vários dispositivos à diretriz isonômica. No processo civil há uma previsão geral a respeito[8]; deve haver mais contemplações? É relevante perquirir se o tema deve ser enfrentado apenas na seara material ou se deve ser contemplado também no direito processual.

As normas que compõem o ordenamento podem ser divididas em primárias (substanciais, materiais) e secundárias (de segundo grau, formais, instrumentais): enquanto aquelas regulam diretamente as relações travadas pelos indivíduos na vida social, estas "têm por objeto a vida e o desempenho do próprio ordenamento, cuja formação e desenvolvimento elas regulam"[9].

São materiais, assim, as leis de direito substancial que definem e regulam relações criando direitos, tutelando interesses e compondo conflitos[10]; de maneira diversa, as leis instrumentais têm por objeto o regramento dos meios e das formas pelos quais o Estado deve fazer valer as leis materiais[11], referindo-se "às condutas inerentes à realização do processo"[12].

Em um primeiro momento parecem predominar previsões sobre situações diferenciadas de litigantes em normas substanciais no contexto protetor a pobres, crianças, adolescentes, idosos, consumidores e determinados contratantes[13]; contudo, como não basta prever o direito sem engendrar mecanismos para sua efetivação, o legislador tem concebido regras processuais para facilitar a atuação em juízo em grande parte das leis mais recentes[14].

---

[8] CPC, art. 125: "O juiz dirigirá o processo conforme as disposições deste Código, competindo-lhe: I – assegurar às partes igualdade de tratamento".

[9] Liebman, Enrico Tullio. *Manual de direito processual civil*, cit., v. 1, p. 59.

[10] SANTOS, Moacyr Amaral. *Primeiras linhas de direito processual.* 27 ed. São Paulo: Saraiva, 2010. v. 1, p. 23.

[11] SANTOS, Moacyr Amaral. *Primeiras linhas de direito processual*, cit., v. 1, p. 24. Destaca o autor que as leis processuais civis se situam entre as normas formais de atuação.

[12] DINAMARCO, Cândido Rangel. *Instituições de direito processual civil.* 4. ed. São Paulo: Malheiros, 2004. v. 1, p. 65.

[13] Merecem destaque a Lei de Locação (Lei nº 8.245/1991) e algumas previsões no Código Civil que trabalham a proteção aos aderentes, por exemplo.

[14] O Estatuto da Criança e do Adolescente (ECA) dedica o Título VI ao acesso à justiça, assim como a Lei de Locação e o Código de Defesa do Consumidor expõem consistentes regras processuais para a atuação em juízo.

O processo civil precisa ser desenvolvido com base nas carências peculiares a cada área de atuação: primeiro verificam-se as necessidades e detectam-se os problemas; depois se procura desenvolver instrumentos adequados[15].

É plenamente compreensível a tendência legislativa de contemplar tanto normas materiais como processuais em razão da significativa interdependência de ambas[16]; o investimento na relação de complementaridade[17] entre tais searas faz-se de rigor para a maior eficiência das previsões.

Com a ida à seara judicial será configurado, a partir do processo, um novo vínculo entre os indivíduos; nesse novo liame naturalmente o desequilíbrio e as disparidades existentes na relação originária podem repercutir de maneira comprometedora no ambiente processual, sendo preciso identificar qual deve ser o papel do magistrado em tal dinâmica.

Havendo desigualdade entre as partes envolvidas na relação material, é importante atuar para evitar que a assimetria jurídica contamine o processo[18].

Fritz Baur registra que, com o passar do tempo, foi-se solicitando do juiz, cada vez mais, "sua participação para compensar as relações sociais em jogo"[19].

---

[15] BEDAQUE, José Roberto dos Santos. *Direito e processo*: influência do direito material sobre o processo. 5. ed. São Paulo: Malheiros, 2003. p. 21.

[16] Em viva analogia, já se comparou o direito material à ossatura e o direito processual à musculatura: "Se o direito civil, segundo a linguagem pinturesca de Von Ihering, é o *ossamento* do organismo jurídico, bem pode-se continuar a imagem e dizer que o seu processo é uma espécie de *musculatura*, por meio da qual se executam as acções e reacções mais comuns da vida do direito. Já se vê que elles são inseparáveis, como a funcção é inseparável do órgão. O primeiro sem o segundo, uma theoria estéril; o segundo sem o primeiro, uma pratica perniciosa, similhante a dos curandeiros na esphera da medicina" (BARRETO, Tobias. Estudos de Direito. Brasília, DF: Senado Federal, Conselho Editorial: Superior Tribunal de Justiça, 2004. p. 200-201).

[17] Para Rodolfo Mancuso, a contribuição de Liebman – para quem sem o processo o direito (material) estaria relegado apenas à boa vontade dos homens, correndo o risco de não ser atuado, assim como o processo sem o direito (material) seria um mecanismo fadado a cair no vazio, privado de conteúdo e objetivo – revela o encontro do "ponto de equilíbrio entre direito e processo, como dois polos que, sem se sobreporem, antes se implicam e se complementam" (MANCUSO, Rodolfo de Camargo. A coisa julgada e sua recepção no Código Civil. In: FILOMENO, José Geraldo Brito (Coord.). *O Código Civil e sua interdisciplinaridade*: os reflexos do Código Civil nos demais ramos do Direito. Belo Horizonte: Del Rey, 2004. p. 288).

[18] MARIN, James. *Defesa e vulnerabilidade do contribuinte*. São Paulo: Dialética, 2009. p. 54.

[19] BAUR, Fritz. O papel ativo do juiz. *Revista de Processo*, São Paulo, ano 7, n. 27, jul./set. 1982. p. 193

Relata o autor que, embora originariamente esse fenômeno tenha ganhado importância em razão da miséria e das crises econômicas verificadas no período do pós-guerra, a tendência de reequilibrar situações "subsiste mesmo quando se atravessam épocas economicamente estáveis"[20].

Admite ainda o pensador alemão ser evidente que a referida mudança de concepção da atividade do juiz – que assume em suas decisões "essa função, por assim dizer, compensatória" – "traz vantagens, e por outro lado, perigos"; "o juiz, simultaneamente, sai de seu papel passivo e assume de alguma maneira, a responsabilidade pela 'cura' de uma relação 'doente' entre o direito e a vida"[21].

A situação em comento se justifica porque, no limite, a extrema fragilidade de um dos litigantes pode colaborar para a prolação de uma decisão injusta e incoerente no que alude à realidade fática submetida à apreciação, o que, segundo José Roberto dos Santos Bedaque, é inaceitável e representa "verdadeiro fracasso da atividade jurisdicional"[22].

A resposta, portanto, ao questionamento inicial é positiva: o direito processual, ao ordenar a pauta de atuação das partes em juízo, configura âmbito normativo apropriado para a previsão de normas diferenciadas em prol de certos sujeitos em razão do compromisso estatal com a isonomia.

É imperioso que o legislador, atento à realidade social, considere as potenciais dificuldades verificadas pelos litigantes e diligencie para assegurar que o processo não reproduza as disparidades da relação social e/ou material, viabilizando a remoção de óbices ilegítimos à atuação em juízo a fim de promover o equilíbrio na gestão do processo.

3.2. VISÕES SOBRE O PROCESSO CIVIL

Com a instauração do processo configura-se uma nova relação jurídica, uma situação, uma instituição ou um procedimento? O tema passa pela concepção sobre o que é processo e qual o foco da jurisdição[23].

---

[20] BAUR, Fritz. O papel ativo do juiz, cit., p. 193-194.

[21] BAUR, Fritz. O papel ativo do juiz, cit., p. 194.

[22] Conclui o autor que, por ser inadmissível que desigualdades comprometam seu resultado, torna-se "absolutamente necessário que o magistrado desenvolva atividades probatórias, quando imprescindíveis à correta apuração dos fatos" (BEDAQUE, José Roberto dos Santos. *Poderes instrutórios do juiz*. 4. ed. São Paulo: Revista dos Tribunais, 2009. p. 101-102).

[23] Como salienta Eduardo Couture, há que se analisar se o processo pode ser identificado com um fenômeno já conhecido no direito ou se deve ser visto como uma categoria

A relevância da adoção de uma ou outra visão de processo decorre do fato de que repercussões consideráveis poderão ser sentidas no que tange à consideração da igualdade e das condições dos litigantes no feito resultante de uma ou outra concepção. Serão analisadas, portanto, as conceituações de processo enquanto relação jurídica, situação jurídica, instituição e procedimento em contraditório.

3.2.1. Processo como relação jurídica

Um primeiro olhar sobre o processo civil, nos idos de 1800, aproximou-o dos institutos contratuais; assim, foi visto como um contrato ou um quase contrato[24] com base na percepção romana de que as partes, ao se submeterem à apreciação jurisdicional, aceitavam, por consequência, submeter-se à decisão do juiz[25].

Foi a partir da clássica obra de Oscar Von Bulow[26] que o processo passou de uma concepção eminentemente privatista para sua configuração como relação jurídica processual a unir juiz e partes em um complexo de direitos e deveres coordenados para a atuação da vontade concreta da lei[27].

A pretensão revela o objeto material do processo, ao passo que o próprio processo constitui o objeto formal do instrumento da jurisdição. Segundo Moacyr Amaral dos Santos, enquanto mecanismo destinado a compor litígios e exercer a função de fazer justiça, o processo deve procurar alcançar

---

especial (COUTURE, Eduardo Juan. *Fundamentos de direito processual civil*. Florianópolis: Conceito Editorial, 2008. p. 64).

[24] COUTURE, Eduardo Juan. *Fundamentos de direito processual civil*, cit., p. 65-67 *passim*.

[25] No primeiro período do processo civil romano – de aproximadamente 754 a.C. até o fim da República –, vigorava regime das ações da lei e somente aos cidadãos romanos estava disponível o processo; na primeira etapa do procedimento, as partes deviam se comprometer a respeitar a decisão do juiz privado celebrando a *litiscontestatio* (CRUZ E TUCCI, José Rogério; AZEVEDO, Luis Carlos. *Lições de processo civil romano*, cit., p. 39-40).

[26] A obra *Teoria dos pressupostos processuais e das exceções dilatórias* foi publicada em 1868 e é por alguns identificada como a "certidão de nascimento da ciência processual". Ao apartar em diferentes searas as relações de direito material e processual, identificou nesta última três aspectos: sujeitos (autor, réu e Estado-juiz), objeto (prestação jurisdicional) e pressupostos. Eis a base da teoria do processo como relação jurídica, primeiramente formada entre autor e juiz, quando aquele exerce o direito de ação e, após a ciência da demanda pelo réu, este passa também a integrar a relação jurídica (BÜLOW, Oskar Von. *La teoría de las excepciones procesales y los presupuestos procesales*. Traducción de Miguel Angel Rosas Lichtschein. Buenos Aires: EJEA, 1964. p. 2-7 *passim*).

[27] SANTOS, Moacyr Amaral. *Primeiras linhas de direito processual*, cit., v. 1, p. 284.

a maior proximidade possível da perfeição, cabendo ao juiz velar por sua regularidade[28]; assim, para o autor o processo é uma relação juridicamente regulada entre os sujeitos processuais[29].

Também Enrico Tullio Liebman reconhece, com a instauração do processo, a existência de uma nova e especial relação entre os sujeitos: diferentemente da relação de direito material, ela se assenta na autoridade do órgão judiciário de emitir decisões eficazes perante as partes[30].

Apesar de acolhida por parte significativa da doutrina nacional, a teoria da relação jurídica enfrentou visões dissonantes[31], sendo a seguir analisadas as concepções que se relacionam à pauta isonômica.

Para Aroldo Plínio Gonçalves, se o processo fosse uma relação jurídica, dever-se-ia admitir que tal vínculo autorizasse os sujeitos processuais a exigir um do outro certa conduta; contudo, ao exercer suas faculdades ou poderes durante o feito uma parte não se dirige à outra, mas ao juiz – do qual os litigantes nada exigem –; assim, não há relação jurídica entre juiz e partes nem estas podem ser exigidas quanto a qualquer conduta ou prática. Suas faculdades, poderes e deveres se resolvem em ônus de suportar as consequências desfavoráveis que possam surgir por sua omissão[32].

Reclama-se ainda que o referido liame de subordinação das partes ao juiz situa o magistrado em uma posição não só de equidistância, mas de superioridade em relação aos litigantes; essa visão permite uma postura

---

[28] "A própria garantia das partes exige que o instrumento de que se servem os órgãos jurisdicionais seja o mais aproximadamente perfeito, sem vícios ou defeitos. Ao juiz cabe verificar a regularidade do processo, se obedeceram na sua formação e desenvolvimento as normas que o regem. Então, ao lado do objeto material do processo, que é a pretensão, tem o processo um outro objeto, de *natureza formal*, que é o *próprio processo*. É uma coisa curiosa, mesmo aparentemente paradoxal, mas a verdade é que o processo atua sobre o próprio processo" (SANTOS, Moacyr Amaral. *Primeiras linhas de direito processual*, cit., v. 1, p. 282).

[29] SANTOS, Moacyr Amaral. *Primeiras linhas de direito processual*, cit., v. 1, p. 284.

[30] Liebman, Enrico Tullio. *Manual de direito processual civil* 3. ed. Tradução e notas de Cândido Rangel Dinamarco. São Paulo: Malheiros, 2005. v. 1, p. 64.

[31] Para Cintra, Grinover e Dinamarco, merecem crítica algumas de suas características como a divisão do processo em duas fases – a inicial, focada na apreciação dos pressupostos processuais; e a seguinte, na análise do mérito –, a falta de sanções ao juiz por eventual descumprimento de suas obrigações no processo e o fato de as partes não terem obrigações no processo – embora se sujeitem à autoridade do órgão jurisdicional (GRINOVER, Ada Pellegrini; CINTRA, Antonio Carlos de Araújo; DINAMARCO, Cândido Rangel. *Teoria geral do processo*. 26. ed. São Paulo: Malheiros, 2010, p. 305.)

[32] GONÇALVES, Aroldo Plínio. *Técnica processual e teoria do processo*. Rio de Janeiro: Aide, 2001. p. 97-99.

autoritária ao Estado-juiz, fazendo esquecer a simetria de posições exigida pela ordem constitucional democrática e participativa[33].

Outra censura reside no fato de que a teoria da relação jurídica teria reduzido o processo à categoria de instrumento da jurisdição. Para Elpídio Donizetti Nunes, essa simplificação enseja "manipulação perversa e ideológica que requer combate sem tréguas" por ignorar que o processo pressupõe a participação das partes em condições isonômicas – é a jurisdição, como função estatal, que deve agir segundo o devido processo e seus princípios constitucionais; no Estado de Direito, o processo valida e disciplina a jurisdição, não sendo dela um mero instrumento, mas um direito-garantia, não podendo, portanto, ser visto como um ato do poder autoritário do juiz que pretende realizar o justo com base em algo "metafísico, etéreo, *supra* ou *meta* positivo"[34].

Luiz Guilherme Marinoni assevera que o problema da teoria é sua aplicação contemporânea no Estado constitucional enquanto "assimilação neutra e descompromissada com a realidade da vida do homem"[35]. Para o autor, essa teoria está em crise porque, enquanto conceito neutro, ela ignora "as necessidades das partes", "as situações de direito material e as diferentes realidades dos casos concretos", "permitindo a construção de uma ciência processual que se queria bastante ou supunha que poderia viver imersa em si mesma, sem olhar para a realidade de direito material e para a vida dos homens"[36].

A opinião da autora deste trabalho vai ao encontro desta última assertiva, já que o foco das previsões não costuma ser o litigante, mas a técnica pura e simples; embora seja corrente o discurso de que a isonomia deve

---

[33] NUNES, Elpídio Donizette. Jurisdição, judicação e tutela legal na teoria do processo contemporâneo. In: LEAL, Rosemiro Pereira (Org.). *Estudos continuados de teoria do processo*. Porto Alegre: Síntese, 2001. v 2, p. 225. Em suas palavras, "a teoria da relação jurídica [...] tem funcionado como palco para o Estado exercer sua onipotência malsã, que causa não só o desequilíbrio, a quebra da simétrica paridade exigida pela nova ordem constitucional, mas retira a própria legitimidade do processo" (p. 226).

[34] NUNES, Elpídio Donizetti. Jurisdição, judicação e tutela legal na teoria do processo contemporâneo, cit., p. 233-234.

[35] "É evidente que se pode dizer que a relação jurídica, hoje, pode se abrir a isto ou àquilo outro, ou pode captar a realidade social. Porém, o que se deve deixar claro é a impossibilidade de se tomar a teoria da relação jurídica processual, infiltrada pelos propósitos dos seus edificadores do final do século XIX, como algo prestável a uma teoria processual compatível com o Estado constitucional (MARINONI, Luiz Guilherme. Da teoria da relação jurídica processual ao processo civil do estado constitucional. Disponível em: <www.abdpc.org.br>. Acesso em: 18 abr. 2010).

[36] MARINONI, Luiz Guilherme. Da teoria da relação jurídica processual ao processo civil do estado constitucional, cit..

ser assegurada para efetivar o contraditório, constata-se, quando necessária sua concretização de forma mais intensa, que o discurso passa a focar a pretensa neutralidade do juiz em posição desfavorável à efetivação da atuação diferenciada.

Passa-se, assim, à apreciação das demais teorias para examinar outras visões sobre o processo. Como alguns pensadores resistiram à sua visão como relação jurídica, o processo foi visto por James Goldschmidt como situação jurídica, por Jaime Guasp como instituição[37] e por Elio Fazzallari como procedimento em contraditório.

3.2.2. Processo como situação jurídica e como instituição

A teoria do processo como situação jurídica foi engendrada por James Goldschmidt; na visão do doutrinador, os litigantes estão sujeitos à jurisdição e o magistrado atua no processo por dever funcional; o direito subjetivo do autor se converte em meras chances no processo, desdobrando-se estas em possibilidades (de praticar atos para que o reconhecimento do direito), expectativas (de obter esse reconhecimento), perspectivas (de uma sentença favorável) e ônus (encargo de praticar certos atos em prol do próprio interesse para evitar decisão desfavorável)[38].

Segundo o entendimento esposado, o processo deriva da dinâmica de atividades das partes sob o comando do juiz, constituindo jogos argumentativos, estratégicos e de linguagem na dedução das possíveis posições de vantagem perante a lei[39].

Para os defensores dessa visão, a sentença não precisa ser fundamentada: como retrata apenas a solução do conflito entre os litigantes, não há direitos processuais a serem respeitados e o processo se sujeita ao "livre manejo" do órgão julgador[40].

A teoria em comento foi criticada por quatro principais razões: ao argumentar pela exceção, toma como regra deformações do processo; não se pode falar em uma situação, mas sim em um complexo de situações no processo; o conjunto de situações jurídicas é exatamente o que recebe o

---

[37] SANTOS, Moacyr Amaral. *Primeiras linhas de direito processual*, cit., v. 1, p. 284.
[38] GOLDSCHMIDT, James. *Teoría general del processo*. Traducción de Leonardo Prieto Castro. Barcelona: Labor, 1936. p. 189-191 *passim*. A teoria foi elaborada por volta de 1925.
[39] LEAL, Rosemiro Pereira. *Teoria geral do processo*: primeiros estudos. 4. ed. rev. ampl. Porto Alegre: Síntese, 2001a. p. 239.
[40] LEAL, Rosemiro Pereira. *Teoria geral do processo*: primeiros estudos, cit., p. 79.

nome de relação jurídica; toda a situação de incerteza expressa em ônus, perspectivas, expectativas e possibilidades se referem à relação de direito material deduzida em juízo e não ao processo em si[41].

Em meados de 1940 o espanhol Jaime Guasp propugnou outra teoria afirmando ser o processo uma instituição submetida ao regime legal para atender a certa finalidade[42] por meio não apenas de uma, mas de várias relações jurídicas concatenadas.

A concepção contou com a importante adesão de Eduardo Couture, para quem esse entendimento era melhor do que a teoria sobre a relação jurídica por abranger a totalidade do objeto enfocado[43]: nessa perspectiva, o processo era "uma instituição submetida ao regime da lei, a qual regula a condição das pessoas, a situação das coisas e o ordenamento dos atos que tendem à obtenção dos fins da jurisdição"[44].

A teoria foi rejeitada porque a noção de instituição é muito ampla e imprecisa, não se prestando a delimitar com exatidão seu objeto.

Na atualidade, porém, há quem defenda sua retomada propugnando, em uma perspectiva "neoinstitucionalista"[45], que o processo é uma instituição

---

[41] CINTRA, Antonio Carlos de Araújo; GRINOVER, Ada Pellegrini; DINAMARCO, Cândido Rangel. *Teoria geral do processo*, cit., p. 306.

[42] O autor entende a instituição como "um conjunto de atividades relacionadas entre si pelo vínculo de uma ideia comum e objetiva à qual figuram aderidas, seja essa ou não sua finalidade individual, as diversas vontades particulares dos sujeitos de quem procedem aquelas atividades" (GUASP, Jaime. *Derecho procesal civil*. 3. ed. Madrid: Centro de Estudios Constitucionales, 1977. t. 1, p. 16).

[43] "Além da própria relação em si, aquela ideia abrange o conjunto das relações jurídicas que nascem por força do processo. A variedade dessas relações é praticamente ilimitada, já que o processo compreende uma infinidade de vínculos e liames de toda ordem: o dos litigantes para com o Estado; o de juiz para com o Estado; o das partes, do juiz e do Estado para com certos terceiros abrangidos pela coisa julgada; o das partes, do juiz e do Estado para com os advogados,os procuradores, os peritos, as testemunhas etc." (COUTURE, Eduardo Juan. *Fundamentos de direito processual civil*. Florianópolis: Conceito Editorial, 2008. p. 73).

[44] COUTURE, Eduardo Juan. *Fundamentos de direito processual civil*, cit., p. 74.

[45] Essa nova proposta pressupõe uma Constituição advinda do próprio povo integrante da sociedade política, fruto da consciência participativa popular. O autor propugna uma Teoria de Constituição dialógico-popular, o que exige uma cidadania consciente e participativa segundo o modelo constitucionalizado de processo; em suas palavras, a nova teoria "[...] não é uma ordem de pensamento acabado. Erige-se como apelo crítico-participativo das partes juridicamente legitimadas à instauração de procedimentos em todos os domínios de jurisdicionalidades. [...] É uma proposta enunciativa em construção que não se sustenta pela convicção única de um teorizador, prescindindo, à sua realização, da compreensão inter-relacional do povo total nas instâncias jurídico-socioeconômicas da Sociedade Política" (LEAL, Rosemiro Pereira. *Teoria geral do processo*: primeiros estudos. 4. ed. rev. ampl. Porto Alegre: Síntese, 2001a. p. 97).

constitucionalizada pautada pelas garantias do contraditório, da isonomia e da ampla defesa[46].

Apesar de haver mérito nessa nova abordagem, a concepção que melhor atende aos desígnios constitucionais – especialmente com a perspectiva isonômica – é a visão de Elio Fazzallari, exposta a seguir.

3.2.3. Processo como procedimento em contraditório

A visão do processo como procedimento em contraditório o concebe como uma série de atos realizada com a essencial possibilidade de efetiva informação e participação em todos os atos para que a preparação do provimento final resulte legítima[47].

Para seu cultor Elio Fazzallari, procedimento é a sequência de atividades praticadas segundo a estrutura técnico-jurídica[48] do processo em certo espaço de tempo, sendo o ato inicial pressuposto do consequente e este uma extensão do antecedente – assim se verificando sucessivamente até o último provimento[49].

Conclui o autor ser a natureza jurídica do processo identificável com a de um processo com procedimento em contraditório[50].

---

[46] Ao defender tal natureza, Rosemiro Pereira Leal propugna que "O Judiciário [...] não é o espaço encantado [...] de julgamento de casos para revelação da justiça, mas órgão de exercício judicacional segundo o modelo constitucional do processo em sua projeção de *intra* e *infra* expansividade principiológica e regradora. O Devido Processo Constitucional é que é jurisdicional, porque o PROCESSO é que cria e rege a dicção procedimental do direito, cabendo ao juízo ditar o direito pela escritura da lei no provimento judicial" (LEAL, Rosemiro Pereira. *Teoria geral do processo*: primeiros estudos, cit., p. 272, grifos do autor).

[47] FAZZALARI, Elio. Processo (Teoria generale). In: NOVISSIMO digesto italiano. Torino: Utet, 1966. v. 13, p. 1.067-1.076 *passim*.

[48] "Il 'processo' è una struttura nella quale si svolgono, nell'ordinamento statuale italiano, numerose attività di diritto pubblico [...] ed alcune attività di diritto privato [...] e come 'procedimento' la sequenza di attività che precede il provvedimento, lo prepara, e si conclude con esso [...] al procedimento di formazione del provvedimento, alle attività preparatorie attraverso le quali si verificano i pressuposti del provvedimento stesso, sono chiamati a partecipare, in una o più fasi, anche gli 'interessati', in contradittorio, cogliamo l'essenza del 'processo'(FAZZALARI, Elio. *Istituzioni di diritto processuale*. Padova: Cedam, 1975, p. 3-6 *passim*).

[49] FAZZALARI, Elio. *Istituzioni di diritto processuale*, cit., p. 25-28 *passim*.

[50] Em suas palavras, o processo identifica-se com "[...] un procedimento al quale, oltre all'autore dell'atto finale, partecipano, in contradittorio, *gl'interessati, cioè, i destinattari degli effetti di tale atto*" (FAZZALARI, Elio. *Istituzioni di diritto processuale*, cit., p. 6).

Com esse olhar, pode-se inferir não ser a decisão do juiz um ato isolado, superior ou magnânimo, mas sim a expressão jurídica, racionalizada e conclusiva dos atos realizados do procedimento em contraditório entre as partes[51].

A legitimação pela participação, diferentemente da teoria da relação jurídica, não se contenta com a simples proclamação da possibilidade de atuar, mas pressupõe uma efetiva oportunidade de atuação das partes outorgando-lhes as condições necessárias para tanto[52]. Eis por que o processo não pode ser visto apenas como uma relação jurídica, mas sim como fenômeno vocacionado a importantes finalidades na democracia, devendo, por conta disso, ser legítimo[53].

A legitimidade do processo e do procedimento, sem dúvida, constitui essencial elemento à prestação da tutela jurisdicional, sendo a visão de processo de Elio Fazzalari, em razão da íntima conexão entre contraditório e igualdade, a que mais se coaduna com a proposta de assegurar a isonomia.

É importante averiguar se há – ou pode haver – um caráter protetor na atuação do juiz no processo.

3.3. TUTELA JURISDICIONAL: PROTEÇÃO ESTATAL VIA PROCESSO?

O Código de Processo Civil, no art. 2º, menciona a prestação de tutela jurisdicional pelo Estado-juiz provocado pela parte interessada; o uso do vocábulo *tutela* sinaliza o caráter de necessária proteção ao litigante?

No direito civil a expressão identifica-se com a proteção a certos incapazes – órfãos ou destituídos de responsáveis com poder familiar. Pela acepção da palavra, também no direito processual pode-se vislumbrar um caráter protetor na atuação do juiz?

---

[51] LEAL, Rosemiro Pereira. *Teoria geral do processo*: primeiros estudos, cit., p. 92.

[52] Continua o autor: "Isso quer dizer que o processo requer a legitimidade do exercício da *jurisdição* e a efetividade da participação das *partes*, envolvendo, de uma só vez, exigências que fazem com que os partícipes da relação processual civil se dispam das suas máscaras de elementos e, principalmente, que as partes compreendam que a efetividade da participação é necessária para legitimar a tarefa jurisdicional" (Marinoni, Luiz Guilherme. Da teoria da relação jurídica processual ao processo civil do estado constitucional, cit.).

[53] "O processo deve legitimar – pela participação –, ser em si legítimo – adequado à tutela dos direitos e aos direitos fundamentais –, e ainda produzir uma decisão legítima" (Marinoni, Luiz Guilherme. Da teoria da relação jurídica processual ao processo civil do estado constitucional, cit.).

É corrente na doutrina a associação do conceito de tutela jurisdicional a menções como amparo[54], assistência[55], proteção[56], "caráter tutelar da ordem e da pessoa"[57].

Quando se aborda a garantia de inafastabilidade da jurisdição, um dos sinônimos utilizados para retratá-la é dado pela expressão *proteção judiciária*; procede tal associação? Além de excertos doutrinários[58], há precedentes judiciais que mencionam expressamente a locução *proteção judicial*[59].

---

[54] Para Cândido Rangel Dinamarco, tutela jurisdicional é "o amparo que, por obra dos juízes, o Estado ministra a quem tem razão num litígio deduzido em um processo" (DINAMARCO, Cândido Rangel. *Instituições de direito processual civil*, cit., v. I, p. 104). Para José Roberto dos Santos Bedaque, tutela jurisdicional é "o conjunto de medidas estabelecidas pelo legislador processual para conferir efetividade a uma situação da vida amparada pelo direito substancial" (BEDAQUE, José Roberto dos Santos. *Direito e processo*: influência do direito material sobre o processo, cit., p. 41).

[55] Com base no resgate da origem latina do verbo *tutelar*, Teori Zavascki afirma: "quando se fala em tutela jurisdicional se está a falar exatamente na assistência, no amparo, na defesa, na vigilância, que o Estado, por seus órgãos jurisdicionais, presta aos direitos dos indivíduos" (ZAVASCKI, Teori. *Antecipação da tutela*. 3. ed. São Paulo: Saraiva, 2000. p. 5).

[56] Segundo Luiz Guilherme Marinoni, "a obrigação de compreender as normas processuais a partir do direito fundamental à tutela jurisdicional e, assim, considerando as várias necessidades do direito substancial, dá ao juiz o poder-dever de encontrar a técnica processual idônea à proteção (ou à tutela) do direito material" (Marinoni, Luiz Guilherme. O direito à tutela jurisdicional efetiva na perspectiva da teoria dos direitos fundamentais. *Professor Marinoni*. Disponível em: <www.professormarinoni.com.br>. Acesso em: 1 maio 2010). Também nessa esteira se manifesta Fredie Souza Didier Junior, para quem, quanto ao escopo jurídico, "o processo é instrumento de definição (certificação), proteção (asseguração) e realização (efetivação) do direito substancial (DIDIER JUNIOR, Fredie Souza. Sobre dois importantes (e esquecidos) princípios do processo: adequação e adaptabilidade do procedimento. *Jus Navigandi*, Teresina, ano 6, n. 57, jul. 2002. Disponível em: <http://jus2.uol.com.br>. Acesso em: 4 set. 2008). Também José Roberto dos Santos Bedaque assim entende: "Tutela jurisdicional é a proteção que se dá a determinado interesse, por via jurisdicional, assegurando direto ou a integridade da esfera jurídica de alguém" (BEDAQUE, José Roberto dos Santos. *Direito e processo*: influência do direito material sobre o processo, cit., p. 39).

[57] Luiz Fux assevera que a função *jurisdicional* "tem o caráter tutelar da ordem e da pessoa, distinguindo-se das demais soluções do Estado pela sua imodificabilidade por qualquer outro poder, em face de adquirir o que se denomina em sede anglo-saxônica de '*final enforcing power*', consubstanciado na 'coisa julgada'" (FUX, Luiz. Tutela jurisdicional: finalidade e espécie. *Informativo Jurídico da Biblioteca Ministro Oscar Saraiva*, v. 14, n. 2, p. 153, jul./dez. 2002).

[58] Em obras de Direito Constitucional é frequente a menção quando se aborda o inc. XXXV do art. 5º da Lei Maior, que encerraria "a cláusula de proteção judicial" (FERREIRA, Gilmar Mendes; COELHO, Inocêncio Mártires; BRANCO, Gustavo Gonet. *Curso de direito constitucional*. 2 ed. São Paulo: Saraiva, 2008. p. 474).

[59] Como exemplo, eis precedente do STF: "A perpetuação temporal de indefinição jurídica quanto à liberdade de locomoção do paciente afeta a própria garantia constitucional da

Além da previsão constitucional da inafastabilidade da jurisdição, o Brasil dispõe ainda de regra explícita de proteção por ser signatário, desde 1992, da Convenção Americana de Direitos Humanos[60].

A vantagem de se pensar o processo em termos abstratos – e não concretos no sentido de acolhimento ou rejeição do pedido – é compreender que a observância do devido processo revela proteção judiciária para ambos os litigantes; pode-se falar em uma tutela do processo porque, como afirma Flavio Luiz Yarshell, ao concretizar a igualdade ou o contraditório "o juiz não tutela apenas quem está amparado pelo direito material, mas também as partes indistintamente"[61].

Aceita essa premissa, não há como afastar a conclusão sobre a existência de tutela para ambas as partes no processo, sejam elas ao final reconhecidas como vencedora ou vencida[62].

Isso porque, como a *dimensão objetiva* do direito fundamental à tutela jurisdicional adequada, efetiva e célere torna imperiosa a interpretação do direito processual civil à luz da Constituição, deve-se promover a *"filtragem constitucional* dos dispositivos do Código de Processo Civil para se extrair a interpretação que dê *maior efetividade* às garantias processuais fundamentais"[63].

---

proteção judicial digna, legítima, eficaz e célere (CF, art. 1º, III, c/c o art. 5º, incisos LIV, LV e LXXVIII)." (Supremo Tribunal Federal, HC 92.604/SP, Rel. Min. Gilmar Mendes, j. 01.04.2008).

[60] Segundo seu art. 25 – Proteção judicial, "toda pessoa tem direito a um recurso simples e rápido ou a qualquer outro recurso efetivo, perante os juízes ou tribunais competentes, que a proteja contra atos que violem seus direitos fundamentais reconhecidos pela Constituição, pela lei ou pela presente Convenção, mesmo quando tal violação seja cometida por pessoas que estejam atuando no exercício de suas funções oficiais. 2. Os Estados-partes comprometem-se: a) a assegurar que a autoridade competente prevista pelo sistema legal do Estado decida sobre os direitos de toda pessoa que interpuser tal recurso; b) a desenvolver as possibilidades de recurso judicial; e c) a assegurar o cumprimento, pelas autoridades competentes, de toda decisão em que se tenha considerado procedente o recurso".

[61] "Embora a preservação da igualdade ou do contraditório, por exemplo, seja instrumental, ela não perde o caráter de autêntica tutela. Mais ainda: reconhecer a existência de uma tutela *do processo* é também reconhecer que existe uma tutela dos sujeitos que integram a relação processual; ou, em outras palavras, uma tutela dos direitos e posições jurídicas decorrentes dessa mesma relação" (YARSHELL, Flavio Luiz. *Tutela jurisdicional*. 2. ed. São Paulo: DPJ, 2006. p. 31).

[62] YARSHELL, Flavio Luiz. *Tutela jurisdicional*, cit., p. 32.

[63] CAMBI, Eduardo. Neoprivatismo e neopublicismo a partir da Lei 11.690/2008. *ABDPC*. Disponível em: <www.abdpc.com.br>. Acesso em: 20 maio 2010.

3.4. Função e finalidade do processo civil

A que visa o processo civil? Representante de visão clássica, Moacyr Amaral dos Santos defende que a resposta a essa questão pode ser divisada na perspectiva de três correntes: subjetivista (o processo atua como meio de tutelar o direito individual do litigante, sendo mecanismo de defesa de seu direito subjetivo)[64]; objetivista (o fim do processo é fazer atuar o direito objetivo: provocada, a jurisdição atuará para buscar restabelecer a ordem jurídica no caso concreto, atendendo ao interesse público)[65]; mista (aliança das correntes anteriores, reconhece como fins proteger o direito material e fazer atuar o direito em prol da ordem jurídica)[66].

Nos tempos atuais, o fim do processo civil vem sendo identificado, de maneira mais ampla, com a salvaguarda da paz jurídica e a tutela dos direitos subjetivos privados[67].

Como bem reconhece Cândido Rangel Dinamarco, o foco sobre a jurisdição para a atuação da vontade concreta da lei e a composição da lide abandonou a análise do sistema processual por um ângulo externo e metajurídico, deixando "de investigar os substratos sociais, políticos e culturais que legitimam sua própria existência e o exercício da jurisdição pelo Estado"[68].

Posições metodológicas como as de Giuseppe Chiovenda e Francesco Carnelutti "favoreciam o dogma da natureza técnica do processo como instrumento do direito material, sem conotações éticas ou deontológicas, além de dificultar a valorização dos meios alternativos de solução de conflitos"[69].

---

[64] SANTOS, Moacyr Amaral. *Primeiras linhas de direito processual*, cit., v. 1, p. 21.

[65] SANTOS, Moacyr Amaral. *Primeiras linhas de direito processual*, cit., v. 1, p. 22.

[66] O jurista afirma aliar-se a essa visão (SANTOS, Moacyr Amaral. *Primeiras linhas de direito processual*, cit., v. 1, p. 22).

[67] TEIXEIRA DE SOUSA, Miguel. Sobre o sentido e a função dos pressupostos processuais (algumas reflexões sobre o dogma da apreciação prévia dos pressupostos processuais na ação declarativa). *Revista de Processo*, São Paulo, v. 16, n. 63, p. 63, jul./set. 1991.

[68] DINAMARCO Cândido Rangel. *Instituições de Direito Processual Civil*, cit. v. 1, p. 125-126; conclui o autor: "Atuar a vontade concreta da lei ou dar acabamento à norma de regência do caso são visões puramente jurídicas e nada dizem sobre a utilidade do sistema processual em face da sociedade."

[69] Prossegue Cândido Rangel Dinamarco: "Constituem conquistas das últimas décadas a perspectiva sociopolítica da ordem processual e a valorização dos meios alternativos. A descoberta dos *escopos sociais e políticos do processo* valeu também como alavanca propulsora da visão crítica de suas estruturas e do seu efetivo modo de operar, além de levar as especulações dos processualistas a horizontes que antes estavam excluídos de sua preocupação" (DINAMARCO, Cândido Rangel. *Instituições de direito processual civil*, cit., v. 1, p. 126-127).

Cap. 3 – PROCESSO CIVIL: OBJETO, FUNÇÃO E ATUAÇÃO DO JUIZ À LUZ DA IGUALDADE

Como contraponto, é emblemática a concepção de certa linha doutrinária para quem as clássicas visões apontadas sobre a jurisdição ensejam um tipo de "enfraquecimento" do Poder Judiciário por limitar seu campo de ação e conferir "centralidade ao papel do legislador, desconhecendo a importância da Constituição como pauta de interpretação"[70].

Para os cultores dessa visão, no paradigma do Estado Democrático de Direito, antigos conceitos e ideias de jurisdição não mais podem ser utilizados – pelo menos integralmente – porque se deseja, efetivamente, outra realidade jurisdicional, o que implica uma "nova compreensão da jurisdição, uma vez que, no Estado Democrático de Direito há um vínculo indissociável entre Constituição e justiça constitucional"[71].

Em face do direito fundamental ao processo, cabe a este "a função primária de codificar a relação fundamental entre a iniciativa do indivíduo para a instauração do processo" e a "a possibilidade de se obter em juízo uma tutela jurisdicional adequada"; à luz da constitucionalização do direito ao processo e à jurisdição "de envoltas com o direito fundamental de efetividade e a um processo justo" determina-se "também uma garantia 'de resultado'"[72].

A obtenção de resultados legítimos é, com frequência, referida como finalidade do processo civil; segundo Cândido Rangel Dinamarco, para haver razoável segurança de que o processo ensejará resultados substancialmente justos, ele precisará ser justo em si próprio proporcionando, dentre outras garantias, o tratamento isonômico dos litigantes com liberdade para atuar

---

[70] HOMMERDING, Adalberto Narciso. *Fundamentos para uma compreensão hermenêutica do processo civil*. Porto Alegre: Livraria do Advogado: 2007, p. 144-145. O autor esclarece que à época da elaboração dos conceitos a Constituição nem sequer era mencionada como fonte do Direito; afirma ainda que "o jurista não pode procurar a solução a ser dada numa obra doutrinal (comentário, tratado) escrita há cinquenta anos, ou, talvez mesmo, há uns meros dez anos. Tal bibliografia mantém quase só valor histórico" (p. 144, nota 432).

[71] Assim o autor explica seu ponto de vista: "Primeiro porque, não existindo diferença entre legalidade e constitucionalidade, não há – segundo – como distinguir jurisdição ordinária de jurisdição constitucional. Ainda há, contudo, um excessivo apego à legislação infraconstitucional, que não é devidamente confrontada com a Constituição. Assim, os juristas continuam separando a legalidade da constitucionalidade, como se fosse possível separar a jurisdição ordinária da jurisdição constitucional" (HOMMERDING, Adalberto Narciso. *Fundamentos para uma compreensão hermenêutica do processo civil*, cit., p. 146).

[72] Oliveira, Carlos Alberto Álvaro de. Os direitos fundamentais à efetividade e à segurança em perspectiva dinâmica. *Atualidades Jurídicas*: revista eletrônica do Conselho Federal da OAB, n. 3, jul./ago. 2008. Disponível em: <www.oab.org.br>. Acesso em: 9 ago. 2010.

em prol de seus interesses e a participação efetiva do juiz com imparcialidade[73].

O tema do justo processo recebeu grande atenção da doutrina processual mundial[74]. Como aduz Luigi Comoglio, sua matriz ético-cultural está ligada aos múltiplos valores de ordens ideológica e técnica sobre os quais se embasa a "justiça procedimental" ou a "equidade" no processo afirmadas em nível constitucional. Os referidos valores, primários e essenciais, realizam uma síntese harmônica entre os componentes ideológicos e os fatores técnicos e estruturais de determinado modelo de procedimento judiciário – simples, claro e rápido –, podendo como tais ser facilmente identificados e sintetizados[75].

Eis por que se pode concluir que a finalidade do processo é promover "a justiça do caso concreto; o processo justo e a tutela jurisdicional efetiva são os meios de que dispõe o Estado Democrático de Direito, essencialmente constitucional, para a realização daquele fim"[76].

Ao prestar interessante e recente contribuição doutrinária, Miguel Teixeira de Souza afirma que em sua função instrumental o processo pode ser divisado segundo uma concepção *pragmática* ou *programática*. Pela primeira, a função instrumental se esgota no momento do *input* – acesso ao sistema –, preocupando-se o legislador em fornecer meios para que haja a entrada de litígios, mas não com a forma como estes saem do aparelho judiciário; esse entendimento é típico da visão liberal do processo. Já a concepção programática concebe como essenciais tanto o *input* como o *output*, devendo a saída dos litígios pautar-se por decisões justas e apropriadas, compreensão essa que integra a visão social do processo[77].

As concepções apresentadas são de grande relevância e impactarão decisivamente nas conclusões sobre a atuação do magistrado confrontado com disparidades entre os litigantes, o que justifica sua análise mais aprofundada.

---

[73] DINAMARCO, Cândido Rangel. *Instituições de Direito Processual Civil*, cit., v. I, p. 62.

[74] Constitui estudo referencial sobre o tema "*Il giusto processo nella dimensione comparatistica*", de Luigi Paolo Comoglio.

[75] COMOGLIO, Luigi Paolo. *Il giusto processo nella dimensione comparatistica*, Rivista di diritto processuale 3, v. 57, p. 702-758, 2002, p. 714-715.

[76] Oliveira, Carlos Alberto Álvaro de. Os direitos fundamentais à efetividade e à segurança em perspectiva dinâmica, cit.

[77] TEIXEIRA DE SOUSA, Miguel. Um novo processo civil português: à la recherche du temps perdu? In: BRITO, Rita (Coord.). *Novos rumos da justiça cível*. Coimbra: Centro de Estudos Judiciários, 2009. p. 15.

3.4.1. Visão liberal do processo

A concepção privatista vê o processo como um vínculo de interesse precípuo das partes que devem ter plena autonomia para atuar; o juiz deve agir com o mínimo de intervencionismo e não suprir eventuais omissões dos litigantes – que devem arcar com as consequências delas decorrentes.

Essa visão, fruto do paradigma liberal, considera o processo "coisa das partes" e o concebe de maneira individualista com foco precípuo em direitos patrimoniais[78].

Nesse sistema predomina o princípio dispositivo, podendo as partes dispor do processo da mesma forma que podem dispor da relação material com base na autonomia que pauta o Direito Privado: como unicamente o interesse das partes está em causa, elas têm liberdade ilimitada para dirigir o processo "como melhor lhes convier. O juiz tem um papel passivo face ao absoluto império da vontade das partes"[79].

Da perspectiva dessa concepção, é impensável que o magistrado determine a realização de provas de ofício mesmo quando essa atividade envolver fatos trazidos exclusivamente pelos litigantes porque tal atuação representa grave violação da imparcialidade judicial e do princípio da igualdade das partes[80] – já que o juiz estaria realizando atividades próprias destas[81].

São tidas como expressão dessa concepção de processo a *Ley de Enjuiciamiento Civil* espanhola de 1881[82] e o Código de Processo Civil italiano de 1865[83].

---

[78] Oliveira, Carlos Alberto Álvaro de. *Do formalismo no processo civil*. 4. ed. São Paulo: Saraiva, 2010. p. 67.

[79] Ao juiz cabe "apenas decidir o que lhe pedem que decida. O processo é essencialmente um processo escrito, atribuindo-se um valor extremo à forma como meio de garantia das partes. Esta necessidade de certeza jurídica, que se reflecte na redução dos poderes e discricionariedade do juiz ao mínimo indispensável, pode ser vista como uma reacção à arbitrariedade dos anteriores Estados Absolutistas e dos seus juízes" (CAMPOS, Joana Paixão. *A conciliação judicial*. 2009. Dissertação (Mestrado em Ciências Jurídicas Forenses) – Faculdade de Direito da Universidade Nova de Lisboa, 2009. p. 27).

[80] AROCA, Juan Montero. (*El proceso civil llamado "social" corno instrumento de "justicia" autoritária*. In: _____ (Coord.). *Proceso civil e ideología*. Valencia: Tirant lo Blanch, 2006.p. 157-158.

[81] VELLOSO, Adolfo Alvarado. *La imparcialidad y el sistema inquisitivo de juzgamiento*. In: AROCA, Juan Montero (Coord.). *Proceso civil e ideología*, cit., p. 246.

[82] GIMENEZ, Ignacio Diez-Picazo. *Con motivo de la traducción al italiano de la obra del profesor Juan Montero Aroca sobre los principios políticos del proceso civil español*. In: AROCA, Juan Montero (Coord.). *Proceso civil e ideología*, cit., p. 33.

[83] CIPRIANI, Franco. *El proceso civil italiano entre revisionistas y negacionistas*. In: AROCA, Juan Montero (Coord.). *Proceso civil e ideología*, cit., p. 62.

3.4.2. Finalidade publicista: concepção social

Ao verificar-se a transição do liberalismo individualista para o Estado Social de Direito[84], a participação do Poder Público na vida social foi incrementada; segundo Barbosa Moreira, no plano processual isso repercutiu intensificando a atividade do juiz, cuja imagem já não podia retratar o "arquétipo do observador distante e impassível da luta entre as partes, simples fiscal incumbido de vigiar-lhes o comportamento, para assegurar a observância das 'regras do jogo' e, no fim, proclamar o vencedor"[85].

Foi precursor dessa concepção o Código de Processo Civil austríaco de 1895, graças ao gênio de seu autor, Franz Klein, cuja essência de seu pensamento, exposta em 1901, é transcrita a seguir:

> "O processo só pode ser racional e corresponder à concepção moderna de Estado se a proteção jurídica significa desde o início do processo a atribuição de poderes ao juiz para que este contribua para isso não só com relação ao ato de julgar. Basta, para tanto, que se canalizem as forças do juiz ao seu serviço, da mesma forma que ocorre com outras forças do Estado, do Direito, do Bem Público e da Paz Social"[86].

O enfoque da codificação centrava-se na coletividade e considerava "como conflito social mesmo o litígio de caráter puramente privado a reclamar rápida solução pelo direito positivo, principalmente em vista de seus reflexos gerais sobre a tutela dos interesses do Estado e da sociedade"[87]; de acordo com essa percepção, o processo era uma "instituição para o bem-estar social, dotada inclusive de efeitos pedagógicos"[88].

---

[84] "La versión lineal de un Estado como simple administrador pasivo e inerte ("night watchman") ha debido replegarse dejando paso a nuevas concepciones participacionistas, que lo erigen en controlador y garante de la operatividad efectiva de los derechos impresos en la Carta Fundamental, y en particular de los nuevos derechos sociales" (BERIZONCE, Roberto O. *Efectivo acceso a la justicia:* propuesta de un modelo para el Estado Social de Derecho. La Plata: Libreria Ed. Platense, 1987. p. 5).

[85] "Não menos que na economia, a emergência do "social "também no processo derrui o império do *laisser faire*. Recusa-se aos litigantes a possibilidade de marcar soberanamente o compasso da marcha processual: equaciona-se em novos termos o capital problema da "divisão de tarefas 'entre as partes e o órgão de jurisdição'" (BARBOSA MOREIRA, *Temas de direito processual*: terceira série. São Paulo: Saraiva, 1984. p. 51).

[86] O trecho foi transcrito por Fritz Baur como representativo da "quintessência do pensamento" de Franz Klein (BAUR, Fritz. O papel ativo do juiz, cit., p. 190).

[87] Oliveira, Carlos Alberto Álvaro de. *Do formalismo no processo civil*, cit., p. 75.

[88] Oliveira, Carlos Alberto Álvaro de. *Do formalismo no processo civil*, cit., p. 76.

Ao magistrado foram atribuídos largos poderes de condução material do processo para garantir seu desenvolvimento rápido e regular na busca da verdade material com valorização da oralidade e limitação de recursos, características que influenciaram as codificações processuais em outros países da Europa continental[89] e serviram como orientação para diversos Códigos de Processo da América Latina.

Na visão publicista, como "o juiz é o sujeito processual mais relevante", predomina o princípio inquisitório: o principal objetivo deixa de ser a satisfação do interesse individual das partes para ser a afirmação da norma material e a persecução de interesses públicos de grau superior, de forma que os litigantes já não são os donos do processo por estar em causa um interesse coletivo que não pode simplesmente ser deixado em suas mãos[90].

Com isso, em oposição à concepção privatista, a visão publicista atribui amplos poderes ao juiz, inclusive no tocante à atividade probatória.

Seguindo essa orientação, o Código de Processo Civil brasileiro de 1939 dispunha que o juiz deveria dirigir o feito de modo a assegurar "à causa andamento rápido, sem prejuízo da defesa dos interessados"[91], conferindo amplos poderes para que o juiz ordenasse de ofício a realização das diligências necessárias à instrução do processo[92].

Conforme salienta Fritz Baur, "a preponderância da atividade do juiz em relação à das partes se justifica pelo interesse público geral, e, indiretamente, pelo das próprias partes"[93].

O Código de Processo Civil de 1973 seguiu a orientação publicista ao adotar a mitigação do princípio dispositivo: cabe ao interessado pleitear em juízo o que entende ser de seu direito ou defender-se da pretensão alheia, bem como trazer à baila os fatos de seu interesse; contudo, uma vez feito isso, o juiz tem o poder-dever de determinar de ofício as provas necessárias ao esclarecimento da verdade real (art. 130).

---

[89] Oliveira, Carlos Alberto Álvaro de. *Do formalismo no processo civil*, cit., p. 76
[90] "Após o momento inicial em que a parte toma a decisão de iniciar o processo, o juiz passa a ter absoluto controle do processo. Tem amplos poderes de impulso sucessivo, em matéria de prova e mesmo no momento da decisão, através da generalização dos juízos de equidade. O que se busca é a verdade material, sendo dados aos juízes os poderes necessários para a prosseguir" (CAMPOS, Joana Paixão. *A conciliação judicial*, cit., p. 30-31).
[91] CPC 1939, art. 112.
[92] CPC 1939, art. 117.
[93] BAUR, Fritz. O papel ativo do juiz, cit., p. 195.

3.4.3. O embate entre privatismo e publicismo

Andrea Proto Pisani ensina que o processo, por sua natureza pública, pode ser disciplinado de modos diversos dependendo do ponto de equilíbrio adotado pela lei entre os componentes privatista e publicista, daí decorrendo a história dos processos ao longo do tempo e também o problema – sempre atual – de reforma dos sistemas processuais[94]; as duas componentes, que vivem em constante conflito, "refletem os eternos valores contrapostos liberdade-autoridade, certeza-justiça[95]".

Apesar da larga adoção em todo o mundo ocidental, a concepção publicista é alvo de severas críticas. Juan Montero Aroca sustenta que essa visão e o processo social resultam da ideologia de regimes autoritários – quando não totalitários – que persistiram na Europa com repercussões na América Latina ao longo do século XX[96], sendo pautados pela supressão das garantias dos litigantes e de seu protagonismo.[97] A crítica de Aroca toma como base, sobretudo, o Código de Processo italiano de 1940, editado sob o regime fascista, cuja exposição de motivos demonstrava o nítido intuito de fortalecer os poderes do Estado.

O autor critica a oralidade como princípio processual afirmando que ela não passou de um mito usado para mascarar o autoritarismo fascista, assim como a socialização do processo foi uma utopia utilizada para negar a existência de autênticos direitos individuais. Aroca também critica

---

[94] PISANI, Andrea Proto. Público e privado no processo civil na Itália. *Revista da EMERJ*, v.4, n.16, p. 23-24, 2001.

[95] PISANI, Andrea Proto. Público e privado no processo civil na Itália, cit., p. 29.

[96] Para Juan Montero Aroca, essas concepções de processo só podem ser explicadas pela ideologia autoritária, haja vista a identidade das legislações com os objetivos dos regimes que as editaram: "El mito procesal al que me refería y me sigo refiriendo es ci de la publicización del proceso civil, en el que se han escondido mitos derivados, como el del proceso que llaman "social", mitos que deben connjugarse con ci del juez que hace "justicia" a pesar de las partes y, por tanto, em contra de sus abogados, para lo que necesita de amplios poderes. Se trata de la idea mítica, es decir, ilusoria, de que siendo el proceso como es un instrumento de "justicia" (siempre entre comillas o en cursiva) cuanto mayores sean los poderes del juez tanta más "justicia" podrá conseguirse. En el fondo no se sabe muy bien si se trata de la misma o de otra "giustizia sociale" a la que se referían Calamandrei y Grandi cuando decían, en la Relazione núm. 2 al final, que la misma era la meta de la Revolución (con mayúsculas) fascista, o si se confunde o se debe diferenciar de aquella "justicia social" a la que aspiraba el socialismo, conforme a las Bases de Proceso Civil de la URSS de 1961 y el Código de 1964." (AROCA, Juan Montero. El proceso civil llamado "social" corno instrumento de "justicia" autoritária, cit., p. 148).

[97] GIMENEZ, Ignacio Diez-Picazo. *Con motivo de la traducción al italiano de la obra del profesor Juan Montero Aroca sobre los principios políticos del proceso civil español*, cit., p. 35.

os "mitos" da boa-fé processual e a busca da verdade real, que vê como exemplos de deturpação do modelo liberal de processo[98].

Barbosa Moreira não identifica nas legislações processuais publicistas associação a sistemas totalitários porque inúmeras codificações que seguiram aquela orientação não foram elaboradas sob regimes autoritários e muitas delas, como o próprio Código austríaco de 1895, foram confeccionadas em regimes absolutamente liberais[99].

Leonardo Greco preconiza que o sistema publicista, longe de ser antiliberal ou autoritário, era "profundamente humanista, precursor do processo justo do 2° Pós-Guerra" e "preocupado em desconstruir a figura do juiz burocrático", fazendo-o

> "[...] descer do pedestal de superioridade e de distanciamento em que o colocava o liberalismo do século XIX, para aproximá-lo da realidade da vida e do drama humano das partes através da oralidade, fortalecendo a busca da verdade, exaltando os aspectos éticos, a boa-fé e o espírito de colaboração que devem prevalecer no relacionamento entre o juiz e as partes"[100].

Os privatistas ainda criticam o publicismo alegando violação às garantias processuais da imparcialidade e da igualdade: ao atuar na seara probatória, o juiz restringiria a liberdade das partes e assumiria papel inerente a elas tomando partido do beneficiado pela prova[101].

Leonardo Greco argumenta que os opositores do publicismo alegam ser "autoritário exigir que o advogado sacrifique o interesse do seu cliente em benefício da busca da justiça, assim como impor à parte o dever de afirmar tudo o que conhece, de apresentar os meios de prova que lhe são prejudiciais ou de renunciar a aproveitar-se dos erros do adversário"[102].

---

[98] GIMENEZ, Ignacio Diez-Picazo. Con motivo de la traducción al italiano de la obra del profesor Juan Montero Aroca sobre los principios políticos del proceso civil español, cit., p. 36-37.

[99] Outros exemplos citados pelo autor são o Código de Processo Civil brasileiro de 1939, o Code de Procedure Civile francês de 1975 e as Civil Procedure Rules inglesas de 1998. (BARBOSA MOREIRA, José Carlos. El neoprivatismo en el proceso civil. In: MONTERO AROCA, Juan (Coord.). Proceso civil e ideología, p. 202-204).

[100] GRECO, Leonardo. Publicismo e privatismo no processo civil. Revista de Processo, São Paulo, v. 33, n. 164, p. 29-56, out. 2008. p. 40.

[101] AROCA, Juan Montero. El proceso civil llamado "social" corno instrumento de "justicia" autoritária, cit., p.157-158.

[102] Prossegue o autor: "A busca da verdade real e a iniciativa probatória do juiz são frutos de uma visão autoritária do processo e de um sentimento de desconfiança em relação

Os defensores da concepção publicista, por sua vez, sustentam a necessidade de atribuição de poderes, sobretudo probatórios, ao juiz com base na efetividade da tutela jurisdicional; como adverte Carlos Alberto Álvaro de Oliveira, a ausência de intervenção direta do órgão judicial sobre o desenvolvimento do processo torna as partes e seus defensores árbitros absolutos, o que dá margem à lentidão e ao abuso[103].

Não se nega que, pelo princípio dispositivo, cabe ao interessado postular seu direito em juízo e aportar os fatos que o sustentam, bem como dele desistir a qualquer momento; contudo, submetido o interesse à jurisdição do Estado e sendo o processo um instrumento de justiça estatal, a condução do processo e a prestação de tutela efetiva passam a ser de interesse público, dela não sendo possível dispor[104].

Nesse ponto, faz-se mister a possibilidade de o juiz determinar provas de ofício, pois para uma adequada prestação jurisdicional é preferível que ele supra as lacunas probatórias que tornam os fatos obscuros do que simplesmente aplique as regras de julgamento de ônus da prova em solução que pode distorcer a realidade dos fatos e ensejar injustiças[105].

---

ao advogado, além de comprometer a imparcialidade do juiz, que sempre acaba por beneficiar uma das partes, e as próprias garantias do contraditório e da ampla defesa, porque a parte deve defender-se do adversário, e não do juiz" (GRECO, Leonardo. Publicismo e privatismo no processo civil, cit., p. 32-33).

[103] Oliveira, Carlos Alberto Álvaro de. *Do formalismo no processo civil*, cit., p. 66.

[104] "En la medida en que tiene asignada la función pública de resolver los conflictos, se considera que deben atribuírsele las iniciativas necesarias para lograr la máxima eficacia en su función. El citado fenómeno puso de manifiesto la distinción entre objeto del proceso y proceso como instrumento idóneo para alcanzar la efectiva tutela, por parte del Estado, de los intereses litigiosos. Así, si bien los litigantes son libres de disponer de tos intereses deducidos en juicio, o sea del objeto del proceso, no lo son respecto del proceso mismo, es decir, de su desarrollo, al concebirse no sólo como instrumento dirigido a la tutela jurisdiccional de derechos privados, sino además como función pública del Estado, interesado, por tanto, en el mejor cumplimiento de esta función." (PICÓ Y JUNOY, Joan. *El derecho procesal entre el garantismo y la eficacia: Un debate mal planteado*. In: AROCA, Juan Montero (Coord.). *Proceso civil e ideología*, cit., p. 109-110).

[105] Sobre essa questão, Barbosa Moreira indaga em relação à simples aplicação da regra de julgamento: "¿Es esa la única posible solución? ¿No podrá el juez, por su propia iniciativa, ordenar la realización de prueba destinada a suprimir la laguna? Siempre nos pareció, y parece a muchos otros, que a semejante pregunta se ha de responder afirmativamente. Juzgar según las reglas de distribución de la carga no es actitud que tranquilice del todo al juez consciente de su responsabilidad: el tira en la oscuridad; puede acertar el blanco, pero puede igualmente errar, y su sentencia, injusta, producirá en la vida de los litigantes efectos diversos de los queridos por el ordenamiento miento, cuando no diametralmente opuestos. ¿No será preferible que él procure hacer brillar alguna luz sobre los rincones oscuros de la causa? y, si es posible, base el juzgamiento

Barbosa Moreira assevera que a *boa* prestação da tutela jurisdicional pressupõe a busca do esclarecimento dos fatos, e, portanto, a atividade probatória integra o arsenal destinado a cumprir sua missão[106].

Para o autor, não há violação da imparcialidade porque o juiz não usurpa a competência das partes na medida em que a sua atividade é *sucedânea* à delas, só sendo necessária na hipótese em que não são trazidas provas suficientes pelas partes; ademais, não há como sustentar que o juiz toma partido da parte beneficiada pela prova por não ser possível saber de antemão quem dela se beneficiará[107]; se o argumento em comento procedesse, o órgão julgador também estaria sendo parcial ao não determinar a prova por beneficiar a parte desfavorecida com seu resultado[108].

3.4.4. Conclusão sobre o debate entre privatismo e publicismo à luz da igualdade

Evidente que a concepção mais orientada à observância da igualdade material – não meramente formal – é a publicista.

Sob a alegação de serem defensores do sistema dispositivo, privatistas afirmam que a perspectiva publicista, ao retirar das partes o protagonismo essencial sobre os rumos do processo e conferir atuação mais marcante ao julgador, encerra autoritarismo por predominar, em oposição à liberdade, a autoridade; como o Estado é representado pelo magistrado, o princípio autoritário gera o reforço dos poderes do juiz – especialmente em termos de discricionariedade – em detrimento dos poderes das partes, razão pela qual se denominam garantistas em relação aos publicistas, que afirmam ser cultores de um sistema inquisitivo e ativista.

Nesse ponto, tem razão Jorge Peyrano ao asseverar que os que se dizem "garantistas" assim se autodenominam de maneira equivocada – quem se poria contra as garantias constitucionais? – e ainda aplicam indevidamente ao processo civil as ideias do penalista Luigi Ferrajoli[109].

---

en una ciencia más exacta y completa de lo que realmente aconteció?" (BARBOSA MOREIRA, José Carlos. El neoprivatismo en el proceso civil, cit., p. 208-209).

[106] BARBOSA MOREIRA, José Carlos. El neoprivatismo en el proceso civil, cit., p. 209.

[107] BARBOSA MOREIRA, José Carlos. El neoprivatismo en el proceso civil, p. 209-210.

[108] BARBOSA MOREIRA, José Carlos. El neoprivatismo en el proceso civil, p. 210.

[109] "El autodenominado garantizado procesal civil – porque al fin y al cabo cuál corriente de pensamiento procesal no va a defender las garantías constitucionales – se apoya en un equivocado trasplante al proceso civil del ideario de Luigi Ferrajoli, concebido por

Ao sintetizar a discussão entre privatistas e publicistas, Leonardo Greco assevera que as divergências acabaram perdendo sentido porque "a primazia dos direitos fundamentais exalta sua função tutelar"; para o autor, o primeiro *round* do debate ideológico foi vencido pelos privatistas/liberais, pois, sem dúvida, é o interesse das partes a causa eficiente do processo"[110].

O autor adverte, contudo, que a despeito do enfoque privatista de processo como meio de tutela dos interesses das partes, os publicistas têm razão no que tange à concessão de poderes ao juiz para entregar-lhes a melhor prestação jurisdicional. No Estado Democrático de Direito, o Poder Público não pode se omitir ante a opressão entre dois particulares, mesmo quando seus interesses privados estejam em jogo; não sendo concebível a condução do processo exclusivamente pelas partes, o juiz deve zelar pelo estabelecimento do equilíbrio entre elas.[111]

A esse propósito, defende-se a atuação subsidiária do juiz para "suprir a dificuldade de uma das partes ou de ambas no exercício da sua defesa, a fim de assegurar em plenitude o seu direito de acesso à justiça e a paridade de armas"[112]. Como poderá ser observado adiante, essa visão se coaduna com o modelo de estrutura cooperatória.

---

y para el proceso penal" (Nota 9. El cambio de paradigmas en materia procesal civil. *Revista de Processo*, São Paulo, ano 35, n. 184, p. 154-162, jun. 2010, p. 159.

[110] "Satta tinha razão na preleção de 1936: o interesse das partes é a causa eficiente da jurisdição civil e também a sua causa final. A justiça civil existe para atender à necessidade de tutela dos seus diretos destinatários. É claro que, ao avocar para si essa função em caráter praticamente monopolístico, o Estado realiza seus próprios objetivos políticos, talvez até menos o de realizar a paz social, mas principalmente o de assegurar a submissão dos cidadãos à sua ordem e à sua autoridade"; "todo o processo civil se reconstrói, através da efetividade e do garantismo, como instrumento da tutela jurisdicional efetiva dos direitos dos particulares e, no conflito entre o interesse público e o interesse particular, o interesse público é mais um interesse particular, que com absoluta equidistância e impessoalidade o juiz tutelará ou não, conforme seja ou não agasalhado pelo ordenamento jurídico" (GRECO, Leonardo. Publicismo e privatismo no processo civil, cit., p. 42-43).

[111] GRECO, Leonardo. Publicismo e privatismo no processo civil, cit., p. 48. Prossegue o autor: "Não se trata de acreditar ingenuamente numa justiça paternalista, nem em decisionismo preconceituoso em favor do mais fraco ou do mais pobre, mas em vigilância constante em favor da manutenção do equilíbrio entre as partes e da permanente predisposição de toda a atividade desenvolvida por todos os sujeitos processuais ao objetivo específico do processo civil que é o de atingir sem retardamentos injustificáveis o provimento final a respeito da pretensão de direito material que as partes submetem à apreciação judicial.".

[112] GRECO, Leonardo. Publicismo e privatismo no processo civil, cit., p. 53.

Pode-se concluir, portanto, que superado o modelo liberal de processo, todos os sujeitos processuais são chamados a participar conjuntamente do feito, não sendo os litigantes os seus únicos detentores[113].

3.5. A IGUALDADE E O PROCESSO BRASILEIRO

Sendo a igualdade uma premissa na atuação do Estado, é importante analisar de forma mais detida sua concretização no contexto judicial brasileiro para aferir qual modelo processual melhor se alinha à realidade contemporânea nacional: o privatista, o publicista, ou, ainda, um terceiro modelo.

3.5.1. O processo e o contexto brasileiro de desigualdades sociais

Não há como pensar na aplicação do direito processual sem apreciar elementos do contexto de sua aplicação, sendo pertinente abordar dados peculiares da realidade sociológica brasileira[114].

No aspecto econômico, não há como desconsiderar as insuficiências materiais de grande parte dos brasileiros; como sustenta Calmon de Passos, essa situação enseja intenso grau de interdependência gerando insegurança, carências e maior campo "à presença e à expansão, na sociedade, do poder político[115] com dominação/submissão"[116].

---

[113] AMENDOEIRA JUNIOR, Sidnei. *Poderes do juiz e tutela jurisdicional: a utilização racional dos poderes do juiz como forma de obtenção da tutela jurisdicional efetiva, justa e tempestiva*, cit., p. 69.

[114] Em mais uma de suas valiosas lições, Mauro Cappelletti assevera que todos os protagonistas do processo "devem se deixar sensibilizar pelas concretas exigências sociais, jamais se quedando alheios aos elementos de evolução econômica, social, política, em sentido amplo cultural, que tanto influenciam na compreensão do sentido que às normas e à atividade jurisdicional pode ser atribuída (CAPPELLETTI, Mauro. Problemas de reforma do processo nas sociedades contemporâneas. *Revista de Processo*, São Paulo, ano 17, n. 65, p. 125, jan./mar. 1992).

[115] Ao destacar a necessidade de estruturação política e institucional, o autor afirma "ser tarefa básica do poder político a disciplina da vida do grupo, com vistas à produção, utilização, fruição e apropriação dos bens. Porque se há insuficiência, sendo impossível o atendimento de todas as necessidades de todos os indivíduos, há que se definir quem ficará como o que, na partilha do que é produzido e do que está disponível. Por outro lado, se existe interdependência, impõe-se, igualmente, organizá-la, evitando-se a irracionalidade do espontaneísmo. E tanto uma coisa como outra conduz ao tratamento desigual dos integrantes do mesmo grupo, o que só se faz possível mediante disciplina coercitiva da convivência social (CALMON DE PASSOS, J. J. Democracia, participação e processo, In: GRINOVER, Ada Pellegrini et al. (Org.). *Participação e Processo*. São Paulo: Revista dos Tribunais, 1988. p. 85).

[116] CALMON DE PASSOS, J. J. Democracia, participação e processo, cit., p. 85.

Reitera-se, conforme mencionado no capítulo inicial, que grande parte das instituições públicas foram impostas por autoridades de origem lusitana e não houve oportunidade para que pudessem ser adaptadas às realidades locais segundo as feições e necessidades nacionais[117].

Esse contexto favoreceu a formação de uma elite intelectual autônoma apegada ao conhecimento ornamental e ao cultivo da erudição linguística, só tendo restado aos colonos, para sua sobrevivência, desenvolver "redes de relações pessoais"[118] para "obter dos aparelhos do Estado aquilo que eles eram incapazes de fornecer pelas vias normais, formais"[119].

A situação perdura até os dias atuais de maneira complexa: sem as referidas redes, "as instituições sociais são cruéis e ineficientes; é a relação que lhes confere humanidade e eficiência; em compensação, é a estrutura hierárquica que paradoxalmente reforça, potencializa e torna útil e necessária a rede de relações pessoais"[120].

Podem ser identificados, assim, vigorando *pari passu*, um sistema estatal impessoal e um sistema relacional pessoal; ambos se alimentam reciprocamente na medida em que procuram enfraquecer o outro; afinal, "quanto mais rígida é a máquina administrativa, mais ela torna necessária uma rede de relações pessoais apta a 'lubrificá-la', fazendo-a funcionar"[121].

---

[117] CALMON DE PASSOS, J. J. Tutela constitucional das liberdades. *Revista eletrônica de Direito do Estado*, Salvador, Instituto Brasileiro de Direito Público, n. 16, out./dez. 2008. Disponível em: <www.direitodoestado.com.br>. Acesso em: 1 maio 2010.

[118] "São redes de relações de família, amizade, cumplicidade, compadrio, lealdade, apadrinhamento e clientelismo, que envolvem trocas de favores e presentes, além de dívidas de gratidão. Sem essas redes de relações, o cidadão seria 'o sujeito por excelência das leis impessoais (e universais), bem como do poder brutal da polícia, que servem sistematicamente para diferenciá-lo e explorá-lo impiedosamente, tornando-o um *igual para baixo*'. Porque as leis e o serviço público (incluindo o judiciário, é claro), impessoais, foram feitas para os indivíduos isolados, não para as 'pessoas bem relacionadas', que remetem automaticamente às próprias redes relacionais" (MARINONI, Luiz Guilherme; BECKER, Laércio A. A influência das relações pessoais sobre a advocacia e o processo civil brasileiros, cit.).

[119] "[...] o conjunto de relações pessoais é sempre um operador que ajuda a subir na vida, amaciando e compensando a outra vertente do sistema"; "[...] *a quem está inserido numa rede importante de dependência pessoal, tudo; a quem está isolado e diante da sociedade sem mediações pessoais, a lei!*" (MARINONI, Luiz Guilherme; BECKER, Laércio A. A influência das relações pessoais sobre a advocacia e o processo civil brasileiros, cit.).

[120] MARINONI, Luiz Guilherme; BECKER, Laércio A. A influência das relações pessoais sobre a advocacia e o processo civil brasileiros, cit.

[121] "Quanto mais são reforçados esses mecanismos relacionais que permeiam a burocracia, mais o Estado busca enrijecer e revigorar o controle legal, racional, formal de seu próprio funcionamento – oficialmente, para barrar as influências pessoais; extraoficialmente, o que transparece é que se está 'criando dificuldades para vender facilidades', conforme

Concluem Marinoni e Becker que a tão heterogênea sociedade brasileira funda-se em uma hierarquia de sobrenomes e a unidade elementar acaba não sendo o cidadão, mas sua gama de relações – incluindo famílias, grupos de parentes e amigos: "enquanto numa sociedade homogênea, igualitária, individualista e exclusiva, o que importa é o indivíduo e o cidadão, no Brasil o que conta é a *relação*, por constituir uma sociedade heterogênea, desigual, relacional e inclusiva"[122].

Na seara jurídica, a situação se complica porque o ideal de igualdade acaba sendo afastado da cultura jurídica dos profissionais do direito: a produção de constantes desigualdade econômicas não enseja inquietações, sendo a situação de disparidades percebida como "natural"[123].

Como pontua Barbosa Moreira, acaba prevalecendo a antiga e conhecida dicotomia entre o "país legal" e o "país real": para o autor, aliás, seria de estranhar o bom funcionamento dos serviços da Justiça e correlatos, "em proveito de pessoas carentes de meios, se o funcionamento deixa tanto a desejar mesmo quando prestados tais serviços a quem dispõe de recursos para ocorrer às despesas necessárias"[124].

3.5.2. Igualdade nos processos penal e trabalhista

É importante considerar como as searas processuais trabalham a perspectiva isonômica; como a interação entre os diversos ramos do direito tem sido cada vez mais intensa, é importante cotejar, em uma perspectiva geral – sem a pretensão de abordar cada um de seus institutos – como se comportam os ordenamentos processuais penal e trabalhista.

A importância sobreleva para a adoção de uma ou outra perspectiva sobre a função processual; como observado, a concepção garantista do processo faz menção ao pensamento de Luigi Ferrajoli, ao passo que a concepção

---

o ditado popular" (MARINONI, Luiz Guilherme; BECKER, Laércio A. A influência das relações pessoais sobre a advocacia e o processo civil brasileiros, cit.).

[122] MARINONI, Luiz Guilherme; BECKER, Laércio A. A influência das relações pessoais sobre a advocacia e o processo civil brasileiros, cit.

[123] LIMA, Roberto Kant de; AMORIM, Maria Stella de; BURGOS, Marcelo Baumann. A administração da violência cotidiana no Brasil: a experiência dos Juizados Especiais Criminais, cit., p. 103.

[124] Conclui o autor: "Na verdade, estamos longe – neste e em inúmeros outros pontos – de realizar o que promete a Constituição da República" (BARBOSA MOREIRA, José Carlos. O direito à assistência jurídica: evolução no ordenamento brasileiro de nosso tempo. In: TEIXEIRA, Sálvio de Figueiredo (Coord.). *As garantias do cidadão na justiça*. São Paulo: Saraiva, 1993. p. 217).

social do processo civil em muito se aproxima do reconhecimento das disparidades aliado à intensa atuação do juiz no processo do trabalho.

3.5.2.1. Igualdade no processo penal

Por força do devido processo legal, é forçoso que o acusado de uma infração criminal possa se valer de garantias para enfrentar a acusação que lhe é imputada. Como enfatiza Claus Roxin, com a aparição do direito de persecução penal estatal, tornou-se imperioso erigir barreiras contra possíveis abusos do poder estatal[125].

Em face da construção de Luigi Ferrajoli[126], a garantia de observância dos direitos fundamentais passou a constituir pauta imprescindível ao processo penal[127].

Sobreleva aduzir que ao estudar os princípios regentes da disciplina a igualdade não costuma ser trazida entre as diretrizes-chave da matéria.

Paula Bajer Fernandes Martins da Costa sustenta que no processo penal não existe igualdade entre as diferentes partes do processo; não se pode falar em paridade de armas na persecução penal quando, *v.g.*, o Ministério Público dispõe de um extenso arsenal de medidas cautelares para obtenção dos fins que são próprios à sua atuação[128]. Segundo a autora, cogitar sobre paridade nessas circunstâncias implica "ignorar a realidade processual e política de que o sujeito processual vinculado ao Estado tem a possibilidade de requerer o uso da força sobre o outro sujeito parcial e o submeter quando ordenada coação pelo Judiciário"[129].

Tampouco é possível falar em igualdade quando o ordenamento, prezando pela liberdade do acusado, assegura-lhe mais possibilidades de valer-se da jurisdição ao prever medidas que só podem ser manejadas por ele – como

---

[125] ROXIN, Claus. *Derecho procesal penal*. 25. ed. Buenos Aires: Del Puerto, 2000, p. 2.
[126] FERRAJOLI, Luigi. *Derecho y razón*: teoría del garantismo penal. 2. ed. Tradução Perfecto Andrés Ibáñez, Alfonso Ruiz Miguel, Juan Carlos Bayón Mohino, Juan Terradillos Basoco e Rocío Cantarero Bandrés. Madrid: Trotta, 1997.
[127] Nas palavras de Ferrajoli, "el modelo penal garantista equivale a un sistema de minimización del poder y de maximización del saber judicial, en cuanto condiciona la validez de las decisiones a la verdad, empírica y lógicamente controlable, de sus motivaciones" (FERRAJOLI, Luigi. *Derecho y razón*: teoría del garantismo penal, cit., p. 22.
[128] COSTA, Paula Bajer Fernandes Martins da. *Igualdade no direito processual penal brasileiro*. São Paulo: Revista dos Tribunais, 2001. p. 98-99.
[129] COSTA, Paula Bajer Fernandes Martins da. *Igualdade no direito processual penal brasileiro*, cit., p. 100.

a revisão criminal, o *habeas corpus*, os embargos de infringência e os embargos de nulidade[130].

Seria melhor então, segundo a autora, admitir que a paridade de armas está ausente do processo penal ante a grande distinção dos papéis exercidos pelos sujeitos[131]. Antônio Alberto Machado, por sua vez, entende que há isonomia processual, mas admite que ela experimenta diversas mitigações em nome da defesa da liberdade do réu[132].

Assim, pode-se concluir que às partes no processo penal não são dadas as mesmas oportunidades sem que isso represente discriminação que macule o processo penal de inconstitucionalidade; tal se verifica porque essa disparidade entre autor (Ministério Público) e réu é, de fato, adequada aos escopos do processo penal (viabilização da persecução penal pública e asseguração do réu contra condenações injustas que deem margem a dúvidas).

A despeito da evidente desigualdade material entre as partes da persecução penal, deve haver um fator que as equilibre; segundo Paula Bajer da Costa, o contraditório exerce esse papel e deve ocorrer mesmo na situação de desigualdade das partes, ainda que de forma postergada[133]; é por meio de sua realização que se pode dizer que as partes do processo penal recebem tratamento isonômico e que o equilíbrio é estabelecido.

É interessante notar que no processo penal são dissociadas as ideias de igualdade e contraditório; para Antonio Scarance Fernandes, a igualdade "não se confunde com o contraditório, nem o abrange. Apenas se relacionam, pois ao se garantir a ambos os contendores o contraditório também se assegura o tratamento igualitário"[134].

Paula Bajer da Costa ainda argumenta que, embora a ausência de igualdade entre os sujeitos não afete o contraditório, "este deixará de existir, ou será insuficiente, quando a defesa for exercida de modo precário, até

---

[130] COSTA, Paula Bajer Fernandes Martins da. *Igualdade no direito processual penal brasileiro*, cit., p. 95.

[131] COSTA, Paula Bajer Fernandes Martins da. *Igualdade no direito processual penal brasileiro*, cit., p. 97.

[132] MACHADO, Antônio Alberto. *Curso de Processo Penal*. 3. ed. São Paulo: Atlas, 2010. p. 49.

[133] COSTA, Paula Bajer Fernandes Martins da. *Igualdade no direito processual penal brasileiro*, cit., p. 90-91.

[134] FERNANDES, Antonio Scarance. *Processo penal constitucional*. 4. ed. São Paulo: Revista dos Tribunais, 2005. p. 66.

mesmo em razão da insuficiência de meios do acusado para providenciar profissional capaz, tecnicamente, de contrariar a acusação"[135].

Ao abordar o art. 5º, LV, da Constituição, Antonio Scarance Fernandes assevera que a *"defesa técnica, no ordenamento constitucional brasileiro, é defesa necessária, indeclinável, plena e efetiva*. Além de ser um direito, é, também, uma garantia porque só assim se pode atingir uma *solução justa*"[136].

Segundo o autor, para garantir a paridade de armas não há como dissociar defesa ampla e defesa técnica; como de um lado do processo atua em regra o Ministério Público – com seus membros altamente qualificados e o auxílio da Polícia Judiciária –, na outra face o acusado deve estar amparado também por um profissional habilitado, o advogado[137].

No caso de haver insuficiente atuação técnica do advogado, o réu será reputado indefeso[138]. Como se percebe, o sistema sinaliza que em atenção à realização efetiva do contraditório devem ser levadas em consideração as deficiências dos representantes das partes que possam comprometer sua defesa.

Há ainda que se abordar a igualdade em outra faceta: a dispensa de igual tratamento àqueles que se encontram na mesma posição jurídica do processo. Segundo Scarance Fernandes, no processo penal todos os réus devem ser tratados igualmente, só se justificando tratamento desigual em razão de peculiaridades de certos acusados – como os réus com problemas mentais, aos quais deve ser nomeado curador[139], e os réus que não podem arcar com as custas do processo, a quem é garantida a isenção de pagamento e a assistência jurídica gratuita[140].

Outro tema pertinente ao tratamento isonômico no processo penal é a garantia do "foro privilegiado" a certas autoridades e agentes públicos; não há como deixar de vislumbrar a inconstitucionalidade da previsão do foro ante a isonomia constitucional[141]. Para Scarance Fernandes, a competência

---

[135] COSTA, Paula Bajer Fernandes Martins da. *Igualdade no direito processual penal brasileiro*, cit., p. 97.

[136] FERNANDES, Antonio Scarance. *Processo penal constitucional*, cit., p. 254.

[137] FERNANDES, Antonio Scarance. *Processo penal constitucional*, cit.. p. 284.

[138] A Lei nº 10.792/2003 realçou a importância do conteúdo da *defesa técnica*, ao introduzir o parágrafo único ao art. 261 do CPP (*"A defesa técnica, quando realizada por defensor público ou dativo, será sempre exercida através de manifestação fundamentada"*).

[139] CPP, art. 51.

[140] FERNANDES, Antonio Scarance. *Processo penal constitucional*, cit., p. 50.

[141] Para Luis Flavio Gomes, "o foro privilegiado (nos crimes comuns) tem que acabar para todos, visto que incompatível com o estado republicano ('todos são iguais perante a lei'). Enquanto existe, no entanto, deve ser regido por regras que garantam o mínimo

especial só pode ser aceita como prerrogativa da função quando necessária para garantir a correta aplicação de justiça[142].

Nesse tema, ainda despontam os questionamentos sobre a prisão especial: inicialmente limitada a casos em que o acusado, por sua condição ou em decorrência de sua atividade, mereceria tratamento diferenciado, o benefício foi estendido a todos os portadores de diploma superior, o que configura flagrante inconstitucionalidade[143]. A previsão desiguala sujeitos que ocupam a mesma situação jurídica – indiciados em inquérito policial ou réu em processo penal – com base na desigualdade fática de simplesmente integrar ou não determinado segmento social; considera-se, assim, não a gravidade do fato criminalmente relevante, mas tão somente a posição do sujeito que o praticou na escala social[144].

3.5.2.2. Igualdade no processo do trabalho

O Direito do Trabalho distingue-se do direito comum porque enquanto este supõe a igualdade das partes, aquele pressupõe uma situação de disparidade que a lei tende a corrigir com certas diferenciações[145]. O referido

---

de igualdade. É impressionante como os julgadores brasileiros violam o princípio da igualdade diariamente. Casos idênticos são julgados de forma totalmente diferente. Muitas vezes sem maiores explicações para a mudança de critério" (GOMES, Luis Flavio. *STF, foro privilegiado e violação da igualdade*. Disponível em: < www.editoramagister.com.br>. Acesso em: 16 nov. 2010).

[142] FERNANDES, Antonio Scarance. *Processo penal constitucional*, cit., p. 51.

[143] FERNANDES, Antonio Scarance. *Processo penal constitucional*, cit., p. 51-52. Nesse sentido, há o interessante julgado do Superior Tribunal de Justiça, sob relatoria do Ministro Luiz Vicente Cernicchiaro, que assim se posiciona: "a prisão especial, teleologicamente, significa direito da pessoa de ficar distante da população carcerária. A realidade brasileira mostra que, mesmo em relação aos advogados, que têm o direito de permanecer em sala especial, de Estado-Maior, nem sempre isso pode ser acontecer. Desde que não seja imposto tratamento ao condenado, havendo local digno para o portador do diploma, o tratamento especial está respeitado. Não obstante, é extremamente odioso para nós, magistrados, os ilustres advogados, enfim, quem seja portador de diploma de curso superior, receber tratamento diferente da pessoa humilde que não teve acesso às escolas sem oportunidade de se diplomar. Parece-me flagrantemente inconstitucional esse tratamento que nos beneficia" (RHC 2.170-0-SP, j. 20.10.1992).

[144] A afirmação é de Regina Teixeira Mendes, para quem as previsões de prerrogativas legais especiais em favor de certas pessoas com base em sua posição social "são instituto próprio do Antigo Regime, anterior às revoluções liberais do século XVIII, e chamam-se privilégio!" (MENDES, Regina Lúcia Teixeira. *Igualdade à brasileira: cidadania como instituto jurídico no Brasil*, cit., p. 5).

[145] DEVEALI, Mário. *Lineamientos de Derecho del Trabajo*. 3. ed. Buenos Aires, 1956. p. 167.

direito desenvolveu-se com base na doutrina da proteção[146] do trabalhador, tendo esta se desdobrado em inúmeros princípios com repercussão no processo do trabalho.

É da noção da igualdade no direito que deriva, segundo Cármen Lúcia Rocha, a imposição de distintos tratamentos às partes processuais na seara trabalhista em atenção à diretriz isonômica: "o relevo não é mais para o dado processual que deixa empregado e empregador serem considerados iguais, mas para a questão econômica, que os deixa desigualados inclusive como partes, pela possibilidade diferenciada de ambos"[147].

Parte-se, assim, da premissa de que o empregador tem mais e melhores condições de participar ativamente do processo do que o empregado, de maneira que as regras processuais devam ser aplicadas de forma proporcional a essa desigualdade.

Ada Pellegrini Grinover assevera que o processo individual do trabalho pioneiramente rompeu o esquema tradicional do processo civil,

> "[...] abrindo caminho para a socialização do processo, por força da atribuição de poderes de direção e controle mais amplos ao juiz, da adoção de uma concreta igualdade de partes (desde o acesso à Justiça até a paridade de armas dos litigantes, implementada pelo juiz) e do esforço em busca da conciliação, num exemplo marcante de transformação do processo, rumo a um grau mais elevado de deformalização, democratização e publicização"[148].

---

[146] Como assinala Carlos Henrique Bezerra Leite, "o princípio da proteção deriva da própria razão de ser do processo do trabalho, o qual foi concebido para realizar o Direito do Trabalho, sendo este ramo da árvore jurídica criado exatamente para compensar a desigualdade real existente entre empregado e empregador, naturais litigantes do processo laboral" (LEITE, Carlos Henrique Bezerra. *Curso de Direito Processual do Trabalho*. 4. ed. São Paulo: LTr, 2006. p. 73).

[147] ROCHA, Cármen Lúcia Antunes. *O princípio constitucional da igualdade*, cit., p. 39. A autora prossegue: "O que se pretende, pois, é que a lei desiguale iguais, assim tidos sob um enfoque que, todavia, traz consequências desigualadoras mais fundas e perversas. Enquanto antes, buscava-se que a lei não criasse ou permitisse desigualdades, agora pretende-se que a lei cumpra a função de promover igualações onde seja possível e com os instrumentos que ela disponha, inclusive desigualando em alguns aspectos para que o resultado seja o equilíbrio justo e a igualdade material e não meramente formal".

[148] GRINOVER, Ada Pellegrini. Deformalização do processo e deformalização das controvérsias. In: _____. *Novas tendências do direito processual*: de acordo com a Constituição de 1988. São Paulo: Forense Universitária, 1990. n. 2.1, p. 180.

Cap. 3 – PROCESSO CIVIL: OBJETO, FUNÇÃO E ATUAÇÃO DO JUIZ À LUZ DA IGUALDADE

Para Augusto Tavares Rosa Marcacini, as disparidades de tratamento entre empregado e empregador são desejáveis porque tendentes a eliminar as desigualdades materiais entre os sujeitos.[149]

Estêvão Mallet corrobora essa assertiva e informa que a jurisprudência trabalhista vê na inversão do ônus da prova um meio de pôr em equilíbrio as posições das partes no conflito[150]. O autor cita vários exemplos[151] em que os julgadores partem da premissa de que, por ser mais fácil para o empregador produzir a prova para esclarecer os fatos – já que dispõe de mais documentação, informação, registros, recursos e testemunhas – "não se justifica atribuir o ônus respectivo ao empregado, ônus do qual este último terá dificuldades muito maiores de se desincumbir"[152].

O doutrinador entende que a exigência de depósito no valor da condenação como requisito para o reclamado poder recorrer da sentença de primeiro grau é outra diferenciação do processo trabalhista que não se repete para o reclamante; este, "salvo nos casos de justiça gratuita, apenas deve recolher o preparo recursal"[153].

Augusto Marcacini não vê problema nessa diferença ante a evidente desigualdade material entre os sujeitos[154]; adverte, porém, sobre a discriminação que a exigência de depósito recursal enseja no universo dos empregadores: ela não afeta o direito de recorrer dos litigantes habituais que têm recursos para realizar o depósito, mas frustra a possibilidade dos

---

[149] MARCACINI, Augusto Rosa Tavares. *Estudo sobre a efetividade do processo civil.* 1999. Tese (Doutorado) – Faculdade de Direito, Universidade de São Paulo, São Paulo, 1999. p. 87.

[150] Para o doutrinador, trata-se de "solução à qual não se pode deixar de chegar sempre que se supera o limite da igualdade da meramente formal de direitos. Talvez por isso, procure a jurisprudência trabalhista amenizar, mesmo sem apoio legal expresso, o rigor do art. 818 da CLT, criando presunções apoiadas no que ordinariamente se verifica" (MALLET, Estêvão. Discriminação e processo do trabalho. In: CALVET, Antonio Amaral (Org.). *Discriminação.* São Paulo: LTr, 2000. p. 162).

[151] Exemplos citados pelo autor: presunção de dispensa do empregado, cabendo ao empregador demonstrar que partiu do empregado a iniciativa do término do contrato de trabalho; presunção da veracidade da jornada de trabalho declinada na inicial, caso o empregador não apresente os controles de horário exigidos por lei; presunção da existência de contrato de trabalho quando há prestação de serviços, cabendo ao tomador demonstrar o caráter autônomo do vínculo, entre outras presunções. (MALLET, Estêvão. Discriminação e processo do trabalho, cit., p. 163).

[152] MALLET, Estêvão. Discriminação e processo do trabalho, cit., p. 164.

[153] MALLET, Estêvão. Discriminação e processo do trabalho, cit., p. 164.

[154] MARCACINI, Augusto Rosa Tavares. *Estudo sobre a efetividade do processo civil,* cit., p. 87.

pequenos empregadores, litigantes eventuais que, com frequência, não têm numerários suficientes para efetuar o depósito recursal[155].

A Lei Complementar nº 132/2009 alterou a Lei nº 1.060/1950[156] para prever a dispensa ao hipossuficiente do mencionado recolhimento. Deve, pois, ser revista a jurisprudência que nega esse benefício ao empregador ignorando sua condição de pobreza, em especial considerando o fato de que no Brasil muitos trabalhadores são conduzidos a constituir pessoa jurídica para que o empregador se livre de encargos trabalhistas e fiscais. Merecem prosperar, portanto, as decisões que reconhecem a viabilidade de recorrer mesmo sem o depósito recursal[157].

---

[155] "Não me consta que grandes empregadores deixem de recorrer, intimidados pela exigência do depósito. Antes, embora tenham 'adiantado' uma despesa ao efetuar o depósito, a postura de recorrer em todos os processos leva a que os litigantes habituais tenham este inconveniente atenuado, pois, atuando em escala, de todos os recursos interpostos, alguns deles poderão obter sucesso. Mostra-se interessante, então, recorrer em escala, ainda que tenham de antecipar o depósito. O pequeno empregador, entretanto, não raro se verá privado do recurso por impossibilidade material, ao não dispor de dinheiro em espécie para cumprir a exigência. Ou, mesmo dispondo de numerário, como não atua em escala, pode pensar menos vantajoso ser desde logo privado daquela importância (que lhe fará falta!), quando, em execução – e dada a realidade desta – sabe que meses, ou anos, poderão transcorrer antes da efetivação de atos de alienação. E este modo de pensar não decorre do fato de que o recurso seja meramente protelatório, ou sem chances de sucesso. Ora, por melhores que sejam as razões de um recurso, chances sempre existem de derrota: o entendimento contrário ao recorrente, por mais absurdo ou antijurídico que seja, já foi esposado por pelo menos um juiz, o do órgão a quo... Quem garante que não será reiterado? Assim, para o litigante eventual, efetuar o depósito para lançar sua sorte no julgamento de um recurso, daquele seu único processo em juízo, pode parecer desinteressante, somados ainda os custos com o seu próprio patrono. O contrário do que ocorre com o litigante habitual. Deste modo, se visto o depósito recursal como meio de "acelerar" o procedimento, ou de evitar recursos protelatórios, a sua adoção se mostra claramente discriminatória: mais uma vez, tenta-se superar a morosidade da Justiça à custa dos pequenos litigantes que não conseguirão superar os óbices criados pela lei. E, justamente aqueles que atuam em escala, que têm centenas de processos em juízo, que mais se utilizam dos serviços judiciários, são os que não serão privados dos meios processuais existentes" (MARCACINI, Augusto Rosa Tavares. *Estudo sobre a efetividade do processo civil*, cit., p. 87-88.)

[156] Lei nº 1.060/1950, art. 3º. "A assistência judiciária compreende as seguintes isenções: [...] VII – dos depósitos previstos em lei para interposição de recurso, ajuizamento de ação e demais atos processuais inerentes ao exercício da ampla defesa e do contraditório".

[157] Eis precedente do TST que bem apreciou a questão: "Na justiça do trabalho, a concessão da justiça gratuita está relacionada à figura do empregado, conforme se infere do art. 14 da Lei nº 5.584/1970. Assim, a justiça gratuita, também prevista no art. 790, § 3º, da CLT, é benefício concedido ao hipossuficiente que não puder demandar sem o comprometimento do sustento próprio e de sua família. Embora excepcionalmente admita-se a hipótese de extensão dessa benesse ao empregador

3.5.3. Igualdade no processo civil brasileiro

Consoante abordado no capítulo anterior, a igualdade pode ser concebida como mecanismo de inclusão social.

Para delinear um programa eficiente de aplicação da isonomia no sistema processual civil, é preciso adotar premissas inerentes à realidade cotejada; não há como ignorar que em termos de desigualdade o Brasil desponta em uma situação ímpar e intensamente complexa, razão pela qual nem sempre a inspiração buscada em modelos estrangeiros[158] será apropriada para o enfrentamento dos impasses nacionais.

3.5.3.1. Premissas relevantes

Humberto Ávila leciona que "a aplicação da igualdade depende de um *critério diferenciador* e de um *fim* a ser alcançado", de sorte que "fins diversos levam à utilização de critérios distintos, pela singela razão de que alguns critérios são adequados à realização de determinados fins; outros não"[159].

---

pessoa física que não explore atividade econômica, é imprescindível a comprovação da hipossuficiência, já que, não se tratando de empregado, a parte não se beneficia da presunção legal de pobreza. Mesmo se se entendesse que a Lei nº 1.060/1950 não tivesse excluído o empregador do benefício da assistência judiciária, certo que ela, em seu art. 3º, isenta o beneficiário apenas do pagamento das despesas processuais, não alcançando o depósito recursal (art. 899, § 1º, da CLT), pressuposto específico do recurso no processo do trabalho, que tem por escopo a garantia do juízo. Sendo assim, não há como assegurar o processamento do recurso de revista quando o agravo de instrumento interposto não desconstitui os fundamentos da decisão denegatória, que subsiste por seus próprios fundamentos. Agravo de instrumento desprovido" (TST; AIRR 2328-93.2010.5.12.0000; Sexta Turma; Rel. Min. Mauricio Godinho Delgado; *DEJT* 12.11.2010; p. 917*)*.

[158] A esse respeito, Jefferson Carús Guedes assevera que "a importação de ideias e classificações técnico-processuais possui inúmeros riscos de equívocos e de incongruências, ainda mais quando estas ideias são construídas a partir de interpretações de leis originadas em outros sistemas, não contrastadas com o sistema jurídico nacional" (GUEDES, Jefferson Carús. Direito processual social no Brasil: as primeiras linhas. *Revista de Processo*, São Paulo, ano 31, n. 142, p. 137, dez. 2007).

[159] Conclui o autor: "Mais do que isso: fins diversos conduzem a medidas diferentes de controle. Há fins e fins no Direito. Como postulados, sua violação conduz a uma violação de alguma norma jurídica. Os sujeitos devem ser considerados iguais em liberdade, propriedade, dignidade. A violação da igualdade implica a violação a algum princípio fundamental" (ÁVILA, Humberto. *Teoria dos princípios*: da definição à aplicação dos princípios jurídicos, cit., p. 151).

Sobreleva então consignar a finalidade almejada: a aplicação da isonomia propugnada neste trabalho objetiva conferir a concreta oportunidade de atuação no processo de pessoas em situação vulnerável evitando que as dificuldades inerentes à sua condição desfavorável comprometam o reconhecimento e a efetivação de seus direitos.

Pretende-se atribuir um significado social à igualdade processual fomentando a atuação de um juiz fortalecido em sua iniciativa por meios adequados para situar a parte socialmente mais fraca em condição de paridade perante a mais forte, impedindo que a igualdade de direitos se transforme em desigualdade de fato em razão da inferioridade cultural ou econômica[160].

A aplicação da isonomia de maneira atenta à consideração das desigualdades visa reverter a percepção de que o processo civil atua como entrave ao reconhecimento dos interesses protegidos pelo sistema.

Para Cappelletti e Garth, a perfeita efetividade do direito substantivo poderia ser expressa com a total paridade de armas com base na garantia de que o resultado final depende tão só "dos méritos jurídicos relativos às partes antagônicas, sem relação com diferenças que sejam estranhas ao Direito e que, no entanto, afetam a afirmação e reivindicação dos direitos"[161].

Os autores ressaltam que a perfeita igualdade é naturalmente utópica, já que as diferenças entre as partes não poderão jamais ser completamente erradicadas; "a questão é saber até onde avançar na direção do objetivo utópico e a que custo"[162].

Eis, portanto, a proposta deste trabalho: avançar ao máximo na equalização de oportunidades processuais para que o mérito da causa não tenha sua análise prejudicada por deficiências processuais a que a parte não deu causa voluntariamente segundo fatores e critérios pertinentes à igualdade. Em uma perspectiva publicista, o custo não será comprometer a segurança ou a imparcialidade, mas sim propiciar que o ordenamento possa ser aplicado de maneira equilibrada na superação dos obstáculos ilegítimos à reconstituição dos fatos relevantes.

---

[160] "Per eliminare nel corso del processo i pericoli derivanti da queste sperequazioni sociali, il nuovo Codice ha avuto speciale cura di dare sviluppo a tutti quegli istituti che posson servire a mettere la parte socialmente più debole in condizione di paritá iniziale difronte alla parte più forte, e ad impedire che a causa della inferiorità di cultura e di mezzi economici la uguaglianza di diritto possa dinanzi al giudice trasformarsi in una disuguaglianza di fatto" (CALAMANDREI, Piero. *Instituzioni di diritto processuale civil secondo il nuovo codice*. 2. ed. Padova: Cedam, 1943. v. 1, p. 223).

[161] CAPPELLETTI, Mauro; GARTH, Bryant. *Acesso à justiça*, cit., p. 15.

[162] CAPPELLETTI, Mauro; GARTH, Bryant. *Acesso à justiça*, cit., p. 15.

O processo, enquanto instrumento ético, não mais se pauta por indiferença ou neutralidade quanto aos seus fins, devendo ser regulamentado segundo as concepções filosóficas, políticas e culturais[163] atuais de forma comprometida com a concretização da isonomia.

A esse respeito, José Roberto dos Santos Bedaque destaca com precisão que a razão de ser do processo vincula-se ao objetivo almejado, que é assegurar a integridade da ordem jurídica, possibilitando às pessoas os meios adequados à defesa de seus interesses. Aduz, portanto, a necessidade de uma "revisitação" do processo civil por uma nova análise interna do sistema processual com vistas a adaptá-lo às necessidades externas[164].

Leonardo Greco lembra que a América Latina é herdeira do "triste legado de paternalismo estatal, de hipossuficiência e falta de autoconfiança dos governados que nos deixaram os nossos colonizadores"; talvez os integrantes da União Europeia "vivam realidade social mais propícia à autonomia privada", sendo forçoso reconhecer que, enquanto a liberdade não for uma conquista brasileira, "o próprio Estado deve mobilizar forças para assegurar o respeito à dignidade humana e aos direitos fundamentais dos cidadãos, não perdendo de vista, entretanto, que a sua intervenção não pode pôr em risco a própria liberdade"[165].

3.5.3.1.1. Igualdade como princípio e dever do juiz

Enquanto alicerce e base sobre a qual se sustenta o ramo do direito, o conjunto de princípios a ele subjacente confere ao sistema "aspecto de coerência, logicidade e ordenação"[166]. É importante, portanto, identificar como a diretriz isonômica se insere no sistema processual brasileiro.

Para Rui Portanova, não há como coadunar o tratamento jurídico do princípio isonômico "com uma ideia formalista e ingenuamente neutra de ver o direito", exigindo a boa aplicação do princípio "o entrelaçamento de

---

[163] BEDAQUE, José Roberto dos Santos. *Direito e processo*: influência do direito material sobre o processo, cit., p. 24.

[164] BEDAQUE, José Roberto dos Santos. *Direito e processo*: influência do direito material sobre o processo, cit., p. 15.

[165] Pontua o autor: "Entretanto, a falta de consciência da necessidade dessa evolução perpetua comportamentos autoritários, mesmo em períodos de inquestionável vivência democrática" (GRECO, Leonardo. Publicismo e privatismo no processo civil, cit., p. 37.

[166] BUENO, Cassio Scarpinella. *Curso sistematizado de direito processual civil*: teoria geral do direito processual civil. São Paulo: Saraiva, 2007. v. 1, p. 96.

elementos jurídicos e metajurídicos, a fim de que não se caia num idealismo que obstaculize sua implementação"[167].

A promoção da isonomia é o primeiro dever do juiz reconhecido no art. 125 do Código de Processo Civil[168].

Rodolfo de Camargo Mancuso consigna que, apesar de tal previsão, de ordinário o juiz não consegue superar diversas situações de desigualdades: tal "dificuldade de converter, *in concreto*, o valor enunciado na norma nada mais é do que a repercussão, no âmbito do processo, de análoga dificuldade para implementar, na prática, a igualdade 'assegurada' no art. 5º, *caput* e I, CF/1988"[169].

Embora difícil, a missão não é impossível. O poder dos magistrados foi objeto de grande evolução nos estudos modernos e é de grande relevância aferir como o juiz, enquanto agente do Estado, pode – e deve – atuar para a concretização dos ditames isonômicos.

Em momentos pretéritos, afirmava-se que a missão do julgador era efetivar as leis substanciais sem lhe competir um juízo de bem ou mal, de justo ou injusto; sentenças injustas decorreriam de leis injustas e o responsável por essa situação seria o legislador, não o magistrado. O juiz moderno, contudo, tem um sério compromisso com a justiça: ele não só deve participar de maneira apropriada das atividades processuais – conduzindo-as ao descobrimento de fatos importantes e à devida aplicação da lei – como também deve cumprir sua missão principal de destinar aos litigantes a solução efetivamente realizadora de justiça[170].

O tema toca pontos importantes relativos à atuação no processo, merecendo destaque a abordagem de temas correlatos.

3.5.3.1.2. Imparcialidade, neutralidade e *impartialità*

À semelhança do que se verifica em relação a outros princípios, quando se fala em imparcialidade não há opositores ao seu enunciado em abstrato;

---

[167] PORTANOVA, Rui. *Princípios do processo civil*, cit., p. 39.

[168] Augusto Morello relata ser comum constar a referida previsão como dever específico do órgão julgador nos novos códigos processuais, exemplificando o autor que isso se verifica no Código da Província de Buenos Aires e em outras leis argentinas (MORELLO, Augusto. *El proceso justo*, cit. p. 182).

[169] MANCUSO, Rodolfo de Camargo. A resolução dos conflitos e a função judicial no contemporâneo Estado de Direito (nota introdutória). *Revista dos Tribunais*, São Paulo, ano 98, v. 888, p. 9, out. 2009.

[170] DINAMARCO, Cândido Rangel. *Instituições de direito processual civil*, cit., v. 1, p. 60-61.

sua aplicação, contudo, provoca inúmeras questões e praticamente nenhuma uniformidade de pensamento[171].

Na abordagem do tema costuma-se invocar como necessária a verificação da neutralidade do julgador, mas essa argumentação não é digna de prosperar nos tempos atuais.

O mito da neutralidade pode ser encontrado tanto no Direito Romano como na Revolução Francesa[172]; ao longo do tempo a noção foi intensamente criticada e rechaçada.

Hoje se compreende ser inviável conceber um juiz neutro porque todo ser humano é permeável a ideologias[173]; como sustenta Zaffaroni, não há neutralidade ideológica senão "na forma de apatia, irracionalismo, ou decadência do pensamento, que não são virtudes dignas de ninguém e menos ainda de um juiz"[174].

Em realidade, adotar uma posição neutra muitas vezes revela uma postura parcial do magistrado[175].

A esse propósito, Vittorio Denti aduz que a escolha de posição favorável ou contrária à participação do juiz na seara probatória obviamente sempre revelará um componente ideológico[176].

Conforme abordado no capítulo anterior, a imparcialidade está ligada à noção de equidistância pela ausência de interesses do magistrado no tocante às pessoas e ao objeto do conflito; não há como sustentar, porém, sua indiferença em relação ao contexto social e aos resultados do processo a não ser a partir de uma concepção privatista que preconize a figura de um juiz omisso.

---

[171] BARBOSA MOREIRA, José Carlos. Imparcialidade: reflexões sobre a imparcialidade do juiz. *Fiscolex*. Disponível em: <http://www.fiscolex.com.br/doc_6223623_IMPARCIA-LIDADE_REFLEXOES_ IMPARCIALIDADE_JUIZ.aspx>. Acesso em: 15 dez. 2010.

[172] BECKER, Laércio Alexandre. *O mito da neutralidade do juiz*. Disponível em: <http://www.acta-diurna.com.br/biblioteca/doutrina/d19990628010.htm>. Acesso em: 15 dez. 2010.

[173] Como sustenta Laércio Becker, para confiar na neutralidade do juiz é preciso crer na neutralidade do processo civil, do direito e da ciência, sendo hoje difícil "acreditar cegamente em todas essas neutralidades, sem incorrer em equívocos graves, e até certa ingenuidade" (BECKER, Laércio Alexandre. *O mito da neutralidade do juiz*, cit.).

[174] ZAFFARONI, Eugenio Raúl. *Poder Judiciário, crise, acertos e desacertos*. São Paulo: Revista dos Tribunais, 1995. p. 92-93.

[175] BECKER, Laércio Alexandre. *O mito da neutralidade do juiz*, cit.

[176] DENTI, Vittorio. Il ruolo del giudice nel processo civile tra vecchio e nuovo garantismo. *Rivista Trimestrale di Diritto e Procedura Civile*, Milano, anno XLI, p. 726, 1984.

Mauro Cappelletti ressalta de maneira oportuna que, embora o juiz deva ser imparcial com relação ao teor do conflito, não deve proceder assim no que tange à relação processual por ser dever específico do magistrado "assegurar que o processo se desenvolva de maneira regular, rápida (tanto quanto possível) e leal"[177].

Cogitar de um magistrado "dissociado do contexto social, marginalizado da sociedade e purificado de qualquer concepção ideológica, social, cultural e psicológica" é preconizar a figura de um "juiz asséptico"; a aludida concepção ética – embasada no pensamento liberal burguês do século XVIII – enseja a figura de um *eunuco social, político e cultural*, revelando sinais de envelhecimento e estagnação[178].

Em um país marcado por tantas desigualdades a despeito do panorama constitucional contrário a essa configuração, é completamente intolerável a indiferença estatal em relação às condições dos litigantes.

Os desafios são significativos e exigem reflexão detida e aprofundada. Artur César de Souza consigna de modo bastante apropriado que a relativa desconstrução das estruturas dogmáticas até então concebidas sobre a (im)parcialidade não pretende abrir espaço ao subjetivismo do juiz nem pôr em risco os direitos e as garantias fundamentais dos componentes do processo, "mas, sim, realçar os aspectos empíricos sociais, culturais, econômicos que contrastam entre a chamada Constituição escrita e a Constituição real"[179].

O autor propugna a superação da visão clássica sobre neutralidade e imparcialidade indicando ser necessária uma *"parcialidade positiva do juiz"* para que este possa reconhecer as diferenças sociais, econômicas, culturais e psicológicas das partes[180]. Afirma ainda que as exigências e circunstâncias da complexa e pluralista sociedade contemporânea – marcada por imensas diferenças sociais, econômicas e culturais – vem demandando uma releitura da imparcialidade judicial[181].

Tem parcial razão o autor em sua assertiva por ser necessário repensar o perfil da imparcialidade judicial e cotejar os dados da realidade circundante. Não denota ser preciso, porém, abordá-la sobre o aspecto da parcialidade porque, além de tal conduta ensejar confusões terminológicas,

---

[177] CAPPELLETTI, Mauro. Problemas de reforma do processo nas sociedades contemporâneas, cit., p. 129.
[178] SOUZA, Artur César de. A parcialidade positiva do juiz. *Revista de Processo*, São Paulo, n. 183, p.25-76, maio 2010. p. 28-31.
[179] SOUZA, Artur César de. *A parcialidade positiva do juiz*. São Paulo: Revista dos Tribunais, 2008, n. 183, p. 33-34.
[180] SOUZA, Artur César de. *A parcialidade positiva do juiz*, cit., .p. 202.
[181] SOUZA, Artur César de. *A parcialidade positiva do juiz*, cit., n. 183, p. 31-32.

pode passar a impressão de que o juiz fica liberado para aproximar-se das partes e do mérito de sua demanda sem qualquer limite. Revela-se, assim, mais apropriado trabalhar a imparcialidade removendo os enganos que cercam sua acepção.

Para desmistificá-la, segundo Laércio Becker, é necessário: 1. não mais conceber que a imparcialidade só é obtida com passividade judicial, legalismo e indiferença política; 2. desassociá-la da neutralidade; 3. refletir sobre meios para assegurar a independência do juiz em face do poder político e do governante que o nomeou (especialmente nas instâncias superiores); 4. "enfrentar o tabu da politização do juiz, de modo que, se encarada em termos de pluralidade democrática dentro do Judiciário e responsabilidade judicial frente às causas e frente à sociedade, possa tornar-se não um problema, mas uma solução"[182].

No plano processual, conceber com neutralidade a noção de relação jurídica desligando-a da realidade caracteriza despreocupação valorativa em relação aos litigantes, retirando do legislador e do magistrado "qualquer responsabilidade em relação à idoneidade da participação das partes perante o Estado-Juiz, obrigando-lhes, na verdade, a ignorar os obstáculos sociais e políticos que impedem que a relação jurídica processual tenha um mínimo de legitimidade"[183].

O que se preconiza, portanto, é que o juiz brasileiro assuma a condição de agente público focado na missão de realizar as diretrizes processuais da Constituição de modo condizente com o contexto social e o momento histórico.

É oportuno, ainda, o debate[184] travado pela doutrina italiana sobre os conceitos de imparcialidade e *terzietá*[185]: pela primeira, o servidor público deve agir em prol do interesse do Estado e não de um interesse privado,

---

[182] BECKER, Laércio Alexandre. *O mito da neutralidade do juiz*, cit.

[183] MARINONI, Luiz Guilherme. *Novas linhas do processo civil*, cit., p. 29.

[184] Antonio do Passo Cabral conta que, por força da alteração do art. 111 da Constituição italiana para fazer constar dentre as garantias do processo justo o direito a um "*giudice terzo e imparziale*", surgiu um interessante debate doutrinário sobre a existência de diversidade dos dois conceitos (CABRAL, Antonio do Passo. *Imparcialidade e impartialidade*: por uma teoria sobre repartição e incompatibilidade de funções nos processo civil e penal. In: JORDÃO, Eduardo Ferreira; SOUZA JR., Fredie Didier (Coords.). *Teoria do processo*: panorama doutrinário mundial. Salvador: JusPodivm, 2007. p. 103).

[185] Na Itália o termo *terzietà* expressa a atribuição ao juiz de certa função negando-lhe a condição de parte (CABRAL, Antonio do Passo. *Imparcialidade e impartialidade*: por uma teoria sobre repartição e incompatibilidade de funções nos processo civil e penal, cit., p. 105).

ao passo que pela segunda ele age além de qualquer interesse, pautando-se por certa indiferença no desempenho da função judicial[186].

Os defensores da concepção privatista de processo invocam a referida diferenciação para afirmar que a atividade probatória do juiz usurpa o papel das partes e prejudica a noção de *impartialidad* (*terzietá*)[187] pelo fato de o juiz realizar atividades próprias dos litigantes[188].

A crítica não prevalece. De acordo com Barbosa Moreira, a imparcialidade do juiz implica a condução do processo "sem inclinar a balança, ao longo do itinerário, para qualquer das partes"; não há como exigir dele uma neutralidade indiferente ao sucesso do pleito porque "ao magistrado zeloso não pode deixar de interessar que o processo leve a desfecho justo; em outras palavras, que saia vitorioso aquele que tem melhor direito"[189].

---

[186] FRANCO, Fernão Borba. *Processo administrativo, teoria geral do processo, impartialidade e coisa julgada*. In: JORDÃO, Eduardo Ferreira; SOUZA JR., Fredie Didier (Coords.). *Teoria do processo*: panorama doutrinário mundial, cit., p. 238.

[187] "En realidad, cuando se trata de atribuir poderes probatorios al juez, lo que debe cuestionarse no es propiamente la imparcialidad judicial, sino si ello es posible atendida la necesidad de que el juez siga siendo tercero, con la exigencia de incompatibilidad de funciones entre parte y juez en el proceso. Debe tenerse en cuenta que si la incompatibilidad de funciones en el proceso es algo objetivo, que puede determinarse en la ley de modo general, es decir, sin referencia a un juez y a un proceso concreto, pudiendo la ley disponer en general qué es lo que no puede hacer el juez pues de hacerlo estaría asumiendo funciones propias de la parte, la imparcialidad es siempre algo subjetivo, que debe referirse siempre a un juez y a un proceso concreto (y por ello se habla de imparcialidad psicológica), y desde esta distinción puede hablarse de 'impartialidad' (que es condición de tercero o terzieti) y de imparcialidad" (AROCA, Juan Montero. *El proceso civil llamado "social" como instrumento de "justicia" autoritária*, cit., p. 157-158).

[188] "La vigencia de la calidad referida a la impartialidad del juzgador hace que él deba abstenerse de realizar de cualquier forma las tareas propias de las partes litigantes: pretender, afirmar hechos litigiosos, introducir nuevas cuestiones luego de trabada la litis y probar oficiosamente los hechos alegados por ellas, cuya existencia improbada no puede ser suplida por el conocimiento personal que el juez tenga del asunto a fallar" (VELLOSO, Adolfo Alvarado. *La imparcialidad y el sistema inquisitivo de juzgamiento*, cit., p. 246).

[189] "Em semelhante perspectiva, não parece correto afirmar, sic et simpliciter, que para o juiz 'tanto faz' que vença o autor ou que vença o réu. A afirmação só se afigura verdadeira enquanto signifique que ao órgão judicial não é lícito preferir a vitória do autor ou a do réu, e menos que tudo atuar de modo a favorecê-la, por motivos relacionados com traços e circunstâncias pessoais de um ou de outro: porque o autor é X, simpático, ou porque o réu é Y, antipático, ou vice-versa. Repito, porém: ao juiz não apenas é lícito preferir a vitória da parte que esteja com a razão, seja ela qual for, senão que lhe cumpre fazer tudo que puder para que a isso realmente se chegue – inclusive, se houver necessidade, pondo mãos à obra para descobrir elementos que lhe permitam reconstituir, com a maior exatidão possível, os fatos que deram nascimento ao litígio, pouco importando que, afinal, sua descoberta aproveite a um ou a outro litigante"

Com base nas análises apresentadas, pode-se conceber que a noção de juiz neutro e "terceiro" em nada aporta à ciência processual – antes a atrapalha por desviar o debate da concretização efetiva das garantias processuais. Evidente que o juiz é um terceiro chamado a intervir na relação entre as partes; mas ele é, também, um sujeito do processo que deve atentar para a melhor configuração possível do feito a partir da pauta constitucional.

3.5.3.2. Técnica processual e igualdade

O sistema do Código de Processo Civil impôs modelos e formas para dar segurança e certeza às partes[190]. A existência de tais previsões liga-se intrinsecamente ao devido processo legal, já que a observância dos preceitos formais representa a garantia às partes de que o feito seguirá o modelo previamente estipulado assegurando-lhes razoável previsibilidade sobre os rumos da relação processual[191].

Ao ponto que interessa para a análise proposta, a importância do formalismo surge enquanto garantia fundamental do contraditório por atuar como fator de igualação – pelo menos formal – dos contendores entre si[192].

(BARBOSA MOREIRA, José Carlos. Imparcialidade: reflexões sobre a imparcialidade do juiz. Disponível em: <http://www.fiscolex.com.br/doc_6223623_IMPARCIALIDADE_REFLEXOES_IMPARCIALIDADE_JUIZ.aspx>. Acesso em: 15 dez. 2010).

[190] DINAMARCO, Cândido Rangel. *Fundamentos do direito processual civil moderno*. 3. ed. São Paulo: Malheiros, 2000. p. 310.

[191] Nas lições de Roque Komatsu, "as formas processuais correspondem a uma necessidade de ordem, certeza e eficiência e a sua escrupulosa observância representa uma garantia de andamento regular e legal do processo e de respeito aos direitos das partes (KOMATSU, Roque. *Da invalidade no processo* civil. São Paulo: Revista dos Tribunais, 1991. p. 130). Para Carlos Alberto Álvaro de Oliveira, as importantes tarefas realizadas pelas formas: "indicar as fronteiras para o começo e o fim do processo, circunscrever o material a ser formado, e estabelecer dentro de quais limites devem cooperar e agir as pessoas atuantes no processo para o seu desenvolvimento. [...] Não se trata, porém, apenas de ordenar, mas também de disciplinar o poder do juiz e, nessa perspectiva, o formalismo processual atua como garantia liberdade contra o arbítrio dos órgãos que exercem o poder do Estado" (Oliveira, Carlos Alberto Álvaro de. *O formalismo-valorativo em confronto com o formalismo excessivo*, cit., p. 8).

[192] KOMATSU, Roque. *Da invalidade no processo civil*, cit., p. 9. Para Piero Calamandrei, "as normas processuais, ao impor uma certa ordem e um certo modo de expressão às deduções das partes e ao proibir ao juiz que leve em conta as defesas apresentadas em formas distintas, asseguram o respeito do contraditório e a igualdade das partes; as mesmas não servem, como poderiam pensar os profanos, para fazer mais complicado e menos compreensível o desenvolvimento do processo, senão, pelo contrário, para fazê-lo mais simples e mais rápido, enquanto obrigam às partes a reduzirem suas atividades ao mínimo essencial e se servir de modos de expressão tecnicamente apropriados para se fazer entender com clareza pelo juiz: as mesmas, em conclusão, ao invés de serem

Cabe ainda ao intérprete refletir se o rigor na consideração dos ditames técnicos confirma ou compromete a igualdade; afinal, pode ocorrer que pessoas desfavorecidas socialmente tenham mais dificuldades de observar o regramento processual do que outros litigantes.

Embora a exigência de observância do procedimento legalmente instituído decorra do devido processo legal, é preciso conter excessos[193]. Como bem aduz Mauro Cappelletti,

> "[...] o processo não é pura forma. É o ponto de choque de conflitos, de ideais, de filosofias. É o 'Cabo das Tempestades', onde a rapidez e a eficiência devem confluir e entrelaçar-se com a justiça; é, também, o 'Cabo da Boa Esperança' onde a liberdade individual deve enlaçar-se com a igualdade"[194].

Como mencionado no capítulo anterior, o devido processo legal deve ser considerado também sob o prisma substancial e o olhar sobre as exigências técnicas deve ser realizado de forma proporcional e consentânea com as garantias constitucionais do acesso à justiça e da igualdade.

Em muitas oportunidades, porém, não tem sido esta a diretriz adotada pelo Poder Judiciário brasileiro. A esse propósito, Dalmo Dallari constata que os tribunais devotam "excessiva atenção às questões processuais, alongando-se frequentemente no debate sobre teses acadêmicas sobre processo, mesmo quando isso é evidentemente desnecessário para a solução das dúvidas e divergências sobre direitos que levaram as partes a pedir a intervenção do Judiciário. Essa distorção, que pode se chamar processualismo, é um vício que afeta gravemente a mentalidade jurídica brasileira."[195].

Não é o caso, contudo, de pura e simplesmente "desprocessualizar" a ordem jurídica, mas sim de desmistificar regras, critérios, princípios e o próprio sistema[196].

---

um obstáculo para a justiça, são, na realidade, uma preciosa garantia dos direitos e da liberdade individual" (CALAMANDREI, Piero. *Direito processual civil*. Tradução Luiz Abezia e Sandra Drino Fernandez Barbery. São Paulo: Bookseller, 1999. p. 257).

[193] Cândido Rangel Dinamarco adverte: "não é enrijecendo as exigências formais, num fetichismo à forma, que se asseguram direitos; ao contrário, o formalismo obcecado e irracional é fator de empobrecimento do processo e cegueira para os seus fins" (DINAMARCO, Cândido Rangel. A instrumentalidade do processo, cit., p. 269).

[194] CAPPELLETTI, Mauro. *Processo, ideologias e sociedade*. Porto Alegre: Safe, 2007. v. 1, p. 37.

[195] DALLARI, Dalmo de Abreu. *O poder dos juízes*. 3. ed. Saraiva: 2007. p. 5.

[196] DINAMARCO, Cândido Rangel. A instrumentalidade do processo, p. 328.

A lei processual trouxe importante premissa para a avaliação do efeito de eventuais vícios perpetrados: a consideração da instrumentalidade[197] é imperativa para a atribuição da devida consequência ao ato processual deformado e subordina-se a duas diretrizes que condicionam sua admissão: a finalidade do ato e a ausência de prejuízo.

Ainda que haja imperfeições os atos processuais defeituosos podem ser aproveitados, só sendo anulados se o objetivo visado não tiver sido atingido; a lei prestigia o conteúdo desde que, a despeito da inobservância da forma prescrita, a finalidade do processo tenha sido alcançada sem causar prejuízo às partes nem à prestação jurisdicional como um todo.

Conforme assinala Carlos Alberto Álvaro de Oliveira, à luz da finalidade deve-se evitar o entorpecimento do rigor formal do processo que conduziria a um formalismo sem conteúdo[198], sendo necessário compatibilizar o formalismo com os escopos do processo.

Diante de um litigante em situação de vulnerabilidade, é essencial que o juiz aprofunde a análise das circunstâncias ensejadoras do defeito; lembra-se, a esse respeito, a lição de Carlos Alberto de Oliveira, segundo a qual o rigor do formalismo é temperado pelas necessidades da vida, não sendo o juiz uma máquina silogística nem o processo fomentador de soluções matematicamente exatas[199]. Evidencia-se, assim, que a atenção à isonomia e o comprometimento em diminuir as repercussões das dificuldades de litigantes desfavorecidos ensejam uma atuação diferenciada do magistrado na consideração de eventuais vicissitudes processuais.

---

[197] Nos termos do art. 154 do CPC, "os atos e termos processuais não dependem de forma determinada senão quando a lei expressamente a exigir, reputando-se válidos os que, realizados de outro modo, lhe preencham a finalidade essencial".

[198] "A esse ângulo visual, as prescrições formais devem ser sempre apreciadas conforme sua finalidade sentido razoável, evitando-se todo exagero das exigências de forma. Se a finalidade da prescrição foi atingida em sua essência, sem prejuízo a interesses dignos de proteção da contraparte, o defeito de forma não deve prejudicar a parte. A forma não pode, assim, ser colocada além da matéria, por não possuir valor próprio, devendo por razões de equidade a essência sobrepujar a forma. A não observância de formas não implica prejuízo, pois a lei não reclama uma finalidade oca e vazia" (Oliveira, Carlos Alberto Álvaro de. O formalismo-valorativo em confronto com o formalismo excessivo, cit., p. 23).

[199] Oliveira, Carlos Alberto Álvaro de. O processo civil na perspectiva dos direitos fundamentais. *Mundo Jurídico*. Disponível em: <http://www.mundojuridico.adv.br>. Acesso em: 4 ago. 2006.

3.5.3.3. Uma visão atualizada sobre a imparcialidade do juiz

É corrente a afirmativa de que vedar a atuação do juiz por própria iniciativa afina-se com a garantia de imparcialidade[200]; contudo, a preconizada inércia "afasta-se das exigências atuais quanto à intromissão imediata do Estado na pacificação dos conflitos que abalam a ordem social"[201].

Ao abordar a igualdade, José Carlos Barbosa Moreira assevera reconhecer-se na doutrina a importância de "tornar operativo o princípio no plano substancial" assegurando aos litigantes, "independentemente de desníveis culturais, sociais, econômicos, verdadeira igualdade de oportunidades no processo. Tal aspiração põe em foco, por outro ângulo, o problema da atribuição de papel mais 'ativo' ao órgão judicial, convocado a suprir, em certa medida, as falhas da atuação dos litigantes"[202].

Na mesma linha Antônio Carlos Marcato anota ser passado o tempo em que do juiz se esperava distanciamento, "como se o resultado final do processo pudesse prescindir da atuação mais efetiva e direta desse sujeito da relação jurídica processual"[203]. Leonardo Greco argumenta com propriedade que o juiz comprometeria sua imparcialidade se adotasse iniciativas preconceituosas e emitisse previamente juízos de valor "sobre situações fáticas ou jurídicas ou sobre a procedência ou improcedência das alegações das partes, antes que estas tenham tido a mais ampla oportunidade de influir na formação da sua convicção"; é inegável que referido

> "[...] comprometimento também ocorreria, independentemente de qualquer iniciativa oficial, se o juiz, apesar de inerte, já tendo opinião formada sobre algum fato ou algum aspecto jurídico da causa, como muitas vezes o tem, não se apresentasse sempre disposto a debatê-los com as partes, a rever a sua opinião e a elaborar os seus pronunciamentos definitivos sobre

---

[200] "A atuação ex officio do Judiciário está, assim, intimamente ligada à necessária isenção do julgador em confronto com os interesses em conflito. Supôs o legislador [...] que a iniciativa retiraria a essencial imparcialidade, característica da função substitutiva, entrevista por Chiovenda e que caracteriza a jurisdição" (FUX, Luiz. *Tutela de segurança e tutela da evidência* (fundamentos da tutela antecipada). São Paulo: Saraiva, 1996. p. 75).

[201] FUX, Luiz. *Tutela de segurança e tutela da evidência* (fundamentos da tutela antecipada), cit., p. 75.

[202] BARBOSA MOREIRA, José Carlos. Tendências contemporâneas do direito processual civil. *Revista de Processo*, São Paulo, n. 31, p. 199-209, p. 203-204, jul./set. 1983.

[203] MARCATO, Antônio Carlos. A imparcialidade do juiz e a validade do processo. *Jus Navigandi*, Teresina, ano 6, n. 57, jul. 2002. Disponível em: <http://jus2.uol.com.br>. Acesso em: 16 mar. 2008.

eles somente depois de ouvir e considerar racionalmente os elementos que lhe venham a ser fornecidos pelas partes no processo"[204].

Carlos Alberto Álvaro de Oliveira acrescenta que o juiz passivo, renitente em assumir seu papel diretivo no processo, torna-se muitas vezes mais arbitrário do que o juiz atuante[205]; afinal, a estrutura do processo civil não é delineada pela mera "adaptação técnica do instrumento processual" a certo fim, "mas especialmente por escolhas de natureza política, em busca dos meios mais adequados e eficientes para a realização dos valores, especialmente os de conteúdo constitucional"[206].

O que repugna o sistema jurídico é a figura do juiz parcial e não a do juiz partícipe[207].

3.5.4. Igualdade e participação: cooperação no processo civil

Para fomentar a cidadania e concretizar a isonomia na seara processual, é imperativo que o intérprete conceba mecanismos de inclusão e participação efetiva; na perspectiva do Estado Democrático de Direito é relevante não só atuar para corrigir disparidades como também promover a participação dos indivíduos na transformação social[208].

Ada Pellegrini Grinover relata que o princípio participativo originou-se da crise e da insuficiência das estruturas políticas, econômicas e sociais do

---

[204] GRECO, Leonardo. Publicismo e privatismo no processo civil, cit., p. 45.

[205] OLIVEIRA, Carlos Alberto Álvaro de. Poderes do Juiz e visão cooperativa do processo. *Mundo Jurídico*. Disponível em: <http://www.mundojuridico.adv.br>. Acesso em: 24 out. 2010. Na mesma linha, Alexandre Freitas Câmara assevera não haver como considerar que o juiz que determinasse a produção de uma prova fosse parcial – em favor de quem a prova beneficiará – sem dizer que "o juiz que permanecesse passivo e não determinasse a produção da prova também seria parcial (em favor daquele a quem a prova prejudicaria)", o que mostra "o equívoco do entendimento oposto" (CÂMARA, Alexandre Freitas. Poderes instrutórios do juiz e processo civil democrático. *Revista de Processo*, São Paulo, v. 32, n. 153, p. 33-46, nov. 2007, p. 36).

[206] OLIVEIRA, Carlos Alberto Álvaro de. Poderes do Juiz e visão cooperativa do processo, cit.

[207] MARCATO, Antônio Carlos. A imparcialidade do juiz e a validade do processo, cit.

[208] A afirmação é de Genacéia da Silva Alberton, para quem não se deve conceber "apenas uma adaptação melhorada das condições sociais de existência, mas um conteúdo transformador da realidade, sendo a jurisdição a possibilidade dessa transformação" (ALBERTON, Genacéia da Silva. Ação comunicativa e jurisdição: uma contribuição habermasiana. Disponível em: http://www.escolamp.org.br/arquivos/ revista_23_06.pdf>. Acesso em: 13 dez. 2010).

Estado e se desdobra em dois principais momentos: a intervenção na hora da decisão e o controle sobre o exercício do poder; na realidade, porém, o princípio se manifesta por muitas e variadas formas, incluindo a informação, a tomada de consciência, a reivindicação, as consultas e as intervenções nas tomadas de decisões[209].

O princípio da cooperação aplicado ao processo enseja que durante a tramitação do feito os magistrados, as partes e seus mandatários colaborem entre si e concorram para a obtenção breve e eficaz da justa composição da controvérsia; essa importante diretriz objetiva transformar o processo civil em uma "comunidade de trabalho" e responsabilizar tanto as partes quanto o tribunal pelos resultados ao final alcançados[210].

Sensível à relevância das metas citadas, o Código de Processo Civil português passou a contar com mecanismos cooperatórios para alinhar "a estrutura e os fins do processo civil com os princípios do Estado social de direito" e "garantir uma legitimação externa às decisões do tribunal"[211].

Em vez de priorizar enfoques de estratégia ou duelo, o processo deverá ser orientado pela comunicação dialógica entre os sujeitos processuais[212]. Essa diretriz, conforme assinala Fredie Didier Junior, "orienta o magistrado a tomar uma posição de agente colaborador do processo, de participante ativo do contraditório e não mais a de um mero fiscal de regras"[213].

Nesse diapasão, o modelo processual da cooperação alinha-se às garantias constitucionais da igualdade e do contraditório e pode funcionar como interessante contraponto a eventuais excessos propugnados pelas visões liberal e social de processo.

Segundo Daniel Mitidiero, o processo cooperativo, ao partir da premissa de que é dever primordial do Estado proporcionar condições para a

---

[209] GRINOVER, Ada Pellegrini. A conciliação extrajudicial no quadro participativo. In: _____; Dinamarco, Cândido Rangel; Watanabe, Kazuo (Coord.). *Participação e processo*. São Paulo: Revista dos Tribunais, 1988. p. 284.

[210] TEIXEIRA DE SOUSA, Miguel. Aspectos do novo processo civil português. *Revista de Processo*, São Paulo, n. 86, p. 175, abr./jun. 1997.

[211] TEIXEIRA DE SOUSA, Miguel. Aspectos do novo processo civil português, cit., p. 175.

[212] GOUVEIA, Lúcio Grassi de. A função legitimadora do princípio da cooperação intersubjetiva no processo civil brasileiro. *Revista de Processo*, São Paulo, v. 34, n. 172, p. 32-53, jun. 2009, p. 36.

[213] DIDIER JUNIOR, Fredie, O princípio da cooperação: uma apresentação. *Revista de Processo*, n. 127, São Paulo, set. 2005. p. 76.

organização social em bases livres, justas e solidárias, valoriza a dignidade humana[214].

Com base nesse modelo, podem ser identificadas diferentes pautas de atuação participativa do juiz e das partes.

3.5.4.1. Participação do juiz com novos deveres

Hermes Zaneti Júnior entende que a diligência em prol de maior cooperação entre os sujeitos processuais favorece uma "virtual (des)angularização do processo. No processo visto como procedimento em contraditório, o juiz participa ativamente e sobre ele também recaem os ônus (entendidos como deveres-poderes) do diálogo judicial"[215].

Fritz Baur assinala que alargar o campo de atividades do juiz não significa querer "transformar o processo em um todo de atos carentes de forma, entregue total e completamente à apreciação do juiz" porque se cada magistrado fosse montar o processo segundo sua vontade, "isto significaria ter-se posto em perigo a paridade de tratamento e a igualdade jurídica, garantidas pelo direito material": assim, "o papel do juiz realmente precisa de nítidos contornos legislativos"[216].

Assim, não deve o juiz inovar nem ignorar os ditames procedimentais previstos em lei, mas sim atuar mais de perto para garantir a efetividade do contraditório e exercer maior controle sobre o processo[217].

Nessa linha de maior aproximação, com a introdução da pauta cooperativa no ordenamento, o Código de Processo Civil português passou a prever ao Tribunal quatro essenciais poderes-deveres: esclarecimento, prevenção, consulta e auxílio às partes[218]. Sua análise é interessante para

---

[214] MITIDIERO, Daniel. *Colaboração no processo civil*: pressupostos sociais, lógicos e éticos. São Paulo: Revista dos Tribunais, 2009. p. 102.

[215] Zaneti Júnior, Hermes. O problema da verdade no processo civil: modelos de prova e de procedimento probatório. *Revista de Processo*, São Paulo n. 116, p. 334-371, jul/ago. 2004. Segundo Daniel Mitidiero, o processo civil cooperativo confere ao juiz uma dupla posição: paritária no diálogo e assimétrica na decisão (MITIDIERO, Daniel. *Colaboração no processo civil*: pressupostos sociais, lógicos e éticos, cit., p. 102).

[216] BAUR, Fritz. O papel ativo do juiz, cit., p. 191.

[217] AMENDOEIRA JUNIOR, Sidnei. *Poderes do juiz e tutela jurisdicional: a utilização racional dos poderes do juiz como forma de obtenção da tutela jurisdicional efetiva, justa e tempestiva*, cit., p. 68.

[218] TEIXEIRA DE SOUSA, Miguel. Aspectos do novo processo civil português, cit., p. 176-177.

divisar em que medida pode-se atuar na promoção da paridade processual na Justiça brasileira.

3.5.4.1.1. Dever de esclarecimento

O juiz deve sanar perante as partes eventuais dúvidas sobre suas alegações, pedidos ou posicionamentos em juízo "para evitar que a sua decisão tenha por base a falta de informação e não a verdade apurada"[219].

No campo probatório, embora, como assevera Fritz Baur, não seja tarefa do juiz cível agir de modo inquisitório, é natural que um papel razoavelmente ativo não seja excluído, devendo ele "alertar as partes sobre a insuficiência e incompletude do conjunto" dos fatos; pode-se concluir que "incumbe-lhe, nesse particular, um certo dever de assistência em relação às partes"[220].

É dever do magistrado, portanto, fomentar que as partes se expressem de forma integral sobre os pontos relevantes ao deslinde da causa[221], sendo esse dever recíproco do Tribunal em relação às partes e destas em relação àquele[222].

O uso da referida ferramenta foi há muito visto por Vittorio Denti como mecanismo útil para a obtenção da "melhor defesa das razões do litigante débil", atuando "no quadro do emprego da técnica do processo por finalidade social"[223].

Há quem afirme que essa postura implicaria assistencialismo do magistrado porque a parte desfavorecida em termos econômicos seria por ele

---

[219] TEIXEIRA DE SOUSA, Miguel. Aspectos do novo processo civil português, cit., p. 176.

[220] BAUR, Fritz. O papel ativo do juiz, cit., p. 191-192.

[221] Lúcio Grassi de Gouveia esclarece que o papel do juiz será ativo, mas não a ponto de comprometer o princípio dispositivo introduzindo no processo novos fatos ou provas: ele se limita a solicitar que as partes completem "informações ou provas a partir dos fatos alegados por elas" (GOUVEIA, Lúcio Grassi de. O dever de cooperação dos juízes e tribunais com as partes: uma análise sob a ótica do direito comparado (Alemanha, Portugal e Brasil). *Revista da ESMAPE*, Recife, ano 5, n. 11, p. 251, jan./jun. 2000).

[222] GOUVEIA, Lúcio Grassi de. O dever de cooperação dos juízes e tribunais com as partes: uma análise sob a ótica do direito comparado (Alemanha, Portugal e Brasil), cit., p. 254.

[223] DENTI, Vittorio. *Processo civile e giustizia social*. Milano: Edizioni de Comunità, 1971. p. 64.

assistida "de forma a propiciar a diminuição do abismo que a separa de uma atuação eficaz"[224].

Esse entendimento não merece prosperar porque esclarecer sobre elementos da causa ou do direito não necessariamente compromete a imparcialidade; é possível checar entendimentos e informações relevantes sem comprometer a isenção ou advogar em prol de uma das partes. Essa experiência, aliás, é frequente na atuação de terceiros facilitadores como o mediador: por meio de técnicas de comunicação – como a formulação de perguntas apropriadas – é possível esclarecer pontos importantes em um ou outro sentido sem externar posicionamentos de mérito.

A relevância dos esclarecimentos e de sua possível atribuição como dever ao magistrado é comprovada por previsão legislativa recente que preconiza a necessária informação como elemento essencial para o diálogo: na audiência de conciliação, *v.g.*, o juiz dará conhecimento aos genitores sobre "o significado da guarda compartilhada, a sua importância, a similitude de deveres e direitos atribuídos aos genitores e as sanções pelo descumprimento de suas cláusulas"[225].

É imperativo que o juiz reconheça seu dever de prestar esclarecimentos ao se deparar com litigantes que atuam sozinhos sem suporte jurídico – *v.g.*, nos Juizados Especiais. Embora a adoção dessa obrigação se verifique com mais frequência nos casos em que as partes não têm advogados, não há por que excluí-la quando, apesar de haver representação, faltarem alegações e provas suficientes para alcançar o resultado esperado do processo[226].

Em decorrência de suas precárias condições pessoais, a parte pode não conseguir avaliar o que é relevante para a defesa de seus direitos, não entender o valor dos documentos nem identificar pessoas e situações para obter informações necessárias[227]. Esse *déficit* de informações pode ensejar

---

[224] GOUVEIA, Lúcio Grassi de. O dever de cooperação dos juízes e tribunais com as partes: uma análise sob a ótica do direito comparado (Alemanha, Portugal e Brasil), cit., p. 254-255.

[225] O artigo 1.584 do Código Civil foi alterado pela Lei nº 11.698/2008 para prever referida necessária informação no § 1º. Prossegue a lei afirmando que, ainda que não haja acordo entre mãe e pai sobre a guarda do filho, sempre que possível a guarda compartilhada será aplicada. (§ 2º).

[226] GOUVEIA, Lúcio Grassi de. O dever de cooperação dos juízes e tribunais com as partes: uma análise sob a ótica do direito comparado (Alemanha, Portugal e Brasil), cit., p. 249-250.

[227] "[...] não compreendendo o valor deste ou daquele documento, da identificação de pessoas habilitadas a prestarem depoimentos em juízo, a carência de identificação de locais e situações que forneçam elementos de prova, a falta de cuidado na preservação de objetos de prova (*v.g.*, documentos, prontuários, receitas, bens móveis, etc.)." O autor,

dificuldades ao profissional encarregado de representá-lo em juízo e este pode acabar se valendo de estratégias errôneas e infrutíferas[228].

Se, ademais, uma parte não tem condições financeiras de contratar um bom profissional para defender seus interesses, o juiz deve tutelar seus direitos participando de modo efetivo, pois "dele se espera um conhecimento do contexto social em que atua"[229].

Para que essa situação não se verifique em estágios avançados do processo, é importante que o juiz atente para a possibilidade de evitá-la.

3.5.4.1.2. Dever de prevenção

Com base no dever de prevenção, é mister que o Tribunal previna as partes "sobre eventuais deficiências ou insuficiências das suas alegações ou pedidos"[230].

Referida diretriz consagra-se no convite às partes para que aperfeiçoem suas manifestações, sendo promovida pelo magistrado quando se deparar com irregularidades nos arrazoados ou com insuficiências ou imprecisões nas manifestações de fato apresentadas[231].

Essa postura se justifica porque, como bem aduz Antônio Carlos Marcato, "o julgador moderno deve dedicar permanente atenção aos rumos do processo, direcionando-o para um desfecho válido e seguro, para tanto exercitando em sua plenitude os poderes que lhe são conferidos por lei"[232].

---

desembargador do Tribunal de Justiça do Rio de Janeiro, trabalha o tema da perspectiva do direito do consumidor (SOUZA, Rogerio de Oliveira. *Da Hipossuficiência*. Disponível em: <www.tjrj.jus.br>. Acesso em: 10 jan. 2010).

[228] Essa situação "se apresenta como consequência inarredável das próprias condições econômicas a que se sujeita a parte consumidora em sua vida de relação, impossibilitando-a de adquirir conhecimentos mínimos sobre o direito que pleiteia" (SOUZA, Rogerio de Oliveira. *Da Hipossuficiência*. Disponível em: <www.tjrj.jus.br>. Acesso em: 10 jan. 2010).

[229] LUCON, Paulo Henrique dos Santos. Garantia do tratamento paritário das partes. In: Cruz e Tucci, José Rogério (Coord.). *Garantias constitucionais do processo civil*. São Paulo: Revista dos Tribunais, 1999. p. 110.

[230] TEIXEIRA DE SOUSA, Miguel. Aspectos do novo processo civil português, cit., p. 176.

[231] GOUVEIA, Lúcio Grassi de. *O dever de cooperação dos juízes e tribunais com as partes*: uma análise sob a ótica do direito comparado (Alemanha, Portugal e Brasil), cit., p. 257.

[232] MARCATO, Antônio Carlos. A imparcialidade do juiz e a validade do processo, cit.

Fritz Baur enfatiza que embora o juiz possa exercer certa influência no tocante à formulação do pedido, ele "não está autorizado a proferir um julgamento que não seja no sentido daquele que as partes pediram. Da mesma forma, lhe é proibido agir no sentido de projetar e de formar, no futuro, as relações jurídicas das partes"[233].

O dever tem ampla aplicação e incide sempre que o êxito da demanda por quem tem razão possa ser comprometido em decorrência do uso inapropriado do processo[234]. Como se percebe, referida diretriz atende à proposta de promover verdadeira paridade na seara processual ao não permitir que dificuldades técnicas empeçam o devido reconhecimento dos direitos.

Como destaca Sidnei Amendoeira Junior, o contraditório não se limita a uma garantia de possível participação no processo se e quando desejarem os litigantes, mas liga-se à necessária legitimação do provimento jurisdicional, "seja pela participação das partes interessadas, seja pelo suprimento de sua falta pela participação do juiz"[235].

Para Fredie Didier Junior, obedecer ao princípio da cooperação "impede ou dificulta a decretação de nulidades processuais – e, principalmente, a prolação do juízo de inadmissibilidade"[236].

No Código de Processo Civil peruano consta, sob a alcunha de "princípio da socialização do processo", dispositivo segundo o qual o juiz deve evitar que a desigualdade entre as pessoas – por razões de sexo, raça, religião, idioma ou condição social, política ou econômica – afete o desenvolvimento ou o resultado do processo.

A previsão é louvável e merece aplausos porque, como assinala Ada Pellegrini Grinover, a plenitude e a efetividade do contraditório sinalizam ser necessário usar todos os mecanismos necessários "para evitar que a disparidade de posições no processo possa incidir sobre o seu êxito, condicionando-o a uma distribuição desigual de forças"[237].

Eis as quatro áreas fundamentais em que a prevenção se aplica no processo civil português: 1. explicitação de pedidos sem clareza; 2. suprimento

---

[233] BAUR, Fritz. O papel ativo do juiz, cit., p. 193.
[234] GOUVEIA, Lúcio Grassi de. O dever de cooperação dos juízes e tribunais com as partes: uma análise sob a ótica do direito comparado (Alemanha, Portugal e Brasil), cit., p. 257.
[235] AMENDOEIRA JUNIOR, Sidnei. *Poderes do juiz e tutela jurisdicional: a utilização racional dos poderes do juiz como forma de obtenção da tutela jurisdicional efetiva, justa e tempestiva*, cit., p. 66.
[236] DIDIER JUNIOR, Fredie. O princípio da cooperação: uma apresentação, cit., p. 77.
[237] GRINOVER, Ada Pellegrini. *Novas tendências do direito processual*: de acordo com a Constituição de 1988, cit., p. 11.

de lacunas na exposição de fatos importantes; 3. necessidade de adequação do pedido ao caso concreto; 4. sugestão de atuação em certos termos[238].

No Brasil, a possibilidade de emenda da petição inicial demonstra a aplicação desse dever nas três primeiras facetas precitadas; o tema será abordado com mais detalhe no último capítulo deste trabalho.

Na prática podem ser encontradas outras oportunidades que revelam a aplicação da prevenção; *v.g.*, é comum ao final da fase postulatória a prolação de despacho solicitando que as partes especifiquem as provas que intentam produzir, acompanhadas da justificativa de sua pertinência.

Daniel Mitidiero consigna que, "instando as partes a colaborar, tem o juiz de selecionar, dentre as alegações de fato essenciais, aquelas que têm de ser objeto de prova"; havendo diálogo, haverá "verdadeira comunhão cooperativa para a seleção do objeto da prova"[239].

Já no tocante à sugestão de atuação, não há como olvidar as audiências de conciliação em que o juiz se manifesta sobre a conveniência da celebração do acordo; malgrado se reconheça haver certos excessos a serem contidos em algumas atuações judiciais, é forçoso reconhecer que a prática de sugerir encontra alguma sorte de adesão.

É oportuno destacar a advertência, porém, de que juiz atuante não é sinônimo de juiz prepotente ou autoritário: ele não deve impor às partes o modo de atuar, mas sim "estimulá-los a optar, com toda a clareza necessária, deixando-os porém inteiramente livres quanto ao sentido da opção"[240].

3.5.4.1.3. Dever de consulta

Essa exigência demanda que o magistrado consulte as partes quando pretender apreciar matéria sobre a qual elas não tiveram chance de se pronunciar – seja por enquadrar a situação de forma diversa da propugnada pelas partes, seja por querer conhecer de ofício sobre certo fato que entende importante[241].

---

[238] GOUVEIA, Lúcio Grassi de. O dever de cooperação dos juízes e tribunais com as partes: uma análise sob a ótica do direito comparado (Alemanha, Portugal e Brasil), cit., p. 257.

[239] MITIDIERO, Daniel. *Colaboração no processo civil*: pressupostos sociais, lógicos e éticos, cit., p. 124.

[240] BARBOSA mOREIRA, José Carlos. Saneamento do Processo e audiência preliminar. *Revista de Processo*, n. 40, p. 109-135, 1985, p. 126.

[241] TEIXEIRA DE SOUSA, Miguel. Aspectos do novo processo civil português, cit., p. 176.

Cap. 3 – PROCESSO CIVIL: OBJETO, FUNÇÃO E ATUAÇÃO DO JUIZ À LUZ DA IGUALDADE

No ordenamento brasileiro, de forma diversa da verificada em outros países[242], não há previsão nesse sentido[243]; contudo, vem-se reconhecendo que por força da garantia constitucional do contraditório é essencial abrir oportunidade às partes para manifestação[244].

Para Flávio Luiz Yarshell, sobreleva "reconhecer que razões de ordem pública impõem a atenuação – ou até mesmo a exclusão – do princípio dispositivo[245]"; conclui então o doutrinador que diante de matéria que possa ser examinada de oficio, o juiz deve fazer valer o contraditório[246].

Eduardo Cambi afirma com pertinência que a decisão "baseada em argumentos alijados do contraditório, *surpreende* as partes, devendo ser

---

[242] Além do Código francês, também os ordenamentos português e alemão trazem regras nesse sentido. Segundo José Miguel Garcia Medina, "o art. 3º, n. 3 do CPC português dispõe que '*o juiz deve observar e fazer cumprir, ao longo de todo o processo, o princípio do contraditório, não lhe sendo lícito, salvo caso de manifesta desnecessidade, decidir questões de direito ou de facto, mesmo que de conhecimento oficioso, sem que as partes tenham tido a possibilidade de sobre elas se pronunciarem*". Similarmente, a ZPO alemã prevê, no § 139, que o órgão jurisdicional somente pode decidir sobre alguma questão quando as partes tenham tido oportunidade de se manifestar em relação à mesma (ZPO, § 139, 2: '[...], wenn es darauf hingewiesen und Gelegenheit zur Äußerung dazu gegeben hat')" (GARCIA MEDINA, José Miguel. Princípio do contraditório, processo civil moderno e a proibição de "decisões surpresa" no Projeto do novo CPC. Disponível em: <www.professormedina.com.br>. Acesso em: 14 ago. 2010).

[243] Conforme registra Lúcio Grassi de Gouveia, "no Brasil, por ausência de previsão legal expressa, não estão proibidas as decisões-surpresa, nos moldes português e alemão, máxime quando se trata de apreciação oficiosa pelo juiz ou tribunal" (GOUVEIA, Lúcio Grassi de. O dever de cooperação dos juízes e tribunais com as partes: uma análise sob a ótica do direito comparado (Alemanha, Portugal e Brasil), cit., p. 268).

[244] José Miguel Garcia Medina anota que a proibição da prolação de "decisões surpresa" não depende de previsão expressa na lei processual ordinária, mas, "de todo modo, o Projeto do novo CPC passa a fazê-lo expressamente, em seu art. 10" (GARCIA MEDINA, José Miguel. Princípio do contraditório, processo civil moderno e a proibição de "decisões surpresa" no Projeto do novo CPC, cit.).

[245] YARSHELL, Flavio Luiz. Três temas de direito processual no âmbito do direito das obrigações e dos contratos. In: FILOMENO, José Geraldo Brido; GONÇALVES, Renato Afonso; WAGNER JR., Luiz Guilherme da Costa (Coords.). *O Código Civil e sua interdisciplinaridade*: os reflexos do Código Civil nos demais ramos do direito. Belo Horizonte: Del Rey, 2004. p. 308. Ao abordar a questão diante do Novo Código Civil (pródigo em prever matérias de ordem pública), afirmou que "a indisponibilidade estabelecida no plano material se projeta no processo e, nessa medida, a atuação do juiz deve buscar fidelidade a tais desígnios".

[246] "Assim, suposto tratar-se de matéria que possa ser conhecida de oficio, o juiz, na linha do estatuído no art. 16 do Código de Processo Civil francês e da moderna doutrina, deve fazer valer o contraditório, ouvindo as partes a propósito do tema, dando-lhes a oportunidade de expor as suas razões a propósito e, nessa medida, contribuir para formar a convicção do julgador" (YARSHELL, Flavio Luiz. Três temas de direito processual no âmbito do direito das obrigações e dos contratos, cit., p. 310).

considerada *nula*, porque ofende o direito fundamental à prova, corolário das garantias constitucionais do devido processo legal, do contraditório e da ampla defesa"[247].

O entendimento é digno de prosperar: vislumbrando o juiz tema de ordem pública ou de configuração jurídica inédita nos arrazoados, deve fomentar a oportunidade de manifestação das partes a propósito do tema para permitir a influência em seu convencimento.

O debate judicial certamente favorecerá a qualidade da decisão ao ampliar o panorama de análise do juiz, permitir o cotejo de diversificadas argumentações, amainar o perigo de posições preconcebidas e propiciar condições para a prolação de uma decisão mais ponderada[248].

É importante reconhecer que o conhecimento do magistrado sobre os fatos do processo não se verifica por uma postura passiva, mas sim "pela interação do meio processual, das partes e de sua própria experiência do mundo que é construída e se deixa construir"[249].

Álvaro de Oliveira propugna que o magistrado não aja de maneira silogística ao equacionar as questões, conduzir o processo, recolher e valorizar o material fático pertinente para a decisão porque "mesmo a regra jurídica clara e aparentemente unívoca pode ser transformada em certa medida, de acordo com as peculiaridades do caso concreto, por valorações e ideias do próprio juiz"[250].

É preciso fomentar a efetiva colaboração nos processos decisórios porque o julgamento, em vez de constituir uma criação solitária do magistrado, deve decorrer da coparticipação dos outros participantes do feito que podem exercer o direito de influir no conteúdo da decisão[251].

No que tange à fundamentação, é importante que o juiz se pronuncie sobre todas as razões tidas como relevantes pelas partes sob pena de haver não propriamente um diálogo, mas apenas um monólogo gerador de prejuízo à feição democrática do processo[252].

---

[247] Neoprivatismo e neopublicismo a partir da lei 11.690/2008. Disponível em: <www.abdpc.com.br>. Acesso em: 20 maio 2010.

[248] TROCKER, Nicolò. *Processo civile e Costituzione*, cit., p. 645.

[249] SOUZA, Artur César de. *A parcialidade positiva do juiz*, cit., p. 187.

[250] Oliveira, Carlos Alberto Álvaro de. O processo civil na perspectiva dos direitos fundamentais, cit.

[251] CABRAL, Antonio. Il principio del contraditório come diritto d'influenza e dovere di dibattito. *Rivista di Diritto Processuale*, Padova, v. 60, n. 2, p. 455-456, apr./giug. 2005.

[252] MITIDIERO, Daniel. *Colaboração no processo civil*: pressupostos sociais, lógicos e éticos, cit., p. 137.

Cap. 3 – PROCESSO CIVIL: OBJETO, FUNÇÃO E ATUAÇÃO DO JUIZ À LUZ DA IGUALDADE 155

Essa postura, aliás, poderá colaborar para evitar excesso de recursos e suas deletérias consequências porque as partes serão ouvidas em suas contribuições críticas e construtivas[253] recebendo uma resposta clara do Poder Judiciário.

Haverá maior chance de adesão aos comandos judiciais se o cidadão visualizar o juiz como guardião da lei e interlocutor que aceita participação no processo decisório – e não como um simples funcionário público que profere de um plano superior uma decisão imperativa – e referida situação atenuará o caráter tecnicista e burocrático da justiça[254].

Propugna ainda Daniel Mitidiero o dever de consulta quando o juiz atestar uma infração à forma processual para colher a impressão das partes sobre a relevância da ocorrência e possibilitar que elas influenciem seu convencimento a respeito da valoração do defeito[255].

Longe de desprestigiar a Corte, a colaboração entre o juiz e as partes na valoração jurídica do caso propicia "uma eficaz e pronta administração da justiça"[256].

3.5.4.1.4. Dever de auxílio

Essa exigência resulta no compromisso do Tribunal em remover "dificuldades ao exercício dos seus direitos ou faculdades ou no cumprimento de ônus ou deveres processuais"[257].

A previsão é muito importante porque, como bem identificou Barbosa Moreira, o litigante menos provido de meios "com maior frequência, por vários motivos (carência de recursos e de informações, menor eficiência – ao

---

[253] GOUVEIA, Lúcio Grassi de. O dever de cooperação dos juízes e tribunais com as partes: uma análise sob a ótica do direito comparado (Alemanha, Portugal e Brasil), cit., p. 262.

[254] TROCKER, Nicolò. *Processo civile e Costituzione*, cit., p. 670.

[255] "Semelhante postura evita a surpresa, reforçando a confiança das partes no Estado-juiz, sobre estimular uma decisão mais atenta às variegadas feições que eventualmente possa assumir o problema debatido em juízo. Postura, aliás, que denota uma efetiva paridade na condução do processo pelo órgão jurisdicional antes da assimétrica imposição da decisão. Qualquer decretação de invalidade processual sem o prévio diálogo com as partes é ineficaz dentro de um processo civil de estrutura cooperatória" (MITIDIERO, Daniel. *Colaboração no processo civil*: pressupostos sociais, lógicos e éticos, cit., p. 121).

[256] GOUVEIA, Lúcio Grassi de. O dever de cooperação dos juízes e tribunais com as partes: uma análise sob a ótica do direito comparado (Alemanha, Portugal e Brasil), cit., p. 265.

[257] TEIXEIRA DE SOUSA, Miguel. Aspectos do novo processo civil português, cit., p. 176.

menos em regra – do respectivo patrocínio em juízo), deixa de desincumbir-se de maneira cabal dos ônus processuais"[258].

Nessa linha, é importante que o juiz se preocupe não em penalizar a parte em débeis condições pessoais, mas sim em, valendo-se de seus poderes instrutórios, superar a inviabilidade de produção da prova. Como salienta Estevão Mallet,

> "[...] condicionar a tutela do direito à apresentação de prova que, em decorrência de dificuldades materiais ou circunstanciais, a parte não é concretamente capaz de produzir significa, em termos práticos, impedir ou dificultar excessivamente o acesso à justiça, privando de tutela o direito"[259].

O reconhecimento de dever de auxiliar favorece "uma maior aproximação da verdade material, desprestigiando decisões puramente formais baseadas na ausência de provas que a parte não logrou êxito em obter"[260].

O dever de auxílio permite perceber que o processo não é algo apenas de interesse das partes, tendo também relevo público. Como em nosso sistema o juiz tem compromisso com a Constituição, a lei e a justiça, além de o CPC impor a todos os participantes do processo o dever de expor os fatos em juízo conforme a verdade[261], vários dispositivos encorajam o magistrado a agir para aproximar seu convencimento, o máximo possível, de uma percepção da verdade.

Com base na livre investigação e livre apreciação das provas, o convencimento racional[262] do juiz é diretriz processual que reconhece a ele o poder de exigir, das partes e de terceiros, a apresentação de provas que entenda relevantes para o esclarecimento de pontos importantes da causa.

---

[258] BARBOSA MOREIRA, José Carlos. Tendências Contemporâneas do Direito Processual, cit., p. 203.

[259] MALLET, Estêvão. Discriminação e processo do trabalho, cit., p. 162.

[260] GOUVEIA, Lúcio Grassi de. O dever de cooperação dos juízes e tribunais com as partes: uma análise sob a ótica do direito comparado (Alemanha, Portugal e Brasil), cit., p. 269.

[261] CPC, art. 14, I.

[262] Como bem pondera Eduardo Cambi, a liberdade do magistrado para formar seu convencimento "é uma conquista do processo como *instrumento civilizatório de promoção da justiça*. Não haveria independência judicial sem liberdade para decidir. Porém, liberdade não se confunde com arbitrariedade. Deve ser exercida com responsabilidade, respeitando-se os direitos e garantias fundamentais dos cidadãos" (CAMBI, Eduardo. Neoprivatismo e neopublicismo a partir da Lei 11.690/2008, cit.).

A observância do dever de auxílio é imprescindível para promover a real paridade de sorte que a solução final não resulte apenas da vantagem econômica ou da esperteza de algum dos litigantes: "o processo não é um jogo, em que o mais capaz sai vencedor, mas um instrumento de justiça com o qual se pretende encontrar o verdadeiro titular de um direito"[263].

3.5.4.2. Limitações à implementação do modelo cooperativo

Em virtude dos poderes decorrentes do princípio da cooperação, o juiz pode ser visto como um dinâmico administrador do trâmite processual; ao comporem suas controvérsias na arena pública, as partes contam com a participação de um terceiro imparcial comprometido com a mais eficiente configuração do procedimento.

Para participar dessa maneira o juiz precisa dedicar tempo e atenção aos processos, necessidade que enseja, infelizmente, árduas dificuldades para implementar as previsões que conferem maiores poderes aos juízes por acarretarem ao magistrado uma considerável sobrecarga de tarefas.

Em Stuttgart, na Alemanha, foi concretizado o processo de estrutura participativa por tempo significativo[264]; reclama-se, contudo, que muitos juízes acabaram não se valendo do aparato disponível ao limitar-se a formular algumas perguntas aos advogados das partes[265].

Barbosa Moreira salienta que os magistrados – tanto nacionais como estrangeiros – não revelam grande afã em praticar vários de seus poderes por fatores como excesso de trabalho, preguiça/ descaso em cumprir a função judicante e mesmo susto pela possibilidade de serem reputados parciais se revelarem significativo empenho na diligência de dados pertinentes à causa[266].

---

[263] BEDAQUE, José Roberto dos Santos. *Poderes instrutórios do juiz*. 4. ed. São Paulo: Revista dos Tribunais, 2009, p. 101-102.

[264] O "Stuttgarter Model" foi implementado com base em considerável discussão doutrinária sobre a aplicação da oralidade no processo alemão que culminou na construção de Fritz Baur sobre um novo procedimento: iniciado com a troca de petições em prazos determinados, seria seguido de uma audiência prévia (para abordar questões preliminares, estabelecer o objeto litigioso e tentar a conciliação) e então de uma audiência única de instrução em que seriam produzidas todas as provas orais e que findaria com o debate entre os litigantes (AMENDOEIRA JUNIOR, Sidnei. *Poderes do juiz e tutela jurisdicional*: a utilização racional dos poderes do juiz como forma de obtenção da tutela jurisdicional efetiva, justa e tempestiva, cit., p. 49-50).

[265] GOUVEIA, Lúcio Grassi de. O dever de cooperação dos juízes e tribunais com as partes: uma análise sob a ótica do direito comparado (Alemanha, Portugal e Brasil), cit., p. 251

[266] BARBOSA MOREIRA, José Carlos. Imparcialidade: reflexões sobre a imparcialidade do juiz, cit.

Embora o legislador seja capaz de conferir liberdade ao juiz para atuar, é, no entanto, forçoso reconhecer que "todas as medidas legislativas para acelerar o processo, são, via de regra, medidas tomadas ao vento, se não se acha um juiz pronto a realizá-las", não se podendo "garantir a respectiva efetivação por meio de ordens"[267].

Observa-se que, para a verificação da prestação jurisdicional em termos generalizados da forma preconizada pelo modelo cooperativo, é essencial promover ajustes na estrutura do Poder Judiciário pátrio que habilitem seus componentes a exercer as funções que lhe são próprias com tempo e abertura a novas possibilidades.

Como destaca Sidnei Amendoeira Junior ao comentar o modelo de Stuttgart, o número de juízes por habitantes na Alemanha é muito superior ao montante brasileiro, "o que certamente facilita um contato mais direto com o processo e um uso melhor dos poderes-deveres que são colocados à disposição do juiz"[268].

De qualquer maneira, tudo recomenda que nas instâncias em que a estrutura judicante permita a referida atuação o magistrado desempenhe sua missão de maneira comprometida com as diretrizes colaborativas.

Para tanto, recomenda-se que o juiz, na primeira audiência em que for se encontrar com as partes, explicite a pauta de atuação esclarecendo o perfil do modelo e se comunique com elas e seus advogados para falar e ouvir nos moldes preconizados a fim de fomentar uma gestão clara e compartilhada dos rumos do processo.

3.5.4.3. Participação das partes

A isonomia costuma ser associada ao fornecimento de iguais oportunidades aos litigantes. A esse respeito, Liebman destacou com pertinência que "o processo faz-se para dar razão a quem a tiver, mas, justamente por isso, nele é garantida a ambas as partes a possibilidade de sustentar suas respectivas razões e de lutar com armas iguais para fazê-las triunfar"[269].

Ada Pellegrini Grinover consigna que as partes, malgrado empenhadas em obter êxito, devem ter como pauta a "dimensão de *cooperação* com o órgão

---

[267] BAUR, Fritz. O papel ativo do juiz, cit., p. 191.
[268] AMENDOEIRA JUNIOR, Sidnei. *Poderes do juiz e tutela jurisdicional*: a utilização racional dos poderes do juiz como forma de obtenção da tutela jurisdicional efetiva, justa e tempestiva, cit., p. 49-50.
[269] LIEBMAN, Enrico Tullio. *Manual de Direito Processual civil*, v. I, p. 65.

Cap. 3 – PROCESSO CIVIL: OBJETO, FUNÇÃO E ATUAÇÃO DO JUIZ À LUZ DA IGUALDADE

judiciário, de modo que de sua posição dialética no processo possa emanar um provimento jurisdicional o mais aderente possível à verdade"[270].

A proposta do modelo cooperativo é estimular a colaboração na busca de um ponto de equilíbrio no processo: além de ensejar a atuação de um juiz atuante, é imperativo fomentar os poderes dos litigantes permitindo-lhes "participação mais ativa e leal no processo de formação da decisão, em consonância com uma visão não autoritária do papel do juiz e mais contemporânea quanto à divisão do trabalho entre o órgão judicial e as partes"[271].

O ordenamento processual português preconizou a colaboração das partes mediante a atribuição de três deveres: 1. litigar de boa fé; 2. colaborar na seara probatória para a descoberta da verdade – independentemente da repartição do ônus da prova; e 3. indicar bens suscetíveis à penhora em caso de dificuldade do exequente[272].

Há previsões similares no sistema processual brasileiro[273]; é importante, porém, avançar para aferir como as partes poderão atuar de modo significativo na defesa de seus interesses. Para haver participação e efetiva isonomia no País, é preciso dar voz a uma considerável gama de jurisdicionados que acabam alijados da prestação jurisdicional em razão de suas precárias condições.

A esse respeito, Piero Calamandrei enfatiza que é essencial, para que a igualdade das partes não permaneça como uma afirmação puramente jurídica, o cotejo das disparidades das partes em termos culturais, econômicos e técnicos[274].

---

[270] GRINOVER, Ada Pellegrini. *O advogado e os princípios éticos do processo*. Disponível em: <www.fiscolex.com.br/doc_6221355_o_advogado_principios_eticos_processo.aspx>. Acesso em: 20 dez. 2010.

[271] OLIVEIRA, Carlos Alberto Álvaro de. Poderes do Juiz e visão cooperativa do processo, cit.

[272] TEIXEIRA DE SOUSA, Miguel. Aspectos do novo processo civil português, cit., p. 175-176.

[273] CPC, art. 14. São deveres das partes e de todos aqueles que de qualquer forma participam do processo: I – expor os fatos em juízo conforme a verdade; II – proceder com lealdade e boa-fé; (...). Art. 600. Considera-se atentatório à dignidade da Justiça o ato do executado que: (...)IV – intimado, não indica ao juiz, em 5 (cinco) dias, quais são e onde se encontram os bens sujeitos à penhora e seus respectivos valores.

[274] "[...] ma il nuovo processo si è reso conto che la affermazione puramente giuridica della uguaglianza delle parti può rimanere lettera morta, se poi avviene che in concreto la disparità di cultura e di mezzi economici metta una delle parti in condizione di non potersi servire di questa uguaglianza giuridica, perchè il costo e le difficoltà tecniche del processo, che la parte abbiente e colta può facilmente superare coi propri mezzi e col farsi assistere senza risparmi da competenti difensori, posson costituire invece per la parte povera un ostacolo spesso insormontabile sulla via della giustizia" (CALA-

O magistrado atua de forma isonômica quando, ao realizar a direção material e processual da relação em juízo, promove o diálogo entre os litigantes e lhes possibilita participar efetivamente da formação do convencimento colhendo suas impressões sobre o andamento do feito[275].

Para tanto, será imprescindível que o juiz perceba a situação dos indivíduos em juízo. Como aduz Luiz Guilherme Marinoni, o contraditório, por ser informado pela igualdade substancial, é "fortalecido pela participação ativa do julgador, já que não bastam oportunidades iguais àqueles que são desiguais"; não havendo paridade de armas, é inútil falar em igualdade de oportunidades ou em mero contraditório formal porque "na ideologia do Estado social, o juiz é obrigado a participar do processo, não estando autorizado a desconsiderar as desigualdades sociais que o próprio Estado visa a eliminar. Na realidade, o juiz imparcial de ontem é justamente o juiz parcial de hoje"[276].

A legitimidade do exercício do poder pressupõe a efetividade da participação considerando aspectos sociais da vida de quem vai a juízo; estes fatores foram objeto de doutrina preocupada com o acesso à justiça, tendo sido identificados obstáculos sociais com potencial comprometedor da efetividade do acesso à ordem jurídica justa[277].

São barreiras externas aptas a pôr em risco a participação no diálogo público as desigualdades sociais, econômicas e culturais[278].

A proposta dos próximos capítulos é abordar a temática à luz da realidade brasileira, identificando critérios relevantes para aferir potenciais dificuldades de participação e mecanismos para sua superação.

MANDREI, Piero. *Instituzioni di diritto processuale civil secondo il nuovo Codice.* 2. ed. Padova: Cedam, 1943. v. 1, p. 223).

[275] MITIDIERO, Daniel. *Bases para construção de um processo civil cooperativo*: o direito processual civil no marco teórico do formalismo – valorativo. 2007. Tese (Doutorado) – Faculdade de Direito, Universidade Federal do Rio Grande do Sul, Porto Alegre, 2007. p. 53.

[276] MARINONI, Luiz Guilherme. *Novas linhas do processo civil*, cit., p. 102.

[277] MARINONI, Luiz Guilherme. *Novas linhas do processo civil*, cit., p. 29 e ss.

[278] SOUZA, Artur César de. *A parcialidade positiva do juiz*, cit., p. 199.

4

VULNERABILIDADE, DIREITO E PROCESSO CIVIL

4.1. IDENTIFICAÇÃO E RELEVÂNCIA DO TEMA

Por configurar a igualdade um elemento fundamental à percepção de justiça, a credibilidade do Direito e das instituições que o operam demanda que a população identifique a seara jurídica e as Cortes judiciárias como produtoras de decisões isentas de diferenciações por influências de poder ou outra ordem.

A grande desconfiança da sociedade brasileira em relação ao Poder Judiciário precisa ser revertida com máxima urgência sob pena de provocar graves e deletérios efeitos na convivência social – como, *v.g.*, a retomada da vingança privada pela suspeita de ineficiência do sistema de justiça para substituir válida e legitimamente a vontade dos recalcitrantes na composição dos conflitos verificados no tecido social.

Reitera-se a importância de revisitar o processo civil e seus institutos, lembrando que a imparcialidade desponta como um dos pontos mais nevrálgicos na percepção da população.

Para reverter o quadro de descrença no sistema e demonstrar que há imparcialidade em bases atuais, contextualizadas e comprometidas com a realidade brasileira, é hora de focar a situação dos jurisdicionados dirigindo o olhar para a situação dos indivíduos reais que compõem a sociedade.

Para haver efetiva participação em juízo, é imprescindível que as desigualdades inerentes à vida social – sofridas com mais intensidade pelos desfavorecidos em condição vulnerável – não fulminem, por si mesmas, as chances de distribuição de justiça.

Como restará demonstrado, além da debilidade financeira, a condição de vulnerabilidade pode decorrer da falta de saúde, de informações e outras situações comprometedoras da devida atuação em juízo.

É premente que o Direito Processual se alinhe às tendências verificadas em outras searas do conhecimento e reconheça diferenciações operando para que a situação de litigantes vulneráveis seja cotejada de maneira proporcional ao seu *status*.

A proposta deste capítulo é inicialmente abordar a noção de vulnerabilidade para então aferir fatores que permitem seu reconhecimento no processo civil.

4.2. ACEPÇÕES DO VOCÁBULO

Com base na raiz etimológica de *vulnerabilidade* – que advém de *vulnus, eris* – depreende-se a suscetibilidade, que algo ou alguém tem, de ser atingido[1]. O substantivo deriva do verbo latino *vulnerare* que significa ferir, penetrar; em razão dessa origem, a vulnerabilidade costuma ser usada para referir-se a "predisposições a desordens ou de suscetibilidade ao estresse e envolve a exposição a diferentes tipos de agentes estressores"[2].

Em alguma medida, toda pessoa é, por natureza, vulnerável por poder ser tocada em seu complexo psicofísico; contudo, nem todos serão atingidos da igual maneira, ainda que estejam em idêntica situação[3].

O termo vulnerabilidade, em uma acepção genérica, expressa a qualidade de quem é vulnerável, retratando o "lado fraco de um assunto ou questão", o "ponto por onde alguém pode ser atacado ou ferido"[4]. Como se percebe,

---

[1] ANDRADE, Carlos Frederico Guerra. *Experimentação com seres humanos no Brasil*: realidade ou ficção? Uma análise à luz da vulnerabilidade dos sujeitos de pesquisa. Revista do Programa de Pós-Graduação em Direito da Universidade Federal da Bahia. Homenagem ao Prof. Orlando Gomes, Salvador, n. 16, 2008. Disponível em: <http://www.ppgd.ufba.br>. Acesso em: 14 jan. 2010.

[2] PATROCÍNIO, Wanda Pereira. Vulnerabilidade social, velhice e resiliência. *Revista Kairós*, São Paulo, Caderno Temático 7, p. 31-40, jun. 2010. Disponível em: <http://revistas.pucsp.br/index.php/kairos/article/ viewFile/3920/2560>. Acesso em: 25 out. 2010.

[3] BARBOZA, Heloisa Helena. Vulnerabilidade e cuidado: aspectos jurídicos. In: PEREIRA, Tânia da; OLIVEIRA, Guilherme de (Coords.). *Cuidado e vulnerabilidade*. São Paulo: Atlas, 2009. p. 107.

[4] Significado similar a este é comum nos dicionários; por todos, cita-se a apresentação como tal do verbete no *Dicionário Michaelis*. Disponível em: <http://michaelis.uol. com.br/moderno/portugues/index.php? lingua=portugues-portugues&palavra=vulnerável. Acesso em: 16 dez. 2010.

Cap. 4 – VULNERABILIDADE, DIREITO E PROCESSO CIVIL

o conceito expressa uma relação e só pode existir se houver a atuação de alguma coisa sobre alguém ou algo[5].

A terminologia não é fácil nem consensualmente abordada e pode ser vislumbrada em três principais sentidos: 1. como característica de certas pessoas ou grupos sociais; 2. como condição humana; e 3. como princípio ético[6].

Na primeira acepção, a vulnerabilidade é uma característica relativa, contingente e provisória de determinadas pessoas (como crianças, idosos, incapazes etc.) ou de alguns grupos sociais (como as classes mais pobres)[7].

O segundo significado baseia-se no reconhecimento da condição de fragilidade inata ao homem em razão de sua finitude, sendo concebida como condição da existência humana inerente a toda pessoa[8].

Por fim, a vulnerabilidade pode ser vislumbrada como princípio ético com dois vetores: "um procedimento racional para orientar a reflexão sobre questões morais e um conteúdo identificável com o conceito de justiça"[9].

---

[5] MORAES, Paulo Valério Dal Pai. *Código de Defesa do Consumidor*: o princípio da vulnerabilidade (no contrato, na publicidade, nas demais práticas comerciais, interpretação sistemática do direito). 3. ed. Porto Alegre: Síntese, 2009. p. 125.

[6] ANDRADE, Carlos Frederico Guerra. *Experimentação com seres humanos no Brasil*: realidade ou ficção? Uma análise à luz da vulnerabilidade dos sujeitos de pesquisa, cit.

[7] ANDRADE, Carlos Frederico Guerra. *Experimentação com seres humanos no Brasil*: realidade ou ficção? Uma análise à luz da vulnerabilidade dos sujeitos de pesquisa, cit.

[8] ANDRADE, Carlos Frederico Guerra. *Experimentação com seres humanos no Brasil*: realidade ou ficção? Uma análise à luz da vulnerabilidade dos sujeitos de pesquisa, cit.

[9] "Os princípios éticos relacionam-se com a noção de justiça, dignidade humana, direitos humanos e igualdade de direitos [...] O que é que Kohlberg entende por princípio ético? Antes de mais, é um procedimento ou um conjunto de orientações para habilitar a pessoa ao confronto de escolhas morais alternativas. Constitui uma forma universal de tomada de decisões morais, com base na lógica formal e na razão. O princípio ético constitui um padrão universal que orienta a reflexão sobre questões morais. Por outro lado, o princípio ético refere-se a uma forma mais avançada e mais madura de encarar o conceito de justiça, o qual, no entender de Kohlberg, define o ponto de vista moral. De uma certa forma, o princípio ético significa duas coisas: um procedimento racional para orientar a reflexão sobre questões morais e um conteúdo identificável com o conceito de justiça. [...] A justiça é o mesmo que igualdade e universalidade dos direitos humanos. A justiça é tratar, com igualdade, todas as pessoas, independentemente da sua posição social. É tratar cada pessoa como um fim e não como um meio. Assemelha-se ao imperativo categórico de Kant" (MARQUES, Ramiro. A ética de Lawrence Kohlberg. Disponível em: <http://www.eses.pt/usr/ramiro/docs/ etica_pedagogia/kohlberg.pdf>. Acesso em: 14 set. 2010).

Interessa, para os fins deste trabalho, em particular a primeira acepção por impactar na chance de participação dos sujeitos processuais, uma vez que os litigantes podem enfrentar situações permanentes ou provisórias que inviabilizem a prática de atos em juízo independentemente de sua vontade ou de seus esforços. É, assim, importante que o Direito Processual aborde a temática em bases amplas para superar grandes disparidades verificadas nos dias atuais.

Sobreleva também notar que o tema tem despertado atenção em diversas searas científicas.

Em uma perspectiva sociológica, a vulnerabilidade "descreve a limitada capacidade de algumas comunidades ou domicílios em superar eventos e estresse a que estão expostos"[10].

O tema vem sendo também trabalhado no campo da bioética; em junho de 2005 veio a lume a Declaração Universal de Bioética e Direitos Humanos para abordar a vulnerabilidade perante assuntos importantes como autonomia e consentimento. Consta no art. 8º que "a vulnerabilidade humana deve ser levada em consideração na aplicação e no avanço do conhecimento científico, das práticas médicas e de tecnologias associadas. Indivíduos e grupos de vulnerabilidade específica deveriam ser protegidos e a integridade pessoal de cada indivíduo deveria ser respeitada"[11].

Enquanto ciência social disciplinadora da convivência humana, como o Direito reage à constatação de vulnerabilidade?

Cláudia Lima Marques assinala que novos estudos europeus sobre a vulnerabilidade têm procurado distingui-la de sua fonte (base filosófica), a igualdade ou desigualdade dos sujeitos: enquanto a isonomia representa uma visão mais ampla do homem (em que a desigualdade é cotejada "pela comparação de situações e pessoas"), a vulnerabilidade descende desse princípio, sendo ainda, contudo, uma "noção flexível e não consolidada"; ao

---

[10] GREEN, Duncan. *Da pobreza ao poder*: como cidadãos ativos e estados efetivos podem mudar o mundo. Tradução de Luiz Vasconcelos. São Paulo: Cortez: Oxfam International, 2009. p. 215. O autor explica que "tal estresse pode ser provocado por um 'desastre cotidiano', como morte na família, doença, assaltos, despejos, perda de emprego ou da lavoura, ou por um evento de maior porte, como secas ou conflitos que afetem toda uma comunidade. Esses dois tipos de eventos podem empurrar famílias em situação de pobreza para um círculo vicioso de vulnerabilidade e pobreza crescentes" (GREEN, Duncan. *Da pobreza ao poder*: como cidadãos ativos e estados efetivos podem mudar o mundo, p. 215-216).

[11] O dispositivo se insere no título "Respeito pela Vulnerabilidade Humana e pela Integridade Pessoal".

apresentar traços de subjetividade para sua caracterização, a vulnerabilidade pode prescindir da comparação entre situações e sujeitos[12].

É importante focar particularmente a condição dos indivíduos em suas relações jurídicas, merecendo análise mais detida o tratamento dado pelo Direito ao tema.

4.3. VULNERABILIDADE E DIREITO

No século XX os sistemas jurídicos foram reflexamente abalados pela crise geral da civilização contemporânea – marcada por duas guerras mundiais e pelo grande impacto das ciências na vida social –, de sorte que o Direito acabou exposto em seu distanciamento da realidade social a ponto de revelar a insuficiência e a fragilidade de suas estruturas formais[13].

É forçoso reconhecer que na realidade contemporânea não há mais como isolar o Direito de influências marcantes da economia, dos anseios sociais e da globalização[14].

Como tem sido árdua e longa a trilha para recolocar o Direito no "mundo social", é importante a construção de um sistema jurídico destinado às pessoas que participam da vida em sociedade, "seres reais existentes no mundo dos fatos e não mais sujeitos ideais, titulares abstratos de direitos equitativamente atribuídos e assegurados com base numa igualdade formal"[15].

A abordagem do sujeito em termos abstratos no campo do Direito foi perdendo espaço em face da tendência à especificação identificada por Norberto Bobbio como a "passagem gradual, porém cada vez mais acentuada, para uma ulterior determinação dos sujeitos titulares de direitos"; referida especificação verificou-se em três diferenciadas searas: 1. área de gênero

---

[12] MARQUES, Cláudia Lima. *Contratos no Código de Defesa do Consumidor*. 5 ed. São Paulo: Revista dos Tribunais, 2006. p. 320-321.

[13] BARBOZA, Heloisa Helena. Vulnerabilidade e cuidado: aspectos jurídicos, cit., p. 106.

[14] Como bem afirma Jaqueline Mielke Silva, "ao contrário do isolamento pregado pelos juristas da Idade Moderna, é mais do que hora de se deixar o direito impregnar pelas questões que lhe são as verdadeiras formadoras. Os anseios da sociedade, a influência da economia, as repercussões da globalização, tudo isso está no direito e não é possível se fechar os olhos para esta realidade" (SILVA, Jaqueline Mielke. *O direito processual civil como instrumento de realização de direitos*. Porto Alegre: Verbo Jurídico, 2005. p. 202).

[15] BARBOZA, Heloisa Helena. Vulnerabilidade e cuidado: aspectos jurídicos, cit., p. 106.

(tendo sido a revolução feminina a maior transformação do século XX); 2. diferença entre estados normais e excepcionais de existência humana (englobando pessoas com necessidades especiais); e 3. área relativa às diferentes fases da vida (para incluir crianças, adolescentes e idosos)[16].

Por constituir o Direito disciplina da convivência humana, é essencial que a interação entre os indivíduos seja considerada a partir da realidade marcada por tantas disparidades. Não há como olvidar, assim, o vasto e complexo campo da vulnerabilidade socioeconômica e civil[17].

Em especial no Brasil – país onde as desigualdades sociais grassam há longo tempo – é importante identificar como se deu a reação do legislador diante da constatação de desigualdades e das reivindicações sociais por maiores oportunidades de equalização.

Para Ronaldo Porto Macedo, "o reconhecimento das diferenças de status jurídico fará com que progressivamente o Direito Social passe a ser um direito de desigualdades, um direito de privilégios e discriminações positivas moral e politicamente legitimados"[18]; por tal razão, "o Direito Social passa a impor determinadas discriminações positivas, como por exemplo o tratamento diferenciado e mais protetivo para as partes mais vulneráveis, como o consumidor, o pobre, o idoso, o trabalhador, o deficiente físico etc."[19].

4.4. VULNERABILIDADE E DIREITO BRASILEIRO: SEARA MATERIAL

A partir da metade do século XX, o Direito brasileiro, alinhado à tendência mundial de reconhecimento de diferenciações, passou a contar com leis centradas no fomento de proteções específicas.

Como assevera Sergio Gischkow Pereira, é natural no direito a preocupação com pessoas em condições fragilizadas sem que isso enseje parcialidade, sendo comum nos sistemas jurídicos a imposição de regras protetoras

---

[16] BOBBIO, Norberto. *A era dos direitos*, cit., p. 78.

[17] A afirmação é de Heloisa Helena Barboza referindo-se ao excelente trabalho de Lúcio Kowarick, Sobre a vulnerabilidade socioeconômica e civil: Estados Unidos, França e Brasil, cit., p. 61-86. (BARBOZA, Heloisa Helena. Vulnerabilidade e cuidado: aspectos jurídicos, cit., p. 106).

[18] MACEDO JR., Ronaldo Porto. *Contratos relacionais e defesa do consumidor*. 2. ed. São Paulo: Revista dos Tribunais, 2007. p. 51.

[19] MACEDO JR., Ronaldo Porto. *Contratos relacionais e defesa do consumidor*, cit., p. 52.

às partes mais fracas e necessitadas revelando "políticas incontestáveis de flagrante proteção da parcela mais vulnerável da sociedade"[20].

No Brasil, conferir direitos especiais a quem se encontrava em situação vulnerável tornou-se tradição jurídica após o advento da Constituição Federal de 1988, que previu em diversos dispositivos a promoção pelo Estado de amparo a certas categorias; destacam-se nesse contexto as previsões de proteção ao consumidor[21], à criança, ao adolescente[22] e ao idoso[23].

Com inspiração no direito internacional, foram editadas leis específicas em prol de certos grupos para diferenciá-los – em relação aos demais ou a outra classe específica – e permitir-lhes a superação de disparidades de ordem social e/ou econômica.

Para a melhor compreensão do tema, é interessante cotejar os motivos que engendraram a elaboração das principais normas protetoras vigentes no ordenamento brasileiro a fim de que se possa aferir a legitimidade da distinção sob a ótica do legislador.

4.4.1. Leis Trabalhistas

O fundamento para a edição contínua de normas sobre os direitos dos trabalhadores no Brasil teve origem no movimento internacional de proteção dos operários delineado no século XIX. Referido movimento pode ser visto como resultado da crise do liberalismo clássico – pautado pela igualdade formal – diante da liberdade uniforme concedida aos cidadãos e do papel conferido ao Estado de simples protetor dos bens individuais.

Em razão da forte desigualdade econômica para a qual os fatores mencionados contribuíram, interesses de trabalhadores e empregadores se chocaram a ponto de colocar em risco a estabilidade da própria sociedade,

---

[20] PEREIRA, Sergio Gischkow. *Estudos de Direito de Família*. Porto Alegre: Livraria do Advogado, 2004. p. 96.

[21] CF, art. 5º, XXXII: "o Estado promoverá, na forma da lei, a defesa do consumidor".

[22] CF, art. 227: "É dever da família, da sociedade e do Estado assegurar à criança, ao adolescente e ao jovem, com absoluta prioridade, o direito à vida, à saúde, à alimentação, à educação, ao lazer, à profissionalização, à cultura, à dignidade, ao respeito, à liberdade e à convivência familiar e comunitária, além de colocá-los a salvo de toda forma de negligência, discriminação, exploração, violência, crueldade e opressão".

[23] CF, art. 230: "A família, a sociedade e o Estado têm o dever de amparar as pessoas idosas, assegurando sua participação na comunidade, defendendo sua dignidade e bem-estar e garantindo-lhes o direito à vida.".

impondo ao Estado a necessidade de conceber percepções jurídicas mais equânimes[24].

Habilitados como cidadãos, os trabalhadores passaram a invocar os direitos civis como instrumentos para elevar seu *status* econômico e social por meio da reivindicação de direitos sociais[25].

No Brasil, o movimento verificou-se tardiamente e, nos primeiros anos de República, mesmo após a Primeira Guerra Mundial, foi pouco expressivo[26], o que se deveu à – então recente – substituição de mão de obra escrava por livre e à falta de uma organização mais forte entre os trabalhadores recém-admitidos na tímida indústria.

Com o desenvolvimento dos sindicatos nos anos subsequentes, as primeiras leis trabalhistas brasileiras vieram a lume, podendo ser citadas como alterações legislativas mais expressivas as previsões sobre acidentes do trabalho (1919), férias (1925), indenização por despedida injusta (1935), instituição do salário mínimo (1940), Consolidação das Leis do Trabalho (1943), reconhecimento do Direito de Greve na Constituição de 1946 e Lei de Greve (1964).

As normas precitadas demonstravam a interferência do Estado no modelo clássico de contrato prevendo obrigações legais em contraposição à livre disposição das cláusulas para tentar melhorar a situação da parte tida como historicamente injustiçada e notadamente mais fraca.

O Direito Trabalhista desenvolveu-se tendo como um de seus pilares a doutrina da proteção do trabalhador[27] e esta se desdobrou em inúmeros

---

[24] VIANNA, Segadas. In: SÜSSEKIND, Arnaldo et al. *Instituições de Direito do Trabalho*. 2. ed. São Paulo: LTr, 2002. v. I, p. 38.

[25] MENDES, Regina Lúcia Teixeira. *Igualdade à brasileira*: cidadania como instituto jurídico no Brasil, cit., p. 15.

[26] VIANNA, Segadas, In: SÜSSEKIND, Arnaldo et al. *Instituições de Direito do Trabalho*, cit., p. 53.

[27] "[...] o Direito do Trabalho estrutura em seu interior, com suas regras, institutos, princípios e presunções próprias, uma teia de proteção à parte hipossuficiente na relação empregatícia – o obreiro –, visando retificar (ou atenuar), no plano jurídico, o desequilíbrio inerente ao plano fático do contrato de trabalho. O princípio tutelar influi em todos os segmentos do Direito Individual do Trabalho, influindo na própria perspectiva desse ramo ao construir-se, desenvolver-se e atuar como direito. Efetivamente, há ampla predominância nesse ramo jurídico especializado de regras essencialmente protetivas, tutelares da vontade e interesse obreiros; seus princípios são fundamentalmente favoráveis ao trabalhador; suas presunções são elaboradas em vista do alcance da mesma vantagem jurídica retificadora da diferenciação social prática. Na verdade, pode-se afirmar que sem a ideia protetivo-retificadora, o Direito Individual do Trabalho não se justificaria histórica e cientificamente" (DELGADO, Maurício Godinho. *Curso de Direito do Trabalho*. São Paulo: LTr: 2004. p. 197-198).

princípios – como, por exemplo, o da interpretação contratual mais favorável ao empregado.

Conforme salientado na análise sobre a igualdade no processo do trabalho, não há como olvidar que em juízo o empregador pode ter facilidades muito maiores de produzir provas do que o empregado, assim como melhores condições financeiras de arcar com as despesas do processo – inclusive contratando assistência jurídica de nível –; não há, ainda, como olvidar ser este um "fator de grande relevo, que acaba por influir decisivamente na solução da causa"[28].

4.4.2. Proteção à saúde

A saúde compreende "o estado de completo bem-estar físico, mental e social", não se limitando à mera ausência de doenças[29].

Por constituir premissa essencial para a atuação humana, a saúde conta com importantes previsões no ordenamento brasileiro tanto na seara constitucional[30] como na infraconstitucional.

No plano internacional a Assembleia-Geral da Organização das Nações Unidas (ONU) aprovou em 1975 a Declaração dos Direitos das Pessoas com Deficiência[31], tendo o Brasil ratificado em 2001 a Convenção Intera-

---

[28] RIBEIRO, Fábio Túlio Correia. *Processo do Trabalho Básico*: da inicial à sentença. São Paulo: LTr, 1997. p. 75.

[29] A definição consta no preâmbulo da Constituição da Organização Mundial de Saúde, que afirma na sequência: "Gozar do melhor estado de saúde que é possível atingir constitui um dos direitos fundamentais de todo o ser humano, sem distinção de raça, de religião, de credo político, de condição econômica ou social. Disponível em: <http://www.direitoshumanos.usp.br/index.php/OMS-Organiza%C3%A7%C3%A3o-Mundial-da-Sa%C3%BAde/constituicao-da-organizacao-mundial-da-saude-omswho.html>. Acesso em: 20 nov. 2010.

[30] Nos termos do art. 196 da Constituição Federal, "a saúde é direito de todos e dever do Estado, garantido mediante políticas sociais e econômicas que visem à redução do risco de doença e de outros agravos e ao acesso universal e igualitário às ações e serviços para sua promoção, proteção e recuperação". Ao comentar referida previsão, Tercio Sampaio Ferraz Junior afirma ser ela reconhecedora da "garantia constitucional de acesso universal e igualitário de todos às ações e serviços para a promoção da saúde" (FERRAZ JUNIOR, Tercio Sampaio. Limites da interpretação jurídica. *Revista dos Tribunais*, São Paulo, ano 58, v. 232, p. 57, 2009).

[31] A Resolução 3.447, de 9 de dezembro de 1975, define como *deficiente* "qualquer pessoa incapaz de assegurar por si mesma, total ou parcialmente, as necessidades de uma vida individual ou social normal, em decorrência de uma deficiência, congênita ou não, em suas capacidades físicas ou mentais" (Disponível em: <http://www.dhnet.org.br/direitos/sip/onu/deficiente/lex61.htm>. Acesso em: 4 dez. 2010).

mericana para a Eliminação de Todas as Formas de Discriminação contra as Pessoas Portadoras de Deficiência[32].

Segundo dados do Instituto Brasileiro de Geografia e Estatística (IBGE), quase 15% da população do País vivenciam algum tipo de deficiência[33]; considerando a última projeção que indica a existência de 190 milhões de habitantes, há mais de 27 milhões de brasileiros deficientes. O número, contudo, pode ser ainda maior, já que especialistas criticam a metodologia empregada nas pesquisas porque esta seria feita com amparo em incipiente amostragem e com base em parâmetros pouco adaptados à realidade[34].

No que tange especificamente aos deficientes, merecem destaque, além dos dispositivos constitucionais[35], as leis federais nº 7.853/1989 (sobre apoio às pessoas portadoras de deficiência, sua integração social e tutela coletiva, dentre outros assuntos) e nº 8.080/1990 (sobre condições para a promoção,

---

[32] A ratificação se deu pelo Decreto nº 3.956/2001.

[33] O IBGE afirmou no Censo de 2000 haver 24,6 milhões de pessoas portadoras de deficiência, o que correspondia a 14,5% da população brasileira – que então somava 169,8 milhões. À época do depósito desta tese de doutorado, o Censo 2010 ainda não havia consolidado e divulgado os números coligidos.

[34] "A questão da imprecisão conceitual e sua consequente dificuldade de aplicabilidade nos levantamentos censitários, há muito vem preocupando e desafiando os estatísticos e demais responsáveis por esses levantamentos. Corre-se o risco, no caso do levantamento do número das 'pessoas portadoras de deficiência', de não obter-se êxito na elaboração dos instrumentos e na metodologia da pesquisa no sentido de dotá-los da flexibilidade e precisão necessárias para poder 'captar' toda a complexidade da questão, para a qual a existência dos casos limítrofes entre duas ou mais situações é crucial. Os resultados e as metodologias aplicadas a essa questão infelizmente parecem, possivelmente por não haver um questionamento crítico do senso comum acerca do conceito de 'pessoas portadoras de deficiência', reproduzir as dificuldades apontadas. Em consequência disso, os resultados apontam para uma 'visibilidade' somente dos casos mais flagrantes e, sobretudo, aparentes das 'diferenças restritivas' existentes na população. No Brasil, onde há uma dificuldade crônica desses levantamentos, as poucas tentativas de enfrentar essa questão mostraram-se desastradas" (PINHEIRO, Humberto Lippo. *Pessoas portadoras de deficiência e as políticas públicas*. Disponível em: <www.institutointegrar.org.br/arquivos/Pessoas%20Portadoras%20de%20Deficiencia %20e%20as%2 0Politicas%20 Publicas.doc>. Acesso em: 16 dez. 2010).

[35] O art. 7º, XXXI, proíbe a discriminação de salários e a adoção de critérios de admissão em razão de deficiência; o art. 23, II, cria às pessoas de direito público interno a obrigação de proteger pessoas com deficiência; o art. 37, VIII, institui reserva de vagas em concursos públicos a deficientes e o art. 208, III, impõe ao Estado o dever de garantir atendimento educacional especializado a portadores de deficiência (MINHOTO, Antonio Celso Baeta; OTERO, Cleber Sanfeleci. Portador de deficiência, federação e inclusão social, cit., p. 24).

proteção e recuperação da saúde, a organização e o funcionamento dos serviços correspondentes)[36].

Nos últimos tempos a menção mais utilizada para denominar esse grupo tem sido "portadores de necessidades especiais"; Luz Alberto David Araújo, porém, afirma que a expressão não merece prevalecer porque o termo *deficiente* é o mais adequado para representar a pessoa com difícil grau de integração social[37].

O objetivo das previsões é assegurar a isonomia, proporcionar justiça – rechaçando preconceitos e discriminações por meio de diversos mecanismos de inserção social das pessoas com deficiências – e suprimindo óbices para "restaurar o equilíbrio e gerar para elas as oportunidades com as mesmas chances de acesso"[38].

4.4.3. Leis relativas ao Direito do Consumidor

Faz-se oportuno assinalar que hoje a única fonte normativa brasileira que contempla expressamente a vulnerabilidade é o Código de Defesa do Consumidor[39], razão pela qual o referido Diploma legal desponta como importante referência sobre o tema.

A proteção dos consumidores emergiu como resposta à insuficiência que o modelo clássico de contrato vinha revelando ante a nova realidade mundial. Luiz Antônio Rizzato Nunes identifica a origem do reconhecimento sobre a necessidade do direito do consumidor na revolução do modelo de produção observada após a Primeira Guerra Mundial e que ganhou propor-

---

[36] Tratam ainda do tema a Lei nº 8.112/1990 (que no art. 5º, § 2º, regulamentou a porcentagem de 20% de vagas em concursos públicos para portadores de deficiência), a Lei nº 8.213/1991 (que no art. 89 menciona meios de inserção no trabalho), as Leis nºs 8.989/1995 (art. 1º, IV) e 10.754/2003, art. 1º (que preveem isenção de IPI na aquisição de automóveis) e a Lei nº 9.867/1999 (que prevê as cooperativas sociais como meio de inserção do portador de deficiência no mercado de trabalho, em especial no art. 3º) (MINHOTO, Antonio Celso Baeta; OTERO, Cleber Sanfeleci. Portador de deficiência, federação e inclusão social, cit., p. 25).

[37] ARAÚJO, Luiz Alberto David. *A proteção constitucional das pessoas portadoras de deficiência*. Brasília: Corde, 1994. p. 21.

[38] MINHOTO, Antonio Celso Baeta; OTERO, Cleber Sanfeleci. Portador de deficiência, federação e inclusão social, cit., p. 26.

[39] CDC, Art. 4º: "A Política Nacional das Relações de Consumo tem por objetivo o atendimento das necessidades dos consumidores, o respeito a usa dignidade, saúde e segurança, a proteção de seus interesses econômicos, a melhoria da sua qualidade de vida, bem como a transparência e harmonia das relações de consumo, atendidos os seguintes princípios: I – reconhecimento da vulnerabilidade do consumidor no mercado de consumo".

ções mundiais na segunda metade do século XX; para o autor, a produção em série, "standartizada", dos produtos e a oferta massiva e unilateralmente planejada dos serviços determinaram essas mudanças[40].

No Brasil, a aplicação do Código Civil e da noção clássica de *pacta sunt servanda* aos contratos inseridos nesse novo contexto gerava dificuldades para a compreensão da própria realidade[41]. Vale mencionar que Darcy Bessone já em 1949 identificava ser necessário criar um sistema protetor apto a evitar a espoliação dos fracos pelos fortes e a assegurar a prevalência dos interesses sociais sobre os individuais[42].

Com o objetivo de superar tal ordem de obstáculos, a Constituição Federal preconizou a promoção da defesa do consumidor pelo Estado e uma previsão[43] no Ato das Disposições Transitórias estabeleceu ao Congresso Nacional o prazo de 120 dias para a elaboração de um Código de Defesa do Consumidor – que, contudo, só veio a lume dois anos após a promulgação da Constituição.

A produção legislativa surgiu, segundo Rodolfo de Camargo Mancuso, com "características de uma lei nacional, multidisciplinar, por abranger muitos aspectos no contexto geral das relações de consumo, praticadas ao longo do território nacional"[44].

---

[40] NUNES, Luiz Antônio Rizzatto. *Curso de direito do consumidor*. 4. ed. São Paulo: Saraiva, 2009. p. 3-4.

[41] NUNES, Luiz Antônio Rizzatto. *Curso de direito do consumidor*, cit., p. 5.

[42] "O legislador e o juiz, preocupados com os princípios insertos nos Códigos, procuram justificação para as afrontas que lhe fazem invocando a equidade, as ideias de solidariedade, as teorias humanistas do direito – a da lesão, a da imprevisão, a do abuso de direito, a do enriquecimento sem causa, É um trabalho constante de abrandamento do laço contratual, cada vez mais flexível, menos rígido. Os princípios tradicionais, individualistas e severos, sofrem frequentes derrogações, em proveito da justiça contratual e da interdependência das relações entre os homens. As intervenções legislativas se multiplicam. Tudo vai sendo regulamentado com minúcia. Os preços das utilidades são tabelados, o inquilino é protegido contra o proprietário, os agricultores são beneficiados com moratórias e o reajustamento econômico, a usura é coibida, a compra de bens a prestação é regulada de modo a resguardar os interêsses do adquirente. Eis aí uma longa série de medidas contrárias à autonomia da vontade e aos princípios clássicos – pacta sunt servanda ou o contrato faz lei entre as partes" (ANDRADE, Darcy Bessone de Oliveira. *Aspectos da evolução da teoria dos contratos*. São Paulo: Saraiva, 1949. p. 111).

[43] ADCT, art. 48. "O Congresso Nacional, dentro de cento e vinte dias da promulgação da Constituição, elaborará código de defesa do consumidor."

[44] MANCUSO, Rodolfo de Camargo. *Manual de consumidor em juízo*. 4. ed. São Paulo: Saraiva, 2007. p. 6.

Na exposição de motivos do Código[45] consta que o instrumento normativo veio cumprir a política de proteção ao consumidor recomendada pela Organização das Nações Unidas[46] ao reconhecer os interesses e as necessidades dos consumidores de todos os países – especialmente daqueles em desenvolvimento – que "enfrentam amiúde desequilíbrio em face da capacidade econômica, nível de educação e poder de negociação".

O ordenamento, partindo da previsão constitucional protetora, reconheceu logo no início a vulnerabilidade do consumidor[47], sendo esta entendida como

> "[...] o princípio pelo qual o sistema jurídico positivado brasileiro reconhece a qualidade ou condição daquele(s) sujeito(s) mais fraco(s) na relação de consumo, tendo em vista a possibilidade de que venha(m) a ser ofendido(s) ou ferido(s), na sua incolumidade física ou psíquica, bem como no âmbito econômico, por parte do(s) sujeito(s) mais potente(s) da mesma relação"[48].

Concluiu-se haver uma desigualdade insuportável e evidente entre consumidor e fornecedor que precisava ser debelada em razão de seus reflexos nas estruturas social, econômica e política[49].

A Lei nº 8.078/1990 estabeleceu bases sólidas para a proteção do consumidor no Brasil e inspirou a edição de outras normas[50], sendo oportuno frisar que o Estatuto do Torcedor estende a este o regramento destinado ao consumidor[51].

---

[45] BRASIL. Congresso Nacional. *Diário do Congresso Nacional* (Seção II) de 3 de maio de 1989, p. 1663.

[46] Resolução nº 39/248, aprovada em 9 de abril de 1988.

[47] NUNES, Luiz Antônio Rizzatto. *Curso de direito do consumidor*, cit., p. 36.

[48] MORAES, Paulo Valério Dal Pai. *Código de Defesa do Consumidor*: o princípio da vulnerabilidade (no contrato, na publicidade, nas demais práticas comerciais, interpretação sistemática do direito), cit., p. 125.

[49] MORAES, Paulo Valério Dal Pai. *Código de Defesa do Consumidor*: o princípio da vulnerabilidade (no contrato, na publicidade, nas demais práticas comerciais, interpretação sistemática do direito), cit., p. 127.

[50] Como exemplo, registre-se a Lei nº 9.656/1998, que regula os planos e seguros privados de assistência à saúde e prevê inúmeras restrições à liberdade contratual em nome do equilíbrio entre as prestadoras e o consumidor.

[51] Lei nº 10.671/2003 – Art. 40. "A defesa dos interesses e direitos dos torcedores em juízo observará, no que couber, a mesma disciplina da defesa dos consumidores em juízo de que trata o Título III da Lei nº 8.078, de 11 de setembro de 1990".

4.4.4. Estatuto da Criança e do Adolescente

A Lei nº 8.069 adveio em 1990 com a missão de substituir a "doutrina da situação irregular" que inspirava o Código de Menores[52] e que não mais se sustentava na ordem constitucional instituída a partir de 1988.

A doutrina da situação irregular percebia o menor carente – abandonado, vítima ou autor de delito – em uma posição contrária às leis que ensejava a atuação do Estado para "protegê-lo" recolhendo-o aos abrigos para menores. Não havia qualquer distinção entre menores abandonados e delinquentes, sendo todos tratados da mesma maneira ante "o caráter tutelar da legislação e a ideia de criminalização da pobreza"[53].

Em contraposição a essa postura, o novo panorama constitucional, inspirado na Declaração Universal sobre os Direitos da Criança da ONU, instituiu a doutrina da proteção integral que reconhece crianças e adolescentes como pessoas com direitos especiais "em razão de sua condição única como pessoas em desenvolvimento, necessitando de proteção especializada"[54].

Todas as crianças e adolescentes passaram a ser reconhecidas como sujeitos de direitos especiais e adequados, em contraste com a doutrina que reconhecia a proteção especial do Estado apenas àquelas em "situação irregular".

A doutrina da proteção integral inscrita no Estatuto da Criança e do Adolescente (ECA) e na Constituição Federal chama à responsabilidade todos aqueles que integram o Estado e institui o princípio da garantia de prioridade, segundo o qual se deve assegurar o real e prático alcance dos direitos elencados de modo abstrato [55].

A doutrina da proteção integral repercute em todas as esferas do direito, gerando influências no Direito do Trabalho, no Direito do Consumidor, no Direito Processual, no Direito de Família e no Direito Penal.

---

[52] Lei nº 6.697, de 10 do outubro de 1979.

[53] A afirmação é de Janine Soares Borges, que relata a existência então de "figuras jurídicas de 'tipo aberto', tais como 'menores em situação de risco ou perigo moral ou material', ou 'em situação de risco', ou 'em circunstâncias especialmente difíceis', estabelecendo-se o paradigma da ambiguidade. Isto afeta diretamente a função jurisdicional, pois o Juiz de Menores, além das questões jurídicas, será encarregado de suprir as deficiências das políticas públicas na área do menor, para tanto podendo atuar com amplo poder discricionário" (BORGES, Janine Soares. O garantismo no sistema infanto-juvenil. *Ministério Público do Estado do Rio Grande do Sul*. Disponível em: <http://www.mp.rs.gov.br/infancia/doutrina/id214.htm>. Acesso em: 4 set. 2010).

[54] ABREU, Charles Jean Início de. *Estudo crítico ao Estatuto da Criança e do Adolescente*. Porto Alegre: Síntese, 1999. p. 14.

[55] ABREU, Charles Jean Início de. *Estudo crítico ao Estatuto da Criança e do Adolescente*, cit., p. 15.

4.4.5. Lei "Maria da Penha"

O advento da Lei nº 11.340, em 7 de agosto de 2006 – designada Lei "Maria da Penha" –, concretizou a obrigação estatal de coibir a violência doméstica contra a mulher, assumida pelo Brasil ao assinar, em 1981, a Convenção sobre a Eliminação de Todas as formas de Discriminação contra a Mulher[56]; com isso, o País passou a reconhecer o compromisso de promover a igualdade de gênero, considerando que a discriminação contra a mulher viola a isonomia e a dignidade humana "dificultando a participação da mulher, nas mesmas condições que o homem, na vida política, social, econômica e cultural de seu país[57]".

Houve também a assinatura, a ratificação e a promulgação da Convenção Interamericana para Prevenir, Punir e Erradicar a Violência contra a Mulher ("Convenção de Belém do Pará")[58], que expressa ser a violência contra a mulher "uma manifestação de relações de poder historicamente desiguais entre mulheres e homens" e que a adoção de uma Convenção como essa "constitui uma contribuição positiva para proteger os direitos das mulheres[59]".

Ambas as convenções romperam a dicotomia entre o público e o privado, quebrando a naturalização da invisibilidade das relações privadas domésticas[60] ao consolidar um dever-ser específico: o da igualdade de

---

[56] A Convenção foi aprovada pela Assembleia-Geral das Nações Unidas por meio da Resolução nº 34/180, de 18 de dezembro de 1979. O Brasil assinou-a em 1981, porém, com reservas. Foi ratificada pelo Congresso Nacional, com manutenção das reservas, em 1º de fevereiro de 1984. As reservas foram retiradas em 1994, e o Brasil passou a adotar a Convenção na íntegra por meio do Decreto Legislativo nº 26/1994. A promulgação pelo Presidente da República ocorreu pelo Decreto nº 4.377/2002.

[57] Convenção sobre a Eliminação de Todas as Formas de Discriminação contra a Mulher. Disponível em: <http://www.planalto.gov.br/ccivil_03/decreto/2002/D4377.htm>. Acesso em: 11 jan. 2011.

[58] Aprovada pela Assembleia-Geral da Organização dos Estados Americanos (OEA) em 6 de junho de 1994, ratificada pelo Brasil em 27 de novembro de 1995, aprovada pelo Decreto Legislativo nº 107/1995 e promulgada pelo Presidente da República pelo Decreto nº 1.973/1996.

[59] Convenção Interamericana para Prevenir, Punir e Erradicar a Violência Contra a Mulher – "Convenção de Belém do Pará" (1994). Disponível em: <http://www.cnj.jus.br/images/ascom/Convencao_de_Belem_do_ Para_-_OEA_-_1994.pdf>. Acesso em: 11 jan. 2011.

[60] Ao abordar a positivação dos direitos das mulheres, Flávia Piovesan e Daniela Ikawa destacam o problema da visibilidade para o direito: a dicotomia entre as searas pública e privada acaba encerrando uma separação entre as duas, de sorte que na primeira o Direito se impõe, mas na segunda não se admite qualquer interferência jurídica. Na esfera familiar verificam-se situações invisíveis para o direito, implicando "uma desigualdade de base patriarcal, aceita como decorrência de uma 'naturalização' de um

consideração e respeito; seu valor é significativo por permitir que o direito adentre no ambiente doméstico e seja aplicado aos casos de violência nele verificados. Sinalizou, com isso, a necessidade de mudança dos papéis estanques na família ao ressaltar a responsabilidade comum de ambos os cônjuges pela educação dos filhos e pela administração do casamento, bem como a igualdade de direitos pessoais no que se refere à escolha do nome, da profissão etc.[61].

Maria Berenice Dias explica que a criação das Delegacias da Mulher em 1985 foi um primeiro e relevante passo para a implantação da política de proteção da mulher contra a violência doméstica; contudo, tais delegacias perderam importância e acabaram relegadas a segundo plano com a criação dos Juizados Especiais Criminais e suas inúmeras possibilidades de evitar que os delitos de que as mulheres eram vítimas chegassem às Delegacias da Mulher[62].

A insuficiência das medidas adotadas até então no País só foi reconhecida pelo Estado brasileiro quando a farmacêutica Maria da Penha levou seu caso à Comissão Interamericana de Direitos Humanos em 1998. Vítima do marido que a deixou paraplégica por um tiro em 1985, o processo criminal, com trâmite de todos os recursos até os tribunais superiores, teve condenação definitiva apenas em 2002 – quando o réu foi finalmente preso.

A Comissão publicou o Relatório 54/2001 que desnudou a situação real da prevenção e repressão da violência doméstica no Brasil e impôs a efetivação das convenções internacionais adotadas. O Relatório ainda impulsionou a retomada da discussão que culminou na edição da mencionada Lei "Maria da Penha".

Na exposição de motivos da lei esta é referenciada como uma das "iniciativas de ações afirmativas [que] visam corrigir a defasagem entre o ideal igualitário predominante e/ou legitimado nas sociedades democráticas

---

determinado modelo familiar, que aponta funções diversas ao homem e à mulher, tendentes à inferiorização dessa, tanto no âmbito do trabalho, quanto nos âmbitos sexual e reprodutivo" (PIOVESAN, Flávia; IKAWA, Daniela. A violência doméstica contra a mulher e a proteção dos direitos humanos. In: GRUPO DE TRABALHO DE DIREITOS HUMANOS. *Direitos humanos no cotidiano jurídico*. São Paulo: Centro de Estudos da Procuradoria-Geral do Estado, 2004. p. 51-52. (Série Estudos, n. 14).

[61] PIOVESAN, Flávia; IKAWA, Daniela. A violência doméstica contra a mulher e a proteção dos direitos humanos, cit., p. 52.

[62] A autora refere-se a pesquisa expressamente mencionada no projeto de lei apresentado pela Deputada Jandira Feghali, cuja estimativa indicava que 90% dos casos de violência doméstica contra a mulher foram arquivados ou transacionados em 10 anos de atuação dos Juizados Especiais (DIAS, Maria Berenice. *A Lei Maria da Penha na justiça*. São Paulo: Revista dos Tribunais, 2007. p. 23-24).

modernas e um sistema de relações sociais marcado pela desigualdade e hierarquia"[63].

A exposição de motivos aponta a Pesquisa Nacional por Amostra de Domicílios (PNAD)[64] que, no final da década de 80 do século XX, constatou que 63% das agressões físicas contra as mulheres aconteciam nos espaços domésticos e eram praticadas por pessoas com relações pessoais e afetivas com as vítimas[65].

As medidas protetoras instituídas pela Lei foram vistas por muitos como autêntica promoção da igualdade substancial, dando tratamento diferenciado àquelas pessoas cujas necessidades são diferentes[66] e especializando a proteção, em princípio concebida de forma geral e abstrata, para realçar concretamente o sujeito de direito[67].

As inovações, no entanto, não restaram infensas a posições contrárias no sentido de sua inconstitucionalidade por prever sanções para um gênero sem reciprocidade em relação ao outro[68].

4.4.6. Estatuto do Idoso

A proteção aos indivíduos de avançada idade tem previsão na Declaração Universal de Direitos Humanos[69] e, no plano normativo brasileiro,

---

[63] Disponível em: <http://200.130.7.5/spmu/legislacao/projeto_lei/expo_motivos.htm>. Acesso em: 7 ago. 2010.

[64] Pesquisa feita pelo IBGE.

[65] Afirma ainda a exposição de motivos da lei que "as desigualdades de gênero entre homens e mulheres advêm de uma construção sociocultural que não encontra respaldo nas diferenças biológicas dadas pela natureza. Um sistema de dominação passa a considerar natural uma desigualdade socialmente construída, campo fértil para atos de discriminação e violência que se 'naturalizam' e se incorporam ao cotidiano de milhares de mulheres" (Disponível em: <http://200.130.7.5/spmu/legislacao/projeto_lei/expo_motivos.htm>. Acesso em: 7 ago. 2010).

[66] DIAS, Maria Berenice. *A Lei Maria da Penha na justiça*, cit., p. 55.

[67] FARIA, Helena Lopes de; MELO, Mônica de. *Direitos humanos*: construção da liberdade e da igualdade. Convenções sobre a Eliminação de Todas as Formas de Discriminação Contra a Mulher e a Convenção para Prevenir, Punir e Erradicar a Violência Contra a Mulher. São Paulo: Centro de Estudos, 1998. p. 373.

[68] SANTIN, Valter Foleto. Igualdade constitucional na violência doméstica. *IBCCrim*. Disponível em: <www.ibccrim.org.br> Acesso em: 7 ago. 2010.

[69] Declaração Universal de Direitos Humanos, art. 25: "I) Todo ser humano tem direito a um padrão de vida capaz de assegurar a si e a sua família saúde e bem-estar, inclusive alimentação, vestuário, habitação, cuidados médicos e os serviços sociais indispensáveis, e direito à segurança em caso de desemprego, doença, invalidez, viuvez, *velhice*

encontra guarida na Constituição Federal, em lei específica[70] e no Código de Processo Civil[71].

É compreensível a preocupação legislativa, já que a sociedade moderna experimenta os efeitos das alterações da longevidade humana e da demografia populacional ocorridas no século XX, representando o envelhecimento uma importante e atual questão social[72].

O aumento da longevidade acarreta o crescente envelhecimento da população[73] e os números brasileiros impressionam: em 2008 a população do País com mais de 60 anos superava 34 milhões de pessoas[74].

---

ou outros casos de perda de subsistência em circunstâncias fora de seu controle" (sem grifo no original).

[70] A Lei nº 10.741/2003 implementou o Estatuto do Idoso; para tutelar os direitos que prevê, preconiza quatro mecanismos processuais: "a ação de aplicação de medida de proteção; o procedimento judicial de apuração de irregularidades, a ação ordinária e a ação civil pública" (MEZZOMO, Marcelo Colombelli. Apontamentos iniciais sobre o Estatuto do Idoso. *Jus Navigandi*, Teresina, ano 9, n. 572, 30 jan. 2005. Disponível em: <http://jus2.uol.com.br>. Acesso em: 13 jan. 2010).

[71] CPC, art. 1.211-A: "Os procedimentos judiciais em que figure como parte ou interessado pessoa com idade igual ou superior a 60 (sessenta) anos, ou portadora de doença grave, terão prioridade de tramitação em todas as instâncias"; art. 1.211-B. "A pessoa interessada na obtenção do benefício, juntando prova de sua condição, deverá requerê-lo à autoridade judiciária competente para decidir o feito, que determinará ao cartório do juízo as providências a serem cumpridas"; art. 1.211-C: "Concedida a prioridade, essa não cessará com a morte do beneficiado, estendendo-se em favor do cônjuge supérstite, companheiro ou companheira, em união estável".

[72] Pode-se dizer que, "enquanto no século XX a questão demográfica respeitava à educação e ao emprego dos jovens, no século XXI reportar-se-á antes à acomodação da terceira e da quarta idade" (TOMÉ, Maria José Romão Carreiro Vaz. Algumas considerações sobre a dependência, cit., p. 297).

[73] TOMÉ, Maria José Romão Carreiro Vaz. Algumas considerações sobre a dependência, cit., p. 297.

[74] Segundo dados do IBGE, "em 2008, o Brasil tinha 21 milhões de pessoas com 60 anos mais, superando a população idosa de vários países europeus, como a França, a Inglaterra e a Itália (entre 14 e 16 milhões) de acordo com as estimativas da ONU para 2010. Havia 9,4 milhões de pessoas com 70 anos ou mais no país, 4,9% da população total. Entre 1998 e 2008, a proporção de idosos (60 anos ou mais) aumentou de 8,8% para 11,1%. O Rio de Janeiro (14,9%) e Rio Grande do Sul (13,5 %) continuam sendo os estados com maior proporção de idosos. Em 1998, eram, junto com a Paraíba, os únicos estados onde os idosos representavam mais de 10% da população. De 1998 a 2008, o crescimento relativo da população idosa por grupos de idade foi muito expressivo. O grupo etário de 80 anos ou mais superou os outros, chegando a quase 70%, ou cerca 3 milhões de pessoas. São necessárias providências urgentes para garantir uma infraestrutura de atendimento a esses idosos" (Síntese de indicadores sociais 2009: uma análise das condições de vida da população brasileira – v. 26. Disponível em: <http://www.ibge.gov.br/home/presidencia/noticias/noticia_visualiza. php?id_ noticia=1 476&id_pagina=1. Acesso em: 5 maio 2010).

Cap. 4 – VULNERABILIDADE, DIREITO E PROCESSO CIVIL

A situação apontada enseja novas considerações sobre a dinâmica das relações em sociedade, já que o desenvolvimento de terceira e quarta idades implica a necessária reflexão sobre sua apropriada inclusão social; como as limitações físicas, relacionais e psíquicas ensejadas pela velhice podem dificultar tal inserção, deve-se atentar não só para a capacidade do idoso, mas também para as restrições normalmente verificadas da transição para idades mais avançadas[75].

A elaboração do Estatuto do Idoso[76] tem como suporte a proteção da velhice inscrita na Constituição Federal e como motivação o resgate histórico daqueles que foram marginalizados na participação efetiva em diversas instituições públicas e privadas em razão da idade[77].

O panorama normativo foi bem-recebido na comunidade jurídica, que teceu muitos elogios ao seu conjunto[78]. Com o advento da lei, as pessoas naturais com idade maior de 60 anos foram reconhecidas como "sujeitos titulares do direito especial de proteção prioritária"[79].

Um dos direitos especiais previstos é o sustento dos idosos pelo Estado mediante assistência social sempre que ele próprio ou sua família não o puder assegurar[80]. Como esta, boa parte dos dispositivos traz indicações que dependem de atuação da administração pública, tais quais as garantias de prioridade previstas no art. 3º.

---

[75] TOMÉ, Maria José Romão Carreiro Vaz. Algumas considerações sobre a dependência, cit., p. 299.

[76] A Lei nº 10.741, de 1º de outubro de 2006, foi fruto do Projeto de Lei nº 3561 de 1997 (apresentado pelo senador Paulo Paim, do Rio Grande do Sul) e impulsionado pelos membros da Confederação Brasileira dos Aposentados e Pensionistas (COABP). Disponível em: <http://www.camara.gov.br/sileg/Prop_ Detalhe.asp?id=19849> Acesso em: 7 ago. 2010.

[77] TAVARES, José de Farias. *Estatuto do Idoso*. Rio de Janeiro: Forense, 2006. p. XV.

[78] Como representante da crítica favorável, é digno de destaque artigo em que se afirma que o referido Estatuto "traz consigo, ao longo dos seus 118 artigos, uma legislação capaz de ensejar profundas mudanças sociais, econômicas, culturais e políticas, visando o bem-estar das pessoas idosas no Brasil. Dentre as mudanças presentes no Estatuto do Idoso, nota-se o predomínio de disposições concretizadoras de direitos sociais à população idosa, voltadas, por exemplo, à saúde, previdência e assistência social, renda mínima, educação, trabalho e moradia" (SANTIN, Janaína Rigo. O Estatuto do Idoso: inovações no reconhecimento da dignidade na velhice. *Revista LEX do Direito Brasileiro*, ed. 30, p. 64, nov./dez. 2007).

[79] TAVARES, José de Farias. Estatuto do Idoso, cit., p. 13.

[80] Estatuto do Idoso, art. 14. Se o idoso ou seus familiares não possuírem condições econômicas de prover o seu sustento, impõe-se ao Poder Público esse provimento, no âmbito da assistência social.

A questão da legitimidade do *discrimen* eleito pelo legislador ao preconizar proteção ao idoso será aprofundada em momento oportuno.

4.4.7. Estatuto da Igualdade Racial

A Lei n° 12.288 foi promulgada em 20 de julho de 2010 com o expresso objetivo de combater a discriminação sofrida pela população negra. Segundo dados apresentados pelo autor do projeto de lei, os diferenciais de pobreza entre negros e brancos não diminuíram nos últimos anos; na população abaixo da linha de pobreza, 50% são negros e 25% são brancos; os negros representam ainda 65% da população pobre e 70% da população indigente[81].

Averiguou-se também que em 2009, em todas as regiões do País, o salário pago aos afro-brasileiros era menor do que aquele pago aos trabalhadores brancos, o mesmo se verificando com relação ao valor da hora trabalhada[82].

É oportuno frisar que o projeto de lei, além de proteger manifestações culturais e religiosas tradicionalmente ligadas à população negra, autorizava expressamente a adoção de ações afirmativas para reduzir as desigualdades entre a população negra e a não negra. O Senado Federal divulgou que durante a tramitação do projeto houve a supressão de disposições que foram entendidas como diferenciações injustificadas[83]; assim, suprimiu-se a expressão "cotas raciais" por entender o Relator que a previsão adequada para a promoção da igualdade no ensino atentaria para as "cotas sociais". Saliente-se que o tema das cotas em universidades é objeto de outro projeto de lei.

Suprimiu-se ainda um artigo que conferia incentivos fiscais para as empresas que mantivessem em seus quadros pelo menos 20% de negros.

Nota-se que, com exceção do Código de Defesa do Consumidor, o termo vulnerabilidade não foi utilizado pelos legisladores para justificar a proteção engendrada; com efeito, como poderá ser observado no capítulo posterior, nem sempre a distinção se baseia nesse critério. Em momento oportuno serão enfrentados argumentos favoráveis e contrários às previsões. Por ora cabe concluir, ante o breve panorama a respeito das principais previsões

---

[81] BRASIL. Senado Federal. *Estatuto da Igualdade Racial*. Disponível em: <http://www.cedine.rj.gov.br/ legisla/federais/ Estatuto_da_Igualdade_Racial_Novo.pdf> Acesso em: 7 ago. 2010.

[82] BRASIL. Senado Federal. *Estatuto da Igualdade Racial*, cit..

[83] BRASIL. Senado Federal. *Estatuto da Igualdade Racial*, cit..

diferenciadas no campo do direito material, que o tema das desigualdades muitas vezes revela conexões com o elemento econômico. É natural, v.g., que a mulher e o idoso sem condições financeiras acabem mais expostos a abusos e demandem atitude protetora do Estado. Justifica-se, assim, a importância de se analisar a relação entre vulnerabilidade e hipossuficiência.

4.5. VULNERABILIDADE E HIPOSSUFICIÊNCIA: DISTINÇÕES

Como o primeiro reconhecimento normativo expresso sobre vulnerabilidade no ordenamento brasileiro verificou-se no Direito do Consumidor, é nos estudos sobre esse ramo jurídico que o maior debate sobre suas definições pode ser encontrado.

Na seara internacional, a Resolução da ONU sobre os Direitos do Consumidor[84] reconhece a fragilidade deste nas relações de consumo; na mesma esteira, o Código de Defesa do Consumidor brasileiro assume uma postura protetora ao partir do pressuposto de que o consumidor é a parte fraca na relação[85].

A técnica engendrada pelo ato normativo em referência considera todo consumidor vulnerável por sua debilidade – sobretudo de informações – em comparação ao fornecedor; contudo, o legislador criou uma distinção: para que atue o mecanismo facilitador de inversão do ônus da prova, é necessária a demonstração de que, além de frágil, o litigante é tecnicamente hipossuficiente, não tendo condições de se desincumbir da produção probatória.

A legislação brasileira, portanto, denota distinguir vulnerabilidade e hipossuficiência; contudo, nem todos concordam com a diferenciação. Como representante da vertente doutrinária que associa os dois conceitos, Cláudia Lima Marques afirma que a visão processual da vulnerabilidade reside na consideração da hipossuficiência, merecendo destaque o viés econômico[86].

Indaga-se, portanto: há ou não como sustentar que a vulnerabilidade coincide (plena ou parcialmente) com a hipossuficiência? O tema é controvertido e exige análise mais pormenorizada.

No léxico, o vocábulo *hipossuficiente* retrata "pessoa que é economicamente muito humilde; que não é autossuficiente"[87]; a *vulnerabilidade*, por

---

[84] A Resolução data de 9 de abril de 1985 e o reconhecimento da vulnerabilidade do consumidor consta em seu art. 1º.
[85] MANCUSO, Rodolfo de Camargo. *Manual do consumidor em juízo*, cit., p. 5.
[86] MARQUES, Cláudia Lima. *Contratos no Código de Defesa do Consumidor*, cit., p. 326.
[87] Disponível em: <http://michaelis.uol.com.br>. Acesso em: 11 jan. 2010.

sua vez, refere-se à noção da suscetibilidade. Vários doutrinadores adotam, com certa razão, esse critério de diferenciação entre os conceitos.

José Reinaldo de Lima Lopes divide os consumidores brasileiros em duas espécies: 1. a dos privilegiados (com acesso mais fácil a créditos e bens, embora também sujeitos a práticas ilícitas e restritivas); e 2. a dos desfavorecidos (hipossuficientes marcados por "pobreza, insuficiência de recursos disponíveis, exclusão dos modos de vida dominante, ausência de poder no seio da sociedade; metade da população brasileira é composta por consumidores desfavorecidos, para além de vulneráveis)"[88].

Judith Martins-Costa entende que, para aferir a hipossuficiência, o juiz deverá, nos casos concretos, proceder a um preenchimento valorativo com base em regras ordinárias de experiência, considerando que no suporte fático se encontra, comumente, um elemento de natureza socioeconômica[89].

Na mesma linha, Ada Pellegrini Grinover afirma que a hipossuficiência tratada no Código de Defesa do Consumidor identifica-se com a previsão da Lei de Assistência Judiciária, já que o legislador teria pressuposto a impossibilidade do consumidor de arcar com os gastos probatórios[90].

Ocorre, porém, que o termo *hipossuficiência* não é abordado sozinho na Lei nº 8.078/1990, mas vem acompanhado do adjetivo *técnica*. Essa associação de vocábulos conduz a entendimentos divergentes no tocante à diferenciação da forma como retroconcebida.

Paulo Valério Dal Pai Moraes adverte que a hipossuficiência não pode estar vinculada somente à definição do consumidor como pobre/carente de assistência judiciária porque há quem, embora não pertença à classe desfavorecida, não tem condições financeiras de suportar variados custos impostos pelo processo – como o valor de honorários periciais –; a definição sobre tal configuração deve se verificar *ope judicis*, cabendo ao juiz decidir sobre ela em cada caso concreto com base não só em sua experiência como julgador, mas também, principalmente, enquanto pessoa

---

[88] LOPES, José Reinaldo de Lima. Crédito ao consumidor e superendividamento – uma problemática geral. *Revista de Direito do Consumidor*, São Paulo, n. 17, p. 57-64, jan./mar. 1996, p. 58-59.

[89] MARTINS-COSTA, Judith. A "Guerra" do vestibular e a distinção entre publicidade enganosa e clandestina. *Revista de Direito do Consumidor*, São Paulo, n. 6, p. 219-231, abr./jun. 1993, p. 222.

[90] GRINOVER, Ada Pellegrini et al. *Código Brasileiro de Defesa do Consumidor comentado pelos autores do Anteprojeto*. 3. ed. Rio de Janeiro: Forense, 1993. p. 494.

integrada na sociedade e observadora das realidades circundantes "com vistas à implementação concreta das funções sociais do direito"[91].

Luiz Antônio Rizzato Nunes, por sua vez, sustenta que a vulnerabilidade afirma a fragilidade econômica e técnica do consumidor, enquanto a hipossuficiência, para fins de inversão do ônus da prova, indica desconhecimento técnico e informativo sobre elementos do produto ou do serviço[92].

Como representante de diferenciada vertente, Nelson Nery Junior preconiza que o critério apropriado para compreender a definição de hipossuficiência é a facilitação da defesa do consumidor em juízo, já que para a inversão do ônus da prova há que se atentar à dificuldade econômica e aos óbices técnicos enfrentados pelo consumidor para se desincumbir da prova de fatos relevantes[93]. Também assim entende Antonio Herman de Vasconcellos Benjamin ao consignar que a hipossuficiência "legitima certos tratamentos diferenciados" no Código[94].

Nota-se, portanto, que há grandes confusões e díspares compreensões sobre os fenômenos.

De qualquer maneira, tudo indica que vulnerabilidade e hipossuficiência não retratam idênticos conceitos.

Na visão da autora deste trabalho, a partir do léxico e da tradição do uso da expressão no sistema jurídico brasileiro, hipossuficiência é sinônimo de vulnerabilidade econômica. O legislador do Código do Consumidor não deveria ter se reportado à hipossuficiência como critério para a inversão do ônus da prova, mas sim referir-se a dificuldades técnicas de produção probatória. É compreensível, porém, que tenha tentado evitar a repetição da palavra, já que a vulnerabilidade em sentido amplo já havia sido utilizada no início da normatização como presunção em relação ao consumidor.

Vulnerabilidade indica, assim, suscetibilidade em sentido amplo, sendo a hipossuficiência uma de suas espécies – vulnerabilidade econômica.

---

[91] MORAES, Paulo Valério Dal Pai. *Código de Defesa do Consumidor*: o princípio da vulnerabilidade (no contrato, na publicidade, nas demais práticas comerciais, interpretação sistemática do direito), cit., p. 129-130. Como é possível perceber, o autor continua focando o elemento econômico ao manifestar-se sobre a inviabilidade de arcar com os custos de certa prova.

[92] NUNES, Luiz Antônio Rizzatto. *Curso de direito do consumidor*, cit., p. 610-611.

[93] NERY JUNIOR, Nelson. Aspecto do processo civil no Código de Defesa do Consumidor. *Revista de Direito do Consumidor*, São Paulo, n. 1, mar. 2002, p. 217-218.

[94] GRINOVER, Ada Pellegrini et al. *Código Brasileiro de Defesa do Consumidor comentado pelos Autores do Anteprojeto*, p. 224-225.

As modalidades em comento voltarão a ser analisadas em momento oportuno com certa ampliação e diferenciação. Por ora, é importante analisar a possibilidade de identificar a vulnerabilidade sob o aspecto processual.

4.6. VULNERABILIDADE PROCESSUAL: CONCEITO, BASE E NATUREZA

Deve o processo civil ignorar a sensibilidade já reconhecida em outras searas ou cogitar sobre a situação de vulnerabilidade do litigante?

Como bem destaca Barbosa Moreira, "um dos grandes desafios do processo socialmente orientado é o desequilíbrio de forças que logo de início se exibe entre as partes litigantes, a comprometer em regra a igualdade de oportunidades de êxito no pleito"[95].

Ante a promessa constitucional isonômica, é dever do juiz promover a igualdade, sendo essencial identificar como a vulnerabilidade pode se configurar nos feitos cíveis e diligenciar para minimizar suas potenciais e ilegítimas consequências; afinal, como assevera Ovídio Baptista da Silva, o processo civil é a disciplina mais próxima do "homem da rua" e não pode ignorar o contexto de sua aplicação[96]. Também Barbosa Moreira revela preocupação com esse indivíduo, cidadão comum, "considerado como atual ou potencial consumidor de Justiça, independentemente de posição específica que ocupe na sociedade: nesse em cujo favor se postula, com carradas de razões, maior efetividade na prestação jurisdicional"[97].

4.6.1. Noções conceituais

Vulnerabilidade processual é a suscetibilidade do litigante que o impede de praticar os atos processuais em razão de uma limitação pessoal involuntária ensejada por fatores de saúde e/ou de ordem econômica, informacional, técnica ou organizacional de caráter permanente ou provisório.

---

[95] BARBOSA MOREIRA, José Carlos, *Por um processo socialmente efetivo*. Disponível em: <http://www.fiscolex.com.br/doc_6223618_por_processo_socialmente_efetivo_%c2%b6e1_br_0_%c2%b 11%c2%b6_e1%c2%b1.aspx>. Acesso em: 20 dez. 2010.

[96] "É curiosa a contradição existente no pensamento modernos. Sabemos – mais do que sabemos, vangloriamo-nos – de viver numa democracia pluralista, em que os valores devem ser relativizados, mas não temos capacidade de historicizar a modernidade" (SILVA, Ovídio A. Baptista da. *Processo e ideologia*: o paradigma racionalista. Rio de Janeiro: Forense, 2004. p._91).

[97] BARBOSA MOREIRA, José Carlos, *Por um processo socialmente efetivo*, cit..

A relevância dessa conceituação em uma base genérica e mais ampla do que a existente em legislações esparsas visa possibilitar ao juiz a compreensão de que circunstâncias particulares precisam ser consideradas em certos contextos; afinal, a despeito da existência de previsões específicas para facilitar a atuação de determinados litigantes, ante a limitação do legislador em conseguir prever todas as situações em que óbices ilegítimos podem comprometer a atuação em juízo por situação estranha à vontade da parte, faz-se necessária a consideração da vulnerabilidade em termos mais amplos.

Para exemplificar, se uma litigante analfabeta se dirige ao Juizado Especial e deduz oralmente sua pretensão sem contar com um advogado, é possível ignorar o fato de que há limitações consideráveis em sua atuação em juízo? O magistrado deve ignorar essa circunstância e enviar-lhe intimações por escrito ou orientar a serventia para que promova a ciência por outros meios que assegurem seu pleno acesso ao teor das comunicações? A resposta alinhada à premissa isonômica é a segunda.

Como bem enfatiza Boaventura Souza Santos, a informalização das cortes de justiça pode acarretar "a deterioração da posição jurídica da parte mais fraca, decorrente da perda das garantias processuais", contribuindo assim para consolidar as desigualdades sociais – "a menos que os amplos poderes do juiz profissional ou leigo possam ser utilizados para compensar a perda de garantias, o que será sempre difícil"[98].

A imperiosa tarefa judicial de promover a equalização das partes também é destacada por Mauro Cappelletti e Bryant Garth, para quem "julgadores mais ativos podem fazer muito para auxiliar os litigantes que não contam com assistência profissional"[99].

Outras perguntas poderiam ser formuladas considerando, *v.g.*, pessoas com dificuldade de locomoção por problemas de saúde e moradores de rua: cabe ao juiz atuar de forma diferenciada diante da configuração de uma considerável dificuldade para participar em juízo?

A resposta é positiva tendo em conta que o acesso à justiça deve verificar-se de forma completa e eficiente; afinal, informam a garantia de acesso à justiça os princípios da acessibilidade (com a existência de pessoas capazes e sem óbices financeiros para efetivar seus direitos); da operosidade (dos protagonistas da administração da justiça, com atuação

---

[98] SANTOS, Boaventura de Sousa. Introdução a sociologia da administração da justiça. *Boaventura de Sousa Santos*. Disponível em: <http://www.boaventuradesousasantos.pt/media/pdfs/Introducao_ a_sociologia_da_adm_justica_RCCS21.PDF>. Acesso em: 17 dez. 2010.

[99] CAPPELLETTI, Mauro; GARTH, Bryant. *Acesso à justiça*, cit., p. 103.

ética e utilização técnica dos instrumentos processuais adequados); da utilidade (mediante atribuição ao vencedor de tudo o que ele tem direito de receber) e da proporcionalidade (com escolha do interesse mais valioso, em harmonização com os princípios e os fins informadores do respectivo ramo do direito)[100].

Para que a inafastabilidade da jurisdição não se revele mais uma promessa descumprida aos necessitados, é, portanto, essencial a conduta do juiz direcionada a concretizar, da forma mais ampla possível, a igualdade entre as partes.

Assumido o objetivo de assegurar a efetiva participação dos litigantes em bases reais, é preciso identificar se a impossibilidade de participar do feito foi causada por uma vulnerabilidade comprometedora e, em caso positivo, atuar para superá-la.

4.6.2. Bases e fundamento ético: humanização do processo civil

Para que haja inclusão e participação, é preciso atentar para a condição do indivíduo em juízo; na busca da promoção genuína da equalização de oportunidades e da real humanização do processo, as regras processuais deverão ser cuidadosamente aplicadas pelo intérprete para que uma exegese porventura desatenta não acabe por aprofundar as desigualdades verificadas no tecido social.

A humanização do processo configura a pauta ética da proposta de consideração da vulnerabilidade processual. O tema, há longos tempos, vem ensejando desafios.

Segundo Carlos Aurélio Mota de Souza, a humanização do processo consiste "na valorização do homem que nele comparece e supõe a atuação de valores éticos no sistema processual, ordenados à sua finalidade"[101].

É importante reconhecer, como fez Francesco Carnellutti em uma de suas últimas obras, que o direito serve ao indivíduo e não o contrário[102].

---

[100] CARNEIRO, Paulo César Pinheiro. *Acesso à justiça*. p. 57-101 *passim*.

[101] SOUZA, Carlos Aurélio Mota de. *Poderes éticos do juiz*: a igualdade das partes e a repressão ao abuso no processo. Porto Alegre, Sergio Antonio Fabris, 1987. p. 28.

[102] Após afirmar que o direito é visto como método de união dos indivíduos, bem como mencionar que teve por foco as necessidades de compor os conflitos de interesse, de eliminar a guerra e de obter a paz, consigna: "Não eram erradas estas visões [...] mas elas não chegavam ao fundo do problema. Por essa forma eu punha o fundamento do direito na sociedade em lugar de pô-lo no indivíduo; isto era, se não um erro, pelo menos uma imperfeição. Não havia ainda entendido que a sociedade existe para o indivíduo, não o indivíduo para a sociedade; que o direito é feito para o indivíduo, para

A esse propósito, o jurista Adolfo Gelsi Bidart adverte que humanizar o sujeito processual é buscar sua personalização[103].

É importante ainda atentar para a sensível lição de Calmon de Passos: o processo não retrata simples textos, mas histórias de vida; lida com "criaturas humanas, nossos semelhantes, sempre perplexos a se indagarem por que alguns homens podem tanto em relação a outros homens, a ponto de lhes determinarem o que devem ou o que não devem fazer, necessariamente"[104].

Além da perspectiva humanista, atua como base para o desenvolvimento do conceito a consideração das garantias constitucionais do acesso à justiça e da isonomia.

Consoante preconiza Nelton dos Santos, a aplicação do princípio constitucional da isonomia ao direito processual "exige que os destinatários da jurisdição recebam, da lei e do juiz, igual tratamento. Especial condição de determinado litigante pode, no entanto, ensejar tratamento diverso do dispensado para seu ex adverso"[105].

Em tempos de crise no Poder Judiciário, os juízes devem ter consciência de sua responsabilidade e de seu poder de intervenção na sociedade "rompendo a posição de conservadorismo e aparente neutralidade diante dos conflitos, sob pena de esvaziamento de sua autoridade e de seu poder estatal de ordenação da sociedade"; "em tese, a máquina judicial e a preparação humanística do magistrado deveriam evoluir com a mesma celeridade que as constantes mudanças socioculturais, para se adaptar melhor a elas e realizar o ideal da justiça social"[106].

A humanização do processo se vincula diretamente à isonomia, cujo alcance constitui um imenso desafio. Como proporcionar a equalização de possibilidades e oportunidades se cada ser humano é único?

De acordo com Hannah Arendt, no homem a alteridade (que ele comunga com tudo o que existe) e a distinção (que ele partilha com tudo o

---

salvar o indivíduo não a sociedade. A salvação da sociedade depende da salvação do indivíduo, não a salvação dos indivíduos da salvação da sociedade" (CARNELLUTTI, Francesco. *Diritto e processo*. Napoles: Morano Editores, p. 33).

[103] BIDART, Adolfo Gelsi. La humanización del proceso. São Paulo, n. 9, p. 150, jan./mar. 1978.

[104] CALMON DE PASSOS, J. J. A instrumentalidade do processo, cit., p. 56.

[105] SANTOS, Nelton dos. Comentário ao art. 188 In: MARCATO, Antônio Carlos (Coord.). *Código de Processo Civil interpretado*. São Paulo: Atlas, 2004. nota 1, p. 513.

[106] COUTINHO, Heliana Maria de Azevedo. O papel do juiz: agente político no estado democrático de direito. *Justiça e Democracia*, São Paulo, v. 1, p. 140, jan./jul. 1996.

que vive) tornam-se singularidade; a "pluralidade humana é a paradoxal pluralidade de seres singulares"[107].

Cumpre ao Estado proporcionar que cada indivíduo possa desenvolver a própria personalidade e exercer os seus direitos da forma mais ampla possível, sem discriminações que o prejudiquem nesse mister; afinal, o indivíduo é "preocupação permanente da tutela jurídica dos direitos da pessoa humana"[108].

Afirma ainda Paulo Otero que "é na existência de um espaço próprio do indivíduo perante o poder, limitando-o, e no respeito desse mesmo espaço de exclusão do poder, que se alicerça o moderno Estado de Direito"[109].

Esclarece o autor que as Constituições têm passado a se ocupar da dimensão social e intersubjetiva do homem centrando sobre esse eixo as questões de maior relevo, dentre as quais despontam "a igualdade perante a lei, a solidariedade entre os membros da sociedade e a justiça social"[110].

No campo processual, a humanização repercute demandando análise mais cuidadosa e personalizada dos litigantes – especialmente se estiverem em situações extremas. Em tempos de massificação do processo e de adoção de técnicas de julgamento "em bloco" e apreciação "por amostragem", é

---

[107] ARENDT, Hannah. *A condição humana*. 4. ed. Rio de Janeiro: Forense Universitária, 1989. p. 189. A autora explica ser a *pluralidade* uma condição da ação porque todos os homens são os mesmos, ou seja, *humanos*; contudo, ninguém é exatamente igual a qualquer pessoa que exista, tenha existido ou venha a existir, o que torna o homem um ser *singular*, indivíduo único, que busca sua identidade por meio do *diálogo*; na mesma esteira, afirma Paul Ricoeur: "Se não fossem iguais, os homens seriam incapazes de compreender-se entre si e aos seus ancestrais, ou de fazer planos para o futuro e prever as necessidades das gerações vindouras. Se não fossem diferentes, se cada ser humano não diferisse de todos os que existiram, existem ou virão a existir, os homens não precisariam do discurso ou da ação para se fazerem entender. Com simples sinais e sons, poderiam comunicar suas necessidades imediatas e idênticas" (RICOEUR, Paul. Tolerância, intolerância, intolerável. In: *Leituras 1*: em torno ao político. São Paulo: Loyola, 1995. p. 45).

[108] OTERO, Paulo. Pessoa humana e Constituição: contributo para uma concepção personalista do Direito Constitucional, cit., p. 368.

[109] OTERO, Paulo. Pessoa humana e Constituição: contributo para uma concepção personalista do direito constitucional, cit., p. 366.

[110] Além do assunto em pauta, o autor destaca: "a garantia da liberdade, da segurança individual e de todos os demais direitos decorrentes da dignidade da pessoa humana"; "a justiça como valor supremo do ordenamento, a obediência à lei positiva e a limitação do poder político"; "a formação democrática da vontade da colectividade e a participação política"; "o pluralismo ideológico, o relativismo de opiniões, a moderação e a tolerância perante a divergência e a diferença" (OTERO, Paulo. Pessoa humana e Constituição: contributo para uma concepção personalista do Direito Constitucional, cit., p. 370-371).

importante lembrar que certos litigantes precisam ser tratados de maneira particularizada nos feitos por sua diferenciada condição.

O desafio é imenso diante dos fenômenos contemporâneos; há busca de acesso massivo não só a produtos e serviços, mas à própria prestação jurisdicional – em razão da chamada litigiosidade de massa.

A proposta deste trabalho é lembrar o julgador que os casos de inércia processual não podem ser analisados objetivamente e de forma simplista por meio de mera triagem dos feitos: se um dos litigantes é vulnerável e pode ter experimentado dificuldades por obstáculos aos quais não deu causa, o mínimo que o juiz deve fazer é dar voz às partes para manifestação a respeito, caso suspeite de óbices ilegítimos.

4.6.3. Necessidade de identificação de fatores objetivos

Embora a vulnerabilidade seja analisada tomando-se por base as condições da pessoa, sobreleva a importância da adoção de fatores objetivos para sua aferição com o propósito de evitar subjetivismo e outras ordens de problemas.

Sempre que possível, deve-se evitar que a conceituação e a identificação dos vulnerados fiquem ao alvedrio de avaliações subjetivas e vinculações político-ideológicas para tentar impedir estigmatização, paternalismo e autoritarismo[111].

Desigualdades sempre existirão – especialmente em sociedades como a brasileira em que desde sua gênese elementos de diferenciação na população foram destacados –, é preciso, contudo, reagir, pois, como enfatiza José Afonso da Silva, "porque existem desigualdades, é que se aspira à igualdade real ou material que busque realizar a igualização das condições desiguais"[112].

Ao abordar a perspectiva do Direito do Consumidor, Cláudia Lima Marques indica a existência de quatro tipos de vulnerabilidade: 1. vulnerabilidade técnica – falta de conhecimentos sobre o objeto ou serviço adquirido, sendo mais fácil o engano acerca de suas qualidades e utilidades; 2. jurídica ou científica – desconhecimento a respeito de direito, contabilidade ou economia; 3. fática ou socioeconômica – fragilidade pela grande disparidade de posição, seja pelo monopólio, pelo grande poderio econômico ou pela

---

[111] BARBOZA, Heloisa Helena. *Vulnerabilidade e cuidado: aspectos jurídicos*, cit., p. 118.

[112] SILVA, José Afonso da. *Curso de direito constitucional positivo*. São Paulo: Malheiros, 1993. p. 195.

essencialidade do serviço; 4. informacional – déficit de informações que desequilibra a relação[113].

Tem razão a autora sob a ótica do direito do consumidor. A proposta é cotejar e ampliar esses critérios sob o ângulo processual; a partir das constatações na vida social e das previsões engendradas no sistema jurídico, podem ser identificados como critérios legítimos para aferir a vulnerabilidade processual: a insuficiência econômica (hipossuficiência); a existência de insuperáveis óbices geográficos; a ocorrência de debilidades na saúde e/ ou no discernimento; a configuração de dificuldades técnicas – por desinformação pessoal quanto a matérias jurídicas e probatórias relevantes – e a incapacidade de organização, consoante exposto em pormenores a seguir.

4.6.3.1. Insuficiência econômica

A pobreza é "um fenômeno complexo em que interagem diferentes processos (econômicos, sociais, políticos, culturais e étnicos), que podem ser analisados em longa, média e curta durações", podendo ser visto "como fruto da interação entre estruturas e agentes concretos que produzem e reproduzem, em diferentes níveis, as condições que geram e multiplicam a pobreza e a desigualdade"[114].

A hipossuficiência revela a vulnerabilidade ante a insuficiência econômica e tem repercussão processual na medida em que impede ou dificulta a prática de atos pelo litigante.

Como notícia histórica, compete salientar que desde tempos remotos a problemática falta de recursos afeta a atuação em juízo; com o propósito de superá-la, diversas previsões foram engendradas para atender aos reclamos de acesso a justiça, já que a remoção dos óbices econômicos – ou pelo menos sua suavização – sempre foi identificada como diretriz de suma importância para que a isonomia pudesse se tornar realidade[115].

---

[113] MARQUES, Cláudia Lima. *Contratos no Código de Defesa do Consumidor*, cit., p. 320-330 *passim*.

[114] CIMADAMORE, Alberto D.; CATTANI, Antonio D. A construção da pobreza e da desigualdade na América Latina: uma introdução, cit., p. 10.

[115] Na tradição normativa, são encontradas previsões nas Ordenações Manoelinas e Afonsinas flexibilizando a exigência do recolhimento do preparo em face da hipossuficiência econômica do litigante: caso o recorrente não tivesse como pagar o valor estipulado, poderia compensar tal falta fazendo uma oração em audiência; nas Ordenações Filipinas o sistema anterior prevaleceu (MARCACINI, Augusto Tavares Rosa. *Assistência jurídica, assistência judiciária e justiça gratuita*. Rio de Janeiro: Forense, 1996. p. 7).

Nos dias atuais, o tema assume ainda maior relevância em razão do imenso número de pessoas sem condições econômicas de contratar um advogado. Segundo pesquisa[116], considerando os critérios[117] adotados pela Defensoria Pública para fazer jus à assistência judiciária, mais de 85% da população brasileira é potencial cliente da instituição, que não consegue atender, por suas limitações, a 60,3% de seu público.

Toda vez que o sujeito processual não conseguir dar andamento ao feito em decorrência de significativo óbice econômico, o magistrado deve perquirir: é legítimo o sofrimento da limitação em razão do obstáculo pecuniário?

Sendo negativa a resposta, deve atuar para superar o impasse. A esse propósito, Mauro Cappelletti salienta ser evidente "que tratar 'como igual' a sujeitos que econômica e socialmente estão em desvantagem não é outra coisa senão uma ulterior forma de desigualdade e de injustiça"[118].

A comprometedora falta de recursos financeiros é objeto de previsão constitucional, tendo assumido o Estado a obrigação de prestar assistência jurídica integral e gratuita aos que padecerem de insuficiência de recursos.

A autora do presente trabalho já expôs em escrito anterior a diferença entre a assistência judiciária prevista na Lei n° 1060/50 e a assistência jurídica integral e gratuita prevista na Constituição Federal de 1988[119]: enquanto a Lei n° 1.060/1950 aborda o patrocínio da causa em juízo por um corpo advocatício (do Estado ou de entidade que lhe faz as vezes[120]),

---

[116] BRASIL. Ministério da Justiça. III Diagnóstico da Defensoria Pública. Brasília: Ministério da Justiça, 2009. Disponivel em http://www.defensoria.sp.gov.br/dpesp/repositorio/0/III%20Diagn%C3%B3stico%20Defensoria%20P%C3%BAblica%20no%20Brasil.pdf. Acesso 13 mai. 2011.

[117] Constitui clientela em potencial da instituição a população acima de 10 anos de idade e que recebe até três salários mínimos (BRASIL. Ministério da Justiça. III Diagnóstico da Defensoria Pública. Brasília: Ministério da Justiça, 2009. p. 89).

[118] CAPPELLETTI, Mauro. *Proceso, ideologías, sociedad*. Buenos Aires: Jurídicas Europa – América, 1974. p. 67.

[119] TARTUCE, Fernanda. Assistência judiciária gratuita: suficiência da afirmação de pobreza – acórdão comentado. *Lex: Revista do Direito Brasileiro*, São Paulo, v. 46, p. 78-79, 2010.

[120] A OAB e os escritórios de núcleos de prática jurídica de faculdades de Direito costumam ser conveniados à Defensoria para o recebimento de causas. É pertinente destacar que o Departamento Jurídico XI de Agosto, da Faculdade de Direito da USP, foi a primeira iniciativa organizada no País para o acolhimento de jurisdicionados necessitados: instalado desde 1909, a iniciativa dos estudantes do Largo São Francisco antecedeu à própria atividade estatal de fornecimento de assistência judiciária e há 90 anos permanece desempenhando importante missão graças à vontade aguerrida de estagiários, funcionários e advogados comprometidos com o ideário de ampliação da justiça; sua história pode

a previsão da Constituição Federal de 1988 oferece não só a possibilidade de atuação em juízo, mas também de atuação extrajudicial (*v.g.*, para consultas) e de fornecimento de informações e documentos, dentre outras medidas eventualmente necessárias[121]. De espectro mais limitado, a gratuidade implica a liberação das despesas do processo, isentando o litigante de seu recolhimento.

Convém trazer a lume um ponto polêmico: é preciso provar a pobreza? Em caso positivo, como?

Assiste razão a Ronaldo Porto Macedo Junior quando afirma ser a pobreza "facilmente reconhecível como uma das fontes mais importantes e gerais da vulnerabilidade"[122]. Muitos juízes, contudo, dificultam ainda mais a situação dos desfavorecidos litigantes impondo-lhe óbices ao andamento do processo enquanto não provarem sua penúria.

A corrente exigência judicial de demonstração sobre a inexistência de condições financeiras é decisão cujo teor padece de ilegalidade e inconstitucionalidade, não devendo prevalecer por comprometer o acesso do hipossuficiente à justiça e a isonomia no trâmite processual.

Para o reconhecimento dos ditames previstos na lei, esta sinaliza ser suficiente a afirmativa do advogado na petição inicial de que a parte não tem condições de arcar com as despesas do processo sem prejuízo de sua subsistência[123].

Embora a Constituição de 1988 mencione a concessão de assistência jurídica integral e gratuita aos que comprovarem a insuficiência de recursos,

---

ser conferida na belíssima obra *Escola de Justiça*: história e memória do Departamento Jurídico XI de Agosto (Org. Cassio Schubsky. São Paulo: Imprensa Oficial do Estado de São Paulo: Departamento Jurídico XI de Agosto, 2010).

[121] "A Constituição abandona aquela orientação restritiva de cuidar do assunto unicamente com referência à defesa em juízo; abandona a concepção de uma assistência puramente judiciária, e passa a falar em 'assistência jurídica integral'. Obviamente alarga de maneira notável o âmbito da assistência que passa a compreender, além da representação em juízo, além da defesa judicial, o aconselhamento, a consultoria, a informação jurídica e também a assistência aos carentes em matéria de atos jurídicos extrajudiciais, como por exemplo, os atos notariais e outros que conhecemos" (Barbosa Moreira, José Carlos. O direito à assistência jurídica. *Revista de Direito da Defensoria Pública do Estado do Rio de Janeiro*, Rio de Janeiro, ano 4, v. 5, 1991, p. 130).

[122] MACEDO JR, Ronaldo Porto. *Contratos relacionais e defesa do consumidor*, cit., p. 215.

[123] Lei nº 1.060/1950, art. 4º: "A parte gozará dos benefícios da assistência judiciária, mediante simples afirmação, na própria petição inicial, de que não está em condições de pagar as custas do processo e os honorários de advogado, sem prejuízo próprio ou de sua família. § 1º: Presume-se pobre, até prova em contrário, quem afirmar essa condição nos termos desta lei, sob pena de pagamento até o décuplo das custas judiciais".

tem prevalecido o entendimento de que a Lei nº 1.060/1950 foi recepcionada pela Lei Maior, não havendo superposição de previsões porque a Lei em referência e a Constituição abordam temas distintos – atuação em juízo e auxílio jurídico amplo, respectivamente –; ademais, a intenção da "Constituição Cidadã" foi ampliar e não limitar o acesso à justiça[124].

Quando o juiz cria um "incidente de prova de pobreza", mostra-se mais preocupado com os recolhimentos fiscais do que com a necessária prestação jurisdicional e comete grave desvio de rota ante a denegação de mais uma prestação estatal – dentre as muitas já alijadas dos hipossuficientes.

No plano infraconstitucional, a Lei nº 1.060/1950 deve ser observada integralmente por trazer um sistema eficiente de regulamentação da concessão dos benefícios ao necessitado.

Não se deve alegar banalização nos pleitos nem pressupor malícia[125] dos litigantes a ponto de impor exigências ilegais e ilegítimas. Como defendido em outra oportunidade, é de suma relevância que a alegação de pobreza seja tratada com sensibilidade e atenção pelos juízes sob pena de afronta às garantias constitucionais do acesso à justiça, da isonomia, do devido processo legal e da duração razoável do processo[126].

4.6.3.2. Óbices geográficos

Pode ocorrer que a parte tenha consideráveis dificuldades de locomoção ao local da prática dos atos processuais, prejudicando sua atuação em juízo por obstáculos geográficos insuperáveis.

Embora haja grande investimento na implementação da via digital para o trâmite dos atos processuais, é certo que ainda não houve universalização da informatização; mesmo que tal se verifique mais adiante, alguns atos precisarão contar com a presença física dos litigantes e/ou de seus procu-

---

[124] Além de posicionamentos doutrinários, há diversos precedentes – inclusive do Supremo Tribunal Federal – afirmando a recepção da lei da assistência judiciária pela Constituição de 1988 e a suficiência da afirmação de pobreza (TARTUCE, Fernanda. Assistência judiciária gratuita: suficiência da afirmação de pobreza – acórdão comentado, cit., p. 81).

[125] "Não há que se olhar o litigante como um oportunista, presumindo que requer os benefícios da gratuidade em má-fé para espuriamente se livrar de suas obrigações; a boa-fé (ainda!) se presume em nosso sistema" (TARTUCE, Fernanda. Assistência judiciária gratuita: suficiência da afirmação de pobreza – acórdão comentado, cit., p. 82).

[126] TARTUCE, Fernanda. Assistência judiciária gratuita: suficiência da afirmação de pobreza – acórdão comentado, cit., p. 81.

radores. Pode ser que um demandante se encontre em localidade deveras distante e isso repercuta de maneira negativa em sua atuação em juízo.

Na tradição normativa brasileira o critério geográfico já foi considerado fator relevante para o reconhecimento da inviabilidade de observância de ônus processuais[127].

Embora o legislador já tenha denotado sensibilidade e preocupação com a remoção de obstáculos para promover acesso à justiça, nos dias atuais faltam regras focadas em contemplar detalhadamente a situação de eventual dificuldade geográfica; no Código de Processo Civil o tema é objeto de isolado dispositivo que expressamente menciona a possibilidade de ampliação de prazo diante de dificuldade de transporte[128].

Assim, como regra cumpre à parte e a seu procurador organizarem-se para superar óbices e praticar os atos processuais.

É inegável, porém, que certos litigantes precisam receber um olhar especial; prova disso é que a Constituição Federal, por força da Emenda 45, passou a prever a Justiça itinerante.

Nas palavras de Ricardo de Barros Leonel, com essa decisão constitucionalizou-se uma prática já realizada por iniciativa dos próprios tribunais para tentar superar "dificuldades de deslocamento que por vezes inviabilizam a procura dos serviços judiciais"[129].

Para o autor, a previsão teve como propósito, possivelmente, lograr o mesmo efeito que seria obtido com a criação de mais órgãos judiciários

---

[127] Nas Ordenações Manuelinas há previsão reveladora de sensibilidade à situação do recorrente impossibilitado de interpor agravo por estar além-mar (Livro 3, Título 54, 4); também nas Ordenações Filipinas havia regra expressa sobre a mudança do termo inicial para apelar se o litigante estivesse fora do local onde a decisão fora proferida.

[128] Segundo a parte final do art. 182 do CPC, "o juiz poderá, nas comarcas onde for difícil o transporte, prorrogar quaisquer prazos, mas nunca por mais de 60 (sessenta) dias". Sobre tal dispositivo, assevera Nelton dos Santos que "em país de dimensões continentais e de contrastes gigantes, como o Brasil, conduziu-se bem o legislador ao possibilitar a prorrogação dos prazos peremptórios. Ainda hoje existem comarcas com território vasto, dotadas de precárias estradas e sem transporte coletivo regular. Nesses casos – e em outros semelhantes – cabe ao juiz do lugar avaliar a adequação do prazo legal e, conforme o caso, prorrogá-lo, a fim de que a parte possa efetivamente praticar o ato processual." (SANTOS, Nelton dos. Comentário ao art. 182. In: MARCATO, Antônio Carlos (Coord.). *Código de Processo Civil interpretado*. São Paulo: Atlas, 2008, p. 476)

[129] O autor exemplifica: "basta pensar no que ocorre em bairros da periferia das grandes cidades, como São Paulo, ou mesmo comunidades distantes das áreas metropolitanas de regiões como Norte e Nordeste" (LEONEL, Ricardo de Barros. Reforma do Poder Judiciário: primeiras reflexões. *Revista Magister de Direito Civil e Processual Civil*, Porto Alegre, v. 4, p. 98, jan./fev. 2005).

Cap. 4 – VULNERABILIDADE, DIREITO E PROCESSO CIVIL

sem, todavia, o negativo efeito de incremento nas despesas orçamentárias; como bem acentua, "mais importante que a mudança constitucional em si, será a forma como na prática, e na legislação infraconstitucional, será ela implementada"[130].

Um critério útil, portanto, para aferir se realmente se verifica o óbice geográfico alegado é perquirir se a área se encontra – ou já se encontrou – pautada no trajeto percorrido pela Justiça itinerante.

No mais, é oportuno considerar a sugestão de Barbosa Moreira no sentido de reconhecer valor probatório a declarações escritas de terceiro: apesar de esse tema receber tratamento hostil pelos estudiosos, o autor acredita em sua pertinência pelas características do País, "onde não raro esbarram em dificuldades de toda espécie os deslocamentos a que tem de sujeitar-se quem vai prestar depoimento na sede do juízo"[131].

4.6.3.3. Debilidades na saúde

É perceptível que a prática dos atos processuais pode ser comprometida de modo significativo por problemas de saúde do litigante.

Diante das naturais ocorrências da vida, o assunto sempre esteve na pauta de consideração dos julgadores, sendo possível identificar na tradição processual pátria antigas regras sobre considerações diferenciadas em prol de pessoas doentes[132].

O atual Código de Processo Civil aborda o tema limitando a ocorrência da citação[133] ao doente enquanto grave seu estado, dispensando a testemunha enferma de depor em audiência[134] e prevendo prioridade de tramitação ao litigante gravemente doente. Esta última previsão, aliás, decorreu da edição

---

[130] LEONEL, Ricardo de Barros. *Reforma do Poder Judiciário: primeiras reflexões*, cit., p. 100.

[131] BARBOSA MOREIRA, José Carlos. *A justiça e nós*, cit., p. 13.

[132] Nas Ordenações Filipinas, havia exceção à previsão de que o inventário começasse em 30 dias e acabasse em 60, com base em enfermidade: se algum dos sucessores estivesse doente, seria concedido mais tempo para a promoção do inventário (CARVALHO, Jose Pereira de. *Primeiras linhas sobre o processo orphanologico: legislacao orphanologica ate ao presente*. 8. ed. Rio de Janeiro: Eduardo & Henrique Laemmert, 1865. p. 7).

[133] Art. 217. "Não se fará, porém, a citação, salvo para evitar o perecimento do direito: IV – aos doentes, enquanto grave o seu estado."

[134] Art. 410. "As testemunhas depõem, na audiência de instrução, perante o juiz da causa, exceto: III – as que, por doença, ou outro motivo relevante, estão impossibilitadas de comparecer em juízo" (art. 336, parágrafo único).

da Lei nº 12.008/2009 que também alterou a lei sobre processos administrativos para contemplar a prioridade a enfermos[135].

É pertinente ressaltar que antes da edição dessa lei federal havia precedentes reconhecendo a necessária concessão de prioridade na tramitação a litigantes gravemente enfermos; em demanda intentada por portador de HIV, a Ministra do STJ, Nancy Andrighi, entendeu que negar o benefício seria suprimir ao indivíduo a dignidade[136].

São suficientes as previsões hoje existentes? A resposta é negativa: em situações diversas das previstas em lei os magistrados precisarão aferir se as debilidades de saúde geram impacto significativo na atuação em juízo.

Na contemporaneidade, situações pontuais de enfermidade vêm sendo trabalhadas com fundamento na noção de justa causa – *v.g.*, para superar eventual falta em audiência. É preciso que o julgador permita sensibilizar-se a graves situações de saúde experimentadas pelos litigantes e por seus advogados que comprometam sua presença e atuação em juízo.

Há que se considerar, ainda, outra importante situação que não pode passar despercebida: as condições de dependente[137] e de cuidador. Considera-

---

[135] Consta na Lei nº 12.0089/2009: "A Lei nº 9.784, de 29 de janeiro de 1999, passa a vigorar acrescida do seguinte artigo: "Art. 69-A. Terão prioridade na tramitação, em qualquer órgão ou instância, os procedimentos administrativos em que figure como parte ou interessado: I – pessoa com idade igual ou superior a 60 (sessenta) anos; II – pessoa portadora de deficiência, física ou mental; III – (vetado); IV – pessoa portadora de tuberculose ativa, esclerose múltipla, neoplasia maligna, hanseníase, paralisia irreversível e incapacitante, cardiopatia grave, doença de Parkinson, espondiloartrose anquilosante, nefropatia grave, hepatopatia grave, estados avançados da doença de Paget (osteíte deformante), contaminação por radiação, síndrome de imunodeficiência adquirida, ou outra doença grave, com base em conclusão da medicina especializada, mesmo que a doença tenha sido contraída após o início do processo".

[136] Afirma-se na decisão que "negar o direito subjetivo de tramitação prioritária do processo em que figura como parte uma pessoa com o vírus acima descrito, seria, em última análise, suprimir, em relação a um ser humano, o princípio da dignidade da pessoa humana, previsto constitucionalmente como um dos fundamentos balizadores do Estado Democrático de Direito que compõe a República Federativa do Brasil, no art. 1º, inc. III, da CF Recurso Especial nº 1.026.899/DF, julgado em 17.04.2008. Citando tal precedente destacamos *decisum* do Tribunal de Justiça de são Paulo: 'Dada a peculiar condição do ora recorrente, derivada da moléstia que o acomete e que exige celeridade no oferecimento da tutela jurisdicional pretendida, impõe-se seja reconhecida a necessária prioridade na tramitação do feito'" (Rel. Ana de Lourdes Coutinho Silva, Agravo de Instrumento nº 522.627-4/2-00 – São Paulo).

[137] Eis o que consta sobre o tema no sítio das Nações Unidas: "The impact of population ageing is increasingly evident in the old-age dependency ratio, the number of working age persons (age 15 – 64 years) per older person (65 years or older) that is used as an indicator of the 'dependency burden' on potential workers. Between 2005 and 2050, the old-age dependency ratio will almost double in more developed regions and almost

-se padrão na sociedade o indivíduo autossuficiente e independente como se todos os membros da sociedade assim pudessem ser; essa postura deixa de atentar para o fato de que "qualquer pessoa é dependente enquanto criança e poderá tornar-se dependente à medida do envelhecimento, enquanto doente ou padecendo de qualquer tipo de invalidez ou incapacidade"[138].

Se, portanto, pessoa próxima da família do litigante ou do advogado sofre grave problema de saúde e aquele que deveria estar em juízo não tem condições de comparecer por precisar cuidar do enfermo, sendo inviável sua substituição – perante o doente ou na representação do cliente –, o juiz deve reconhecer a vulnerabilidade momentânea e permitir a dilação de prazo a fim de evitar o comprometimento dos atos processuais.

4.6.3.4. Desinformação pessoal

Para supor a efetiva igualdade, há que se contar, antes de qualquer coisa, com um nivelamento cultural razoável e com a existência de informações e orientações que permitam o conhecimento pleno da existência dos direitos[139].

José Afonso da Silva entende que a desinformação, obstáculo social impeditivo do acesso à justiça, é uma questão de educação, sendo esta essencial ao pleno desenvolvimento da pessoa por prepará-la "para o exercício da cidadania e sua qualificação para o trabalho, como determina a Constituição"[140].

Cândido Rangel Dinamarco, por sua vez, adverte que os maus vezos de fundo cultural ou psicossocial podem ser combatidos pela instrução escolar básica, por campanhas publicitárias e pelo exemplo ofertado de bons resultados de processos – em atendimento ao seu escopo social educativo[141].

---

triple in less developed regions. The potential socioeconomic impact on society that may result from an increasing old-age dependency ratio is an area of growing research and public debate" (ONU. Division for Social Policy and Development. Disponível em: < http://www.un.org/esa/socdev>. Acesso em: 30 nov. 2010).

[138] TOMÉ, Maria José Romão Carreiro Vaz. Algumas considerações sobre a dependência, cit., p. 326. Segundo a autora, "a universalidade e a inevitabilidade conferem a esta forma de dependência um papel central no debate relativo à responsabilidade do Estado, da sociedade e da família pela respectiva assistência".

[139] WATANABE, Kazuo. Assistência judiciária como instrumento de acesso a ordem justa. *Revista da Procuradoria-Geral do Estado*, São Paulo, n. 22, p. 89, 1984.

[140] SILVA, José Afonso da. *Poder constituinte e poder popular*. São Paulo: Malheiros, 2000. p. 157.

[141] DINAMARCO, Cândido Rangel. *Instituições de Direito Processual Civil*, cit., p. 129.

Até que o panorama evolua, é forçoso reconhecer que dificuldades de compreensão podem afetar tanto a ciência dos indivíduos sobre a extensão dos direitos como as possibilidades de exercê-los em juízo.

4.6.3.4.1. Ignorância sobre o Direito material

É normal que o consumidor se encontre vulnerável pelos altos custos de processamento da informação, sendo estes de forma geral especialmente elevados para certos indivíduos por suas condições econômicas ou físicas – caso de "deficientes, idosos, doentes, pacientes terminais ou sujeitos a forte stress psicológico provocado pela gravidade da doença e pela baixa expectativa de vida gerada, como entre os infectados pelo vírus HIV e aidéticos"[142].

A despeito dessa árdua realidade, consta na Lei de Introdução às normas do Direito Brasileiro[143] previsão segundo a qual ninguém pode alegar ignorância da lei para escusar-se de cumpri-la[144]. Como interpretar tal regra?

Para José Afonso da Silva, seu teor é injusto e antidemocrático em face da miséria, do despreparo e da carência de milhões de brasileiros, já que "os mais pobres [nem] sequer sabem da existência de certos direitos seus e da possibilidade de fazê-los valer em juízo servindo-se do patrocínio gratuito de defensores públicos"[145].

Na mesma linha, assevera Barbosa Moreira que "o mal da desinformação jurídica afeta todas as classes e segmentos da sociedade brasileira", mesmo que seja "óbvio, por outro lado, que o déficit de informação afeta principalmente a população de baixa – ou nenhuma – renda"[146].

Estão corretos os aludidos autores; se muitos brasileiros egressos do ensino público têm problemas de compreensão e comunicação por dificuldades básicas em relação à língua portuguesa, como exigir que conheçam e alcancem o significado de todos os dispositivos legais? Em razão da proliferação e da complexidade do quadro normativo brasileiro, não há como considerar operante a norma citada para engendrar tal grau de exigência.

---

[142] MACEDO JR, Ronaldo Porto. *Contratos relacionais e defesa do consumidor*, cit., p. 229.

[143] A Lei de Introdução ao Código Civil passou a ser denominada, por força da Lei nº 12.376/2010, Lei de Introdução às Normas do Direito Brasileiro.

[144] Decreto-Lei nº 4.657/1942, art. 3º: "Ninguém se escusa de cumprir a lei, alegando que não a conhece".

[145] SILVA, José Afonso da. *Poder constituinte e poder popular*, cit., p. 157.

[146] BARBOSA MOREIRA, José Carlos. Desinformação jurídica. In: ———. *Temas de direito processual*: (sexta série). São Paulo: Saraiva, 1997. p. 294-295.

Para facilitar o acesso a informações jurídicas, a Lei nº 12.195/2010 propugna que todo estabelecimento comercial deve disponibilizar exemplar do Código de Defesa do Consumidor aos seus clientes destinado à consulta imediata.

Apesar da boa intenção da lei, será a previsão suficiente? O consumidor conseguirá sanar eventuais dúvidas identificando a norma incidente ao seu caso dentre os 119 artigos do Código, compreendendo-os integralmente?

A resposta tende a ser negativa porque a linguagem jurídica é técnica, complexa e se vale de signos e ideias que não têm o mesmo sentido nem a mesma simbologia das palavras usadas no cotidiano, o que pode ensejar contradições e incompatibilidades na compreensão[147].

Se isso ocorre no que tange ao conhecimento dos direitos materiais, tanto mais difícil é que as pessoas conheçam as regras procedimentais – de viés ainda mais técnico.

4.6.3.4.2. Desconhecimento sobre normas processuais

No plano processual, a falta de informação configura um complexo óbice à proteção judiciária porque, ainda que haja uma boa estrutura disponível de assistência jurídica e integral aos necessitados, estes podem não utilizá-la por desconhecimento de seus direitos materiais ou da própria viabilidade de acesso à justiça[148].

Como bem destaca Mauro Cappelletti, "as dificuldades de informação constituem, em particular, obstáculo ao pleno acesso ao direito, em todos os sistemas jurídicos, o que se mostra especialmente verdadeiro para os indivíduos e grupos menos privilegiados"[149].

É inegável a realidade sociológica na qual os litigantes são desprovidos de informações processuais básicas. Para comprovar essa assertiva, basta considerar a situação do demandante sem advogado nos Juizados Especiais: o desconhecimento sobre o trâmite processual e a inacessibilidade do linguajar técnico podem prejudicar – e muito – a prática de atos em juízo.

O tema não escapou à sensibilidade de Barbosa Moreira, para quem o baixo nível de cultura constitui um fator de marginalização no processo,

---

[147] FERRAZ JUNIOR, Tercio Sampaio. *Introdução ao estudo do direito*: técnica, decisão e dominação. São Paulo: Atlas, 2001. p. 32 e 251.
[148] BARCELLOS, Ana Paula de. *A eficácia jurídica dos princípios constitucionais*: o princípio da dignidade da pessoa humana, cit., p. 332.
[149] CAPPELLETTI, Mauro. *Juízes legisladores?*, cit., p. 84.

sendo notórias as desvantagens vivenciadas por analfabeto e semianalfabetos nos feitos "a começar pelo déficit informativo, que tantas vezes lhe dificulta ou até veda a noção de seus direitos e da possibilidade de reclamar satisfação por via civilizada"[150].

Sobreleva ainda enfatizar que, além da desinformação, a imagem imponente e formalista do Poder Judiciário e as impressões sobre seu mau funcionamento podem afastar o jurisdicionado da defesa conveniente de seus interesses[151]; afinal, as camadas sociais mais carentes e menos informadas são as mais prejudicadas pela descrença e pelo temor reverencial[152].

É importante que a sociedade e as instituições ligadas à aplicação e ao estudo do Direito – como Ministério Público, Defensorias, Poder Judiciário e instituições de ensino jurídico – dediquem-se a promover informações sobre sua atuação e sobre a estrutura de acesso à Justiça para atender à população necessitada[153].

Em médio e longo prazos deve ser fomentada a generalização do ensino fundamental a toda a população do País com a inclusão, na grade curricular, de noções jurídicas sobre o Judiciário e seu papel, o conteúdo do acesso à justiça e os meios disponíveis ao cidadão para exercer seus direitos com a finalidade de proporcionar um nível pelo menos razoável de informação cívica[154].

Pelas razões apontadas, revela-se essencial que o juiz manifeste sensibilidade em relação aos mais necessitados e seu eventual desconhecimento acerca de

---

[150] BARBOSA MOREIRA, José Carlos. *Por um processo socialmente efetivo*, cit.

[151] Como alerta Cândido Rangel Dinamarco, "as demoras da justiça tradicional, seu custo, formalismo, a insensibilidade de alguns aos verdadeiros valores e ao compromisso com a justiça, a mística que leva os menos preparados e leigos em geral ao irracional temor reverencial perante as instituições judiciárias e os órgãos da Justiça – eis alguns dos fatores que ordinariamente inibem as pessoas de defender convenientemente seus direitos e interesses em juízo e consequentemente acabam por privá-las da tutela jurisdicional. Onde a Justiça funciona mal, transgressores não a temem e lesados pouco esperam dela" (DINAMARCO, Cândido Rangel. *Instituições de Direito Processual Civil*, v. I, cit., p. 129).

[152] DINAMARCO, Cândido Rangel. *Instituições de Direito Processual Civil*, v. I, cit., p. 129.

[153] As ponderações são de Ana Paula de Barcellos, para quem "o direito não é capaz de ocupar todas as áreas. Neste ponto, campanhas de divulgação implementadas voluntariamente pelas instituições referidas serão muito mais eficientes na construção desse aspecto da dignidade humana, que é a consciência cívica e a informação a respeito da própria cidadania" (BARCELLOS, Ana Paula de. *A eficácia jurídica dos princípios constitucionais*: o princípio da dignidade da pessoa humana, cit., p. 322-323).

[154] BARCELLOS, Ana Paula de. *A eficácia jurídica dos princípios constitucionais*: o princípio da dignidade da pessoa humana, cit., p. 332.

pautas de conduta; afinal, o processo civil, para dar cumprimento à garantia constitucional do devido processo legal, prevê regras para a atuação das partes e do magistrado em juízo, mas o litigante vulnerável pode não conhecer seu teor. O que ocorre se o jurisdicionado ignora os ditames legais?

O Poder Judiciário deve colaborar para esclarecer e informar os jurisdicionados em dificuldades. Os tribunais já manifestaram preocupação em viabilizar o acesso às informações aos jurisdicionados tornando mais claros os comandos decisórios[155].

No aspecto processual, dificuldades para obter dados podem ser comprometedoras e exigir a compreensão cooperativa do juiz.

Em alguns casos, o demandante não tem informações atuais sobre a parte contrária; poderia o magistrado colaborar valendo-se de seus poderes para que a informação possa vir aos autos? Sobre o tema convém trazer à tona interessante precedente da seara trabalhista admitindo que o empregado aponte apenas o nome fantasia do empregador em reconhecimento à sua ignorância sobre a oficial razão social da pessoa obrigada[156].

As observações expostas demonstram a relevância de que o juiz considere, para a implementação da isonomia sob o prisma substancial, não apenas o elemento financeiro, mas também o nível de informação das partes, já que esse fator decerto influirá no modo de ser do processo[157].

4.6.3.5. Dificuldades na técnica jurídica

Técnica significa conhecimento prático, revelando o "conjunto dos métodos e pormenores práticos essenciais à execução perfeita de uma arte ou profissão"[158].

---

[155] Consta em notícia divulgada no sítio do Superior Tribunal de Justiça: "Atualmente, é rotineiro discutir o excesso de formalismo na linguagem do Direito. Com o movimento crescente de aproximação Judiciário-sociedade, a procura de um discurso jurídico mais acessível ao cidadão tornou-se um objetivo a alcançar" (BRASIL. Superior Tribunal de Justiça – STJ. *Conheça o posicionamento do STJ sobre o excesso de linguagem do juiz*. Disponível em: <www.stj.jus.br>. Acesso em: 30 ago. 2010).

[156] "A práxis trabalhista que admite o processamento de demandas em que o autor indica apenas o nome de fantasia do empregador, está relacionada à presunção de ignorância do litigante hipossuficiente quanto à verdadeira razão social da pessoa física ou jurídica obrigada pela satisfação de seus créditos" (TRT 6ª Região, Rel. Bartolomeu Alves Bezerra, 3ª Turma, RO 0011.2005.002.0600.2, Recife-PE, j. 16.11.2005).

[157] LUCON, Paulo Henrique dos Santos. Garantia do tratamento paritário das partes. In: Cruz e Tucci, José Rogério (Coord.). *Garantias constitucionais do processo civil*. São Paulo: Revista dos Tribunais, 1999. p. 97.

[158] *Dicionário Michaelis*. Disponível em: <www.michaelis.uol.com.br/moderno/português>. Acesso em: 20 jun. 2008.

Ao abordar seu caráter instrumental, Cândido Rangel Dinamarco define *técnica* como "a predisposição ordenada de meios destinados a obter certos resultados"[159].

É inegável ser a técnica um fator imprescindível à ideia de processo[160], sendo claro que o instrumento deve atuar de forma adequada para o alcance dos resultados esperados. A participação dos litigantes é fundamental para que possa haver um bom desenvolvimento técnico, já que os envolvidos na relação de direito material precisarão aportar elementos ao advogado para que este atue em seu nome.

Podem ser identificadas como óbices técnicos as dificuldades experimentadas em razão da atuação do advogado e os obstáculos vivenciados para provar os fatos constitutivos do alegado direito – circunstâncias que impactam significativamente no acesso à justiça e na prática dos atos processuais pelos jurisdicionados, sendo merecedora de destaque e atenção.

Norma expressa no Código de Defesa do Consumidor menciona a hipossuficiência técnica, de sorte que a produção jurisprudencial sobre o assunto enfoca a aplicação dessa perspectiva consumerista considerando precipuamente o elemento probatório.

O assunto merece ser desenvolvido em duas perspectivas: sob o aspecto da capacidade postulatória (que impacta intensamente logo no início, podendo comprometer a devida proteção judiciária) e sob o prisma da produção de provas (que interfere na instrução do processo a ponto de comprometer a procedência do pedido).

4.6.3.5.1. Ausência de advogado

No plano normativo, a Constituição Federal[161] e duas leis infraconstitucionais[162] exigem a capacidade postulatória para a atuação em juízo, só

---

[159] DINAMARCO, Cândido Rangel. *A instrumentalidade do processo*, cit., p. 273-274.
[160] Para Carlos Alberto Álvaro de Oliveira, a técnica tem papel ordenador, organizador e coordenador, prestando-se a controlar o arbítrio e servindo para alcançar as finalidades do processo em tempo razoável, principalmente colaborando para a justiça da decisão. Como bem destaca o autor, contudo, o processo não é nem pode ser apenas forma: é de suma relevância sua conformação aos valores constitucionais (Oliveira, Carlos Alberto Álvaro de. *O formalismo-valorativo em confronto com o formalismo excessivo*, cit., p. 26).
[161] Art. 133: "o advogado é essencial à administração da justiça".
[162] CPC, art. 36: "a parte será representada em juízo por advogado legalmente habilitado. Ser-lhe-á lícito, no entanto, postular em causa própria, quando tiver habilitação legal ou, não a tendo, no caso de falta de advogado no lugar ou recusa ou impedimento dos que

sendo eficazes os atos postulatórios[163] praticados no processo por meio de advogado[164].

O importante pressuposto processual da indispensabilidade do advogado justifica-se, segundo Cândido Rangel Dinamarco, por duas ordens de conveniência: 1. técnica (por confiar a atuação a pessoas capacitadas profissionalmente e sujeitas a regime disciplinar e organizacional da OAB); e 2. psíquica (para "evitar as atitudes passionais da parte em defesa própria"[165]).

Apesar da conveniência de contar com advogados, litigantes podem, nos casos previstos em lei, atuar perante os órgãos jurisdicionais formulando seus pleitos *de per si*, exercendo sozinhos o *ius postulandi*. Embora a previsão seja apta a viabilizar maior acesso às Cortes de Justiça ensejando economia por diminuir custos[166], pode acarretar problemas na gestão do conflito. Como não há qualquer técnico jurídico atuando, é mister que o juiz atente para a situação das partes em juízo com o máximo de cuidado para evitar que a grande facilitação prevista pelo sistema se converta em

---

houver". Estatuto do Advogado – Lei nº 8.906/1994, art. 3º: "O exercício da atividade de advocacia no território brasileiro e a denominação de advogado são privativos dos inscritos na Ordem dos Advogados do Brasil (OAB)".

[163] Consoante adverte Cândido Rangel Dinamarco, "os atos postulatórios, em seu conjunto, constituem o *patrocínio* em juízo, que o advogado faz mediante procuração outorgada pelo cliente (constituinte). *Patrocinar* significa elaborar petições iniciais, defesas, recursos ou resposta a eles e peças escritas em geral, bem como participar de audiências etc. Não se incluem entre os atos postulatórios e são realizados pela própria parte o depoimento pessoal (art. 342 e ss.), a participação em tentativas conciliatórias (art. 125, inc. IV, art. 331 etc.) e outros atos personalíssimos" (DINAMARCO, Cândido Rangel. *Instituições de Direito Processual Civil*, cit. v. II, p. 286).

[164] DINAMARCO, Cândido Rangel. *Instituições de Direito Processual Civil*, v. II, p. 286.

[165] DINAMARCO, Cândido Rangel. *Instituições de Direito Processual Civil*, v. II, p. 287. Segundo o autor, "como puro profissional, que não é o titular dos interesses em conflito, ele não fica tão envolvido como a parte nas angústias e acirramentos de ânimos a que está sujeita. O advogado profissionalmente bem formado opera como eficiente *fator de arrefecimento dos conflitos* e reúne condições muito melhores que a parte para argumentar racionalmente, evitar condutas agressivas ou desleais e eventualmente negociar a conciliação com o advogado da parte contrária. Por essa segunda razão, embora a parte habilitada como advogado seja autorizada a postular *em causa própria* (CPC, art. 36), isso é vivamente desaconselhado".

[166] "Seguiu o legislador a mesma linha já traçada pelo art. 9º, *caput*, da Lei 7.244/1984, com o escopo precípuo de facilitar o acesso à justiça. Deixou-se ao talante do interessando – autor ou réu –, em determinadas causas, comparecer ao Judiciário desacompanhado de advogado, a fim de pleitear diretamente a tutela do seu direito, de maneira simples, informal e econômica" (FIGUEIRA JÚNIOR, Joel Dias. *Juizados Especiais Estaduais Cíveis e Criminais*: comentários à Lei 9.099/1995. 4. ed. São Paulo: Revista dos Tribunais, 2005. p. 172).

triste armadilha; o dever de informação preconizado pelo modelo processual cooperatório é essencial neste panorama.

Atenta ao possível desequilíbrio existente entre os litigantes por conta da falta de representação jurídica, a Lei nº 9.099/1995 prevê que se uma das partes estiver com advogado – ou for o réu pessoa jurídica/firma individual –, a outra, querendo, terá assistência jurídica prestada por órgão instituído perante o Juizado Especial nos termos da lei local[167]. Dispõe ainda que o juiz, quando a causa o recomendar, deverá alertar as partes sobre a conveniência de patrocínio por advogado[168].

Se o demandante com advogado experimenta dificuldades para acompanhar o processo, a situação é ainda mais complicada para o litigante sem conhecimento jurídico que não conta com um profissional para descortinar os complexos trâmites do feito.

A despeito da boa intenção do legislador, ante a crise de recursos físicos e humanos no Poder Judiciário não há estrutura suficiente para bem atender os litigantes em seus pedidos simples e informais; apesar de o Estado ter tentado facilitar o acesso à Justiça, acabou pecando por omissão e, com isso, violando o devido processo legal e a ordem jurídica justa ao não instituir Defensorias Públicas de forma permanente nos foros dos Juizados, não tendo a lei adotado a solução mais apropriada em face da realidade brasileira[169].

Por essa razão, constatando o juiz e seus auxiliares que o litigante demanda sem advogado, deverão atuar para esclarecer-lhe sobre os pontos essenciais da tramitação do feito, atentando para suas particulares condições; sendo, *v.g.*, analfabeto, idoso ou deficiente, precisarão atuar de forma apta a assegurar a devida ciência dos atos processuais.

Conforme adverte Fritz Baur, quando o sistema jurídico preconiza à parte direitos de ser ouvida e tratada com paridade, o papel do juiz, até então eminentemente passivo, passa a ser marcadamente ativo: mesmo à luz dos princípios desenvolvidos nos Códigos de Processo, ao juiz cabe velar por sua aplicação segundo as circunstâncias e os casos concretos – isso significa que o juiz deve assistir o litigante sem representação técnica "de

---

[167] Lei nº 9.099/1995, art. 9º, § 1º "Sendo facultativa a assistência, se uma das partes comparecer assistida por advogado, ou se o réu for pessoa jurídica ou firma individual, terá a outra parte, se quiser, assistência judiciária prestada por órgão instituído junto ao Juizado Especial, na forma da lei local".

[168] Lei nº 9.099/1995, art. 9º, § 2º "O Juiz alertará as partes da conveniência do patrocínio por advogado, quando a causa o recomendar".

[169] FIGUEIRA JÚNIOR, Joel Dias. *Juizados Especiais Estaduais Cíveis e Criminais*: comentários à Lei 9.099/1995, cit., p. 173.

Cap. 4 – VULNERABILIDADE, DIREITO E PROCESSO CIVIL

forma mais intensa, dando-lhe apoio, em forma de conselhos e sugestões (§ 139 ZPO) para que essa parte não fique, desde o início, em situação desvantajosa relativamente a seu adversário, esse sim, representado por um advogado"[170].

O autor assevera que, "naturalmente, essa ajuda deve manter-se dentro em certos limites, para que não se tenha a impressão de que o juiz está sendo parcial"[171]. Não há explicitação detalhada sobre como o magistrado agiria para alcançar esse ponto de equilíbrio, o que pode ensejar dificuldades no que tange à implementação da referida pauta de conduta.

Não é o caso, porém, de sacrificar a ideia pela dificuldade de torná-la real. Conforme assinalado ao tratar do modelo processual de cooperação, é possível que o juiz colabore com as partes em prol da melhor prestação jurisdicional sem transmutar-se em seu advogado, desde que foque em suas explicações as informações atinentes ao procedimento e não ao mérito dos litígios.

Ao dar condições para que as partes compreendam o andamento do feito e as consequências de suas ações ou omissões, o juiz não precisa valorar as circunstâncias do caso a ponto de adiantar o julgamento ou revelar suas impressões a respeito dele, mas tão somente descortinar aspectos procedimentais para a necessária atuação em juízo[172].

É preciso que o magistrado tenha cuidado e seja comedido em suas manifestações, equilibrando sua atuação para permitir que ambas as partes tenham ciência dos rumos do processo e possam se manifestar a respeito concretizando o contraditório e a ampla defesa.

4.6.3.5.2. Deficiências na atuação probatória

Como regra, a prática dos atos pelas partes em juízo está associada à ideia de autorresponsabilidade do litigante, uma vez que o cumprimento dos ônus é uma expressão de seu poder[173].

Pelo sistema normativo do ônus da prova, quem alega o fato deve prová-lo em juízo, sendo essa premissa responsável pela distribuição dos

---

[170] BAUR, Fritz. O papel ativo do juiz, cit., p. 190.
[171] BAUR, Fritz. O papel ativo do juiz, cit., p. 190.
[172] Conforme mencionado, a partir da experiência da mediação – mecanismo em que o terceiro interfere no conflito para fomentar o diálogo sem formular sugestões nem emitir juízo de valor – autoriza a conclusão sobre ser possível promover comunicação e informação sem comprometer a equidistância em relação às partes.
[173] MICHELLI, Gian Antonio, *L'onere della prova*. Padova: Cedam, 1966. p. 99.

encargos de provar prevista no Código de Processo Civil[174]. A busca da verdade real[175], por sua vez, enseja que todos devem contribuir para a escorreita reconstituição dos fatos relevantes para o processo, competindo ao juiz investigar e apreciar a prova com base no conjunto probatório.

Qual é, afinal, o papel do juiz na realização da prova? Consoante abordado, a resposta a essa pergunta dependerá da visão – liberal, social ou participativa – sobre o processo.

Eduardo Cambi explica que os sistemas processuais podem ser diferenciados com base nos poderes do juiz e dos litigantes na condução do processo e da gestão das provas. Pelo princípio inquisitório, "os poderes instrutórios do juiz se colocam acima dos das partes, tudo justificando para descobrir a verdade, inclusive o sacrifício da garantia do contraditório"; já pelo princípio dispositivo, "o processo é, eminentemente, *coisa das partes*, a quem incumbe o ônus de provar, devendo o juiz, para não comprometer a sua *imparcialidade*, manter-se *neutro* diante do conflito de interesses"[176].

Destaca o autor não haver sistemas processuais puros: para saber se há mais características dispositivas ou acusatórias, será preciso analisar a extensão dos poderes do magistrado e das partes[177].

Como se percebe, é preciso abordar a perspectiva a partir não só do juiz, mas também considerar a atuação dos demais sujeitos processuais.

Para cogitar sobre autorresponsabilidade é preciso pressupor paridade real entre os litigantes, pois, como leciona Rodrigo Xavier Leonardo, "no caso de flagrante desigualdade material, seja por intervenção do Ministério Público, seja por medidas efetivas tomadas pelo juiz para viabilizar a igualdade no processo, esta construção deve ser ponderada"[178].

---

[174] Art. 333: "O ônus da prova incumbe: I – ao autor, quanto ao fato constitutivo do seu direito; II – ao réu, quanto à existência de fato impeditivo, modificativo ou extintivo do direito do autor".

[175] Como bem explana Cassio Scarpinella Bueno, "a *qualidade* da prestação da tutela jurisdicional, em atenção ao 'modelo constitucional do direito processual civil' não pode tolerar qualquer outro comprometimento do magistrado que não a busca da 'verdade real', isto é, a 'verdade', que no seu íntimo corresponda àquilo que realmente aconteceu no plano exterior ao processo e, por ter acontecido, acabou por motivar a *necessidade* da atuação do Estado-juiz para prestar a tutela jurisdicional" (BUENO, Cassio Scarpinella. *Curso sistematizado de direito processual civil*: procedimento comum, ordinário e sumário, 2. São Paulo: Saraiva, 2007. t. 1, p. 237).

[176] CAMBI, Eduardo. Neoprivatismo e neopublicismo a partir da Lei 11.690/2008, cit.

[177] CAMBI, Eduardo. Neoprivatismo e neopublicismo a partir da Lei 11.690/2008, cit.

[178] LEONARDO, Rodrigo Xavier. *Imposição e inversão do ônus da prova*. Rio de Janeiro: Renovar, 2004. p. 68-69.

Além do promotor e do magistrado, também o legislador pode buscar equilibrar a relação diante de referido desequilíbrio.

Sob o ângulo de visão da participação das partes, para melhor compreender a temática é importante divisar as diferentes causas da dificuldade na produção da prova.

O primeiro obstáculo é a vulnerabilidade técnica, o desconhecimento informativo peculiar àquela área de conhecimento que tangencia os elementos da relação de direito material.

Fundados em coerente compreensão sobre possíveis limitações das partes, tanto o Código de Processo Civil[179] como o Código de Defesa do Consumidor[180] trazem previsões para que a persuasão do juiz possa contar com formação ampla e eficiente a despeito de eventuais dificuldades dos litigantes. Consoante assinalado, o critério de deficiência técnica foi adotado pelo Código de Defesa do Consumidor ao prever a possibilidade de inversão do ônus da prova[181].

Se a legislação precitada, em nome da isonomia processual, adotou o referido parâmetro para favorecer o elo mais fraco, por que a busca de igualdade não pode conduzir ao mesmo desfecho em outras relações privadas? Se um litigante na esfera cível é desprovido de conhecimento técnico sobre fatos complexos da demanda – enquanto seu adversário é plenamente capaz de compreender e produzir a prova pertinente – por que não inverter o ônus da prova em favor do vulnerável?

A resposta a essa questão tem sido elaborada com base na teoria da carga dinâmica da prova, segundo a qual a parte com melhores condições de provar os fatos pertinentes deve aportar a juízo os elementos de que dispõe, colaborando com a Justiça.

Outra causa da dificuldade na atuação probatória é a falta de acesso às fontes de prova decorrentes de disparidades de força na relação de direito material.

---

[179] Segundo o art. 130, "Caberá ao juiz, de ofício ou a requerimento da parte, determinar as provas necessárias à instrução do processo, indeferindo as diligências inúteis ou meramente protelatórias".

[180] O CDC dispõe no art. 6º, VIII, ser direito básico do consumidor "a inversão do ônus da prova, a seu favor, no processo civil, quando, a critério do juiz, for verossímil a alegação ou *quando for ele hipossuficiente*, segundo as regras ordinárias de experiências".

[181] Cabe aqui uma ressalva: como já abordado, *vulnerabilidade* não se confunde com *hipossuficiência* – tendo esta última caráter eminentemente econômico, pode-se afirmar ser hipossuficiente o vulnerável econômico. Logo, há uma imprecisão conceitual na redação desse dispositivo, pois o critério por ele adotado é *técnico* e não econômico, razão pela qual deveria ter sido empregado o termo *vulnerabilidade*.

Nas relações de emprego, v.g., é nítido o desequilíbrio entre os contratantes, sobretudo pela necessidade do empregado de manter o vínculo; tal situação pode fazer com que o elo mais fraco se conforme com a falta de acesso à documentação relevante. O acesso às testemunhas também é dificultado, pois na maioria das vezes elas são colegas de trabalho do empregado que não se dispõem a depor sobre algo que o beneficie por temor ao empregador.

Admitindo as dificuldades apontadas, como mencionado no capítulo anterior, a jurisprudência trabalhista ameniza a distribuição tradicional do ônus da prova, fazendo supor, v.g., a ocorrência de dispensa sem justa causa e atribuindo ao empregador o encargo de demonstrar que partiu do empregado a iniciativa de pôr termo ao contrato de trabalho[182].

4.6.3.6. Incapacidade de organização: vulnerabilidade organizacional

Pode ser identificado como vulnerável organizacional quem não consegue mobilizar recursos e estruturas para sua própria organização pessoal e encontra restrições logísticas para sua atuação.

É pertinente sobrelevar a importância de diferenciar esse critério em relação à vulnerabilidade econômica. O hipossuficiente, em face de sua precariedade financeira, costuma ser também vulnerável do ponto de vista organizacional; contudo, mesmo alguém com condições econômicas razoáveis pode ter problemas de organização momentâneos – é emblemático, v.g., o caso do marido que saiu de casa por ordem judicial de separação de corpos: embora possa ter condições materiais de ir para outro local, a falta dos pertences pessoais poderá comprometer sua atuação em juízo.

Situações como a apontada fazem perceber que sob o aspecto processual são relevantes três ordens de fragilidade no que tange à temática: 1. disparidade de poder e organização entre litigantes habituais e eventuais; 2. comprometimento da atuação dos indivíduos que não têm casa ou foram desta despojados; 3. limitações tecnológicas – de que são exemplos a falta de estrutura informática e a exclusão digital.

4.6.3.6.1. Disparidades estruturais entre os litigantes

Segundo a doutrina, as disparidades estruturais entre os litigantes são as principais situações caracterizadoras da vulnerabilidade organizacional.

---

[182] MALLET, Estêvão. Discriminação e processo do trabalho, cit., p. 163-164.

Conforme leciona Ada Pellegrini Grinover, *carentes organizacionais* são pessoas que, nas relações da sociedade contemporânea, apresentam particular vulnerabilidade, sendo "isoladamente frágeis perante adversários poderosos do ponto de vista econômico, social, cultural ou organizativo, merecendo, por isso mesmo, maior atenção com relação a seu acesso à ordem jurídica justa e à participação por intermédio do processo"[183].

Mauro Cappelletti e Bryant Garth identificaram a importância da organização na terceira onda de universalização de acesso à justiça; ambos afirmam que elementos econômicos e outras reformas mudaram "o equilíbrio formal de poder entre os indivíduos, de um lado, e litigantes mais ou menos organizados, de outro, tais como as empresas ou os governos", concluindo que, "para os pobres, inquilinos, consumidores e outras categorias, tem sido muito difícil tornar os novos direitos efetivos, como era de se prever"[184].

O tema também foi abordado por Barbosa Moreira, para quem a situação clássica de disparidade de forças no processo é aquela que contrapõe um indivíduo a um adversário que apresenta vantagens de organização aliadas à superioridade de recursos econômicos ou influência política[185].

Ao examinar os autores em comento, vem à mente a relevante distinção de Marc Galanter entre "jogadores repetidos" (*repeat players*) e "apostadores iniciais" (*one shotters*): sendo aqueles maiores, mais ricos e mais poderosos, experimentam inegáveis vantagens nas disputas[186].

Mauro Cappelletti e Bryan Garth também abordaram a disparidade de atuação com base na dicotomia entre litigantes habituais e eventuais, destacando como fatores favoráveis aos primeiros a experiência com o Direito – a permitir melhor planejamento da demanda –, a possibilidade de estabelecimento de relações mais próximas e informais com julgadores e a chance de reduzir os riscos ante a maior quantidade de casos; as vantagens operacionais apontadas fazem dos litigantes habituais sujeitos mais eficientes

---

[183] GRINOVER, Ada Pellegrini. Acesso à justiça e o Código de Defesa do Consumidor. In: ———. *O processo em evolução*. Rio de Janeiro: Forense Universitária, 1996. p. 116.

[184] CAPPELLETTI, Mauro; GARTH, Bryant. *Acesso à justiça*, cit., p. 68.

[185] BARBOSA MOREIRA, José Carlos. La igualdad de las partes en el proceso civil, cit., p. 182.

[186] O tema foi magistralmente abordado pelo autor em *Why the haves come out ahead*: speculations on the limits of legal change [*Por que os ricos saem na frente*: especulação sobre os limites da mudança legal]. *Law and Society Review*, Denver, v. 9, n. 1, p. 95-160, 1974.

do que os demandantes habitais, facilitando a mobilização de recursos para sua atuação em juízo[187].

É evidente que a diferença de "possibilidades das partes" pode decorrer de uma estrutura organizacional mais favorável.

Para enfrentar o tema da perspectiva isonômica, não há como ignorar o fato de que uma parte pode estar representada por uma estrutura mais limitada de representação jurídica do que a outra. Em elucidativo quadro, Luiz Guilherme Marinoni e Laércio Becker sistematizam as intensas diferenças de atuação em juízo entre litigantes em condições estruturais significativamente diversas[188], conforme a seguir exposto:

GRANDES ESCRITÓRIOS	PEQUENOS ESCRITÓRIOS E ASSESSORIA JURÍDICA POPULAR
Representam os *litigantes habituais*, grandes corporações, grupos hegemônicos	Representam os *litigantes eventuais*, população de menor renda, movimentos populares
Muito bem remunerados	Mal remunerados ou voluntários; idealistas
Boa infraestrutura administrativa; apoio administrativo rápido e eficiente	Trabalho isolado e de poucos recursos; pouco ou nenhum apoio administrativo
Atualizada informação; maior facilidade de acesso ao conhecimento e às fontes de consulta	Sem biblioteca adequada, sem informação atualizada
Maior disponibilidade de tempo para acompanhar processos	Menor disponibilidade de tempo para acompanhar a multiplicidade de lides variadas, casos que necessitam aceitar para manter sua sobrevivência material
Maior experiência (traquejo técnico) adquirida no trato de sucessivas questões similares; maior especialização	Pluralidade de assuntos nas ações, impedindo uma maior especialização (carência técnica)
Maior facilidade de estabelecer comunicações informais com os ocupantes de cargos do Judiciário.	Menor acesso aos ocupantes de cargos do Judiciário
Maior capacidade para estabelecer um planejamento estratégico que maximize ganhos e vitórias a longo prazo independentemente de eventuais perdas em casos isolados; disposição para investir na gradual formação de jurisprudência futura favorável	Impedidos pela pressão dos clientes de aceitar perdas estratégicas
A existência de uma grande quantidade de casos similares permite que o empresário opere em verdadeira economia de escala, diluindo as perdas com os ganhos e, desse modo, o risco	Quando existe apenas um caso não há como diluir o risco

---

[187] CAPPELLETTI, Mauro; GARTH, Bryant. *Acesso à justiça*, cit., p. 25.
[188] MARINONI, Luiz Guilherme; BECKER, Laércio A. A influência das relações pessoais sobre a advocacia e o processo civil brasileiros, cit.

Destaca-se a triste constatação dos autores a respeito de que o jeito e o uso das redes de relações pessoais apenas reforçam a desigualdade entre as partes porque "a diferença de *status* entre os escritórios de advocacia, que é proporcional aos recursos financeiros dos litigantes, acaba por influenciar diretamente no resultado da lide"[189].

A situação não merece prevalecer porque, como pondera Eduardo Cambi, "ressaltar o papel dos litigantes na argumentação jurídica e na descoberta da verdade processualmente objetivável exige que as distorções técnicas entre os serviços prestados pelos profissionais, de lado a lado, sejam os menores possíveis[190]"; nesse cenário, "reduzir o papel do juiz para mero árbitro das regras do jogo, proibindo-o de exercer poderes instrutórios (arts. 130/CPC e 156/CPP), é retirar o mínimo de chances do hipossuficiente jurídico ter uma defesa capaz de tutelar seus direitos"[191].

No que tange à estrutura, é comum que a assistência judiciária seja prestada por departamentos jurídicos de universidades que sofrem as dificuldades apontadas. Uma adequada contemplação da isonomia exige que facilitações sejam reconhecidas aos litigantes representados por acadêmicos de direito e advogados conveniados à Defensoria Pública.

Para compreender a razão de ser da assertiva, basta cotejar a realidade cotidiana: o assistido se encaminha à Defensoria Pública para ser representado por ela; apesar de aprovado na triagem socioeconômica para atendimento pelo órgão, este deixa de atendê-lo por ser de sua comodidade descentralizar o atendimento a outras entidades. Depois de horas de espera, ele recebe uma carta de encaminhamento a outro local onde precisará recontar sua história e ser novamente atendido. Como justificar as maiores dificuldades que experimentará esse jurisdicionado pelo fato de ter sido encaminhado a outro lugar? Se fosse representado pela Defensoria, teria maior facilidade para ser reconhecido como pobre e ser destinatário de facilidades outras (com prazo dobrado para se manifestar); como, porém, esta resolveu encaminhá-lo a outrem, sua situação não só não será facilitada como será, ao contrário, dificultada: mais dispêndio de tempo e de recursos será necessário pelas novas locomoções e árduas tentativas para provar que é hipossuficiente. Como se pode falar em acesso à justiça e isonomia em situações assim?

---

[189] MARINONI, Luiz Guilherme; BECKER, Laércio A. A influência das relações pessoais sobre a advocacia e o processo civil brasileiros, cit.

[190] CAMBI, Eduardo. Neoprivatismo e neopublicismo a partir da Lei 11.690/2008, cit.

[191] CAMBI, Eduardo. Neoprivatismo e neopublicismo a partir da Lei 11.690/2008, cit.

A questão não é pacífica, mas há precedentes judiciais[192] reconhecedores da concessão de prazo em dobro previsto no art. 5º, § 5º, da Lei de Assistência Judiciária a prestadores de assistência judiciária conveniados. O entendimento não poderia ser diferente, já que a concessão de prazo dilatado não se baseia na maior comodidade da Defensoria, mas sim nas dificuldades do litigante pobre – para quem o custo de deslocamento e outras ordens de obstáculos podem substancialmente comprometer sua comunicação com o advogado. Por essa razão, o dispositivo legal menciona dobra de prazo para a Defensoria ou quem exerça cargo equivalente, sinalizando que a função desempenhada pelos prestadores conveniados merece tratamento similar[193].

Sob o aspecto temporal, a realidade demonstra, segundo Rodolfo de Camargo Mancuso, que para os litigantes habituais

> "[...] as mazelas do sistema pouco ou nada pesam (se é que delas não tiram proveito, ao menos para o fim de procrastinar o cumprimento das

---

[192] Consta no *decisum*: "Com efeito, o Centro Acadêmico XI de Agosto da Faculdade de Direito da Universidade de São Paulo, por meio do seu departamento jurídico, é voltado para a prestação de assistência jurídica gratuita à população carente, tratando-se de entidade tradicional e de notória reputação no meio jurídico. Conforme se verifica no convênio firmado com a Defensoria Pública do Estado de São Paulo (fl. 76), o departamento jurídico do Centro Acadêmico é constituído, basicamente, por estudantes, estagiários de direito, e conta com número reduzido de advogados, para orientação e colaboração técnica e acadêmica. Esta situação denota a necessidade de trabalho incessante para fazer frente à grande demanda de pessoas atendidas, especialmente em função do já citado convênio firmado com a Defensoria Pública, aliado ao aprendizado dos estudantes daí decorrente, do que resulta maior demora na conclusão dos trabalhos. Nota-se, portanto, a presença de situação excepcional que autoriza a equiparação do serviço prestado pelo Centro Acadêmico XI de Agosto com o serviço prestado pela Defensoria Pública, nos termos do disposto no artigo 5º, parágrafo 5º, da Lei Federal nº 1.060/50" (TJSP, 33ª Câmara de Direito Privado, Rel. Sá Duarte, AI n. 99009294408-8-SP, j. 22/02/2010).

[193] O Projeto de Novo Código de Processo Civil (PL da Câmara dos Deputados nº 8.046/2010) corrobora esse entendimento ao prever que os departamentos jurídicos universitários – prestadores de assistência judiciária e conveniados à Defensoria – devem receber os mesmos benefícios de prazo e intimação pessoal reconhecidos ao órgão estatal. A redação é a seguinte: "Art. 161. A Defensoria Pública gozará de prazo em dobro para todas as suas manifestações processuais. § 1º O prazo tem início com a intimação pessoal do defensor público. § 2º Quando necessário, a intimação a que se refere o § 1º será acompanhada da vista pessoal dos autos. § 3º O juiz determinará a intimação pessoal da parte patrocinada, a requerimento da Defensoria Pública, no caso de o ato processual depender de providência ou informação que somente por ela possa ser prestada. § 4º O disposto no caput deste artigo se aplica aos escritórios de prática jurídica das faculdades de direito reconhecidas na forma da lei e às entidades que prestam assistência jurídica gratuita em razão de convênios firmados com a Ordem dos Advogados do Brasil."

decisões), justamente porque trabalham em economia de escala (grandes escritórios, Procuradorias), assim não raro se beneficiando do que, com espírito, já se chamou de *mora judicialmente legalizada*"[194].

Pelas razões apontadas, é essencial a sensibilidade do magistrado ao se deparar com litigante vulnerável sob o aspecto organizacional; o comportamento do juiz deve ser colaborativo no que tange a possibilitar manifestação a respeito e praticar os atos processuais possíveis para possibilitar que a parte em dificuldades tenha voz – a despeito de sua vulnerável situação.

4.6.3.6.2. Litigantes desprovidos ou removidos de um lar

Há casos ainda mais extremos que precisam ser percebidos. Verifica-se a vulnerabilidade em termos organizacionais quando os litigantes não contam com um núcleo próprio de instalação (de forma permanente ou por alguma razão temporária). Se o demandado for morador de rua ou de albergue, poderá enfrentar maiores dificuldades para atuar em juízo, assim como tal poderá ocorrer se ele tinha residência até poucos dias atrás, mas foi dela retirado – em razão, *v.g.*, de despejo ou medida cautelar – e não tem ainda moradia, estando sem acesso aos pertences pessoais.

Cabe indagar: o juiz deve considerar com cuidado a situação do litigante sem residência ou que desta foi despojado? Ou essa situação é indiferente ao órgão jurisdicional, que deve apenas analisar o aspecto legal, objetivo e formal das manifestações em juízo sem atentar para tal circunstância?

A resposta que pressupõe isonomia em bases reais e cooperação do juiz em relação aos demais sujeitos do processo exige sua percepção da realidade e sua reação comprometida com as garantias constitucionais do acesso à justiça, da isonomia e do efetivo contraditório.

É forçoso reconhecer que na vida social muitos indivíduos estão "em situação de flutuação", povoando "seus interstícios sem encontrar aí um lugar designado"; essas pessoas ocupam a "posição de supranumerários, em decorrência da impossibilidade de conseguir um lugar estável no mundo do trabalho e no pertencimento comunitário"[195].

---

[194] MANCUSO, Rodolfo de Camargo. A resolução dos conflitos e a função judicial no contemporâneo Estado de Direito (nota introdutória), cit., p. 9.

[195] GONTIJO, Daniela Tavares. MEDEIROS, Marcelo. Crianças e adolescentes em situação de rua: contribuições para a compreensão dos processos de vulnerabilidade e desfiliação social. *Ciência Saúde Coletiva*, v. 14, n. 2, p. 467-475, abr. 2009. Disponível em: <www.scielo.br>. Acesso em: 31 jul. 2010.

O destino desses indivíduos acaba sendo integrar a população de rua, que a partir da década de 80 do século XX sofreu uma reconfiguração no Brasil[196] e passou a representar um contingente considerável não só nos grandes centros urbanos – onde sua visibilidade é maior –, mas também em áreas rurais.

Não é possível ignorar a potencial situação de vulnerabilidade social em que há significativo "desajuste entre a estrutura de oportunidades[197] e os ativos"[198].

Como os ativos físicos de um indivíduo são compostos por seu meio de vida – incluindo moradia e acesso a bens – e pelos meios de produção da vida material[199], obviamente o impacto das carências irá repercutir em sua atuação.

Na escala social mais desfavorecida podem ser identificados muitos indivíduos com extrema dificuldade de suprir necessidades básicas de moradia e alimentação[200] e não atende aos desígnios isonômicos simplesmente

---

[196] A afirmação é de Daniel Lucca Reis Costa, para quem configura invenção social recente e bem datada no País a população de rua como se vê hoje: "uma reconfiguração daquele antigo mendigo – cuja imagem ligava-se unicamente à prática circunscrita da mendicância nas ruas e ao fracasso moral e individual – inicia-se na passagem para a década de oitenta e consolida-se no início do novo século" (COSTA, Daniel de Lucca Reis. *A rua em movimento*: experiências urbanas e jogos sociais em torno da população de rua. 2007. Dissertação (Mestrado em Antropologia Social) – Faculdade de Filosofia, Letras e Ciências Humanas, Universidade de São Paulo, São Paulo, 2007. p. 18).

[197] A estrutura de oportunidades é a "capacidade de os atores sociais aproveitarem chances em outros âmbitos sociais e econômicos e suas vidas e, assim, melhorarem sua situação socioeconômica, impedindo a deterioração em três campos principais: recursos pessoais, recursos de direitos e recursos em relações sociais" (PATROCÍNIO, Wanda Pereira. Vulnerabilidade social, velhice e resiliência, cit., p. 31-40).

[198] Os ativos podem ser entendidos como o "conjunto articulado de condições / habilidades que cada pessoa possui e que irão implicar na qualidade, quantidade e diversidade de seus recursos internos avaliados a partir dos aspectos físico, financeiro, humano e social" (PATROCÍNIO, Wanda Pereira. Vulnerabilidade social, velhice e resiliência, cit., p. 32).

[199] Completa a autora: "Os ativos humanos, ou capital humano, são definidos pelos recursos que dispõem os lugares em termos de qualidade e quantidade de força de trabalho, bem como investimentos em educação e saúde para seus membros. Os ativos sociais são indicados por meio do atributo coletivo, pautado em relações de confiança e reciprocidade, que se manifesta em redes interpessoais" (PATROCÍNIO, Wanda Pereira. Vulnerabilidade social, velhice e resiliência, cit., p. 32-33)

[200] "Malas condiciones habitacionales, insuficientes activos en recursos humanos dentro de las familias, alimentación escasa y de poca calidad, alta permeabilidad a los vicios sociales, precario control y atención de la salud y una baja autoestima son algunos de los factores que se conjugan para reducir sus expectativas de buena calidad de vida. Al dictado de la inmediatez de sus necesidades, los escasos activos de esos hogares se organizan para responder a la sobrevivencia cotidiana" (KATZMAN, Ruben. *Marco*

ignorar o comprometimento que a falta de uma estrutura de organização enseja na atuação processual do litigante.

O magistrado, portanto, deverá aprofundar seu conhecimento sobre a situação das partes para aferir, v.g., se condições de moradia ou indisponibilidade de acesso a seus bens pode estar afetando negativa e ilegitimamente a atuação processual, reconhecendo a ocorrência de justa causa para possibilitar a prática de atos processuais em momento oportuno, tão logo superada a dificuldade vivenciada pelo litigante vulnerável.

4.6.3.6.3. Vulnerável cibernético

A vivência na sociedade da informação[201] enseja desafios subjacentes ao novo contexto de emprego de meios tecnológicos.

Rubens Limongi França registra que "a informática é a parte da cibernética que estuda os sistemas dinâmicos determinados, com vistas à sua execução em um computador eletrônico, estudando também o modo pelo qual o computador irá processá-los"[202].

Na seara processual, a informatização da tramitação tem sido depositária de grande esperança para que se alcance a tão almejada celeridade da prestação jurisdicional. Tem-se preconizado que para otimizar a prática forense, é essencial que "os ritos procedimentais sejam constantemente adaptados e que se tornem sensíveis ao progresso científico contemporâneo para melhor adequar-se à realidade vivenciada na época de sua aplicação"[203].

É necessário, inicialmente, frisar que a informatização não é a panaceia para os problemas porque há uma série de fatores estruturais mais profun-

---

conceptual sobre activos, vulnerabilidad y estructura de oportunidades. Comisión Económica para América Latina y el Caribe CEPAL. Oficina de Montevideo. Disponível em: <http://www.eclac.org/publicaciones/xml/6/10816/LC-R176.pdf>. Acesso em: 19 nov. 2010).

[201] "A expressão 'sociedade da informação' passou a ser utilizada, nos últimos anos desse século, como substituto para o conceito complexo de 'sociedade pós-industrial' e como forma de transmitir o conteúdo específico do 'novo paradigma técnico-econômico'" (WERTHEIN, Jorge. A sociedade da informação e seus desafios. Ciência da Informação, Brasília, v. 29, n. 2, p. 71-77, maio/ago. 2000. *Scielo Brazil*. Disponível em: <http://www.scielo.br/pdf/ci/v29n2/a09v29n2.pdf>. Acesso em: 7 dez. 2010.

[202] FRANÇA, Antônio de S. Limongi. Cibernética jurídica. In: FRANÇA, Rubens Limongi (Coord.). *Enciclopédia Saraiva do Direito*. São Paulo: Saraiva, 1977. v. 14, p. 95-96.

[203] Antonio de Barros, Marco. arquitetura preambular do processo judicial eletrônico. *Revista dos Tribunais*, São Paulo, n. 889, v. 98, p. 427-460, nov. 2009, p. 431.

dos a serem considerados em conjunto[204]; ademais, se, por um lado, ela enseja uma chance histórica de realizar direitos da cidadania atinentes à liberdade de informação e expressão, por outro, pode ser agravada, dentre outras problemáticas, a desigualdade social no que tange ao acesso a dados em relação a "inforricos" e "infopobres"[205].

A questão não se resolve apenas pela consideração da hipossuficiência, embora naturalmente a falta de recursos enseje limitações na seara da informática[206]. Diante do fenômeno da exclusão digital, muitas dificuldades poderão se impor não só àquele desprovido de computador e aparatos adjacentes, mas também a quem, apesar de dispor desse equipamentos, revele dificuldade de manipulá-los[207].

A situação apontada pode se verificar não só em relação aos litigantes, mas também aos seus advogados. Em ação direta de inconstitucionalidade

---

[204] De maneira irônica, Calmon de Passos refere-se ao "acordo entre amigos" celebrado para afirmar que os males enfrentados no meio jurídico não decorreriam de excessivas centralização de poder, injustiça social e burocratização, dentre tantos outros problemas, mas sim do "fato de não termos ainda utilizado os miraculosos recursos da informática. Com isso superamos a banalização e mediocrização do ensino do Direito, a arcaica forma de recrutamento de nossos profissionais para suas atividades privadas ou publicas, uma supervalorização das carreiras jurídicas em detrimento do que alavanca um país na direção de um futuro melhor, nada disso. Todo nosso problema é a deficiência do número de computadores de que dispõe o Judiciário e da quase nenhuma habilitação de profissionais do Direito na ciência da informática" (CALMON DE PASSOS, J. J. Considerações de um troglodita sobre o processo eletrônico. In: JAYME, Fernando Gonzaga; FARIA, Juliana Cordeiro de; LAUAR, Maria Terra (Coords.). *Processo civil*: novas tendências: estudos em homenagem ao Professor Humberto Theodoro Junior. Belo Horizonte: Del Rey, 2008. p. 98).

[205] GONÇALVES, Maria Eduarda. *Direito da informação*: novos direitos e formas de regulação na sociedade da informação. Coimbra: Almedina, 2003. p. 31. Como outros problemas, a autora aponta a violação das garantias de privacidade e a perda de segurança nas transações entabuladas.

[206] "A exclusão social e a exclusão digital são mutuamente causa e consequência. Cidadãos que se enquadram em um ou mais tipos de exclusão social vistos anteriormente, podem ser inibidos de acompanharem a evolução tecnológica, passando a condição de integrantes da exclusão digital. Em contrapartida, cidadãos excluídos digitalmente por falta de empenho ou por opção própria, passam a fazer parte de um ou mais tipos de exclusão social" (BILATI DE ALMEIDA, Lília; GONÇALVES DE PAULA, Luiza. O retrato da exclusão digital na sociedade brasileira. *Revista de Gestão da Tecnologia e Sistemas de Informação/Journal of Information Systems and Technology Management*. v. 2, n. 1, 2005, p. 55-67. Disponível em: <http://www.buscalegis.ufsc.br/revistas/files/journals/2/articles/30689/public/30689-32934-1-PB.pdf>. Acesso em: 7 dez. 2010).

[207] A ocorrência da exclusão digital pode ser considerada por diferenciados ângulos, incluindo tanto o fato de não ter um computador como não saber utilizá-lo, faltando "conhecimento mínimo para manipular a tecnologia com a qual convive-se no dia a dia" (BILATI DE ALMEIDA, Lília; GONÇALVES DE PAULA, Luiza. O retrato da exclusão digital na sociedade brasileira, cit.).

(ADIn)[208] contra diversos dispositivos da Lei de Informatização do Processo Judicial, a OAB alegou que nem todos os causídicos têm recursos para adquirir o aparato essencial à tramitação digital, o que poderá afetar negativamente o direito de defesa.

A despeito da possível ocorrência arguida pela Instituição, a lei prevê[209] que caberá à parte digitalizar a documentação que pretender trazer ao processo. Consoante proposta deste trabalho, se ela não tiver condições de se desincumbir de tal providência por limitação informática, deverá ser reconhecida a hipótese de justa causa para permitir a concessão de prazo dilatório ou mesmo a utilização do aparato estatal para tanto.

Outras situações devem ser pensadas e equacionadas: como um demandante sem advogado e sem computador – em Juizados Especiais completamente informatizados – poderá ter acesso às informações sobre a tramitação do feito?

Caso os autos tivessem uma base física, ele poderia consultá-los em visita ao fórum, mas sendo seu formato exclusivamente digital esse tipo de contato não será viável. Em atenção à maior comodidade do Poder Judiciário o acesso às informações pelo jurisdicionado não pode simplesmente ser suprimido; assim, ante a informatização, é essencial que nos fóruns haja terminais não só para a distribuição de peças processuais[210], mas também para acesso a teor das informações com a orientação de um funcionário apto a atender quem não saiba lidar com o aparato tecnológico[211].

---

[208] ADIn nº 3.880.

[209] A Lei nº 11.419/2006 – sobre a informatização do processo judicial – alterou o Código de Processo Civil para nele constar, no art. 365, VI, que fazem a mesma prova que os originais as reproduções digitalizadas de qualquer documento, público ou particular, quando juntados aos autos pelos órgãos da Justiça e seus auxiliares, pelo Ministério Público e seus auxiliares, pelas procuradorias, pelas repartições públicas em geral e por advogados públicos ou privados, ressalvada a alegação motivada e fundamentada de adulteração antes ou durante o processo de digitalização.

[210] Lei nº 11.419/2006, art. 10, § 3º: "Os órgãos do Poder Judiciário deverão manter equipamentos de digitalização e de acesso à rede mundial de computadores à disposição dos interessados para distribuição de peças processuais". Ao comentar tal dispositivo, afirma Petrônio Calmon não se poder cogitar "de uma transformação tão profunda sem que sejam previstas regras de transição, sem que se possa atender a quem não está familiarizado com as máquinas eletrônicas, as quais deveriam ser modernas também na facilidade de manuseio e na linguagem utilizada pelos técnicos e não somente na velocidade" (CALMON, Petrônio. *Comentários à lei de informatização judicial*: Lei 11.419, de 19 de dezembro de 2006. Rio de Janeiro: Forense, 2007. p. 105).

[211] Nas instituições bancárias é normal que haja pelo menos um funcionário para auxiliar os clientes que tenham dúvidas, dificuldades ou limitações na manipulação do sistema informático.

É pertinente lembrar que a motivação para a promulgação da Lei de Informatização do Processo Judicial foi viabilizar a ampliação do acesso à justiça, a racionalização e a eficiência na prestação jurisdicional colaborando para sua razoável duração. Em toda e qualquer situação limite em que o jurisdicionado possa ter negada uma dessas premissas, a interpretação deve ser mais favorável ao fornecimento de novas oportunidades de atuação a partir da remoção dos obstáculos.

A isonomia também precisa ser considerada pauta obrigatória pelo magistrado, que não pode ser mais um representante estatal indiferente à realidade brasileira em que as dificuldades estruturais comprometem a atuação justamente dos mais necessitados.

4.7. LEGITIMIDADE DO *DISCRIMEN* VULNERABILIDADE PROCESSUAL

Conforme constatado, diversas situações da vida dos litigantes podem comprometer sua atuação no processo; assim, a proposta desta tese é despertar a atenção sobre o impacto das contingências diante do compromisso com a igualdade e procurar superar as dificuldades vivenciadas a partir do reconhecimento da vulnerabilidade processual como justa causa pelo juiz.

Após a análise pormenorizada de situações distintivas, cumpre examinar se a diferenciação proposta atende ou não ao critério de legitimidade para sua sustentação.

Canotilho destaca que a igualdade é contemplada quando pessoas ou situações idênticas não são arbitrariamente tratadas como desiguais e que o princípio da isonomia é violado "quando a desigualdade de tratamento surge como arbitrária"; o autor ainda esclarece haver "violação arbitrária da igualdade jurídica quando a disciplina jurídica não se basear num: (I) fundamento sério; (II) não tiver um sentido legítimo; (III) estabelecer diferenciação jurídica sem um fundamento razoável"[212].

Tem plena razão o jurista português. É preciso ainda considerar que diante da configuração constitucional brasileira sobre a igualdade – que deixa de especificar quais seriam os critérios vedados –, o espectro de atuação do intérprete engendra muitas possibilidades.

É o que explica Humberto Ávila: como o princípio da igualdade em si nada afirma no tocante aos bens ou aos fins de que se vale para diferenciar ou igualar pessoas, sua concretização "depende do critério-medida

---

[212] CANOTILHO, J. J. Gomes. *Direito constitucional e teoria da Constituição*, cit., p. 401.

objeto de diferenciação", de modo que "as pessoas ou situações são iguais ou desiguais em função de um critério diferenciador"[213].

Para o autor, a igualdade configura um postulado normativo-aplicativo que estrutura "a aplicação do Direito em função de elementos (critério de diferenciação e finalidade da distinção) e da relação entre eles (congruência do critério em razão do fim)"[214].

Reitera-se que a aplicação da isonomia propugnada neste trabalho visa conferir a concreta oportunidade de participação no processo de pessoas em situação vulnerável para evitar que as dificuldades inerentes à sua desfavorável e involuntária condição comprometam o reconhecimento e a efetivação de seus direitos.

Explicitada a finalidade perseguida, é importante abordar o critério eleito para operar a distinção.

Em clássica obra, Celso Antônio Bandeira de Mello afirma que, para aferir se o reconhecimento da diferença viola a isonomia, é importante analisar três fatores: 1. o elemento tomado como fator de desigualação (fator de *discrimen*); 2. a correlação lógica abstrata existente entre o fator erigido em critério de *discrimen* e a disparidade estabelecida no tratamento jurídico diversificado; 3. a "consonância desta correlação lógica com os interesses absorvidos no sistema constitucional e destarte juridicizados"[215].

O doutrinador preconiza que para a análise escorreita da situação os três fatores devem estar presentes simultaneamente, bastando a infração a um deles para vulnerar a igualdade[216].

Examina-se, a seguir, a legitimidade do reconhecimento da vulnerabilidade à luz dessas considerações.

4.7.1. Critério discriminatório

Para que seja adequado o critério discriminatório, é preciso considerar dois requisitos: 1. a lei não pode eleger como critério "um

---

[213] ÁVILA, Humberto. *Teoria dos princípios*: da definição à aplicação dos princípios jurídicos, cit., p. 150.

[214] ÁVILA, Humberto. *Teoria dos princípios*: da definição à aplicação dos princípios jurídicos, cit., p. 150.

[215] BANDEIRA DE MELLO, Celso Antônio. *Conteúdo jurídico do princípio da igualdade*. 3. ed. 17. tir. São Paulo: Malheiros, 2009, p. 21.

[216] BANDEIRA DE MELLO, Celso Antônio. *Conteúdo jurídico do princípio da igualdade*, cit., p. 22.

traço tão específico que singularize *no presente* e *definitivamente*, de modo absoluto, um sujeito a ser colhido pelo regime peculiar"; e 2. o traço diferencial deve "residir na pessoa, na situação ou na coisa a ser discriminada"[217].

A primeira proposta é não diferenciar excessivamente a ponto de a distinção – benefício ou gravame – incidir sobre uma única pessoa ou um especialíssimo grupo de indivíduos[218].

No caso do critério da vulnerabilidade processual isso não se verifica porque, infelizmente, há milhões de jurisdicionados sofrendo dificuldades de atuar em juízo em razão de seu estado de pobreza, enfermidades e deficiências de toda ordem.

No que tange ao segundo requisito, Bandeira de Mello afirma que "um fator neutro em relação às situações, coisas ou pessoas diferençadas é inidôneo para distingui-las"[219]. O autor explica que não podem ser usados elementos como reiteração, tempo e data para diferenciar pessoas porque elas – não esses elementos – é que devem ser focadas[220].

No caso da vulnerabilidade processual, não há que se falar em neutralidade: o traço distintivo reside a um só tempo na pessoa (que tem sérios óbices para se desincumbir dos ônus processuais por condições involuntárias de fragilidade) e na situação (já que a atuação em juízo demanda, *pari passu*, uma série de exigências e formalidades que exigem escorreita observância rumo ao alcance das finalidades e uma atuação do agente público comprometida com a isonomia).

Estão presentes, portanto, os pressupostos necessários para que o elemento tomado como fator de desigualação – vulnerabilidade processual – seja reputado legítimo.

---

[217] BANDEIRA DE MELLO, Celso Antônio. *Conteúdo jurídico do princípio da igualdade*, cit., p. 23.

[218] BANDEIRA DE MELLO, Celso Antônio. *Conteúdo jurídico do princípio da igualdade*, cit., p. 24.

[219] BANDEIRA DE MELLO, Celso Antônio. *Conteúdo jurídico do princípio da igualdade*, cit., p. 30. O autor exemplifica afirmando que nenhuma discriminação pode ser feita em favor de magistrados, advogados ou médicos apenas porque habitam em certa região do Brasil – "discriminação alguma pode ser feita entre eles, simplesmente em razão da área espacial em que estejam sediados".

[220] BANDEIRA DE MELLO, Celso Antônio. *Conteúdo jurídico do princípio da igualdade*, cit., p. 33.

4.7.2. Justificativa racional

Exige-se razão lógica para o reconhecimento da discriminação: como esta não pode ser gratuita nem fortuita, deve haver uma adequação racional entre o tratamento distinto e a razão diferencial que lhe serviu de base[221].

A presente tese propugna o reconhecimento da condição de vulnerável processual não por mero capricho, mas para atender o desiderato de fomentar chances reais de influência nos rumos do processo promovendo concretos mecanismos de inclusão e participação.

Há fundamento lógico, portanto, por ser o conceito de vulnerabilidade no processo apto a atuar como supedâneo da diferenciação em atenção à finalidade almejada de promover igualdade substancial.

É possível identificar, nessa medida, função terapêutica ao processo para reequilibrar as relações materiais contaminadas por forças políticas ou econômicas; a afirmação é de James Marin, para quem "no processo judicial a desigualdade material e a vulnerabilidade inerente a sujeitos de relações jurídicas devem ter sua assimetria neutralizada"[222].

O segundo dado exigido, portanto, está presente: há correlação lógica abstrata entre o fator erigido em critério de *discrimen* e a disparidade estabelecida no tratamento jurídico diversificado.

4.7.3. Consonância com finalidades reconhecidas na Constituição

A correlação lógica entre o fator de diferenciação e os interesses contemplados no sistema constitucional exige que o tratamento jurídico diferenciado resulte em razão valiosa para o bem público[223].

O elemento precitado se configura no caso vertente, já que a consideração da vulnerabilidade atende aos ditames constitucionais da isonomia e do acesso à justiça; a proteção a grupos e sujeitos especialmente considerados decerto se alinha ao rol de critérios consistentes de *discrimen* constatados em iniciativas legislativas.

Para atestar se o *discrimen* adotado tem consistência, é preciso analisar sua harmonia com a totalidade da ordem constitucional; assim, "a constitucionalidade da distinção deve ser aferida através de um juízo de

---

[221] BANDEIRA DE MELLO, Celso Antônio. *Conteúdo jurídico do princípio da igualdade*, cit., p. 39.
[222] MARIN, James. *Defesa e vulnerabilidade do contribuinte*, cit., p. 53.
[223] BANDEIRA DE MELLO, Celso Antônio. *Conteúdo jurídico do princípio da igualdade*, cit., p. 41.

proporcionalidade que caracterizará o discrímen eleito como justificado (ou não)"[224].

Para Celso Bastos, "o caráter inconstitucional da discriminação não repousa tão somente no critério escolhido, mas na falta de correlação lógica entre aquele critério e uma finalidade ou valor encampado quer expressa ou implicitamente no ordenamento jurídico, quer ainda na consciência coletiva"[225]. No que tange a esta última, sobreleva a importância política do reconhecimento da vulnerabilidade para que a Justiça deixe de ser vista como instituição parcial e afastada da população mais simples e carente.

Embora sejam iguais no reconhecimento de direitos, as pessoas revelam-se diferentes no que tange à vulnerabilidade em razão de circunstâncias pessoais agravantes do "estado de suscetibilidade que lhes é inerente"[226]. Cogitar sobre a vulnerabilidade processual é refletir com base em uma perspectiva humanista para maximizar a função isonômica do magistrado enquanto agente público comprometido com a plena observância das garantias constitucionais.

Paulo Otero assevera, no tocante aos direitos sociais universais, que "a preocupação de garantir uma tutela mais eficaz e ampla da pessoa humana tem justificado o reconhecimento de direitos especiais a categorias específicas de indivíduos" – como os trabalhadores e os idosos; o autor afirma, ainda, que "nunca poderá tal fenômeno, todavia, ser perturbador do cerne do princípio da igualdade, criando privilégios infundados ou injustificados numa mesma sociedade"[227].

A vulnerabilidade processual configura um critério legítimo de diferenciação por distinguir entre os litigantes aqueles que se encontram limitados para a prática dos atos processuais em razão de situações contingentes ou provisórias a que não deram causa voluntariamente. Por meio desse critério, permite-se a esses litigantes um tratamento jurídico diferenciado para que sua suscetibilidade não comprometa fatalmente a atuação em juízo e que seja assegurada a igualdade de oportunidades mediante a superação dos óbices que os acometeram.

---

[224] SILVA, Fernanda Duarte Lopes Lucas da. *Princípio constitucional da igualdade.* Rio de Janeiro: Lúmen Júris, 2001. p. 100.

[225] BASTOS, Celso Ribeiro. *Comentários à Constituição do Brasil.* São Paulo: Saraiva, 1988, p. 12.

[226] BARBOZA, Heloisa Helena. Vulnerabilidade e cuidado: aspectos jurídicos, cit., p. 107.

[227] OTERO, Paulo. Pessoa humana e Constituição: contributo para uma concepção personalista do direito constitucional, cit., p. 368.

Apresentados os elementos relevantes para a consideração do conceito que se propugna, serão abordadas as diferenciações existentes no ordenamento processual brasileiro contemporâneo para aferir se as distinções identificadas têm por base a vulnerabilidade de quem recebe o tratamento diferenciado ou outro fundamento.

5

DIFERENCIAÇÕES NA ATUAÇÃO PROCESSUAL CIVIL E VULNERABILIDADE

5.1. PROPOSTA DE ANÁLISE

Igualdade é ideal, desigualdade – sobretudo no Brasil – é constatação cotidiana. Apesar dessas percepções, a Constituição Federal traz pautas importantes de consagração de isonomia para conduzir o intérprete à redução das disparidades.

Ao examinar o processo civil sob a égide da isonomia, preconizou-se a adoção do modelo processual cooperativo para que, constatada pelo juiz uma circunstância de fragilidade comprometedora não causada voluntariamente pelo litigante, o juiz possa agir de forma diferenciada em prol das garantias de acesso à justiça e igualdade.

A vulnerabilidade no processo civil foi conceituada como a suscetibilidade do litigante que o impede de praticar os atos processuais em razão de uma limitação pessoal involuntária ensejada por fatores de saúde e/ou de ordem informacional, técnica ou organizacional.

Mencionou-se também a necessidade de critérios técnicos para reconhecer tratamento diferenciado àqueles em situação de vulnerabilidade, sendo apontados como critérios para sua aferição: 1. insuficiência econômica (hipossuficiência); 2. óbices geográficos; 3. debilidade na saúde ou no discernimento; 4. desinformação pessoal, 5. dificuldades técnicas – que incluem deficiência técnica e dificuldade probatória –; e 6. incapacidade de organização.

A proposta do presente capítulo é aferir, nesse panorama, se a vulnerabilidade, a despeito de não estar expressamente mencionada, é contemplada em dispositivos processuais diferenciadores presentes no ordenamento brasileiro.

Como bem aduz Rodolfo de Camargo Mancuso, nesses casos,

"[...] o tratamento mais benéfico a uma das partes tem como pano de fundo a constatação de que, assim no mundo fenomenológico, como no reino da natureza, também na experiência jurídica a igualdade *está longe de ser a regra,* quando já não constitua, claramente, a exceção. Daí a afirmação de André de Laubadère: '*Entre o forte e o fraco, é a lei que liberta e a liberdade que escraviza*' [...]"[1].

Há tradição considerável de normas detalhadas sobre distinções, já que desde a época das Ordenações podem ser constatadas significativas disparidades na atuação em juízo. A notícia histórica será apresentada com brevidade na abordagem dos temas consoante se revele útil e interessante para a compreensão do quadro atual.

Identificados os mais relevantes tratamentos diferenciados com repercussão processual, o objetivo é verificar quais deles têm por supedâneo a vulnerabilidade e quais foram previstos por outros fundamentos.

5.2. NATUREZA DAS DIFERENCIAÇÕES: PRERROGATIVAS OU PRIVILÉGIOS?

Quando se aborda a existência de diferenciações, logo vem à mente o questionamento sobre sua índole: consistiriam em prerrogativas ou em privilégios?

É interessante notar, inicialmente, que em consultas a dicionários são encontradas acepções comuns a ambas as palavras; na mesma linha[2], há juristas para os quais os vocábulos expressam sinônimos e podem ser usados de maneira indistinta ao se abordarem as diferenciações[3].

---

[1] MANCUSO, Rodolfo de Camargo. A Fazenda Pública em juízo. In: SANTOS, Ernane Fidelis dos; WAMBIER, Luiz Rodrigues; NERY JR., Teresa Celina Arruda Alvim Wambier (Coords.). *Execução civil*: estudos em homenagem ao professor Humberto Theodoro Jr. São Paulo: Revista dos Tribunais, 2007. p. 320.

[2] A referida identificação é encontrada, *v.g.*, no *Dicionário Micaelis* ao se pesquisar as acepções das palavras *prerrogativa* e *privilégio*. (Dicionário Michaelis. Disponível em: <http://michaelis.uol.com.br/ moderno/portugues/index.php?lingua=portugues-portugues&palavra=vulnerável>. Acesso em: 16 dez. 2010).

[3] Por todos, cita-se Maria Sylvia Zanella de Pietro que, ao abordar certas diferenciações, afirma: "a Administração Pública possui prerrogativas ou privilégios, desconhecidos na esfera do direito privado, tais como a autoexecutoriedade, a autotutela, o poder de expropriar, o de requisitar bens e serviços, o de ocupar temporariamente o imóvel alheio, o de instituir servidão, o de aplicar sanções administrativas, o de alterar e rescindir unilateralmente os contratos, o de impor medidas de polícia. Goza, ainda, de determinados privilégios como a imunidade tributária, prazos dilatados em juízo, juízo privativo,

Discorda-se de que esse seja o melhor entendimento, sendo digna de prosperar a concepção segundo a qual as prerrogativas são diferenciações consistentes em que prevalece o interesse público enquanto os privilégios são distinções indevidamente preconizadas porque destinadas a priorizar interesses particulares.

Referida distinção pode ser bem visualizada em interessante precedente do Supremo Tribunal Federal: ao declarar inconstitucional a previsão de foro especial para ex-ocupantes de cargos públicos, o ministro Cezar Peluso afirmou que a prerrogativa constitui salvaguarda para o exercício da função pública com autonomia, enquanto o privilégio é o benefício instituído com base em um caráter pessoal e não funcional[4].

Com essa exposição, percebe-se que, enquanto a prerrogativa configura uma diferenciação legítima, o privilégio é uma distinção que viola a isonomia em face da inadequação do fator de *discrimen*[5].

Ao abordar disparidades de tratamento que consubstanciam privilégios, é comum a impressão de que "todos são iguais, mas uns mais iguais que os outros"[6].

A esse propósito, é pertinente resgatar a notícia histórica de certas previsões processuais.

À época das Ordenações havia um direito posto (escrito) e um direito costumeiro (de tradição oral); este último passava de geração em geração e atendia às exigências espontâneas das camadas sociais; havia desigualdade de classes e de suas condições, de sorte que cada classe tinha seu foro especial. Nos foros, havia o reconhecimento de honras e a concessão de privilégios pelas mais variadas razões – *v.g.*, por nepotismo, por contribuição na expulsão de muçulmanos, por pertencer ao clero[7].

---

processo especial de execução, presunção de veracidade de seus atos". (PIETRO, Maria Sylvia Zanella de. *Direito Administrativo*. 14. ed. São Paulo: Atlas, 2002. p. 64-65).

[4] No caso, a manutenção dessa prerrogativa passaria a ser um privilégio segundo o Ministro; esse foi o teor de seu julgamento na ADIn nº 2.797 proposta pela Associação Nacional dos Membros do Ministério Público (Conamp) julgada em setembro de 2005.

[5] Como se depreende das lições ministradas por Celso Antônio Bandeira de Mello, ao fazer diferenciação para atingir certa categoria de pessoas, o privilégio viola o primeiro fator essencial de legitimidade, a análise da pertinência do elemento tomado como fator de desigualação.

[6] ORWELL, George. *A revolução dos bichos*. Disponível em: < http://achiame.com/portal/sites/ default/files/ books/A%20Revolucao%20dos%20Bichos.pdf>. Acesso em: 12 jan. 2011.

[7] Referida afirmação foi feita pelo Professor Titular José Rogério Cruz e Tucci em aula sobre o tema Organização judiciária e competência recursal, ministrada em 31 outubro de 2008 em disciplina do curso de Pós-Graduação da Faculdade de Direito da USP.

Dom Diniz atuou frontalmente contra esse estado de coisas. Conforme aponta a doutrina, esse soberano procurava, de maneira severa e autoritária, aparar a arrogância de quem gozava de imunidades "e alcançar as esquivas dos juízes arbitrários"; esse procedimento se denotava claramente na chamada "Lei da Pontaria", que previa a pena capital para quem não procedesse com honestidade e justiça[8].

Ao fim de seu governo, o rei dispôs sobre matéria recursal, atuando "direto contra os ricos-homens, ricas-donas, mestres e priores das ordens, cavaleiros e todos aqueles que tiverem jurisdição nas vilas, castelos, herdades de qualquer condição ou estado'"[9].

Essa postura, contudo, foi revista por D. Afonso V ao disciplinar a possibilidade de julgamento, em seus próprios territórios, daqueles que exibissem privilégios, previsão que acabou se repetindo nas Ordenações seguintes[10].

Na esteira dessa tradição, o Direito continua revelando opções normativas coerentes com a concessão de benefícios aos detentores do poder aptos a influenciar significativamente o processo legislativo? A resposta tende a ser positiva. A esse respeito, merecem destaque as palavras de Paulo Luiz Lobo ao asseverar que a história da codificação civil demonstra ainda hoje a trajetória da desigualdade dos poderes privados – apesar de parecer paradoxal a afirmação em um "mundo em que tanto se luta por justiça social, considerando ainda a promessa de igualdade dos iluministas e após os fundamentos de mais de duzentos anos da Revolução Liberal"[11].

---

[8] COSTA, Moacyr Lobo da; AZEVEDO, Luiz Carlos. *Estudos de história do processo* – recursos. São Paulo: FIEO, 1996. p. 83.

[9] COSTA, Moacyr Lobo da; AZEVEDO, Luiz Carlos. *Estudos de história do processo* – recursos, cit., p. 83. Destaca o autor que a lei editada para tal mister datava de 1317 e foi dada "em Santarém, 19 de março – era de César de 1355 anos [...]".

[10] "[...] se D. Diniz havia procurado firmar, com empenho e tenacidade, a jurisdição real, em especial quanto aos recursos, conforme se observa do citado título LXXIV (ns. 1 a 5) e se D. Fernando referenda o direito real de conhecer por apelação (Liv. II, Tít. LXIII), D. Afonso V, instado por protecionismos descabidos, revê tal posição no n. 6 do Tít. LXXIV, permitindo que, excepcionalmente, julguem os senhores em seus territórios, em segundo grau, desde que exibam os privilégios outorgados pelos reis anteriores. Não obstante o inexplicável retrocesso, a determinação chega até as Ordenações Manoelinas (Liv. III, Tít. LV, n. 3) e Filipinas (Liv. III, Tít. LXXI, n. 3), fazendo crer quanto de interesses segundos nelas se laborara" (COSTA, Moacyr Lobo da; AZEVEDO, Luiz Carlos. *Estudos de história do processo* – recursos, cit., p. 91).

[11] Continua então o doutrinador: "A codificação e os códigos desempenharam o papel de constituição do homem comum burguês, ou proprietário, enquanto perdurou o liberalismo ou a concepção de Estado mínimo. Com o tempo e o advento da legislação social, foram perdendo densidade e se distanciando, cada vez mais, dos interesses da maioria da população, melhor identificados com normas especiais fundadas em princí-

Deve-se admitir, assim, ainda hoje que muitas previsões legislativas decorrem de opções políticas destinadas a favorecer certas classes sociais, configurando privilégios.

Também no processo civil a edição de determinadas normas revela opções políticas e jurídicas que decerto colaboram para a perpetuação do *status quo* em diversas situações sociais. A disciplina, porém, parece ter interesse em evoluir na tentativa cada vez mais intensa de contemplar e realizar os direitos fundamentais[12].

É, pois, interessante que o ordenamento passe a trabalhar prerrogativas fundadas em valores caros ao interesse público, deixando de lado a opção de contemplar privilégios para atender interesses particulares de certos membros da sociedade.

Conforme salientado, a isonomia pode ser vista sob o aspecto precipuamente formal e estático – tendendo à ficção jurídica – ou pode ensejar esforços para a concretização da igualdade material na perspectiva dinâmica comprometida com a missão estatal de suprir as desigualdades para promover a igualdade real[13]; é esta última a concepção defendida neste trabalho por ser a mais coerente com a perspectiva humanista preconizada.

Ao longo do tempo o legislador passou a criar mecanismos para compensar desequilíbrios verificados no processo em razão de dificuldades experimentadas por certos litigantes. Em face da alegação de que se deve "tratar desigualmente os desiguais", há previsões como a dispensa de pagamento de despesas processuais pelo pobre, a preferência na tramitação de ações em que figurem idosos ou portadores de doença grave, a inversão do ônus da prova ao consumidor, bem como prazos dilatados e reexame necessário em favor da Fazenda Pública, dentre outras prescrições, criticadas, em muitos casos, pela doutrina.

A proposta é abordar as principais ocorrências diferenciadoras e verificar se a vulnerabilidade é a razão de sua previsão.

---

pios diferenciados" (LOBO, Paulo Luiz. Princípio da igualdade e o Código Civil. *Jus Vigilantibus*, Vitória, 17 jan. 2004. Disponível em: <http://jusvi.com/doutrinas_e_pecas/ver/1771>. Acesso em: 2 out. 2007).

[12] Prova disso é o crescente interesse dos estudiosos do processo civil por temas como as garantias constitucionais e a função social do processo civil, assim como a invocação e aplicação do princípio da dignidade humana nas relações processuais.

[13] GRINOVER, Ada Pellegrini. *Novas tendências do direito processual*: de acordo com a Constituição de 1988, cit., p. 6.

5.3. HIPOSSUFICIÊNCIA ECONÔMICA: CONTEMPLAÇÕES

Conforme salientado, a falta de recursos financeiros foi um óbice identificado muito cedo na experiência processual, tendo sido a vulnerabilidade econômica a razão de ser das previsões; a proposta é passar a analisar temáticas relevantes com impacto no processo civil.

5.3.1. Assistência jurídica integral e gratuita

Como abordado, a Lei n° 1.060/1950 engendra um sistema estruturado para o reconhecimento da garantia de acesso à justiça pelos desfavorecidos economicamente.

Compete ressaltar que a interpretação dos dispositivos da lei deve sempre ter por premissa a isonomia, não sendo apropriada uma interpretação que dificulte ou reduza o acesso igualitário; ademais, o já mencionado "incidente de pobreza" instaurado pelo juiz no início do processo para exigir que o autor pobre prove sua miséria compromete o andamento do feito e viola a garantia de duração razoável do processo prejudicando o demandante necessitado.

Estêvão Mallet afirma ser inegável que o tempo afete de modo profundamente desigual as partes, sobretudo na disputa entre pessoas com diferente capacidade econômica em que o dano recai sempre sobre o litigante pobre, que não pode se permitir o "luxo da espera"; pelos motivos apontados, o processo não pode ficar indiferente ao problema do tempo, como se os prejuízos provocados pela demora afetassem de forma igual seus participantes.[14]

Como aduz com precisão Rodolfo Mancuso, os litigantes habituais (*repeat players*) podem acabar tirando proveito da situação (como fazem em relação a outras mazelas da prestação jurisdicional) para se beneficiar da *mora judicialmente legalizada*[15].

Além de observar integralmente os termos da Lei n° 1.060/1950 à luz das garantias constitucionais do acesso à justiça e da duração razoável do processo em bases isonômicas, é pertinente salientar que o juiz deve atuar em prol do hipossuficiente mesmo se faltar previsão expressa; exemplo pode ser constatado a partir de experiência em demanda de usucapião:

---

[14] MALLET, Estêvão. Discriminação e processo do trabalho, cit., p. 166.
[15] MANCUSO, Rodolfo de Camargo. A resolução dos conflitos e a função judicial no contemporâneo Estado de Direito (nota introdutória), cit., p. 9.

embora o art. 942 exija a juntada, na petição inicial, de planta do imóvel, há decisões[16] reconhecendo que, caso o demandante pobre não tenha como obter tal documento, o juiz possa determinar a realização de perícia mais adiante, suprindo essa falta.

Essa forma de aplicação e interpretação dos dispositivos deve se verificar em toda oportunidade em que a lei processual exija numerários para facilitar uma posição de vantagem: o juiz deve considerar que diante da realidade do hipossuficiente exigir valores e negar direitos em razão de sua ausência ensejaria uma prestação jurisdicional de categoria inferior pela falta de dinheiro. O tema será novamente objeto de apreciação no último capítulo quando a aplicação da proposta da tese for analisada nas searas executiva e cautelar.

Por ora basta expor a conclusão de que a motivação da Lei nº 1.060/1950 é viabilizar o acesso à justiça com base na vulnerabilidade econômica (hipossuficiência) de litigantes em situações desfavoráveis economicamente.

5.3.2. Edital e assistência judiciária

Atento à questão da hipossuficiência, o legislador processual fez constar no Código de Processo Civil previsão[17] liberando o beneficiário da assistência judiciária do ônus de pagar pela redação e publicação de editais ao réu ausente ou sem localização conhecida/acessível.

Como enfatiza Antonio Cláudio da Costa Machado, "o dispositivo vem ao encontro de antigo e equânime entendimento doutrinário (em igual sentido, o art. 3º, parágrafo único, da LAJ)"[18].

---

[16] Como exemplo, transcreve-se ementa de precedente com aplicações confirmadoras da assertiva: "Usucapião. Perícia. Autores beneficiários da assistência judiciária. apresentação de planta e memorial descritivo da área usucapienda assinada por engenheiro para a realização da perícia. Exigência incompatível com a gratuidade judiciária concedida aos autores. Identidade entre a perícia e a providência solicitada. ocorrência. Possibilidade de ambas serem executadas pelo mesmo profissional, mediante remuneração a ser custeada pelo Estado, com recursos advindos do Fundo de Assistência Judiciária. Decisão reformada. Recurso provido". (TJSP; AI 647.850.4/1; Ac. 3956246; Guarulhos; Sétima Câmara de Direito Privado; Rel. Des. Álvaro Passos; Julg. 29/07/2009; DJESP 14/08/2009).

[17] Art. 232, § 2º: "publicação do edital será feita apenas no órgão oficial quando a parte for beneficiária da Assistência Judiciária".

[18] MACHADO, Antonio Cláudio da Costa. *Código de Processo Civil Interpretado e Anotado*. 2. ed. São Paulo: Manole, 2008. p. 502.

No tocante a essa previsão da Lei de Assistência Judiciária[19], Augusto Marcacini aduz que, por não ser feita distinção quanto à finalidade do edital, entende-se que a norma incide sobre qualquer hipótese de publicação.[20]

Também há previsão semelhante no que se refere ao edital que precede a realização da hasta pública[21].

Sobreleva notar que a regra dita que o edital não seja divulgado em órgão oficial, mas sim em jornal de grande circulação, pois a intenção é que a publicação atinja o maior número de interessados[22]; contudo, mesmo esse objetivo vê-se preterido ante a necessidade de viabilizar o instrumento para o hipossuficiente.

Conclui-se, portanto, que o regramento contempla a vulnerabilidade econômica do litigante, revelando-se pertinente em relação à isonomia.

Por fim, é pertinente frisar que as previsões visam reduzir custos também para o Estado, já que este teria de arcar com as publicações por ser o mantenedor do serviço de assistência judiciária[23].

5.3.3. Remessa ao contador do juízo

O CPC[24] libera o beneficiário da assistência judiciária do ônus de realizar contas para apresentar em juízo o cálculo do valor exequendo.

A previsão autoriza o magistrado a adotar de ofício uma medida que seria própria da parte interessada valendo-se da ajuda do contador[25], o que

---

[19] O art. 3º, parágrafo único, da Lei nº 1.060/1950 dispõe que "a publicação de edital em jornal encarregado da divulgação de atos oficiais, na forma do inciso III, dispensa a publicação em outro jornal".

[20] MARCACINI, Augusto Tavares Rosa. *Assistência jurídica, assistência judiciária e justiça gratuita*. São Paulo, edição eletrônica, 2009. p. 55. Disponível em: <http://www.lulu.com/items/volume_67/ 8095000/8095567/1/print/AJG-versaoElet-1.pdf>. Acesso em: 5 dez. 2010.

[21] Segundo o art. 687, § 1º, do CPC "a publicação do edital será feita no órgão oficial, quando o credor for beneficiário da justiça gratuita".

[22] BUENO, Cassio Scarpinella. Comentário ao art. 687. In: MARCATO, Antônio Carlos (Coord.). *Código de Processo Civil interpretado*. São Paulo: Atlas, 2008. p. 2.189.

[23] FADEL, Sérgio Sahione. *Código de Processo Civil Comentado* 7. ed. Rio de Janeiro: Forense, 2004. p. 270.

[24] CPC, art. 475-B, § 3º Poderá o juiz valer-se do contador do juízo, quando a memória apresentada pelo credor aparentemente exceder os limites da decisão exequenda e, ainda, nos casos de assistência judiciária.

[25] NERY JUNIOR, Nelson; NERY, Rosa Maria de Andrade. *Código de processo civil comentado*. 10. ed. São Paulo: Revista dos Tribunais, 2007. nota 9 ao art. 475-B, p. 724.

Cap. 5 – DIFERENCIAÇÕES NA ATUAÇÃO PROCESSUAL CIVIL E VULNERABILIDADE 233

revela, da perspectiva do modelo processual cooperatório, aplicação do dever de auxílio.

Como bem destaca Antonio Cláudio da Costa Machado, entende-se haver uma presunção legal absoluta de dificuldade que cerca a elaboração do cálculo pelos prestadores da assistência judiciária[26]; assim, não é cabível qualquer questionamento pelo juízo no que se refere à complexidade ou simplicidade do cálculo, o que configuraria afronta ao dispositivo legal e ao direito conferido ao assistido.

Paulo Henrique dos Santos Lucon adverte com precisão que a complexidade dos cálculos e sua apresentação podem representar encargo exageradamente excessivo – ou até mesmo impossível – para o litigante, ensejando "um verdadeiro pesadelo para o exequente, principalmente quando hipossuficiente técnica e economicamente"; assim, a previsão do art. 475-B § 3º, do CPC visa "dar efetividade à garantia do tratamento paritário das partes no processo"[27].

Conclui-se, portanto, que a previsão tem por base o reconhecimento da vulnerabilidade processual não apenas sob o aspecto econômico, mas também técnico e organizacional, já que a estrutura de atendimento aos hipossuficientes não costuma dispor de recursos humanos e físicos para realizar cálculos[28].

5.3.4. Dispensa de caução na execução provisória

O regime da execução provisória permite, diante de certos direitos já reconhecidos, que o credor possa acessar o patrimônio do devedor para expropriar bens. Como o título executivo, porém, ainda pende de definição – por se tratar de decisão judicial antecipatória de tutela ou pendente de recurso sem efeito suspensivo –, além de ressaltar a potencial responsabilidade do credor[29],

---

[26] MACHADO, Antônio Cláudio da Costa. Comentário ao art. 475-B. *Código de Processo Civil interpretado e anotado*. São Paulo: Manole, 2006. p. 868.

[27] LUCON, Paulo Henrique dos Santos. Comentário ao art. 475-B In: MARCATO, Antônio Carlos (Coord.). *Código de Processo Civil interpretado*. São Paulo: Atlas, 2008. p. 1.560.

[28] Nos departamentos jurídicos de universidades, *v.g.*, não há profissional especializado na área contábil disponível para auxiliar nos casos nem *softwares* adquiridos para tanto por conta dos custos; embora haja programas de cálculo disponíveis na rede mundial de computadores, é temerário exigir que o assistido deles precise se valer sem ter certeza sobre sua acuidade técnica.

[29] Art. 475-O. "A execução provisória da sentença far-se-á, no que couber, do mesmo modo que a definitiva, observadas as seguintes normas: I – corre por iniciativa, conta e responsabilidade do exequente, que se obriga, se a sentença for reformada, a reparar

a lei exige, para determinados atos, a prestação de caução pelo exequente[30].

É possível, porém, a dispensa dessa exigência em atenção à hipossuficiência do litigante se o crédito – alimentar ou decorrente de ato ilícito – somar até 60 salários mínimos e o exequente estiver em situação de necessidade[31].

A previsão sobre o estado de necessidade revela uma "especial proteção humanitária do economicamente desfavorecido"[32].

Vale aprofundar em que implicaria essa situação de necessidade e perquirir: se o crédito é alimentar não seria de se pressupor a necessidade? A resposta inclina-se a ser positiva.

Alinhando-se a essa visão, precedente do Tribunal de Justiça mineiro entendeu pela dispensa da caução "atendendo-se ao aspecto social da pretensão, tendo em vista o permanente estado de necessidade do servidor público aposentado"[33].

A presunção de necessidade é adequada; exigir que o exequente demonstre a condição de miserabilidade é impor dificuldade desmedida que pode até lesar sua dignidade por expor sua intimidade.

Compartilham desse entendimento Luiz Guilherme Marinoni e Sérgio Cruz Arenhart, para quem a instituição concomitante dos requisitos (1. do crédito alimentar decorrente de ato ilícito; e 2. da necessidade do exequente) pretende evidenciar que o crédito pode ter natureza alimentar sem que o seu titular esteja em estado de necessidade[34].

---

os danos que o executado haja sofrido; II – fica sem efeito, sobrevindo acórdão que modifique ou anule a sentença objeto da execução, restituindo-se as partes ao estado anterior e liquidados eventuais prejuízos nos mesmos autos, por arbitramento".

[30] Art. 475-O, III. "O levantamento de depósito em dinheiro e a prática de atos que importem alienação de propriedade ou dos quais possa resultar grave dano ao executado dependem de caução suficiente e idônea, arbitrada de plano pelo juiz e prestada nos próprios autos."

[31] Art. 475-O, § 2º, "A caução a que se refere o inciso III do caput deste artigo poderá ser dispensada: I – quando, nos casos de crédito de natureza alimentar ou decorrente de ato ilícito, até o limite de sessenta vezes o valor do salário mínimo, o exequente demonstrar situação de necessidade."

[32] GOMES DA CRUZ, José Raimundo. Anotações Sobre A Lei 10.444, de 07.05.2002. *Revista do Instituto dos Advogados de São Paulo*, São Paulo, v. 6, n. 12, p. 67, jul./dez. 2003.

[33] TJMG; AC 1.0024.02.800035-4/001; Belo Horizonte; Primeira Câmara Cível; Rel. Des. Orlando Adão Carvalho; Julg. 14/09/2004; DJMG 17/09/2004.

[34] MARINONI, Luiz Guilherme; ARENHART, Sérgio Cruz. *Curso de processo civil: execução*. 2. ed. São Paulo: Ed. Revista dos Tribunais, 2008. v. 3, p. 373.

No que tange ao valor, o que deve ocorrer se ele exceder em pequena quantidade o montante de 60 salários mínimos?

Os doutrinadores Nelson Nery Junior e Rosa Maria de Andrade Nery afirmam que como a regra de dispensa de caução é excepcional, sua interpretação deve se dar restritivamente, não cabendo alargar o campo de abrangência[35]. À luz da vulnerabilidade, porém, a assertiva apontada enseja reflexão porque um hipossuficiente continua a necessitar do numerário e tem sérios problemas para sobreviver sem ele ainda que seja credor não de 60, mas 62 ou 65 salários mínimos.

Por último, é oportuno mencionar a afirmação de Araken de Assis sobre a importância de o órgão judiciário recorrer ao princípio da proporcionalidade para aquilatar a plausibilidade da vitória final do necessitado e então dispensar a caução[36]. Entende-se que, no entanto, é inconsistente mais essa diferenciação porque haveria uma apreciação qualitativa do mérito da pretensão que a lei, apropriadamente, não exige para viabilizar a exceção ao assistido.

Como conclusão, pode-se afirmar que a dispensa de caução prevista na norma atende ao critério de vulnerabilidade processual sob o aspecto econômico.

5.4. NOMEAÇÃO DE CURADOR ESPECIAL AOS RÉUS PRESO E CITADO FICTAMENTE

Há na tradição jurídica brasileira normas detalhadas sobre a ausência no processo: nas Ordenações Afonsinas há regra sobre a possível insurgência da parte que deixou de se manifestar por fundado motivo: se o cidadão não pôde acompanhar o feito por estar fora da jurisdição ou em local afetado pela peste, ainda assim sua apelação seria recebida[37].

---

[35] NERY, Nelson JÚNIOR; NERY, Rosa Maria de Andrade. *Código de processo civil comentado.* 11. ed. São Paulo: Revista dos Tribunais, 2007. p. 724.

[36] ASSIS, Araken de. *Cumprimento da Sentença.* Rio de Janeiro: Forense, 2006. p. 154.

[37] Livro III, Título 72. Na mesma legislação consta em 3.63.5 que o prazo de 10 dias para apelar contra sentença definitiva (geralmente computado de quando a sentença fosse dada em diante), seria contado, caso o recorrente ou seu procurador estivessem ausentes, do tempo em que soubessem da decisão. Assim, a ausência era reconhecida como motivo apto a gerar a reconsideração do termo inicial da contagem do prazo para a apresentação do recurso. Em 3.81, diz-se da inadmissão da apelação após os 10z dias contados da prolação da sentença; se, contudo, a parte estivesse ausente, não seria contado o termo de tal fato, salvo se houvesse prova de que ele tivesse ciência da decisão. À época das Ordenações Filipinas, foi editado assento em 1619 afirmando que,

O CPC vigente prevê, no art. 9⁰³⁸, a nomeação do curador especial para procurar equilibrar o exercício dos direitos de ação e de defesa no processo com réu preso ou réu revel ausente[39].

Luiz Guilherme Marinoni e Daniel Mitidiero entendem que a nomeação do curador especial tem como desiderato a paridade de armas no processo e, consequentemente, a manutenção de um processo justo[40].

Também para Antonio Cláudio da Costa Machado a nomeação do curador especial é medida imposta pela isonomia[41]; para o autor, essa figura é o estranho inserido no local do demandado porque contraditório e direito defesa são inalienáveis e indisponíveis; não abrindo a lei mão de seu exercício, este "é conferido a um órgão estatal que recebe o dever de o defender a qualquer custo, tornando efetivo o contraditório e exequível o direito de exceção"[42].

A atuação do curador especial pode se verificar em largo espectro: incumbe-lhe agir no interesse da parte tutelada no que tange à regularidade dos atos processuais em nome de sua ampla defesa, podendo apresentar resposta detalhada se encontrar elementos para tanto porque "a função da curatela especial dá-lhe poderes de representação legal da parte, em tudo que diga respeito ao processo e à lide nele debatida"[43].

Não se lhe exige, porém, a impugnação especificada das alegações do autor, sendo ao curador dada a prerrogativa da dispensa do cumprimento

---

estando o recorrente preso, em vez de apresentar o agravo em audiência, a interposição poderia se dar "em Casa do julgador".

[38] É pertinente ressaltar o fato de que a previsão é mantida no projeto de novo CPC ("art. 72. O juiz nomeará curador especial: I – ao incapaz, se não tiver representante legal ou se os interesses deste colidirem com os daquele; II – ao réu preso, bem como ao revel citado por edital ou com hora certa").

[39] GRECO FILHO, Vicente. *Direito processual civil brasileiro*. 19. ed. São Paulo: Saraiva, 2007. v. 1, p. 106. DIDIER JUNIOR, Fredie Souza. *Curso de direito processual civil*: teoria geral do processo e do processo de conhecimento. 7. ed. Salvador: Juspodivm, 2007. p. 219.

[40] MARINONI, Luiz Guilherme; MITIDIERO, Daniel. *CPC comentado artigo por artigo*. 2. ed. São Paulo: Revista dos Tribunais, 2010. p. 104.

[41] MACHADO, Antonio Cláudio da Costa. *Código de Processo Civil interpretado e anotado*, cit., p. 684.

[42] "Assim como o direito de defesa do réu citado pessoalmente não pode ser objeto de disposição – este pode apenas deixar de exercê-lo – também o do réu citado fictamente é impassível de alienação, por ele ou por quem seja [...]" (MACHADO, Antonio Cláudio da Costa. A intervenção do Ministério Público no processo civil brasileiro, p. 140).

[43] THEODORO JUNIOR, Humberto. *Curso de direito processual civil*. Rio de Janeiro: Forense, 2006. v. 1, p. 74.

de referido ônus[44] para poder contestar por "negativa geral". Essa medida se justifica (a) pelo contato (se existente) episódico e precário entre a parte e seu representante[45] ou (b) pelo não conhecimento por este dos aspectos fáticos da causa[46].

Como mencionado, a doutrina indica que tanto a nomeação apontada como a dispensa do ônus da impugnação específica objetivam assegurar a paridade de armas[47]. Resta indagar se os tratamentos em referência, dispensados pelo legislador, tomaram como base a vulnerabilidade processual dos réus preso e citado fictamente.

5.4.1. A situação do réu preso

Como bem aduz Cândido Rangel Dinamarco, o fundamento da nomeação de curador especial decorre do contraditório, já que não se sabe se o réu revel não quis contestar, não pôde fazê-lo ou simplesmente nem tomou conhecimento da citação[48].

No que tange ao réu preso, a dificuldade de atuar em juízo decorre de sua segregação, havendo vulnerabilidade processual pelo aspecto organizacional em razão da dificuldade – ou da incapacidade, eventualmente – de mobilizar recursos para articular sua defesa na seara judicial.

Em primeiro lugar, a restrição à locomoção dificulta o acesso aos meios formais de resistência: como esperar que procure e consiga um advogado apto a defendê-lo? E, ainda, que o faça a tempo de viabilizar a apresentação da resposta no prazo?

Poder-se-ia argumentar que outros atuassem em seu nome; contudo, é imperioso considerar que a vulnerabilidade do detento funda-se justa-

---

[44] CPC, art. 302, parágrafo único: "Esta regra, quanto ao ônus da impugnação especificada dos fatos, não se aplica ao advogado dativo, ao curador especial e ao órgão do Ministério Público".

[45] MARINONI, Luiz Guilherme; MITIDIERO, Daniel. Comentário ao art. 302, nota 10. In: ———; ———. *CPC comentado artigo por artigo*, cit., p. 313.

[46] MACHADO, Antonio Cláudio da Costa. *Código de Processo Civil interpretado e anotado*, cit., p. 684.

[47] Para Ada Pellegrini Grinover, a não aplicação do ônus da impugnação especificada ao advogado dativo, ao curador especial e ao Ministério Público não afronta o princípio da igualdade "porque o discrímen do legislador busca resguardar o 'princípio da igualdade *real*'" (GRINOVER, Ada Pellegrini. *Os princípios constitucionais e o Código de Processo Civil*. São Paulo: José Bushatsky Editor, 1975. p. 56).

[48] DINAMARCO, Cândido Rangel. *Fundamentos do Processo Civil Moderno*. 5. ed. São Paulo: Revista dos Tribunais, 2002. v. 1, p. 128.

mente na impossibilidade de mobilizar recursos – inclusive humanos para valer-se de familiares e funcionários, *v.g.* – em um momento de evidente desestruturação pessoal.

Em segundo lugar, a falta de contato com o mundo exterior ao cárcere em regra limita sua cognição sobre o objeto da demanda. O detento tem prejudicadas as condições de conhecer os aspectos de sua vida civil por perder sua gerência de fato, sendo notório que só resta a muitos dos presos nomearem alguém para lidar com suas questões organizacionais.

O distanciamento dos elementos fáticos da demanda, por sua vez, limita tanto seu conhecimento sobre o que exatamente ocorreu como o acesso aos meios de prova; pode ser problemático, sob esse aspecto, saber e arregimentar elementos sobre como exatamente a dinâmica dos fatos se verificou, assim como ter dados precisos a respeito de quem testemunhou as ocorrências.

Para compreender o grau de dificuldades, imagine-se que o indivíduo seja preso e receba dias depois citação para uma demanda sobre fatos da vida civil ocorridos há um ano; como exigir-lhe a obtenção de todos os documentos que sustentam sua defesa no prazo da contestação? Em se tratando de rito sumário, como exigir que arregimente e já arrole todas as testemunhas que poderiam lhe servir ante o distanciamento imposto pela segregação? É isonômico exigir esse tipo de providências como se o réu fosse um indivíduo livre? Certamente não.

Por último, existe o já citado distanciamento do detento em relação ao seu procurador judicial, o que, sem dúvida, limita a mobilização dos meios e argumentos de defesa; assim, tudo conduz à conclusão sobre o devido reconhecimento da vulnerabilidade processual do preso sob o aspecto organizacional para justificar a possibilidade de contestação por negativa geral[49].

---

[49] Antonio Cláudio da Costa Machado também reconhece a vulnerabilidade do réu preso designando-a *hipossuficiência*: "Analisando o fenômeno exposto pela estrita ótica do vínculo jurídico que liga os sujeitos do processo, o que se percebe é que o escopo da intervenção do Ministério Público é permitir o reequilíbrio do contraditório pela outorga de uma defesa que efetivamente ponha em confronto versões e argumentos. Dada a restrição à liberdade do réu, é muito provável que este não se defenda, ou, se se defender, faça-o mal, de sorte que só uma atividade defensiva séria do curador especial compensará a hipossuficiência processual que é inerente ao sujeito que se encontra em tais circunstancias. Ainda sob o mesmo enfoque, podemos dizer que só por meio do estabelecimento anormal da dialética processual (através da atuação do parquet) é que estará assegurada a justiça da decisão que venha a ser proferida, uma vez que o não oferecimento de defesa não pode ser considerado fruto da desídia do preso; pelo contrário, é resultado de uma situação que lhe barra a iniciativa defensiva. Logo, só pode legitimamente ser afetado pelo provimento jurisdicional o preso a quem

Ressalva-se a crítica no sentido de que a negativa geral pode gerar um desequilíbrio em desfavor do demandante porque sobre ele acabam recaindo todos os ônus e preclusões do processo. A posição da autora deste trabalho alinha-se ao reconhecimento da vulnerabilidade do detento; entretanto, não há como ignorar o desequilíbrio ensejado pela referida medida.

Para evitar que o desequilíbrio comprometa o acesso à justiça do autor necessitado da prestação jurisdicional, o juiz deverá atuar no feito com cautela para não sobrecarregar o demandante e valer-se do dever de auxílio preconizado no modelo processual de colaboração com o propósito de amainar as dificuldades porventura verificadas não só pelo réu, mas também pelo autor.

5.4.2. Sobre o réu citado de forma ficta que não compareceu

No que se refere ao demandado ausente, é possível pressupor que ele esteja em uma condição de vulnerabilidade quando ele nem sequer "está" no processo?

Sem dúvida, as diferenciações feitas em relação ao réu revel citado por edital ou por hora certa objetivam assegurar a paridade de armas e restabelecer o equilíbrio processual. Explica Antonio Cláudio da Costa Machado que, ao garantir o direito de ação do autor pela citação ficta, o ordenamento equilibra a relação processual garantindo o direito de defesa do réu mediante a nomeação de curador e a prerrogativa de contestação por negativa geral[50]; assim, o curador nomeado impede que o contraditório desfaleça.

Não se pode afirmar, contudo, que a ocorrência de vulnerabilidade constitui fundamento para a diferenciação porque ela precisa ser aferida pelo cotejo da situação do indivíduo: é preciso conhecer – ou pelo menos ter notícia de – dados reais que circundam sua vida para verificar se falta dinheiro para se defender, se a moradia dele é de difícil acesso, se padece de comprometedora desinformação ou desestruturação pessoal etc.

O fato de ser desconhecido o paradeiro do réu não implica vulnerabilidade por óbices geográficos: esta decorre da localização do indivíduo em

---

se dê curador especial e, por conseguinte, defesa técnica no processo" (Costa Machado, Antonio Cláudio. *A intervenção do Ministério Público no processo civil brasileiro*. 2. ed. São Paulo: Saraiva, 1998. p. 166).

[50] MACHADO, Antonio Cláudio da Costa. *A intervenção do Ministério Público no processo civil brasileiro*, cit., p. 139.

local de difícil acesso a ponto de inviabilizar a prática de atos processuais e não deve ser simplesmente pressuposta.

No caso do ausente, a situação é ignorada: não sendo possível localizar elementos que autorizem afirmar ser ele vulnerável, conclui-se que a defesa do ausente em juízo pelo curador especial é decorrência necessária da citação ficta e não se relaciona com a vulnerabilidade, resultando de uma escolha do legislador para assegurar algum grau de contraditório.

Observado, assim, que o conceito de vulnerabilidade processual propugnado considera a situação de fragilidade involuntária, não havendo dados sobre a situação do ausente conclui-se que a proteção jurídica a ele assegurada não se baseia na vulnerabilidade – que não tem como ser aferida *in concreto* –, mas sim na proposta de viabilizar pelo menos algum grau de contraditório.

5.5. FAZENDA PÚBLICA E MINISTÉRIO PÚBLICO

Há uma série de diferenciadas previsões[51] ínsitas no Código de Processo Civil que facilitam a atuação em juízo da Fazenda e do Ministério Público, merecendo destaque dispositivos que ampliam prazos para contestar e recorrer e asseguram intimação pessoal. A Fazenda Pública ainda goza de tratamentos diferenciados exclusivos, como o reexame necessário da sentença condenatória, a existência de lei específica para execução de créditos tributários e determinadas restrições ao credor por ocasião da exequibilidade da sentença na qual restou vencida.

É polêmica a constitucionalidade dessas previsões pelo grande questionamento dos favorecimentos em prol da Fazenda.

Cassio Scarpinella Bueno afirma ser injustificável a concessão de privilégios aos entes públicos porque a Constituição Federal preconiza a eficiência da Administração e institucionaliza advocacias públicas para a tutela dos interesses estatais; não o convence a alegação de que os bens públicos da coletividade ensejariam tratamento diferenciado em juízo porque

---

[51] O art. 188 concede-lhes prazo em dobro para recorrer e em quádruplo para contestar; o art. 277 amplia o prazo para a designação da audiência de conciliação e apresentação de resposta no rito sumário; o art. 475 traz hipóteses de reexame necessário quando vencida a Fazenda Pública, assim como os arts. 741 trazem regramento especial para a execução contra esta litigante. Leis extravagantes também preveem mais facilidades à Fazenda: os Defensores Públicos têm contagem em dobro para a prática de atos processuais (Lei 1.060/1950, art. 5º, § 5º, e Lei Complementar nº 80/1994).

esta seria uma forma de criar "uma imunidade à atuação do Estado, um protecionismo não autorizado pela Constituição"[52].

Também Ada Pellegrini Grinover não crê na constitucionalidade das previsões de prazo em dobro (por violarem a proporcionalidade)[53], da fixação equitativa de honorários quando vencida a Fazenda (ao privar o recebimento de parcela que seria devida se fosse outro o litigante)[54] e do reexame necessário (já que eventual descumprimento de funções dos agentes estatais deve ser zelada em via própria, não se transferindo ao Poder Judiciário tal controle)[55].

Em sentido oposto, Rodolfo de Camargo Mancuso anota que na realidade as procuradorias da Fazenda enfrentam dificuldades de várias espécies – "contingenciamento de verba orçamentária, redução de quadro de funcionários, recrutamento insuficiente de advogados, volume excessivo de processos" – e que essas circunstâncias "explicam certos benefícios, a par do curial argumento de que o sacrifício da posição fazendária nos processos irá repercutir negativamente ao interno da própria sociedade, donde provêm os tributos formadores do erário"[56].

Embora com frequência se questione a constitucionalidade dos referidos dispositivos, a jurisprudência tem entendido serem conformes à Lei Maior[57].

Ainda que as prerrogativas possam ser justificáveis pela quantidade de serviço e o defendido "interesse público" (que não deve ser confundido com o interesse fazendário nem com o interesse da administração pública), a autora deste trabalho não entende que a Fazenda e o Ministério Público são vulneráveis.

---

[52] BUENO, Cassio Scarpinella. *Curso sistematizado de direito processual civil*: teoria geral do direito processual civil, cit., p. 129.

[53] GRINOVER, Ada Pellegrini. *Os princípios constitucionais e o Código de Processo Civil*, cit., p. 31-37 e 54-55.

[54] GRINOVER, Ada Pellegrini. *Os princípios constitucionais e o Código de Processo Civil*, cit., p. 41.

[55] GRINOVER, Ada Pellegrini. *Os princípios constitucionais e o Código de Processo Civil*, cit., p. 44.

[56] MANCUSO, Rodolfo de Camargo. A Fazenda Pública em juízo, cit., p. 322.

[57] Nelton dos Santos colaciona uma série de julgados a respeito, sendo oportuno destacar precedente do STF que rechaça a arguição de inconstitucionalidade afirmando que o benefício do prazo em dobro traduz "prerrogativa processual ditada pela necessidade objetiva de preservar o próprio interesse público", não violando a igualdade entre as partes (RE 163691/SP, 1ª Turma, Rel. Celso de Mello) (SANTOS, Nelton dos. Comentário ao art. 188. In: MARCATO, Antônio Carlos (Coord.). *Código de Processo Civil interpretado* cit., p. 514).

O gigantismo estatal, marcado por dificuldades de colher provas e insuficiência de pessoal, costuma ser invocado como argumento para desigualar a Fazenda e facilitar sua atuação em juízo[58].

Apesar da referida alegação, ao analisar os critérios de vulnerabilidade a Fazenda e o Ministério Público não se encontram (pelo menos necessariamente) em desvantagem em relação àqueles contra quem litigam. Muito pelo contrário, tais entes muitas vezes se encontram em posição de vantagem técnica (por disporem de corpo qualificado de procuradores e promotores), probatória (por terem à sua disposição informações levantadas por vários órgãos públicos), informacional (pois as lides versam sobre questões atinentes ao próprio funcionamento da Administração) e organizacional (contando com estrutura composta por servidores, gabinetes etc.).

Em casos de plena estrutura para atuar, os benefícios conferidos à Fazenda e ao Ministério Público não podem ser vistos como decorrência de vulnerabilidade, mas sim de uma escolha política de facilitação em juízo pela relevância dos bens jurídicos tutelados.

No que tange à Fazenda Pública, as prerrogativas são em geral justificadas pela importância da defesa do *interesse público*.

Segundo Leonardo José Carneiro da Cunha, condiz com o interesse público viabilizar o exercício processual da defesa da melhor forma possível, evitando prejuízos ao Erário que repercutiriam em toda a coletividade, pois esta deixaria de ser beneficiada com serviços públicos que poderiam ser custeados com valores gastos com condenações injustificáveis[59]. A *primazia do interesse público* já seria suficiente para demonstrar que a Fazenda Pública não é igual ao particular e, portanto, merece tratamento diversificado[60].

As prerrogativas do Ministério Público são, por sua parte, da mesma forma justificadas pela natureza do interesse protegido, especialmente considerando-se que a tutela dos *interesses metaindividuais* também justificaria a atuação do *Parquet* ser considerada diferente da do particular.

Justifica-se questionar: ainda hoje a visão sobre a supremacia do interesse público deve implicar contemporizações na prestação jurisdicional? Há quem propugne ser essencial atualizar o papel das prerrogativas estatais porque o

---

[58] ALVES, Francisco Glauber Pessoa. *O princípio jurídico da igualdade e o processo civil brasileiro*, cit., p. 65.

[59] CUNHA, Leonardo José Carneiro da. *A Fazenda Pública em juízo*. São Paulo: Dialética, 2010. p. 35.

[60] CUNHA, Leonardo José Carneiro da. *A Fazenda Pública em juízo*, cit., p. 34-35.

Cap. 5 – DIFERENCIAÇÕES NA ATUAÇÃO PROCESSUAL CIVIL E VULNERABILIDADE   243

interesse público vem sendo crescentemente identificado "justamente como a maior satisfação possível dos interesses dos cidadãos"[61].

A tendência em não mais ser contemplada tal sorte de diferenciação corrobora essa assertiva; a Lei dos Juizados Especiais das Fazendas Públicas Estaduais afirma textualmente não haver prazos diferenciados em prol do ente público[62] nem reexame necessário[63].

Como restou demonstrado, os tratamentos diferenciados não se vinculam propriamente à dificuldade de atuação em juízo, em nada se relacionando com a vulnerabilidade.

Há de se cogitar, contudo, que em situações específicas Fazenda e Ministério Públicos podem enfrentar situações de embaraço organizacional, *v.g.*, como nas localidades de difícil provimento em que faltam procuradores e promotores e que carecem tanto de estrutura física como de recursos humanos, acumulando-se trabalho a ponto de dificultar sobremaneira a atuação em juízo. Essa constatação, no entanto, não significa que se pode generalizar e presumir tal dificuldade a ponto de reconhecer vulnerabilidade e considerá-la critério para a diferenciação no tratamento, pois há situações que revelam justamente o contrário: há estrutura e a Fazenda apenas aproveita o tempo a mais.

A esse propósito, Paulo Henrique dos Santos Lucon entende que são injustificados os privilégios concedidos à parte litigante sem o exame particularizado[64]; logo, não se pode cogitar a vulnerabilidade da Fazenda Pública e do Ministério Público partindo apenas da suposição de complexidade de seu trabalho. Ao se pronunciar contra os benefícios, o autor bem destaca

---

[61] "As prerrogativas estatais sobre os particulares se justificavam em razão daquela visão do interesse público como superior à satisfação dos interesses individuais. [...] O interesse público e os interesses dos cidadãos, que antes eram vistos como potencialmente antagônicos, passam a ser vistos como em princípio reciprocamente identificáveis" (ARAGÃO, Alexandre Santos de. A supremacia do interesse público no advento do Estado de Direito e na hermenêutica do direito público contemporâneo. In: Sarmento, Daniel. *Interesses públicos versus interesses privados*: desconstruindo o princípio do interesse público. 2. tir. Rio de Janeiro: Lúmen Júris, 2007. p. 3).

[62] Lei nº 12.139/2009, art. 7º. "Não haverá prazo diferenciado para a prática de qualquer ato processual pelas pessoas jurídicas de direito público, inclusive a interposição de recursos, devendo a citação para a audiência de conciliação ser efetuada com antecedência mínima de 30 (trinta) dias".

[63] "Art. 11. Nas causas de que trata esta Lei, não haverá reexame necessário."

[64] LUCON, Paulo Henrique dos Santos. Garantia do tratamento paritário das partes, cit., p. 119.

que, caso assim fosse, também grandes empresas que desenvolvem atividades complexas deveriam ser beneficiadas[65].

5.6. ESPOSA

No passado, a condição de vulnerabilidade da mulher ante as diferenciações experimentadas na vida social ensejou muitas dificuldades para atuar em juízo. Por reconhecer essa realidade, nas Ordenações Manuelinas constava a prerrogativa de escolha de foro por viúvas, miseráveis e órfãos – regra essa que foi repetida no texto Filipino com extensão dos benefícios também às mulheres honestas ainda não casadas[66].

Ainda nas Ordenações Manuelinas, dentre as regras sobre a citação por oficiais de justiça, afirmava-se que caso pretendessem citar ou demandar na Corte algum órfão, viúva ou miserável – ou, em sentido inverso, caso algum destes quisesse demandar contra um oficial de justiça –, era essencial comunicar o juízo para que ele deliberasse como proceder segundo critérios de justiça[67].

É importante destacar que o legislador fez questão de esclarecer sua opção sobre a atuação do juiz em situação envolvendo sujeitos privilegiados e vulneráveis em lados opostos reconhecendo a competência do Corregedor (da Corte ou da Casa do Porto) para demandas entre magistrados, deputados e governadores, de um lado, e miseráveis, viúvas ou órfãos no outro polo, "porque assim se contém no privilégio, que temos dado o qual precede todo o privilegio das viuvas e pessoas miseraveis, e quaesquer outros"[68].

Por certo as previsões apontadas denotavam importante reconhecimento da vulnerabilidade feminina em face de sua condição pessoal, buscando proporcionar-lhes maior facilidade para atuar. Nos dias atuais justifica-se a facilitação da atuação da mulher na seara judicial?

---

[65] "[...] essas vantagens são inadmissíveis por violarem frontalmente a Constituição Federal no que diz respeito à igualdade de partes no processo. Por isso, não podem encontrar justificativa no complexo da administração pública. Caso contrário, as megaempresas também deveriam ser assim beneficiadas. Nos dias de hoje, com o uso em lagar escala do computador, não pode mais prevalecer o entendimento de que o Estado precisa de privilégios institucionais. Aliás, um Estado organizado, melhor do que qualquer particular, deve primar pela perfeição de seus serviços, tendo, a tempo e hora, todos os elementos indispensáveis à sua mais perfeita quão possível atuação, e correlatas informações." (LUCON, Paulo Henrique dos Santos. Garantia do tratamento paritário das partes, cit., p. 119).

[66] Livro III, Título 5, § 3º.

[67] Livro III, 3.6.6.

[68] Livro III, 3.5.7.

O Código de Processo Civil prevê desde 1973 a competência do local de domicílio da mulher para a tramitação de ações sobre a anulação ou o desfazimento do casamento[69].

A regra, porém, é questionada em sua constitucionalidade desde 1988, quando a Constituição Federal passou a prever expressamente a igualdade entre homens e mulheres[70].

Como esclarece Eduardo Cambi, em rigor a questão não seria de inconstitucionalidade, mas de não recepção, já que o Supremo Tribunal Federal não vem admitindo a tese da inconstitucionalidade superveniente: se o texto editado antes do advento conflita com o conteúdo desta, é reputado revogado, mas se a lei infraconstitucional "está em consonância com o que dispõe a Constituição, diz-se que o texto foi recepcionado"[71].

Grande parte da doutrina entende que o dispositivo processual viola a premissa isonômica constitucional; por todos, cita-se Yussef Cahali, para quem o foro não mais prevalece por conflitar com o princípio da igualdade entre os cônjuges explicitado na Lei Maior[72]; diversas decisões[73] corroboram esse entendimento.

Revela-se importante, contudo, um olhar mais detido sobre a condição da mulher para aferir se realmente há igualdade ou esta é apenas formal, já que é natural, nos ajustes familiares, que a mulher se dedique aos filhos e com isso comprometa suas atividades profissionais e, em certa medida, também a vida pessoal. Ela pode, portanto, ser ou estar vulnerável em razão de uma peculiar situação vivenciada.

---

[69] CPC, art. 100. "É competente o foro: I – da residência da mulher, para a ação de separação dos cônjuges e a conversão desta em divórcio e para a anulação de casamento".

[70] CF, art. 5°, I. "Os homens e mulheres são iguais em direitos e obrigações nos termos desta Constituição"; art. 226, § 5°. "Os direitos e deveres referentes à sociedade conjugal são exercidos igualmente pelo homem e pela mulher".

[71] Foro privilegiado da mulher, isonomia constitucional na sociedade conjugal e o processo civil. *Revista de Processo*, São Paulo, v. 21, n. 83, jul./set. 1996, p. 178.

[72] CAHALI, Yussef. *Divórcio e separação*. 9. ed. São Paulo: Revista dos Tribunais, 2000. n. 57, p. 527.

[73] "O artigo 100, 'caput', I do CPC, não foi recepcionado pela Constituição Federal de 1988, e resolve-se a matéria pela regra geral do artigo 94, importando apenas perquirir qual o foro de domicílio do réu, aqui incontroverso" (Tribunal de Justiça de São Paulo, Agravo de Instrumento n. 328.152-4/0 – Campinas – 9ª Câmara de Direito Privado – Relator: Sérgio Gomes – 11.05.04 – v. u.); no mesmo sentido, afirma-se que "o foro privilegiado da mulher não mais subsiste, ante a atual Constituição Federal" (Tribunal de Justiça de São Paulo, Agravo de Instrumento n. 358.2502-4/1 – 9ª Câmara de Direito Privado – Relator: Marco César – 15/03/2005 – v.u.).

Máximas de experiência permitem perceber a fragilidade da esposa quando se verifica o término do relacionamento; isso pode ocorrer, *v.g.*, quando ela fica com a guarda dos filhos e não exerce atividade remunerada, dedicando-se exclusivamente à família sem contar ainda com provimento judicial ou acordo para fixação de pensão; nesses casos, ela encontra-se vulnerável sob o aspecto econômico.

A esse propósito, Antonio Cláudio da Costa Machado aduz que a prerrogativa de foro se justifica porque "no Brasil, são as mulheres que normalmente ficam em situação de grande penúria econômica com o término de um casamento fracassado"[74].

Pode ainda ocorrer que a mulher seja compelida a abandonar o lar conjugal por sofrer agressões de ordem física ou moral do homem, sendo obrigada a retornar para a casa de parentes por não ter mais moradia; nessa hipótese ela sofre vulnerabilidade também sob o aspecto da organização pessoal.

Segundo Eduardo Cambi, o legislador do Código tomou como *fator de discrímen* a hipossuficiência da esposa; não obstante as mulheres tenham experimentado progressivos avanços nas últimas décadas, justificam a prerrogativa tanto dados extraídos da realidade socioeconômica como o fato de estar em posição mais frágil por geralmente ter a prole sob sua guarda e precisar se desincumbir de afazeres domésticos; "portanto, a causa da concessão de foro privilegiado para a mulher não é a posição jurídica dos litigantes, mas o contexto social e econômico"[75].

Em casos assim, diante da fragilidade de suas condições, o dispositivo se revelará apto a realizar a devida proteção contra sua vulnerabilidade.

Constatada, assim, real igualdade nas condições dos cônjuges, não haverá por que prevalecer a regra[76]; contudo, se houver disparidade complicadora na situação da esposa, ela deverá ser contemplada com a prerrogativa de foro[77].

---

[74] MACHADO, Antonio Cláudio da Costa. *Código de Processo Civil interpretado e anotado*, cit., p. 412-413.

[75] CAMBI, Eduardo. Foro privilegiado da mulher, isonomia constitucional na sociedade conjugal e o processo civil. *Revista de Processo*, São Paulo, v. 21, n. 83, jul./set. 1996, p. 179.

[76] "[...] caso não esteja caracterizada situação de fragilidade ou de hipossuficiência da mulher, o privilégio de foro não se justifica, sob pena de infringir o princípio constitucional da igualdade. Isto é, em não *havendo fator discrimen* razoável, não se pode falar em discriminação justa" (CAMBI, Eduardo. Foro privilegiado da mulher, isonomia constitucional na sociedade conjugal e o processo civil, cit., p. 182).

[77] A posição da autora é compartilhada com Luiz Guilherme Marinoni e Daniel Mitidiero: "O art. 100, I, CPC, em tese, é ainda constitucional. Havendo efetiva igualdade entre

Embora sem expressar a ponderação apresentada, há significativo número de precedentes[78] propugnando a mantença da prerrogativa de foro à mulher.

Não se deve esquecer, no entanto, que não é apenas a mulher que pode ficar desamparada no final do relacionamento. Como mencionado, situação clara de vulnerabilidade organizacional é aquela do réu em ação cautelar de separação de corpos que acabou de ser retirado de casa. Muitos desses réus não conseguem mobilizar imediatamente seus recursos – quando presentes – para preparar a defesa no prazo de cinco dias, já que sua preocupação precípua nessas condições será, evidentemente, providenciar um teto para sua moradia.

Nesses casos, ambas as partes encontram-se em situação de vulnerabilidade, cada uma com suas especificidades. Haveria conflito? Pelo exposto, entende a autora do presente trabalho que deve ser mantida a prerrogativa de foro da mulher vulnerável, pois essa é a forma mais adequada de suprir a sua dificuldade de defesa.

No que tange ao homem afastado do lar, mas que mantém seus meios de subsistência, afigura-se adequado reconhecer sua dificuldade de defesa e viabilizar que sua resposta tenha prazo maior ou seja posteriormente completada sempre tendo em mente o razoável para a reorganização dos seus recursos; a complementação de resposta pelo demandado vulnerável será objeto de apreciação com maior detalhamento no capítulo seguinte.

---

homem e mulher, no entanto, tem de ser afastado no caso concreto, por inconstitucional (art. 5º, I, CRFB). Do contrário, verificando-se desigualdade entre os cônjuges, prevalece o foro da mulher. O artigo em comento aplica-se igualmente para a ação de união estável" (MARINONI, Luiz Guilherme; MITIDIERO, Daniel. Comentário ao art. 100, nota 1. In: ———; ———. *CPC comentado artigo por artigo*, cit., p. 162), com Patricia Miranda Pizzol (Comentário ao art. 100. In: MARCATO, Antônio Carlos (Coord.). *Código de Processo Civil interpretado*. São Paulo: Atlas, 2008. p. 269-270) e com Eduardo Cambi (CAMBI, Eduardo. Foro privilegiado da mulher, isonomia constitucional na sociedade conjugal e o processo civil, cit., p. 182).

[78] Como representante de tal sorte de decisões, destaca-se o seguinte excerto de precedente do Tribunal de Justiça do Distrito Federal: "Conquanto atualmente os direitos e deveres conjugais estejam postados em parâmetros igualitários por força de mandamento constitucional (CF, art. 226, § 5º), a regra de competência estabelecida pelo legislador processual que privilegia o foro de residência da mulher para o processamento das ações que enumera não encerra nenhuma dicotomia com o princípio da igualdade consagrado, revelando simples opção legislativa para a delimitação da competência" (Rec. 2009.00.2.001884-8; Ac. 356.129; Segunda Turma Cível; Rel. Des. Teófilo Caetano; *DJDFTE* 21.05.2009; p. 93).

5.7. IDOSO

Para o ponto fulcral deste trabalho, é imprescindível enfrentar a polêmica questão: o idoso é vulnerável sob o aspecto processual, sendo legítima a previsão de prioridade de tramitação[79] dos processos em que figura?

Na seara material, compreende-se que sob o aspecto da contratação no mercado do consumo[80] realmente pode se verificar a vulnerabilidade; contudo, tal ocorrência é possível, mas não inexorável. Apesar de poder haver alguma fragilidade pela idade avançada, não há como presumir que o indivíduo tem necessariamente comprometida sua condição de atuar: no sistema brasileiro a capacidade é presumida até prova em contrário. Na seara material, portanto, apenas se suas faculdades mentais forem significativamente afetadas é que poderão ser cogitados limites para que idoso celebre negócios jurídicos[81].

Há que se destacar ainda que a vulnerabilidade do idoso é pressuposta com base na percepção de que ele ficaria mais exposto "à violência, à negligência e aos maus-tratos, tanto da sociedade quanto de pessoas no contexto familiar"[82].

---

[79] Conforme mencionado, essa prioridade encontra previsão nos arts. 1.211-A do CPC e 71 da Lei nº 10.741/2003.

[80] Sob a ótica do direito do consumidor, a doutrina ressalta a importância da proteção a indivíduos idosos, que seriam especialmente vulneráveis no aspecto técnico (quanto a novas tecnologias) e também no aspecto fático (pela velocidade das contratações, por debilitações em sua saúde e "a solidão de seu dia a dia, que transforma um vendedor de porta em porta, um operador de *telemarketing*, talvez na única pessoa com qual tenham contato e empatia naquele dia"), devendo ainda ser considerada "sua vulnerabilidade econômica e jurídica"; "a jurisprudência brasileira já identificou que a igualdade teórica de direitos e de chances entre consumidores 'jovens' e consumidores 'idosos' não estaria sendo realmente alcançada na contratação e na execução dos contratos de consumo" (BENJAMIN, Antônio Herman V.; MARQUES, Cláudia Lima; MIRAGEM, Bruno. *Comentários ao Código de defesa do Consumidor*. 2. ed. São Paulo: Revista dos Tribunais, 2006. p. 563).

[81] Nas palavras de Piero Perlingieri, "somente quando as faculdades intelectivas forem gravemente comprometidas poderá, realmente, justificar-se a introdução de limites ao direito do idoso de concluir negócios" (PERLINGIERI, Piero. *Perfis do direito civil*. Rio de Janeiro/São Paulo/Recife: Renovar, 2007. p. 167).

[82] "É indiscutível a presença da violência contra o idoso nos âmbitos domiciliar e institucional. Entretanto, no contexto social, constatam-se espaços de violência no que se refere à omissão do Estado na oferta e na avaliação de instituições que oferecem assistência aos idosos. Assim, torna-se extremamente necessário incluir todas as formas de intervenção na sociedade, a partir da vigilância à saúde, da proteção e da educação em saúde, tendo como parceiros a família, os profissionais e o Estado" (PAZ, Adriana Aparecida; SANTOS, Beatriz Regina Lara dos; EIDT, Olga Rosario. Vulnerabilidade e envelhecimento no contexto da saúde. *Acta Paulista de Enfermagem*, v. 19, n. 3, jul./set. 2006. Disponível

A situação apontada, porém, não é regra; a vulnerabilidade do idoso pode – ou não – configurar-se a partir da diversidade de circunstâncias por ele enfrentada em seu cotidiano no que tange a situações culturais, econômicas, sociais e de saúde, entre outras[83], razão pela qual é preciso repensar o tema da idade e os limites pressupostos à atuação do idoso[84].

Restrições outras – não necessariamente decorrentes do avanço da idade – é que podem ensejar a efetiva vulnerabilidade; assim, o problema será econômico, e não etário, se o idoso depender do baixo valor recebido como pensionista e experimentar dificuldades comprometedoras sob o aspecto financeiro[85].

E na esfera processual, há elemento suficiente para a diferenciação de tratamento?

Em um primeiro olhar, a primeira resposta denota ser positiva, já que a longa duração do feito pode comprometer a oportunidade de que o jurisdicionado receba em vida a resposta a sua pretensão, sendo esta conhecida apenas pelas futuras gerações.

A intenção do legislador foi prever um favor aos idosos com fundamento na celeridade processual de forma compatível com a idade e a expectativa de vida média do brasileiro[86].

---

em: <http://www.scielo.br/scielo.php?script=sci_arttext&pid=S0103-21002006000300014>. Acesso em: 19 nov. 2010).

[83] PAZ, Adriana Aparecida; SANTOS, Beatriz Regina Lara dos; EIDT, Olga Rosario. Vulnerabilidade e envelhecimento no contexto da saúde, cit.

[84] Como consta no sítio eletrônico das Nações Unidas, "[...] we must rethink rigid distinctions that define age and give it boundaries. Everyone, individually and collectively, is joined in this single human venture, and everyone will respond, in their own way, to the opportunities as well as the challenges. Ageing is not a separate issue from social integration, gender advancement, economic stability or issues of poverty. It has developed a connection with many global agendas and will play, increasingly, a prominent role in the way society interacts with economic and social welfare institutions, family and community life and the roles of women" (Division for Social Policy and Development. Disponível em: < http://www.un.org/esa/socdev>. Acesso em: 30 nov. 2010).

[85] "Pesquisas mostram amplas possibilidades de envelhecer com dignidade e de forma bem-sucedida, mas essa produção não chega efetivamente às camadas mais vulneráveis da população, pois ainda é muito forte a representação de velhice associada à doença e decrepitude" (PATROCÍNIO, Wanda Pereira. Vulnerabilidade social, velhice e resiliência, cit., p. 31-40).

[86] GOMES NETO, José Mário Wanderley; VEIGA, Ana Carolina Gomes. Crítica aos dispositivos processuais contidos no Estatuto do Idoso: um estudo de caso frente ao acesso à justiça, cit., p. 264.

Embora reconheça, em certo ponto, a nobre intenção[87] do legislador, Joel Dias Figueira Junior nega veementemente[88] o benefício processual porque há muitas outras pessoas em posições mais críticas e vulneráveis do que os idosos; ademais, como atualmente a expectativa de vida ultrapassa os 70 anos, os idosos hoje não agem, pensam nem aparentam como os de outrora, não se comparando com os anciãos do passado. Para o autor, o conceito de idoso vai se tornando vago; cotejar apenas a idade cronológica pressupõe hipossuficiência ou incapacidade nem sempre presente – diversamente do que ocorre com "os doentes mentais, os menores, os pobres, os miseráveis e os deficientes físicos (*v.g.*, cegos, paraplégicos) entre outros e, se fôssemos manter a quixotada legislativa, haveríamos de estender para estes grupos o mesmo benefício"[89].

Há, contudo, quem celebre a edição da norma[90].

Apesar da louvável intenção de proteger indivíduos potencialmente vulneráveis, o Estatuto do Idoso inclui em uma categoria única camada por

---

[87] "Se por um lado se percebe, sem maiores dificuldades, a nobreza no espírito do legislador em tentar proporcionar aos mais velhos um atendimento preferencial no que concerne aos atos judiciais e seus consectários, levando em conta, para tanto o provável grau de sensibilidade e menor expectativa de vida dos idosos em relação aos jurisdicionados mais jovens, de outra parte, foi o mesmo legislador jocoso e duplamente ingênuo em acreditar (ao menos aparentemente) que estaria minimizando, ou quiçá solucionando, o problema, como parte (ativa ou passiva) em qualquer processo cível brasileiro ou grau de jurisdição" (FIGUEIRA JUNIOR, Joel Dias. O princípio constitucional da igualdade em confronto com a lei que confere tratamento processual privilegiado aos idosos: análise da constitucionalidade da Lei 10.173, de 09/01/2001. *Revista de Processo*, São Paulo, v. 27, n. 106, p. 294, abr./jun. 2002).

[88] Em suas palavras, "o princípio da igualdade material ou processual não pode ser quebrado aos sabores do vento ou dos legisladores afoitos, salvo casos excepcionalíssimos, nos quais, por óbvio, não se enquadra o ora analisado" (FIGUEIRA JUNIOR, Joel Dias. O princípio constitucional da igualdade em confronto com a lei que confere tratamento processual privilegiado aos idosos: análise da constitucionalidade da Lei 10.173, de 09/01/2001, cit., p. 294).

[89] O princípio constitucional da igualdade em confronto com a lei que confere tratamento processual privilegiado aos idosos: análise da constitucionalidade da Lei 10.173, de 09/01/2001, p. 295.

[90] Como exemplo da apreciação dos Tribunais brasileiros, reproduz-se o seguinte excerto decisório: "O princípio da isonomia somente tem aplicação entre os iguais. A prioridade na tramitação dos processos judiciais com partes ou intervenientes com idade igual ou superior a sessenta e cinco anos, longe de violar referido princípio ou de impedir o livre acesso ao Judiciário, cuidou de, dentre os iguais, corrigir situação de involuntária e reconhecida morosidade do Judiciário. Antes de mais nada, a Lei n° 10173/2001, fundou-se em conceitos éticos de proteção à dignidade humana, resgatando o respeito devido ao idoso que sempre esteve presente na história legislativa nos diversos estágios da civilização humana, desde a mais remota antiguidade até os dias atuais" (2° TACSP; AI 815.781-00/3; Décima Primeira Câmara; Rel. Juiz Egídio Giacoia; j. 29.09.2003).

demais heterogênea, sendo difícil crer que todos os seus componentes são frágeis como supõe a lei; pode-se concluir que a experiência desmente a pressuposta consistência do *discrimen* em todo e qualquer caso, devendo ser mais apropriado o cotejo da proporcionalidade em cada caso em exame.

José Mário Wanderley Gomes Neto e Ana Carolina Gomes Veiga ainda criticam o dispositivo sob o ângulo da sua falta de efetividade: de nada vale a garantia de prioridade se não há meios materiais de efetivá-la perante o Judiciário; ademais, grande parte dos problemas concernentes aos idosos decorre da sua hipossuficiência que, salvo raras exceções, proporciona uma desvantagem técnica por não contar com um advogado presente[91].

Acrescente-se ainda que as dificuldades de atuação podem vir não de sua idade, mas sim de sua debilidade na saúde. De fato, esses critérios são mais reveladores da vulnerabilidade do que a idade por si só.

---

[91] "Com, a intenção de verificar a eficácia do benefício concedido pelo art. 71 da Lei 10.741/2003, foi feita uma pesquisa com base em uma amostragem de processos distribuídos na 2ª Vara Cível da Comarca de Camaragibe, Estado de Pernambuco, em relação ao tempo de tramitação entre ações em que fora expressamente requerido o benefício da prioridade de tramitação e ações sem o pedido do benefício. Foram comparados 48 (quarenta e oito) processos com a mesma data de ajuizamento, sendo 24 (vinte e quatro) com o requerimento do benefício e 24 (vinte e quatro) processos comuns. Pode-se observar que a média geral de duração das demandas de trâmite prioritário foi de 1 ano, 2 meses e 24 dias enquanto que das demandas de trâmite comum foi de 1 ano, 2 meses e 1 dia. Notadamente, o tempo de duração foi próximo, havendo apenas uma defasagem de 23 dias para os processos dos idosos. Parece uma idiossincrasia do direito processual brasileiro, vez que a lei deveria garantir o trâmite prioritário aos processos em que as partes sejam idosas, o que concretamente não se verifica." [...] "Os números indicaram que, independentemente de casos particulares em que o processo correu de forma mais rápida, ou demorou muito mais do que o esperado, no conjunto geral da tramitação dos processos de idosos a prioridade não acontece, não porque a Lei seja desprezada – há sim atenção quanto a isso – contudo tem sido impraticável diante da ausência de instrumentos para concretizá-la. Um exemplo do que na realidade ocorre é que diante de uma fila de processos aguardando despacho a prioridade é dada não só pra o idoso, mas essencialmente para àqueles em que a parte se faz mais presente, especialmente pela presença do advogado, essa é a grande realidade das varas que se encontram sufocadas de processos, as demandas em que os patronos são uma presença constante têm seu deslinde mais rápido, todavia, o ponto chave desta questão no que se refere aos idosos é que eles são, em grande parte hipossuficientes. Dessa constatação suscita-se uma outra questão, na amostra de processos com requerimento do idoso observou-se a presença constante do pedido dos benefícios da Lei 1.060/50, que prevê a assistência judiciária, pelo que se conclui serem esses idosos pobres, e, por não terem condições de arcar com as custas do processo ou honorários advocatícios, utilizam-se do sistema de assistência judiciária que por seu turno também encontra-se defasado pelo excesso de clientes e a pequena quantidade de defensores, que por mais que se esmerem e por vezes se sacrifiquem, não podem atender a todos de forma igual." (GOMES NETO, José Mário Wanderley; VEIGA, Ana Carolina Gomes. Crítica aos dispositivos processuais contidos no Estatuto do Idoso: um estudo de caso frente ao acesso à justiça, cit., p. 269).

5.8. ENFERMO

Conforme assinalado, o Código de Processo Civil aborda o tema limitando a ocorrência da citação ao doente enquanto grave seu estado, dispensando a testemunha enferma de depor em audiência e prevendo prioridade de tramitação ao litigante gravemente doente.

Embora desejável o pleno vigor, desde tempos imemoriais, o ser humano precisa conviver com limitações – próprias ou alheias – nas searas orgânica, sensorial, motora, intelectual, funcional e/ou comportamental, havendo expressivo número de pessoas com restrições congênitas ou adquiridas[92].

Sem dúvida a enfermidade é um fator que enseja a vulnerabilidade do litigante a ponto de prejudicar sua atuação em juízo; se estiver acometido por doença, poderá ser inviável comunicar-se de forma produtiva com seu advogado e comparecer a juízo, por exemplo.

Reitera-se a necessidade de que o julgador permita sensibilizar-se a graves situações de saúde experimentadas pelos litigantes e por seus advogados que comprometam sua presença e atuação em juízo. Conclui-se, assim, que as previsões diferenciadas têm base na vulnerabilidade processual decorrente de problemas de saúde.

5.9. CONSUMIDOR

Como destacado, a Constituição Federal prevê a importância da tutela das relações de consumo e, para cumprir esse mister, a Lei nº 8.078/1990 instituiu o Código de Defesa do Consumidor partindo do pressuposto que o consumidor, em sua frágil condição[93], faz jus a todo um aparato protetor.

---

[92] Completa Hugo Nigro Mazzilli: "As guerras, a subnutrição, o subdesenvolvimento social e econômico, os acidentes ecológicos, pessoais, de trânsito ou do trabalho, o uso indevido de drogas e a falta de uma política pré-natal ou sanitária adequada – tudo isso contribui para o surgimento de diversas limitações ao ser humano, limitações essas que, infelizmente, acabam tornando-se verdadeiras condições marginalizantes dos indivíduos, afastando-os de uma vida social na sua plenitude" (MAZZILLI, Hugo Nigro. O Ministério Público e a pessoa portadora de deficiência. Disponível em: <www.institutointegrar.org.br/arquivos/ O%20Ministrio%20Publico%20e%20a%20Pessoa%20Portadora%20de%20 Deficincia.doc> Acesso em: 12 jan. 2011).

[93] Ronaldo Porto Macedo Junior reputa válida a distinção de Ramsey sobre as três motivações básicas para a defesa do consumidor: "1) a disparidade de poder existente entre o fornecedor de produtos ou serviços e o consumidor a quem tais produtos ou serviços são oferecidos; 2) a disparidade frequentemente existente entre o conhecimento das características e componentes técnicos de bens e serviços entre consumidor e fornecedor, isto é, a discrepância entre o grau de informação possuído pelo consumidor e fornecedor; 3) a disparidade de recursos existentes entre as duas partes, a qual pode

A mesma vulnerabilidade reconhecida na seara material[94] se estende ao consumidor enquanto litigante que, presumivelmente em todos os aspectos, encontra-se em desvantagem processual em relação ao fornecedor.

A dessemelhança de forças entre contratantes nos pactos de consumo justifica o tratamento díspar para proteger quem se encontra na posição mais frágil[95].

Nos dias atuais, problemas envolvendo consumidores com fragilidades aguçadas – *v.g.*, idade avançada[96], pobreza, analfabetismo – vêm despertando a atenção da doutrina e da jurisprudência. A combinação de diversas causas de fragilidade enseja a denominação *hipervulnerabilidade*[97.] A esse propósito, disserta Cláudia Lima Marques:

---

se refletir na dificuldade do consumidor para obter seus direitos, como por exemplo o custo para a demanda dos direitos na hipótese de aquisição de um produto defeituoso" (MACEDO JR, Ronaldo Porto. *Contratos relacionais e defesa do consumidor*, cit., p. 225).

[94] Explica Ronaldo Porto Macedo Junior que os movimentos em defesa do consumidor (consumerismo *lato sensu*) representaram um modo de "contrabalançar o poder entre os produtores e consumidores"; como a generalização dos contratos padrão aumentou a vulnerabilidade do consumidor nas relações contratuais, os grupos de consumidores se organizaram com a finalidade de "restabelecer o equilíbrio entre fornecedor e consumidor" (MACEDO JR, Ronaldo Porto. *Contratos relacionais e defesa do consumidor*, cit., p. 216).

[95] Segundo Cláudia Lima Marques, são combinados os dois grandes princípios da justiça moderna, liberdade e igualdade, "para permitir o limite a liberdade de um, o tratamento desigual em favor do outro *(favor debilis)*, compensando a 'fragilidade'/'fraqueza' de um com as normas 'protetivas', controladoras da atividade do outro, e resultando no reequilíbrio da situação fática jurídica" (MARQUES, Cláudia Lima. *Contratos no Código de Defesa do Consumidor*, cit., p. 318-319).

[96] "Se a fragilidade negocial dos grupos de consumidores pode ser restaurada com a devida interpretação das normas consumeristas, este desforço hermenêutico há que ser intensificado quando se estiver tratando de contratos de consumo celebrados com pessoas idosas, as quais, por motivos de idade avançada, podem apresentar um elevado patamar de vulnerabilidade negocial" (SCHMITT, Christiano Heineck. A necessária proteção do consumidor idoso. *Estado de Direito*, Porto Alegre, ano 3, n. 22, p. 15, set./out. 2009).

[97] "Neste grupo de indivíduos chamados de 'idosos', observamos uma intensa vulnerabilidade, que podemos nomear como 'hipervulnerabilidade'. A Constituição Federal, no artigo 230, traz regra expressa acerca da proteção do idoso no âmbito da sociedade, confirmando as prerrogativas fundamentais de proteção à sua dignidade, vida, e igualdade. Através da Lei nº 10.741/2003, denominada de 'Estatuto do Idoso', passou-se a dispor de um excelente instrumento de garantia de direitos assegurados às pessoas com idade igual ou superior a sessenta anos de idade. Este estatuto visa permitir a inclusão social dos idosos no Brasil, garantindo-lhes tratamento igualitário e ratificando que também são sujeitos de direito, merecendo a devida proteção estatal" (SCHMITT, Christiano Heineck. A necessária proteção do consumidor idoso, cit., p. 15).

"Efetivamente, como ensina a doutrina francesa, a 'fraqueza' ou fragilidade pode ser inerente às pessoas individualmente consideradas; pode ser relativa, quando o outro, que é muito forte, ou quando o bem ou serviço desejado, que é essencial e urgente, comportando assim graduações subjetivas comparáveis às graduações subjetivas da minoridade, que iriam dos consumidores mais desfavorecidos ou vulneráveis (idosos, crianças, superendividados, doentes, mutuários do SFH etc.) aos profissionais somente eventualmente vulneráveis ante, por exemplo, a complexidade do bem ou serviço"[98].

Atento a essa realidade, o Ministério Público de São Paulo traçou como meta, dentre outras, o combate às estratégias de *marketing* abusivas ou enganosas direcionadas a consumidores intensamente vulneráveis[99].

As regras que facilitam a defesa em juízo são inúmeras e, assim como todo o sistema protetor, assentam-se na já mencionada presunção de vulnerabilidade do consumidor, seja ela técnica, informacional, organizacional ou socioeconômica.

Grande expressão da vulnerabilidade técnica do consumidor é a possibilidade de inversão do ônus da prova. No contexto facilitador do Código de Defesa do Consumidor, ela desponta como importante mecanismo para a maior veracidade possível na reconstituição histórica dos fatos. Sua ocorrência, porém, não é automática, mas sujeita a requisitos legais[100]; afinal,

---

[98] MARQUES, Cláudia Lima. *Contratos no Código de Defesa do Consumidor*, cit., p. 327.

[99] "[...] muito embora seja simples ferramenta de atuação dos empresários, há variedade de práticas comerciais abusivas que se expressam por meio de estratégias de marketing, notadamente quando se cuida de público consumidor que esteja em situação de hipervulnerabilidade. Já se sabe que o consumidor é o mais vulnerável no mercado de consumo. Entretanto, há consumidores que são mais vulneráveis ainda, como os idosos, as crianças, os desempregados e as pessoas com a saúde fragilizada. São esses consumidores hipervulneráveis que vêm sendo explorados pela publicidade de produtos e serviços, especialmente com falsas promessas de empregos e de diplomas e certificações" (Ato Normativo nº 498-PGJ, de 20 de março de 2007, que estabelece o Plano Geral de Atuação do Ministério Público de São Paulo para o ano de 2007).

[100] Segundo a Lei nº 8.078/1990, art. 6º, VIII, é direito básico do consumidor a facilitação da defesa de seus direitos, inclusive com a inversão do ônus da prova, a seu favor, no processo civil, quando, a critério do juiz, for verossímil a alegação ou quando for ele hipossuficiente, segundo as regras ordinárias de experiências. Para reforçar a efetividade da previsão, consta ainda no Código serem abusivas e nulas de pleno direito as cláusulas contratuais relativas ao fornecimento de produtos e serviços que estabeleçam inversão do ônus da prova em prejuízo do consumidor (art. 51, VI).

como já salientado, presume-se que todo consumidor é vulnerável[101], mas não necessariamente hipossuficiente.

A despeito de os autores referirem-se à inferioridade econômica do consumidor, é certo que essa técnica contempla outros critérios de vulnerabilidade. Ricardo de Barros Leonel bem relaciona a inversão do ônus da prova com a inferioridade informacional e técnica do consumidor[102].

Como evolução do tema, propugna-se hoje a consideração da carga dinâmica da prova para, diferentemente da distribuição estática, viabilizar que a parte com melhores condições de aportar elementos à instrução o faça em colaboração com a justiça.

O art. 84, 3º[103], do CDC ainda facilita a concessão de tutela antecipada para o consumidor substituindo os rígidos requisitos da "prova inequívoca", "verossimilhança das alegações" e "fundado receio de dano irreparável ou

---

[101] Defendendo a interpretação teleológica do art. 2º do CDC, afirma Cláudia Lima Marques que a lei consumerista configura "um sistema tutelar que prevê exceções em seu campo de aplicação sempre que a pessoa física ou jurídica preencher as qualidades objetivas de seu conceito e as qualidades subjetivas (vulnerabilidade), mesmo que não preencha a de destinatário final econômico do produto ou serviço". A autora cita precedente de relevante interesse que, à luz do critério finalista, pondera sobre a situação concreta do litigante para aferir sua vulnerabilidade: na ementa da decisão, nos seguintes termos: "A relação jurídica qualificada por ser 'de consumo' não se caracteriza pela presença de pessoa física ou jurídica em seus polos, mas pela presença de uma parte vulnerável de um lado (consumidor), e de um fornecedor, de outro. Mesmo nas relações entre pessoas jurídicas, se da análise da hipótese concreta decorrer inegável vulnerabilidade entre a pessoa-jurídica consumidora e a fornecedora, deve-se aplicar o CDC na busca do equilíbrio entre as partes. Ao consagrar o critério finalista para interpretação do conceito de consumidor, a jurisprudência deste STJ também reconhece a necessidade de, em situações específicas, abrandar o rigor do critério subjetivo do conceito de consumidor, para admitir a aplicabilidade do CDC nas relações entre fornecedores e consumidores-empresários em que fique evidenciada a relação de consumo. São equiparáveis a consumidor todas as pessoas, determináveis ou não, expostas às práticas comerciais abusivas [...]" (Recurso Especial nº 476.428/SC, Terceira Turma, Rel. Min. Nancy Andrighi, j. 19.04. 2005, DJ 09.05.2005, p. 390).

[102] "Note-se que nas relações de consumo a solução da demanda depende, muitas vezes, de conhecimento de informações de natureza técnica que só o fornecedor dispõe. Não seria razoável exigir que a parte contrária, que não detém o poder de informação, recebesse o encargo de provar questões relativas a conhecimento ao qual não tem acesso. É mais justa a solução dada pelo ordenamento, cabendo ao demandado, detentor da informação privilegiada ou específica, o encargo de provar que o evento se dá de forma diversa da sustentada pelo demandante, pois só aquele detém os informes precisos quanto ao tema debatido em juízo, objeto da prova" (LEONEL, Ricardo de Barros. *Manual do processo coletivo*. São Paulo: Revista dos Tribunais, 2002. p. 337).

[103] Art. 84. "Na ação que tenha por objeto o cumprimento da obrigação de fazer ou não fazer, o juiz concederá a tutela específica da obrigação ou determinará providências que assegurem o resultado prático equivalente ao do adimplemento. [...] § 3º Sendo relevante o fundamento da demanda e havendo justificado receio de ineficácia do provimento

de difícil reparação" pelos simples requisitos do "relevante fundamento da demanda" e "justificado receio de ineficácia do provimento final". O inciso § 4º[104], por sua vez, dá poderes ao juiz para, de ofício, fixar *astreintes* em desfavor do fornecedor que descumpre a liminar.

Em brilhante análise dos dispositivos processuais que favorecem o consumidor, Rodolfo de Camargo Mancuso explica que, embora o princípio da igualdade das partes possa parecer atritado, trata-se de uma falsa impressão porque

> "[...] o CDC veio para assegurar a *efetiva* (e não virtual) 'prevenção e reparação de danos patrimoniais e morais, individuais, coletivos e difusos (art. 6º, VI), objetivo que seria inalcançável sem a *prestação específica* do objeto da obrigação assumida pelo fornecedor/produtor/comerciante/ prestador de serviço"[105].

O autor ainda propõe "que se num caso concreto o equilíbrio entre as partes porventura restar comprometido, configurando uma *desequiparação ilegítima*, sempre se poderá cogitar de imposição de uma *contracautela* (CPC, art. 804, 2ª parte)"[106].

Cumpre também destacar a previsão sobre competência que permite que as ações de responsabilidade civil do fornecedor sejam propostas no foro de domicílio do consumidor[107]. Reconhece-se nitidamente a maior dificuldade deste último em organizar recursos para mover uma ação contra o primeiro, o que poderia impeli-lo a deixar de buscar seus direitos e restar descumprida a garantia de efetiva reparação. Ante essa finalidade, reputa-se nula a cláusula que dispõe diversamente sobre a competência em desfavor do consumidor, declaração que pode ser inclusive feita de ofício pelo juiz, conforme será explicado com vagar em momento oportuno.

---

final, é lícito ao juiz conceder a tutela liminarmente ou após justificação prévia, citado o réu".

[104] Art. 84, § 4º, "O juiz poderá, na hipótese do § 3º ou na sentença, impor multa diária ao réu, independentemente de pedido do autor, se for suficiente ou compatível com a obrigação, fixando prazo razoável para o cumprimento do preceito".

[105] MANCUSO, Rodolfo de Camargo. *Manual do consumidor em juízo*. 4. ed. São Paulo: Saraiva, 2007. p. 101.

[106] MANCUSO, Rodolfo de Camargo. *Manual do consumidor em juízo*, cit., p. 101.

[107] "Art. 101. Na ação de responsabilidade civil do fornecedor de produtos e serviços, sem prejuízo do disposto nos Capítulos I e II deste título, serão observadas as seguintes normas: I – a ação pode ser proposta no domicílio do autor."

Por fim, sobreleva frisar que também se construiu, com base no Código de Defesa do Consumidor[108], a possibilidade de o consumidor promover a liquidação e a execução individual da sentença derivada de ação coletiva também no foro de seu domicílio.

Segundo Hugo Nigro Mazzili, essa interpretação merece prevalecer porque "a aplicação analógica do art. 101, I, do CDC, conforta o reconhecimento da competência em favor do foro do domicílio da vítima ou sucessores"[109].

As previsões apontadas podem ainda colaborar para superar os óbices geográficos que dificultariam a defesa de direitos em juízo.

Conclui-se, portanto, que o fundamento das previsões facilitadoras é o reconhecimento da vulnerabilidade processual dos consumidores em seus aspectos técnico, informacional, organizacional e socioeconômico.

5.10. AUTOR NAS DEMANDAS COLETIVAS

As demandas coletivas contribuem para o alcance da isonomia ao promover a busca de soluções jurídicas iguais àqueles que se encontram em situação idêntica[110]; no entender de Barbosa Moreira, a "ação coletiva pode constituir um fator de correção ou pelo menos de atenuação de certa desigualdade substancial das partes"[111].

Tende a verificar-se nesse tipo de demanda a clara dessemelhança entre, de um lado, o litigante solitário e eventual e, de outro, o adversário com significativo poder econômico e/ou político – como um ente público ou uma importante pessoa física ou jurídica[112].

---

[108] "Art. 98. A execução poderá ser coletiva, sendo promovida pelos legitimados de que trata o art. 82, abrangendo as vítimas cujas indenizações já tiveram sido fixadas em sentença de liquidação, sem prejuízo do ajuizamento de outras execuções. [...] § 2º É competente para a execução o juízo: I – da liquidação da sentença ou da ação condenatória, no caso de execução individual."

[109] MAZZILLI, Hugo Nigro. *A defesa dos interesses difusos em juízo*. 15. ed. São Paulo: Saraiva, 2002. p. 409-500.

[110] ALVES, Francisco Glauber Pessoa. *O princípio jurídico da igualdade e o processo civil brasileiro*, cit., p. 165.

[111] Ações coletivas na Constituição Federal de 1988. *Revista de Processo*. São Paulo: Revista dos Tribunais, n. 61, jan.-mar. 1991, p. 199.

[112] BARBOSA MOREIRA, José Carlos. A efetividade do processo de conhecimento. *Revista de Processo*, São Paulo, v. 19, n. 74, p. 136, abr./jun. 1994. Em outro estudo, alerta o autor ser compreensível que, "nalguns casos, a disparidade das forças em conflito e outras circunstâncias adversas desestimulem o uso da via judicial por um interessado

Ante tais costumeiras disparidades, a legislação infraconstitucional diligencia para mitigar eventuais dificuldades de acesso à justiça dos autores das demandas.

A lei que regula a ação popular prevê o pagamento de custas e preparo apenas ao final da demanda[113]. Editada posteriormente, a Constituição Federal[114] encontra-se alinhada a essa previsão ao dispor sobre a isenção de custas e do ônus da sucumbência. No Código de Defesa do Consumidor há dispositivo[115] para evitar que óbices econômicos comprometam a propositura e o trâmite de ações coletivas.

Já no que diz respeito às ações civis públicas, a Lei n° 7.347/1985 prevê uma série de legitimados[116] para a proteção dos interesses *metaindividuais*[117] que atuam, enquanto titulares da ação, como representantes dos titulares individuais do direito. A lei parte da premissa de que esses legitimados têm maior capacidade técnica, probatória ou econômica de enfrentar o réu da ação do que os indivíduos isoladamente.

Pode-se, portanto, concluir haver, na grande parte dos casos, vulnerabilidade organizacional dos titulares do direito protegido ante o réu, suprida mediante substituição do polo ativo pelos legitimados para a ação civil;

---

solitário, ou até por um grupo de cointeressados" (BARBOSA MOREIRA, José Carlos. Tendências do Direito Processual, cit., p. 204.

[113] Lei n° 4.717/1965, art. 10. "As partes só pagarão custas e preparo a final".

[114] Art. 5°, LXXIII – "qualquer cidadão é parte legítima para propor ação popular que vise a anular ato lesivo ao patrimônio público ou de entidade de que o Estado participe, à moralidade administrativa, ao meio ambiente e ao patrimônio histórico e cultural, ficando o autor, salvo comprovada má-fé, isento de custas judiciais e do ônus da sucumbência".

[115] "Art. 87. Nas ações coletivas de que trata este código não haverá adiantamento de custas, emolumentos, honorários periciais e quaisquer outras despesas, nem condenação da associação autora, salvo comprovada má-fé, em honorários de advogados, custas e despesas processuais. Parágrafo único: Em caso de litigância de má-fé, a associação autora e os diretores responsáveis pela propositura da ação serão solidariamente condenados em honorários advocatícios e ao décuplo das custas, sem prejuízo da responsabilidade por perdas e danos."

[116] "Art. 5°. Têm legitimidade para propor a ação principal e a ação cautelar: I – o Ministério Público; II – a Defensoria Pública; III – a União, os Estados, o Distrito Federal e os Municípios; IV – a autarquia, empresa pública, fundação ou sociedade de economia mista; V – a associação que, concomitantemente: a) esteja constituída há pelo menos 1 (um) ano nos termos da lei civil; b) inclua, entre suas finalidades institucionais, a proteção ao meio ambiente, ao consumidor, à ordem econômica, à livre concorrência ou ao patrimônio artístico, estético, histórico, turístico e paisagístico."

[117] MANCUSO, Rodolfo de Camargo. *Ação civil pública*. 11. ed. São Paulo: Revista dos Tribunais, 2009. p. 135.

assim, *v.g.*, o Ministério Público melhor faria frente a uma grande empresa do que cada consumidor individualmente considerado.

Há que se presumir a vulnerabilidade dos legitimados para a ação civil pública? Em princípio não porque a premissa para sua atuação é justamente a contrária, qual seja, a de que eles se encontram em jogo equilibrado de forças com o réu. É possível, no entanto, que, em uma análise mais detida, o autor possa ser considerado vulnerável; basta pensar no caso de uma pequena associação de moradores de vila enfrentando uma grande multinacional que se instala no município de maneira lesiva ao meio ambiente.

Relevante ponto que se relaciona à vulnerabilidade nas ações civis públicas é o debate acerca da possibilidade de inversão de ônus da prova quando os titulares do interesse protegido são consumidores. Seria aplicado o disposto no art. 6º, inc. VIII, do CDC? Para Ricardo de Barros Leonel, essa regra não pode ficar adstrita às ações individuais[118] por ter natureza processual[119] e por haver possibilidade prática de preencher os requisitos da verossimilhança ou da "hipossuficiência" – como no caso de haver monopólio da informação pelo fornecedor[120]; tal entendimento conta com a adesão da autora deste trabalho.

Uma das características peculiares do processo coletivo é a consideração da coisa julgada *secundum eventus litis*. Haveria nessa ocorrência vulneração à isonomia?

Como bem alerta Francisco Glauber Pessoa Alves, não há desequilíbrio a ensejar desigualdade substancial porque como no interesse metaindividual considera-se que o titular do bem da vida buscado é hipossuficiente em relação ao sujeito passivo do processo, "a fundamentação da tutela coletiva é justamente buscar aplicar, tanto no que concerne ao pedido em si como também ontologicamente, o *princípio jurídico da igualdade substancial*, posto que nele tem a sua base"[121].

Rodolfo de Camargo Mancuso ainda justifica a necessidade dessa técnica porque "nas demandas coletivas o objeto litigioso – difuso, coletivo, individual homogêneo – não *pertence* aos legitimados ativos (Ministério Público, entes políticos, associação)"[122]; logo, eventual insucesso dos representantes não pode ensejar coisa julgada que relega o direito do indivíduo

---

[118] LEONEL, Ricardo de Barros. *Manual do processo coletivo*, cit., p. 340.
[119] LEONEL, Ricardo de Barros. *Manual do processo coletivo*, cit., p. 341.
[120] LEONEL, Ricardo de Barros. *Manual do processo coletivo*, cit., p. 342.
[121] ALVES, Francisco Glauber Pessoa. *O princípio jurídico da igualdade e o processo civil brasileiro*, p. 172-173.
[122] MANCUSO, Rodolfo de Camargo. *Ação civil pública*, cit., p. 345.

ao completo comprometimento de exercício. O insucesso dos representantes, por sua vez, decerto favorece os interesses do indivíduo.

Conclui-se que a facilitação ao autor das demandas coletivas visa aumentar as chances de seu acesso em uma perspectiva facilitadora isonômica que reconhece a existência de vulnerabilidade processual organizacional pela falta de estrutura no cotejo com a parte contrária.

5.11. RECONHECIMENTO AO LITIGANTE DE *IUS POSTULANDI*

O *ius postulandi* é reconhecido na lei de alimentos[123], nos Juizados Especiais[124], na área trabalhista, no *habeas corpus*, em alguns casos na esfera eleitoral e na Lei do Mandado de Segurança. Serão enfocadas, em atenção ao objeto deste trabalho, as duas primeiras ocorrências por serem afins à temática processual civil.

É forte a tendência de procurar facilitar a atuação dos titulares de direitos tanto no âmbito jurisdicional como na via extrajudicial para lhes proporcionar o máximo de celeridade e eficiência com mínimos custos. Em consequência, tem sido prevista como alternativa à atuação judicial a regularização de certas situações jurídicas em tabelionatos[125].

A dispensa do patrocínio por advogado visa facilitar o acesso à justiça mediante a mitigação dos custos ensejados pela contratação de causídico; com esse propósito, o legislador houve por bem atribuir ao demandante a possibilidade de pleitear, em nome próprio, certas pretensões em juízo. Seria tal conduta legislativa verdadeiramente asseguratória de um acesso à justiça com qualidade?

---

[123] Lei nº 5.478/1968, art. 2º: "O credor, pessoalmente, ou por intermédio de advogado, dirigir-se-á ao juiz competente, qualificando-se, e exporá suas necessidades, provando, apenas, o parentesco ou a obrigação de alimentar do devedor, indicando seu nome e sobrenome, residência ou local de trabalho, profissão e naturalidade, quanto ganha aproximadamente ou os recursos de que dispõe".

[124] Lei nº 9.099/1995, art. 9º: "Nas causas de valor até vinte salários mínimos, as partes comparecerão pessoalmente, podendo ser assistidas por advogado; nas de valor superior, a assistência é obrigatória".

[125] Compete destacar a Lei nº 11.441/2007 (que faculta a realização de separações, divórcios e inventários pela via extrajudicial) e a Lei nº 12.009/2009, que alterou o Estatuto da Criança e do Adolescente para, em caso de adoção consensual em certa hipótese, dispensar a via judicial e a representação por advogado (Lei nº 8.069/1990, art. 166: "se os pais forem falecidos, tiverem sido destituídos ou suspensos do poder familiar, ou houverem aderido expressamente ao pedido de colocação em família substituta, este poderá ser formulado diretamente em cartório, em petição assinada pelos próprios requerentes, dispensada a assistência de advogado sobre adoção consensual").

Cap. 5 – DIFERENCIAÇÕES NA ATUAÇÃO PROCESSUAL CIVIL E VULNERABILIDADE

Em um primeiro momento, houve certa resistência e muitas vozes afirmaram ser inconstitucional a previsão dispensadora da presença de advogado por atentar contra o postulado de que o advogado é essencial à administração da justiça e que a lei pode apenas regulamentar a atividade do advogado, jamais torná-la facultativa[126].

A despeito dos protestos, a previsão foi defendida em sede doutrinária, já que o objetivo de ampliação do acesso à justiça – aliado à simplicidade inerente aos Juizados Especiais – em tudo recomendaria a desoneração dos litigantes dos custos de contratar advogado[127].

A OAB promoveu ação declaratória de inconstitucionalidade[128] contra a previsão de dispensa de advogado constante na Lei nº 9.099/1995[129].

---

[126] Representante dessa corrente doutrinária, Alexandre Freitas Câmara, apoiado nas lições de José Afonso da Silva, afirma haver violação ao art. 133 da Constituição Federal e adverte: "à lei caberá regulamentar o exercício da atividade de advogado, mas sem jamais chegar ao ponto de tornar a presença do advogado facultativa, pois assim estar-se-ia negando à sua atividade o caráter de função essencial" (CÂMARA, Alexandre Freitas. *Lições de Direito Processual Civil*. 8. ed. Rio de Janeiro: Lúmen Júris, 2003. v. I, p. 232).

[127] Representa os juristas que professam esse entendimento o doutrinador Cândido Rangel Dinamarco, para quem "a indispensabilidade do advogado não é princípio que deva sobrepor-se à promessa constitucional de acesso à justiça (Const., art. 5º, inc. XXXV), sendo notório que as causas menores, levadas aos juizados, nem sempre comportam despesas com advogado e nem sempre quem as promove tem como despender". (DINAMARCO, Cândido Rangel. *Instituições de Direito Processual Civil*. 3. ed. São Paulo: Malheiros, 2003. v. II, p. 287). Também Luiz Fux aceita sem ressalvas a previsão legal, que tributa às tendências da informalidade e simplicidade, ressalvando apenas que, "dependendo da natureza da causa e da complexidade do *thema iudicandum*, 'o juiz deverá alertar as partes da conveniência do patrocínio por advogado'" (FUX, Luiz. *Juizados Especiais Cíveis e Criminais e suspensão condicional do processo*. Rio de Janeiro: Forense, 1996. p. 138).

[128] ADIn nº 1.539.

[129] Alegou-se no memorial: "não restam dúvidas que o *jus postulandi* provoca uma distorção entre as partes envolvidas no processo com o esquecimento do mais fraco, desassistido, diante do adversário mais forte, com valiosa assessoria técnica. Em verdade, a parte demandante sem advogado é punida, já que lhe está sendo vedada a possibilidade de usufruir, na integralidade, dos princípios constitucionais do acesso pleno à jurisdição, do contraditório e, especialmente, o da ampla defesa (art. 5º, XXXV e LV, da CF)". A petição traz ainda citações doutrinárias de Valentim Carrion (para quem "estar desacompanhado de advogado não é direito, mas desvantagem; a parte desacompanhada de advogado era caricatura de Justiça"), Mozart Victor Russomano ("a parte que comparece sem procurador, nos feitos trabalhistas, recai de uma inferioridade processual assombrosa. Muitas vezes o juiz sente que a parte está com o direito a seu favor. A própria alegação do interessado, entretanto, põe por terra sua pretensão, porque mal fundada, mal articulada, mal explicada e, sobretudo, mal defendida. Na condução da prova, o problema se acentua e agrava. E todos sabemos que a decisão depende do que os autos revelarem o que está provado. Não há porque fugirmos, no processo trabalhista,

No julgamento, o STF afirmou ser a norma compatível com o panorama constitucional porque, apesar do relevante papel do advogado, sua indispensabilidade não é absoluta, sendo possível a atribuição, pelo legislador, do *ius postulandi* a pessoa sem habilitação técnica, como verificado nas Leis n°s 9.099/1995 e 10.259/2001.

Coerente com o posicionamento esposado, nos autos da ADIn n° 1.127-8, o STF suspendeu liminarmente a expressão "e aos juizados especiais" prevista no art. 1°, I, do Estatuto da Advocacia[130] que aborda as atividades privativas do advogado.

Apesar do entendimento do STF, que se deu em aspectos puramente técnicos, vale questionar: a previsão de dispensa de advogado pode colaborar para afrontar a isonomia entre os demandantes?

A experiência vivenciada nos últimos anos a partir do exercício do *jus postulandi* tem revelado uma tendência a mudar os rumos quanto ao seu reconhecimento.

Inicialmente, vale destacar que o próprio acesso à justiça pode ser comprometido se a parte não tiver a devida orientação sobre seus direitos. Como afirmado por Mauro Cappelletti e Bryan Garth, na maioria das sociedades modernas revela-se essencial – senão indispensável – o auxílio de um advogado para "decifrar leis cada vez mais complexas e procedimentos misteriosos, necessários para ajuizar uma causa"[131]. É inegável que litigantes que contam com advogados atuam melhor[132].

Na mesma esteira se manifestam diversos juristas, destacando-se a posição de Amauri Mascaro do Nascimento, para quem, sob o aspecto técnico, com

---

às linhas mestras da nossa formação jurídica: devemos tornar obrigatória a presença de procurador legalmente constituído em todas as ações de competência da Justiça do Trabalho, quer para o empregador, quer para o empregado" (Breve memorial apresentado pelo Conselho Federal da OAB. Disponível em: <http://www.oab.org.br/arquivos/pdf/Geral/TST.pdf>. Acesso em: 19 abr. 2010).

[130] Redação original do art. 1°, I, da Lei n° 8.906/1994: "São atividades privativas de advocacia: I – a postulação a qualquer órgão do Poder Judiciário e aos juizados especiais".

[131] "Os métodos para proporcionar a assistência judiciária àqueles que não a podem custear são, por isso mesmo, vitais. Até muito recentemente, no entanto, os esquemas de assistência judiciária da maior parte dos países eram inadequados. O direito ao acesso foi, assim, reconhecido e se lhe deu algum suporte, mas o Estado não adotou qualquer atitude positiva para garanti-lo. De forma previsível, o resultado é que tais sistemas de assistência judiciária eram ineficientes" (CAPPELLETTI, Mauro; GARTH, Brian. Acesso à justiça, cit., p. 32).

[132] GALANTER, Marc. *Why the haves come out ahead*: speculations on the limits of legal change. Originally published in Volume 9:1 *Law and Society Review*, 1974. Reprinted by permission of the Law and Society Association, cit., p. 21.

as progressivas complicações nas normas escritas e especialização da ciência jurídica[133], a importância do patrocínio se amplia – especialmente particular no tocante à observância do cumprimento dos atos processuais[134].

Em particular no âmbito dos Juizados Especiais Federais, não há como olvidar a clara disparidade entre os litigantes quando, em uma ação previdenciária (maior ocorrência na aludida seara), há um beneficiário da seguridade social sem conhecimento técnico nem advogado contrapondo-se à União (com seu corpo de advogados concursados e intensamente especializado na matéria). Sobre referida hipótese manifestam-se com propriedade Joel Dias Figueira Junior e Fernando da Costa Tourinho Neto:

---

[133] Em suas palavras, "se, em uma sociedade primitiva, onde todo o direito se resume em umas poucas e simples práticas consuetudinárias, cada membro pode encontrar-se em condições de defender-se por si em juízo sem necessidade de uma preparação profissional especial, o incremento da legislação escrita, que fatalmente se desenvolve e se complica com o progresso da civilização, requer para sua interpretação e aplicação o auxílio de um tecnicismo cada vez mais refinado, cujo conhecimento vem a ser monopólio de uma categoria especial de peritos, que são os juristas: de maneira que, para fazer valer as próprias razões em juízo, a parte inexperta de tecnicismo jurídico sente a necessidade de ser assistida pelo especialista, que se acha em condições de encontrar os argumentos jurídicos em apoio das suas pretensões, o que se faz mais necessário ainda quando, como é a regra nos ordenamentos judiciais modernos, também os Juízes, perante os quais a parte faz valer suas razões, são juristas" (NASCIMENTO, Amauri Mascaro. *Curso de Direito Processual do Trabalho*. 15. ed. São Paulo: Saraiva, 1994. p. 187).

[134] Afirma o autor: "Acrescente-se que o tecnicismo das leis adquire uma especial importância, precisamente no cumprimento dos atos processuais, que, para poder conseguir a sua finalidade, devem desenvolver-se segundo certas formas rigorosamente prescritas, cujo conhecimento não se adquire senão através de larga prática: de maneira que a intervenção do jurista parece indispensável, não só para encontrar as razões defensivas que a parte não saberia encontrar por si mesma, e apresentá-la em termos jurídicos, mas também para realizar em seu nome os atos do processo que ela não estaria em condições de cumprir por si na ordem e sob a forma prescrita pelas leis processuais. Essas razões psicológicas e técnicas demonstram que a presença dos patrocinadores responde, antes de tudo, ao interesse privado da parte, a qual, confiando ao expert não só o ofício de expor suas razões, mas também o de cumprir de sua parte os atos processuais, escapa dos perigos da própria inexperiência e consegue o duplo fim de não incorrer em erros, de forma a ser melhor defendida em sua substância. Porém, a obra dos patrocinadores corresponde também a um interesse público, quando favorece a parte. A justiça, cujo reto funcionamento tem uma altíssima importância social, não poderia proceder sem graves obstáculos se os Juízes, ao invés de se encontrarem em contato com os defensores técnicos, tivessem que tratar diretamente com os litigantes desconhecedores do procedimento, incapazes de expor com clareza suas pretensões, perturbados com a paixão e a timidez. As formas processuais servem, não obstante a opinião contrária que possam ter os profanos, para simplificar e acelerar o funcionamento da justiça, como a técnica jurídica serve para facilitar, com o uso de uma terminologia de significado rigorosamente exato, a aplicação das leis aos casos concretos" (NASCIMENTO, Amauri Mascaro. *Curso de Direito Processual do Trabalho*, cit., p. 188).

"Sem dúvida, podemos comparar a lide instaurada entre o jurisdicionado leigo desacompanhado de advogado e a Fazenda Pública, com a mitológica cena do homem comum tentando combater o leviatã. O desequilíbrio existente entre as partes, nesses casos, será absolutamente evidente, afrontando a regra básica e o princípio constitucional da igualdade entre as partes, a respeito do qual o juiz tem o dever de assegurar o equilíbrio processual"[135].

No âmbito dos Juizados Especiais Cíveis, há importantes normas[136] ressaltando a necessidade de o juiz procurar restabelecer o desequilíbrio decorrente da falta de assistência técnica postulatória.

A confirmar a importância do tema, é oportuno registrar notícia de que o projeto de Novo Código de Processo Civil deveria contemplar a obrigatoriedade de advogados nas causas sob trâmite nos Juizados Especiais com o propósito de amainar a desigualdade entre litigantes e recuperar o equilíbrio processual com a paridade de armas[137].

As previsões que conferem *ius postulandi* aos litigantes partem de uma necessidade de ampliação do acesso ao Poder Judiciário. Sob a ótica da vulnerabilidade, no entanto, se, por um lado, diligencia-se para minimizar os gastos e favorecer o hipossuficiente, é forçoso reconhecer que, em regra, o litigante desacompanhado é um vulnerável técnico e, nesse caso, o juiz precisa mitigar os prejuízos que essa vulnerabilidade acarreta.

É importante ressaltar que a deficiência técnica apontada pode prejudicar o litigante não apenas quando a outra parte se encontra em vantagem técnica, mas também pode prejudicar a atuação por si só, como nos casos

---

[135] FIGUEIRA JÚNIOR, Joel Dias. *Juizados Especiais Estaduais Cíveis e Criminais*: comentários à Lei 10.259, de 10.07.2001. São Paulo: Revista dos Tribunais, 2002. p. 192.

[136] Lei nº 9.099/1995, art. 9º: "§ 1º Sendo facultativa a assistência, se uma das partes comparecer assistida por advogado, ou se o réu for pessoa jurídica ou firma individual, terá a outra parte, se quiser, assistência judiciária prestada por órgão instituído junto ao Juizado Especial, na forma da lei local. § 2º O Juiz alertará as partes da conveniência do patrocínio por advogado, quando a causa o recomendar".

[137] "Segundo o ministro Fux, na maioria das ações dos Juizados, cidadãos sem orientação legal acabam brigando com empresas que não dispensam os advogados e, por isso, teriam vantagens sobre o processo. 'O que se observa hoje é que pessoas desiguais brigam no mesmo juízo com armas diferentes e, como o Direito é composto de normas técnicas, há um desequilíbrio entre a parte desacompanhada e aquela que tem advogado', avaliou (*CPC vai prever atuação de advogados em Juizados*. Disponível em: <http://www.conjur.com.br/ 2010-mai-05/cpc-prever-obrigatoriedade-advogados-juizados >. Acesso em: 12 maio 2010). Noticiou-se, todavia, posteriormente, que o tema, por ser inerente a legislação específica, deixou de ser cotejado para constar no CPC.

em que a parte litiga em paridade de armas, mas lhe faltam conhecimentos técnicos para, *v.g.*, requerer tutela antecipada, ou formular um pedido preciso na inicial. No capítulo seguinte, serão apresentadas propostas de como superar essa vulnerabilidade.

Conclui-se, portanto, que embora o reconhecimento de *ius postulandi* possa ter tido por base o reconhecimento da vulnerabilidade processual econômica, acabou perversamente ensejando a vulnerabilidade sob o aspecto técnico.

5.12. RECONHECIMENTO DE OFÍCIO DA INCOMPETÊNCIA DO FORO DE ELEIÇÃO EM FAVOR DO ADERENTE

O direito material parte do pressuposto que o contrato de adesão é desigualador, sendo o aderente seu elo mais fraco; como bem pontua Orlando Gomes, essa modalidade de contrato caracteriza-se "pela circunstância de que aquele a quem é proposto não pode deixar de contratar, porque tem a necessidade de satisfazer a um interesse que, por outro modo, não pode ser atendido"[138].

Pelos motivos expostos, a Lei material dispõe, *v.g.*, sobre a nulidade de cláusulas contratuais que estipulam a renúncia prévia de direitos do aderente[139].

Da mesma maneira, a Lei processual tenta equilibrar a atuação em juízo do aderente ao prever a declaração de ofício da nulidade da cláusula de eleição de foro prejudicial ao aderente[140].

É pertinente questionar se todo e qualquer contratante deve ser reputado vulnerável ante os métodos contratuais massificados atualmente verificados[141].

Ao abordar a contratação no mercado de consumo, representando posição doutrinária estabelecida nesse sentido, Flávio Tartuce propugna que sim: mitigada a autonomia da vontade e massificados os contratos, há

---

[138] GOMES, Orlando. *Contratos*. 17. ed. Rio de Janeiro: Forense, 1996. p. 120.

[139] Código Civil: "Art. 424. Nos contratos de adesão, são nulas as cláusulas que estipulem a renúncia antecipada do aderente a direito resultante da natureza do negócio".

[140] A previsão consta no art. 112, parágrafo único, do CPC e mesmo em caso de aprovação do projeto de novo Código deve ser mantida (PL nº 166/2010, art. 63: "§ 4º A nulidade da cláusula de eleição de foro, em contrato de adesão, pode ser declarada de ofício pelo juiz, que declinará de competência para o juízo de domicílio do réu, salvo anuência expressa deste, manifestada nos autos, confirmando o foro eleito").

[141] A pergunta é bem formulada por Cláudia Lima Marques (*Contratos no Código de Defesa do Consumidor*, cit., p. 335).

discrepância na discussão e aplicação das regras comerciais a justificar a presunção de vulnerabilidade[142].

Há quem entenda que não, considerando ser necessária a prova no caso concreto porque a fragilidade não seria inerente ao método de adesão, mas às condições subjetivas do contratante[143].

Paulo Luiz Netto Lobo salienta que a análise das condições pessoais dos contratantes é fator importante para identificar o poder contratual dominante na relação avençada e os casos de presunção legal de vulnerabilidade. Seriam presumíveis, segundo a lei, a fragilidade do trabalhador, do inquilino, do consumidor e do aderente no contrato de adesão, por serem absolutas, essas presunções não poderiam ser afastadas por disposição das partes[144].

A lei processual denota alinhar-se ao primeiro entendimento.

É pertinente frisar que a noção de vulnerabilidade legal ultrapassa a condição econômica da parte contratante, envolvendo aspectos outros como a disponibilidade de informações, o conhecimento sobre o negócio, o mercado, o método de fabricação de um produto e os riscos inerentes àquela atividade contratual determinada[145]; assim, o aderente pode ser ou não vulnerável.

Enfatize-se, ainda, o fato de que reconhecimento de ofício não faz da matéria conteúdo de ordem pública. Embora haja precedentes judiciais[146] afirmando ser a competência absoluta na hipótese apontada, prorroga-se a

---

[142] Para o autor, referida presunção é absoluta, "não aceitando declinação ou prova em contrário, em hipótese nenhuma" (TARTUCE, Flávio. *Função social dos contratos*: do Código de Defesa do Consumidor ao novo Código Civil. São Paulo: Método, 2007. p. 109).

[143] MARQUES, Cláudia Lima. *Contratos no Código de Defesa do Consumidor*, cit., p. 335-336.

[144] LOBO, Paulo Luiz Netto. *Teoria geral das obrigações*. São Paulo: Saraiva, 2005. p. 94.

[145] LOBO, Paulo Luiz Netto. Princípios sociais dos contratos no Código de Defesa do Consumidor e no novo Código Civil. *Revista do Direito do Consumidor*, São Paulo, ano 11, n. 42, p. 195, abr./jun. 2002.

[146] Exemplificam o posicionamento em comento os julgados a seguir: "A competência do juízo em que reside o consumidor é absoluta, devendo ser declarada de ofício pelo juízo" (STJ – AgRg no Ag 644513/RS, Rel Min. Humberto Gomes de Barros, j. em 24.08.2006, DJU 11.09.06); "[...] Ademais, o parágrafo único do art. 112 do CPC, com redação dada pela Lei n. 11.280/2006, determina que a competência do juízo da comarca em que reside o consumidor é absoluta, podendo, entretanto, ser declinada de ofício, se houve prejuízo para este" (TJMG; AG 1.0145.07.427933-5/001(1); Juiz de Fora; Décima Quarta Câmara Cível; Relª Desª Evangelina Castilho Duarte; Julg. 28/08/2008; DJEMG 03/10/2008).

competência caso não seja reconhecida pelo juiz ou declinada pelo réu a exceção de incompetência[147]; assim, denota ter maior razão os julgadores[148] que entendem dever ser analisada em cada situação a ocorrência de prejuízo ao aderente.

Como bem consta em *decisum* do Tribunal de Justiça de São Paulo,

> "[...] a invalidação da cláusula de foro de eleição não é uma imposição legal, e só deve ser aplicada quando existe abusividade inserida em contrato de adesão, ou em contrato que verse sobre relação de consumo. A cláusula de eleição de foro é abusiva quando litigar fora de seu domicílio irá significar grande esforço, por parte do aderente ou do consumidor, estabelecendo manifesto desequilíbrio entre as partes, a ponto de inviabilizar ou criar séria dificuldade ao seu exercício de defesa, o que não ocorre no caso dos autos"[149].

---

[147] CPC, art. 114.

[148] Enfatizam-se excertos decisórios nesse sentido: "O disposto no art. 112, parágrafo do Código de Processo Civil somente tem incidência nas hipóteses de efetivo prejuízo ao direito de defesa do consumidor, o qual não se verifica na presente contenda, uma vez que os agravados estudaram e frequentaram o curso de direito ministrado na própria Comarca eleita para dirimir as controvérsias [...]" (TJSP; AI 7293585-8; Ac. 3404738; São João da Boa Vista; Trigésima Sétima Câmaras de Direito Privado; Rel. Des. Elmano de Oliveira; Julg. 26/01/2008; DJESP 12/01/2009); "1. Firmado negócio jurídico de natureza civil ou de consumo, se caracterizada a ausência de paridade de forças, sob o aspecto econômico, entre os que compõem aquela relação de direito material, é de ser afastada a cláusula que, em eleição de foro, estabelece como competente para dirimir quaisquer controvérsias relativas ao ajuste entabulado o juízo do local onde tem sede a contratante – sociedade por ações –, que visivelmente se mostra economicamente mais forte que a cocontratrante. 2. Não afastada pelos elementos de convicção reunidos aos autos desse procedimento recursal a presunção de que um dos contratantes está em desvantagem econômica, há de ser afirmada a competência do juízo cível do local onde tem domicílio o cocontratante que, qualificando-se como consumidor ou não, aparenta ser economicamente mais fraco, sob pena de se impor grave e intransponível obstáculo ao exercício do direito de defesa de quem reconhecidamente se mostra em posição de desvantagem. 3. A penosa obrigação de deslocamento a uma outra unidade da Federação Brasileira, inegavelmente necessária à solução do conflito de interesses tal como consubstanciado na situação retratada no presente Agravo de Instrumento, se evidenciada a inexistência de paridade de forças entre os contratantes, por opção do legislador ordinário, há de ser suportada por quem se mostre economicamente mais forte. Exemplo da escolha feita pelo Poder Legislativo está no parágrafo único do Artigo 112 do CPC, em que positivada norma autorizativa do conhecimento de ofício, pelo Magistrado, da nulidade de cláusula de eleição de foro em contrato de adesão. Competência afirmada do juízo cível da Circunscrição Especial Judiciária de Brasília – DF [...]" (TJDF; Rec 2007.00.2.007742-3; Ac. 334.694; Sexta Turma Cível; Relª Desª Diva Lucy; DJDFTE 18/12/2008; p. 50).

[149] "Comarca em que reside o agravado que não fica distante da Comarca eleita. Agravado que frequentou regularmente o curso de direito na Cidade de São João da Boa

Na mesma esteira se manifestou o Tribunal de Justiça de Santa Catarina, segundo o qual "sendo a matéria dos autos objeto do direito consumerista, pode o autor-consumidor optar pelo foro que lhe assegure melhor acesso à justiça e facilite a defesa de seus direitos (art. 6º, VII e VIII, do CDC), pelo que não pode o juiz declinar de ofício sua competência"[150].

Conclui-se, portanto, que a previsão de reconhecimento de ofício pressupõe a vulnerabilidade processual do consumidor pelo aspecto técnico alinhado ao direito material que pressupõe a vulnerabilidade do contratante em comento.

5.13. COMPETÊNCIA *RATIONE MUNERIS*

Apesar de a igualdade ser proclamada no panorama constitucional, foi relatada a existência no ordenamento infraconstitucional de institutos que afetam claramente a diretriz isonômica ao dispensar tratamento jurídico diferenciado a situações semelhantes com base tão somente na posição em que seus agentes se situam na escala social; são exemplos previsões de prisão especial, foros privilegiados por prerrogativa de função e aposentadorias especiais[151].

Na tradição jurídica brasileira podem ser localizadas previsões de foros especiais para determinadas autoridades[152] e vedação de interposição de recurso contra suas decisões[153].

Vista durante 4 anos. Litigar na Comarca eleita que não irá significar uma situação de extrema dificuldade ao seu exercício de defesa. Inexistência de irregularidade quanto ao foro de eleição. Recurso provido" (TJSP; AI 7234986-1; Ac. 2565798; São João da Boa Vista; Décima Sétima Câmara de Direito Privado; Rel. Des. Tersio Negrato; Julg. 02/04/2008; DJESP 28/04/2008).

[150] TJSC; CC 2007.042588-7; Palhoça; Quarta Câmara de Direito Civil; Rel. Des. Antônio do Rêgo Monteiro Rocha; DJSC 22/04/2009; p. 95.

[151] MENDES, Regina Lúcia Teixeira. Igualdade à brasileira: cidadania como instituto jurídico no Brasil, cit., p. 3.

[152] Como exemplo dessa assertiva, registre-se que nas Ordenações Afonsinas há previsão (Livro III, Título LXXVIII proêmio) de que em alguns autos extrajudiciais a jurisdição era exercida somente pelas Universidades das Cidades, Villas, Conselhos, Colégios, Confraria e semelhantes "quando juntamente fazem alguns autos, que por seus Statutos antigos e sentenças lhes pertence fazer em suas Vereações, Collegios ou Confrarias". Dessas decisões cabia apelação interposta pela parte prejudicada – a não ser que, segundo as Ordenações ou privilégios contemplados, "façam fim em elles por sua determinação".

[153] Ensina Antonio Joaquim de Gouvêa Pinto que "Não era permitido appellar de todos os Magistrados para o Príncipe, nem de toda a causa, porque era: 1º prohibido appellar do Senado, em razão e serem os Senadores reputados como uma parte do corpo do Príncipe; 2º do Juiz delegado pelo Príncipe, debaixo da condição que delle se não

Na seara processual civil, em tempos recentes tentou-se resgatar a tradição ampliando a noção de prerrogativa de função para certas demandas cíveis[154], instituindo-se, de forma ilegítima, foro *ratione muneris* em segundo grau aos demandados em ações de responsabilidade por ato de improbidade administrativa.

Como destaca com propriedade Rodolfo de Camargo Mancuso, referida instituição não se justificava porque a Lei nº 8.429/1992, ao versar sobre atos de improbidade administrativa, apesar de prever graves sanções, é de natureza *civil*, não havendo base técnica para estender-se, aos casos por ela regidos, "o foro especial de que [se] beneficiam certas altas autoridades nos casos de *infração penal comum* (CF, arts. 102, I, *b* e c; 105, I, *a*)"[155].

A previsão assinalada, em clara violação à isonomia, definia a competência para julgamento da causa com base não na natureza ou na gravidade do fato, mas sim na qualidade do sujeito[156].

Como bem salienta Dalmo de Abreu Dallari, pretendeu-se criar "um privilégio para cidadãos comuns, uma 'prerrogativa de ex-funcionários', criando-se uma espécie de cidadania de primeira classe", sendo "ilógico

---

appellaria; 3º daquelles juizes a respeito dos quaes os litigantes caucionavao para não apppellar delles; 4º do Prefeito do Pretório, porque em razão da sua singular industria, fidelidade, e gravidade, que se requeria em tal Magistrado, presumia o Príncipe que elle havia de julgar conforme a Lei; e por isso que o seu poder era immediato ao do Príncipe [...], onde refere outros Magistrados, de que se não podia appellar" (PINTO, Antonio Joaquim de Gouvêa. *Manual de appellações e aggravos, ou deducção systematica dos princípios mais sólidos e necessarios á sua Materia, fundamentada nas Leis deste Reino*. 2. ed. dupl. augm. Lisboa: na impressão regia, 1820, p. 113. Disponível em: <http://purl.pt>. Acesso em: 1 dez. 2008).

[154] A Lei nº 10.628/2002 instituiu foro privilegiado, alterando dispositivo do Código de Processo Penal, que assim passou a prever: "Art. 84. A competência pela prerrogativa de função é do Supremo Tribunal Federal, do Superior Tribunal de Justiça, dos Tribunais Regionais Federais e Tribunais de Justiça dos Estados e do Distrito Federal, relativamente às pessoas que devam responder perante eles por crimes comuns e de responsabilidade".

[155] Lei nº 10.628/2002, alterando o *caput* do art. 84 do CPP e lhe inserindo parágrafos: dita lei veio a ser objeto de ações diretas de inconstitucionalidades, uma pela *Conamp*, entidade nacional do Ministério Público (n. 2.797-2), outra pela *AMB* – Associação dos Magistrados Brasileiros, apensada àquela, tendo o STF reconhecido a inconstitucionalidade da citada lei que, dentre suas *pérolas*, mandava prevalecer a "competência especial por prerrogativa de função" [...] ainda que o inquérito ou a ação judicial sejam iniciados *após a cessação do exercício da função publica*" (§ 1º): ou seja, mantença da prerrogativa de função quando ela – a função – já estava encerrada! [...]" (MANCUSO, Rodolfo de Camargo. A Fazenda Pública em juízo, cit., p. 321).

[156] MENDES, Regina Lúcia Teixeira. Igualdade à brasileira: cidadania como instituto jurídico no Brasil, cit., p. 6.

e injusto o estabelecimento desse privilégio só pelo fato de que alguém exerceu uma função pública"[157].

Assiste-lhe plena razão: sem dúvida procurou-se promover uma inconsistente e ilegítima dessemelhança que foi devidamente rechaçada pelo STF ao acolher a ação alegando a inconstitucionalidade do dispositivo legal[158].

Evidente que não eram casos de distinções decorrentes de situações de vulnerabilidade, mas sim embasadas em indevidos privilégios que atentavam contra a isonomia justamente por faltar legitimidade no *discrimen*.

5.14. CREDOR ALIMENTAR

O crédito alimentar tem enorme importância no sistema jurídico brasileiro, sendo objeto de previsões na Constituição Federal, na Lei de Alimentos, no Código Civil, no Código de Processo Civil e no Estatuto do Idoso.

A previsão da obrigação alimentícia é inspirada nos princípios da dignidade humana e da solidariedade; por essa razão, tanto o ordenamento jurídico quanto seus intérpretes procuram tutelar o dependente alimentar com a maior efetividade possível, diligenciando para encontrar respostas céleres e úteis para dirimir seus conflitos.

No Direito de Família, aliás, a urgência[159] para a composição dos conflitos faz-se sentir mais intensamente em razão do aspecto personalíssimo natural a essas contendas[160].

---

[157] DALLARI, Dalmo de Abreu. Privilégios antidemocráticos. *CONAMP em Revista*, Brasília, n. 1, p. 26, out./dez. 2002.

[158] ADIN nº 2.797/DF, Tribunal Pleno, Rel. Min. Sepúlveda Pertence, j. 15/09/2005, DJ 19-12-2006, p. 37.

[159] Nas precisas palavras de Carlos Alberto Álvaro de Oliveira, sobreleva a importância do alcance rápido da solução do litígio porque o Direito de Família envolve, em regra, "valores sensíveis e de grande significado emocional, às vezes materiais, vinculados à realização de necessidades íntimas do ser humano, que exige no plano processual uma pronta resposta da jurisdição" (Oliveira, Carlos Alberto Álvaro de. A urgência e o direito de família (as chamadas medidas provisionais do art. 888 do CPC). *Gontijo*. Disponível em: <www.gontijo-familia.adv.br>. Acesso em: 28 ago. 2008).

[160] Conforme enfatiza Rolf Madaleno com pertinência, "no campo da ação do Direito de Família, mostram-se, sobremaneira, sensíveis as reivindicações por um processo com tramitação eficiente, capaz de responder com rapidez às angústias pessoais, causa frequente de abalos e desgastes pelo inclemente influxo do tempo, especialmente quando se trata de buscar o alimento necessário à vida" (MADALENO, Rolf. Execução de alimentos pela coerção pessoal. In: TESHEINER, José Maria Rosa; MILHORANZA, Mariângela Guerreiro; PORTO, Sérgio Guilherme (Coords.). *Instrumentos de coerção e outros temas de direito processual Civil* – estudos em homenagem aos 25 anos de docência do Professor Dr. Araken de Assis. Rio de Janeiro: Forense, 2007. p. 617).

O crédito alimentar constitui a obrigação mais protegida pelo ordenamento jurídico pátrio, permitindo a cominação de prisão civil em caso de inadimplemento em diversas previsões normativas; como estas foram concebidas em momentos diferentes, exige-se esforço conciliatório do intérprete.

Dentre as normas vigentes, é pioneira a disposição da Lei de Alimentos[161], que prevê prisão por até 60 dias; em seguida adveio o Código de Processo Civil em 1973 – lei geral posterior, portanto – dispondo no art. 733, § 1º, que o juiz poderia decretar prisão pelo prazo de um a três meses. Por fim, em 1988 foi promulgada a CF expressando no art. 5º, LXVII que, inadimplida a obrigação alimentar, é cabível a sanção máxima de coerção pessoal representada pela prisão do devedor – não estipulando prazo.

Consoante exposto ao examinar a dispensa da caução em execução provisória, presume-se a necessidade do credor alimentar. Sua suscetibilidade ao tempo é grande e ele se apresenta em regra como um vulnerável econômico por necessitar dos alimentos para sobreviver.

Seria excessiva a proteção do ordenamento ao credor de pensão alimentícia? A resposta é negativa: como o débito pode comprometer a vida do alimentando, todos os esforços normativos são considerados válidos para a adequada tutela do direito em questão.

5.15. REGIME DIFERENCIADO DE PRECATÓRIOS

Após o verdadeiro périplo percorrido ao litigar contra a Fazenda Pública, o vencedor precisa ultrapassar mais tormentosas barreiras para receber o crédito a que faz jus: a expedição e o pagamento do precatório judicial. Em mais uma significativa dessemelhança, a Administração Pública paga seus débitos judiciais de modo peculiar – e, o que é pior, com amparo constitucional: por meio de ordens e requisições de pagamento via precatórios.

Com o tempo, identificou-se a situação de certos credores que não podiam aguardar o trâmite para o recebimento dos precatórios sem consideráveis e profundos prejuízos à própria subsistência, razão pela qual foi prevista diferenciação em relação a créditos de natureza alimentícia[162].

---

[161] Lei nº 5.478/1968, art. 19: "o Juiz, para instrução da causa, ou na execução da sentença ou do acordo, poderá tomar todas as providências necessárias para seu esclarecimento ou para o cumprimento do julgado ou do acordo, inclusive a decretação de prisão do devedor até 60 (sessenta) dias".

[162] Segundo Nelson Nery Junior e Rosa Maria de Andrade Nery, constituem tais créditos de natureza alimentar aqueles derivados de título executivo judicial decorrentes de demandas indenizatórias por responsabilidade extracontratual do Poder Público, sendo exemplos a ação reparatória por ilícito de servidor, a cobrança de correção monetária de

Embora se tenha procurado defender a dispensa da emissão de precatórios para o pagamento dos valores apontados, consolidou-se a necessidade da mencionada ocorrência reconhecendo-se que o benefício seria a prioridade no tocante ao momento do pagamento[163].

A Constituição da República foi modificada para prever textualmente[164], confirmando entendimentos anteriores, que os créditos de natureza alimentar devem compor uma ordem cronológica específica integrando uma sequência diferenciada para atender a créditos dessa natureza.

É oportuno destacar a previsão[165] que reconhece a prioridade de pagamento a pessoas com mais de 60 anos ou gravemente enfermas; obviamente o tempo de espera a que estão submetidos esses sujeitos causa ainda mais transtorno do que a outros credores, sendo legítimo o *discrimen*.

A diferenciação alusiva a mecanismos para facilitar o recebimento de alimentos é tradicional no Direito pátrio; no caso dos precatórios, a distinção atinente à maior necessidade do credor alimentício revela-se legítimo por deixar *a latere* o critério cronológico e contemplar a necessidade do credor.

É digno de questionamento, conforme salientado, o imenso benefício que privilegia a Fazenda no pagamento de seus débitos judiciais, não sendo

---

diferenças salariais e a indenização de férias e licenças não gozadas. (NERY JUNIOR, Nelson; NERY, Rosa Maria de Andrade. *Código de processo civil comentado*, cit., p. 1.064).

[163] Nos termos da Súmula n° 655 do STF, "a exceção prevista no art. 100, caput, da Constituição, em favor dos créditos de natureza alimentícia, não dispensa a expedição de precatório, limitando-se a isentá-los da observância da ordem cronológica dos precatórios decorrentes de condenações de outra natureza".

[164] CF, art. 100: "Os pagamentos devidos pelas Fazendas Públicas Federal, Estaduais, Distrital e Municipais, em virtude de sentença judiciária, far-se-ão exclusivamente na ordem cronológica de apresentação dos precatórios e à conta dos créditos respectivos, proibida a designação de casos ou de pessoas nas dotações orçamentárias e nos créditos adicionais abertos para este fim"; § 1°: "Os débitos de natureza alimentícia compreendem aqueles decorrentes de salários, vencimentos, proventos, pensões e suas complementações, benefícios previdenciários e indenizações por morte ou por invalidez, fundadas em responsabilidade civil, em virtude de sentença judicial transitada em julgado, e serão pagos com preferência sobre todos os demais débitos, exceto sobre aqueles referidos no § 2° deste artigo".

[165] Art. 100, § 2°: "Os débitos de natureza alimentícia cujos titulares tenham 60 (sessenta) anos de idade ou mais na data de expedição do precatório, ou sejam portadores de doença grave, definidos na forma da lei, serão pagos com preferência sobre todos os demais débitos, até o valor equivalente ao triplo do fixado em lei para os fins do disposto no § 3° deste artigo, admitido o fracionamento para essa finalidade, sendo que o restante será pago na ordem cronológica de apresentação do precatório".

ela vulnerável econômica nem organizacional a ponto de ser dispensada de pagar de forma mais eficiente.

5.16. CRIANÇA E ADOLESCENTE

O critério etário, ao lado da insuficiência econômica, foi um dos primeiros critérios percebidos como fonte legítima de diferenciações no processo.

Como aludido ao examinar a situação da esposa, historicamente, a experiência prática recomendou a edição de norma determinando a especialização da competência *ratione personae* para a melhor prestação jurisdicional em prol desses indivíduos vulneráveis. Após experiências de abusos e dificuldades[166], foi engendrado um sistema protetor considerável atribuindo a autoridades públicas o controle de eventuais excessos contra crianças e adolescentes.

Repetiram-se nas Ordenações Afonsinas e Filipinas regras pertinentes à atribuição de conhecer detalhes sobre a situação dos órfãos e responsabilizar os eventuais causadores de danos a eles, sob pena de responsabilidade pessoal do magistrado. Também era incumbência do Promotor de Justiça zelar pelos presos, pobres e desamparados[167].

O avanço no tempo permite constatar a manutenção tanto da competência diferenciada como da atribuição ao *Parquet* da missão de tutelar a defesa dos incapazes.

---

[166] Segundo relatos de historiadores, no século XV os pequenos costumavam sofrer espoliações de toda ordem por parte dos detentores de poder, sendo então dever dos monarcas tentar preservá-los, intuito, aliás, coerente com um período marcado pela mentalidade cristã segundo a qual proteger os órfãos e as viúvas revestia-se de um caráter sacro, constituindo verdadeira missão perante Deus. Criaram-se então os Juízos de Órfãos; contudo, várias experiências desses Juízos foram problemáticas: certos povos chegaram a pedir sua extinção pelo fato de que muitos magistrados se apropriavam indevidamente da mão de obra das crianças órfãs, tornando-as seus servidores. Muitos fidalgos também cometiam abusos contra os infantes: em seus domínios, apossavam-se das crianças e decidiam seus destinos (doando-as, por exemplo) sem qualquer comunicação aos corregedores e juízes locais (NASCIMENTO, Renata. As atitudes do Rei em favor da nobreza e as queixas apresentadas em Cortes: a permanência dos abusos da fidalguia durante o governo de D. Afonso V (1448-1481), Trabalho apresentado à Associação Nacional de História – ANPUH, no XXIV Simpósio Nacional de História – 2007, pela Professora da Universidade Federal de Goiás (UFG) Renata Cristina de S. Nascimento. Disponível em: <http://snh2007.anpuh.org/resources/content/anais/Renata% 20C%20S%20 Nascimento.pdf>. Acesso em: 2 dez. 2008.

[167] Ordenações Filipinas, 1.88.3. e 1.15.2 .

Requer análise mais detida o sistema legislativo processual com especial enfoque do panorama normativo da Constituição Federal e do Estatuto da Criança e do Adolescente ao ponto interessa ao presente estudo.

Rodolfo de Camargo Mancuso assinala que crianças e adolescentes – como idosos e deficientes físicos – são objeto de especial proteção pela Constituição Federal[168] e pela Lei nº 8.069/1990, sendo-lhes asseguradas garantias aos seus direitos fundamentais[169].

A proteção aos indivíduos em formação é a pedra de toque do sistema engendrado pelo legislador infraconstitucional[170]; para Wilson Donizeti, "se o Estado protege e garante os direitos dos cidadãos com igualdade e sem discriminação, com mais razão deverá assegurar os direitos da criança e do adolescente, que gozam de prioridade absoluta no atendimento de qualquer necessidade ou direito"[171].

Para Rodolfo Mancuso, não mais se fala em beneficiar criança e adolescente com a mera tutela no caso de "situação irregular" – como constava no revogado Código de Menores –, mas aborda-se "agora, em dimensão holística

---

[168] Segundo o art. 227, "é dever da família, da sociedade e do Estado assegurar à criança e ao adolescente, com absoluta prioridade, o direito à vida, à saúde, à alimentação, à educação, ao lazer, à profissionalização, à cultura, à dignidade, ao respeito, à liberdade e à convivência familiar e comunitária, além de colocá-los à salvo de toda forma de negligência, discriminação, exploração, violência, crueldade e opressão".

[169] MANCUSO, Rodolfo de Camargo. Tutela judicial da criança e adolescente em áreas de conflito armado nos morros e favelas. *Revista dos Tribunais*, São Paulo, v. 84, n. 712, 1995, p. 66. Lembra ainda o autor ser o Brasil "signatário da 'Convenção sobre os Direitos da Criança', adotada pela Assembleia-Geral das Nações Unidas realizada em 1989, tendo nosso país, na sequência, aprovado o texto dali resultante através do Dec. legislativo 28, de 14.9.90. O art. 4º daquela Convenção estabelece: 'Os Estados--Partes adotarão todas as medidas administrativas, legislativas e de outra índole com vistas à implementação dos direitos reconhecidos na presente Convenção'. O Estatuto da Criança e do Adolescente veio ao lume com a declarada finalidade de atender ao que ficara acordado pelas Altas Partes Contratantes naquela Convenção, dentro da diretriz fundamental, bem resumida na frase de Jean Chasal: 'L'enfant est sujet et non object': a criança (o menor) é sujeito de direitos e não um simples objeto de tutela" (MANCUSO, Rodolfo de Camargo. Tutela judicial da criança e adolescente em áreas de conflito armado nos morros e favelas, cit., p. 67).

[170] Paolo Vercelone entende que, ao falar-se em proteção, pressupõe-se um indivíduo protegido e outro que dá proteção por ser mais forte para atender às suas necessidades; assim, é lógico que "a proteção pressupõe uma desigualdade (um é mais forte do que o outro) e uma redução real da liberdade do ser humano protegido: ele deve ater-se às instruções que o protetor lhe dá e é defendido contra terceiros (outros adultos e autoridade pública) pelo protetor" (VERCELONE Paolo. *Estatuto da Criança e do Adolescente Comentado*. São Paulo: Malheiros, 1992. p.18/19).

[171] LIBERATI, Wilson Donizeti. *Comentários ao Estatuto da Criança e do Adolescente*. 10. ed. São Paulo: Malheiros, 2008. p. 328-329.

e global, falando o art. 1º do ECA numa 'proteção integral' do menor, não como 'objeto de tutela do Estado', mas sim como sujeito de direito, vale dizer: 'como pessoas humanas em processo de desenvolvimento'"[172].

A Lei nº 8.069/1990 destina, nos capítulos I e II, relevantes dispositivos para a tutela em juízo da criança e do adolescente.

A lei, reiterando mensagem constitucional, confirma a garantia de proteção judiciária[173], revelando preocupação em remover eventuais óbices econômicos ao assegurar a prestação de assistência judiciária aos necessitados[174] e isentar o demandante de custas e emolumentos[175].

A corroborar regras já previstas em outras leis[176], destaca-se a necessária regularização da capacidade de crianças e adolescentes por meio de representação ou assistência, assim como a potencial nomeação de curador especial em caso de colidirem os interesses do incapaz com os de seu representante[177].

É apropriado destacar, ainda, que o art. 206 do Estatuto[178] reforça o reconhecimento da integralidade da assistência. Segundo Raul Zaffaroni, a amplitude da disposição legal é salutar, pois todo aquele que tiver interesse pode intervir na demanda; no que tange à necessidade de valer-se de assistência judiciária[179], é preciso ser realista e admitir que "a maioria dos menores não tem capacidade de acesso à justiça, nem de pagar um defensor. 'Necessidade', neste parágrafo, é a que todo menor tem quando pode ser

---

[172] MANCUSO, Rodolfo de Camargo. Tutela judicial da criança e adolescente em áreas de conflito armado nos morros e favelas, cit., p. 67.

[173] "Art. 141. É garantido o acesso de toda criança ou adolescente à Defensoria Pública, ao Ministério Público e ao Poder Judiciário, por qualquer de seus órgãos."

[174] Art. 141, § 1º: "A assistência judiciária gratuita será prestada aos que dela necessitarem, através de defensor público ou advogado nomeado".

[175] CC, art. 171; e CPC, art. 9º, II.

[176] CC, art. 171; e CPC, art. 9º, II.

[177] "Art. 142. Os menores de dezesseis anos serão representados e os maiores de dezesseis e menores de vinte e um anos assistidos por seus pais, tutores ou curadores, na forma da legislação civil ou processual. Parágrafo único. A autoridade judiciária dará curador especial à criança ou adolescente, sempre que os interesses destes colidirem com os de seus pais ou responsável, ou quando carecer de representação ou assistência legal ainda que eventual."

[178] "Art. 206. A criança ou o adolescente, seus pais ou responsável, e qualquer pessoa que tenha legítimo interesse na solução da lide poderão intervir nos procedimentos de que trata essa Lei, através de advogado, o qual será intimado para todos os atos, pessoalmente ou por publicação oficial, respeitado o segredo de justiça."

[179] Art. 206, parágrafo único: "Será prestada assistência judiciária integral e gratuita àqueles que dela necessitarem".

afetado por uma decisão de um tribunal, ou todo pai ou responsável que possa ser privado de algum direito"[180].

No capítulo destinado à Justiça da Infância e da Juventude, faculta-se a criação de varas especializadas e exclusivas para a abordagem dos temas, incumbindo o Poder Judiciário de aparelhá-las proporcional e adequadamente[181].

A Súmula 383[182] do STJ demonstra que a interpretação do Estatuto da Criança e do Adolescente[183] e do Código de Processo Civil deve sempre levar em conta a facilitação da atuação em juízo.

Conclui-se que a base das previsões é a vulnerabilidade encontrada no plano material que permite classificar criança e adolescente como "sujeito especial de direitos"; essa aferição é reproduzida no plano processual, como verificado pelas disposições apontadas e permitindo um tratamento diferenciado legítimo.

Em razão do reconhecimento de infância e juventude como momentos especiais na vida do ser humano, criança e adolescente têm *status* de pessoas em situação peculiar de desenvolvimento[184].

A vulnerabilidade é ínsita ao momento em que se encontra o sujeito e se desdobra em várias de suas facetas: econômica, informacional e organizacional, partindo-se do pressuposto de que, por si sós, crianças e adolescentes não podem levar a cabo a defesa de seus direitos, sendo, portanto, mais suscetíveis de lesão.

---

[180] "Sem embargo; também pode ter 'necessidade' outra pessoa que possa ter interesse na causa, e dentro deste conceito cabe entender que estão incluídos todos aqueles que, ainda que por simples guarda, desenvolveram vínculos afetivos com o menor, mesmo que não exista nenhum vínculo jurídico que os relacione" (ZAFFARONI, Raul. In: CURY, Munir; SILVA, Antônio Fernando do Amaral e; MENDEZ, Emílio García (Orgs.) *Estatuto da Criança e do Adolescente Comentado*. 5. ed. São Paulo: Malheiros, 2002. p. 681-682).

[181] "Art. 145. Os estados e o Distrito Federal poderão criar varas especializadas e exclusivas da infância e da juventude, cabendo ao Poder Judiciário estabelecer sua proporcionalidade por número de habitantes, dotá-las de infraestrutura e dispor sobre o atendimento, inclusive em plantões."

[182] "A competência para processar e julgar as ações conexas de interesse de menor é, em princípio, do foro do domicílio do detentor de sua guarda."

[183] "Art. 147. A competência será determinada: I – pelo domicílio dos pais ou responsável".

[184] ROSSATO, Luciano Alves; LÉPORE, Paulo Eduardo; CUNHA, Rogério Sanches. *Estatuto da Criança e do Adolescente*. São Paulo: Revista dos Tribunais, 2010. p. 75.

5.17. CREDOR NA EXECUÇÃO

Ao cotejar os processos executivo e cognitivo, detecta-se tratamento completamente diverso em relação aos litigantes, cabendo questionar: aplica-se a diretriz isonômica na execução?

Há quem propugne pela negativa, uma vez que no processo executivo não há igualdade das partes porque uma delas "goza de privilégios decorrentes do título de dívida de que é credora"[185].

Apesar da natural diferença, pode-se identificar a aplicação da isonomia com parâmetros peculiares. Em análise percuciente acerca do assunto, Rodolfo de Camargo Mancuso consigna que, para realizar a premissa constitucional isonômica – enquanto "desequiparação legítima do *trato desigual aos desiguais*" –, no processo jurissatisfativo as previsões são naturalmente diferenciadas. Como o exequente tem reconhecida obrigação líquida, certa e exigível, a lei processual afirma que se realiza a execução no interesse do credor; assim, embora o devido processo legal assegure ampla defesa e contraditório, é natural a limitação do âmbito da resistência do executado a certas hipóteses legalmente previstas porque nesses casos reconhece-se a situação desigual dos litigantes, beneficiando aquele a quem, provavelmente, o direito ampara[186].

Atento à peculiaridade e à delicadeza da situação, o ordenamento traz também previsões protetoras ao executado para evitar abusos pelo credor e preservar determinadas posições patrimoniais de vantagens alusivas a bens reputados essenciais. A esse propósito, preconiza a utilidade da execução (evitando-se atos expropriatórios inúteis[187]), rechaça o aviltamento do exe-

---

[185] FORNACIARI JÚNIOR, Clito. Curador especial – revelia e julgamento antecipado da lide: a defesa do réu pelo curador especial exclui a revelia e obsta o julgamento antecipado da lide, com base no art. 330, n. II, do diploma processual, do contrário seria inútil a figura do curador especial. *Revista de Processo*, São Paulo, v. 1, jan.-mar. 1976, p. 185.

[186] Em suas palavras, "parte-se da premissa de que as partes estão na verdade em *situação desigual*, e, portanto, não podem ser tratadas igualmente, por aí se justificando um tratamento mais benéfico em prol de uma delas, em ordem a *evitar que a excessiva duração do processo labore contra a parte a quem, provavelmente, assiste o bom direito*, numa aplicação da chamada *teoria da aparência*" (MANCUSO, Rodolfo de Camargo. A Fazenda Pública em juízo, cit., p. 362).

[187] CPC, art. 659, § 2º: "Não se levará a efeito a penhora, quando evidente que o produto da execução dos bens encontrados será totalmente absorvido pelo pagamento das custas da execução".

cutado (preservando certos bens pela impenhorabilidade[188]) e expressamente ressalta a diretriz do menor prejuízo possível ao devedor[189].

O equilíbrio haverá de ser feito entre duas interessantes diretrizes: a execução será realizada em benefício do exequente da forma menos gravosa ao executado. Indaga-se: como alinhar duas expectativas de índoles tão opostas?

Ao tratar a questão da crescente demanda social por maior participação do juiz para "compensar as relações sociais em jogo", Fritz Baur afirma que o mecanismo de reequilibrar situações aplica-se, de certa maneira, para a proteção do devedor na execução forçada[190].

O tratamento isonômico entre credor e devedor, respeitadas as diferenças ínsitas nas posições jurídicas, decorre, portanto, da necessidade desse equilíbrio. Em nada se relaciona com a vulnerabilidade do credor ou do devedor, que não a apresentam simplesmente por ocupar a referida posição. Tal como ocorre com os que ocupam qualquer outra posição processual – autor, réu, terceiro etc. –, a aferição da vulnerabilidade do exequente ou do executado tem como base suas condições pessoais e se essas dificultam ou não a atuação em juízo. Uma vez identificada a dificuldade, essa deve ser suprida com o tratamento adequado a cada tipo de situação de vulnerabilidade, seja em relação ao credor, seja em relação ao devedor.

5.18. ANULAÇÃO DA CONVENÇÃO DE DISTRIBUIÇÃO DIVERSA DO ÔNUS DA PROVA

A previsão legal[191] tem origem italiana e praticamente nenhuma aplicação no Direito brasileiro, não tendo, portanto, essa convenção processual se incorporado à mentalidade jurídico-processual do advogado pátrio[192].

---

[188] Os arts. 649 e 650 do CPC e a Lei nº 8.009/1990 trazem limitações à penhora de certos bens em prol da proteção de um patrimônio mínimo ao executado.

[189] CPC, art. 620: "Quando por vários meios o credor puder promover a execução, o juiz mandará que se faça pelo modo menos gravoso para o devedor".

[190] BAUR, Fritz. O papel ativo do juiz, cit., p. 194.

[191] CPC, art. 333, parágrafo único: "É nula a convenção que distribui de maneira diversa o ônus da prova quando: I – recair sobre direito indisponível da parte; II – tornar excessivamente difícil a uma parte o exercício do direito". A previsão foi repetida no projeto de Novo CPC, no art. 263, que repete os ditames apontados e acrescenta mais uma limitação ao magistrado: segundo o parágrafo único do dispositivo, "o juiz não poderá inverter o ônus da prova nas hipóteses deste artigo".

[192] Costa Machado, Antonio Cláudio. *Código de Processo Civil interpretado e anotado*, cit., p. 716.

Trata-se de negócio jurídico processual para viabilizar diferente distribuição dos encargos de provar que pode se verificar extrajudicialmente – v.g., em uma negociação contratual – ou no curso de demanda; referida inversão consensual encontra óbices legais para evitar extrema onerosidade ou prejuízos a uma das partes[193].

Fabio Tabosa assevera que os dispositivos devem ser interpretados em conjunto, de maneira que no caso de a questão versar sobre direito indisponível nem sempre será vedada a inversão; verificar-se-á o obstáculo quando for agravada a posição processual do titular de direitos indisponíveis[194].

O entendimento esposado, todavia, não é digno de prosperar porque os incisos não são cumulativos; ademais, a restrição à distribuição diferenciada do ônus da prova alusiva à demanda sobre direitos indisponíveis se justifica porque não há disponibilidade no tocante à prova desses direitos, uma vez que eles importam "à própria sobrevivência do Estado"[195]. Permitir distinta divisão do ônus da prova implicaria camuflar a natureza dos direitos em comento, tornando-os disponíveis[196].

A vedação legal também operará quando a prova for excessivamente difícil, já que o legislador visou "preservar a funcionalidade do instituto, impedindo que por meio da inversão se transfira a uma das partes prova de tal modo inacessível que na prática esvazie a regra"[197].

Antonio Cláudio da Costa Machado consigna que referida previsão, além de praticamente inaplicável, foi objeto de veemente repúdio de parte significativa da doutrina[198]. Os doutrinadores contrários à regra decerto filiam-se à visão liberal do processo e não admitem qualquer grau de interferência judicial no processo, "coisa das partes em seu sentir".

Daniel Mitidiero e Luiz Guilherme Marinoni, no entanto, advogam que a regra traz a restrição porque dificultar excessivamente o exercício de um direito, ainda que disponível, implica "negar o direito à tutela jurisdicional adequada e efetiva"[199].

---

[193] TABOSA, Fabio. Comentário ao art. 333. In: MARCATO, Antônio Carlos (Coord.). *Código de Processo Civil interpretado*, cit., p. 1062.

[194] TABOSA, Fabio. Comentário ao art. 333, cit., p. 1062.

[195] Costa Machado, Antonio Cláudio. *Processo Civil interpretado e anotado*, cit., p. 716.

[196] MARINONI, Luiz Guilherme; MITIDIERO, Daniel. *CPC comentado artigo por artigo*, cit., nota 9, p. 337.

[197] TABOSA, Fabio. Comentário ao art. 333, cit., p. 1062.

[198] Costa Machado, Antonio Cláudio. Comentário ao art. 333, I, cit., p. 716.

[199] MARINONI, Luiz Guilherme; MITIDIERO, Daniel. Comentário ao art. 333 § único, cit., nota 9, p. 337.

A vulnerabilidade é critério válido para aferir a necessidade de anulação desse negócio, pois permite inferir que o exercício do direito do sujeito vulnerável será dificultado se o ônus da prova sobre ele recair. Assume especial relevo neste ponto a vulnerabilidade em suas facetas técnica, informacional e organizacional.

5.19. PROCEDIMENTOS DIFERENCIADOS

Reitera-se, conforme exposto no Capítulo 3 que, embora o direito material costume ser a grande sede de diferenciações de situações jurídicas[200], a lei processual também opta em determinadas circunstâncias por criar variações no procedimento para atender a certas situações de direito material com maior funcionalidade; afinal, é importante que a posição de vantagem seja favorecida em seu reconhecimento com a maior proximidade possível do cumprimento espontâneo[201].

Apoiado na premissa de que o padrão do procedimento ordinário pode se revelar pouco apto diante de algumas peculiaridades do direito material, o sistema prevê sequências diferenciadas de atos processuais para o trâmite mais apropriado de determinadas demandas[202].

A aludida conduta é digna de questionamento: para perseguir a obtenção de maior eficiência no trâmite processual, o legislador criou procedimentos

---

[200] Como bem aduz Rodolfo de Camargo Mancuso, "o trato desigual a situações desiguais estende-se ao direito material: na relação entre capital e trabalho o empregado é tomado como a parte carente de proteção, e, por isso, o art. 9º da CLT declara 'nulos de pleno direito os atos praticados com o objetivo de desvirtuar, impedir ou fraudar a aplicação dos preceitos contidos na presente Consolidação'; nas relações de consumo, o adquirente do produto ou o tomador do serviço é presumido a parte vulnerável, e, por isso, o CDC (Lei 8.078/90) inclui entre os seus direitos básicos a 'facilitação da defesa de seus direitos', inclusive com a inversão do ônus da prova a seu favor, no processo civil [...]" (MANCUSO, Rodolfo de Camargo. A Fazenda Pública em juízo, cit., p. 320).

[201] Nas precisas palavras de Ada Pellegrini Grinover, "o processo deve buscar respostas diversificadas, de acordo com as situações jurídicas de vantagens asseguradas pelo direito material, de modo a proporcionar o mais fielmente possível a mesma situação que existiria se a lei não fosse descumprida (GRINOVER, Ada Pellegrini. Tutela jurisdicional nas obrigações de fazer e não fazer. *Ajuris*: Revista da Associação dos Juízes do Rio Grande do Sul, Porto Alegre, v. 22, n. 65, p. 14, nov. 1995).

[202] Assim, segundo José Roberto dos Santos Bedaque, a necessidade de adequação do processo ao direito material justifica a existência de regras especiais para determinados procedimentos, em função da relação jurídica substancial a ser submetida à apreciação do órgão jurisdicional (BEDAQUE, José Roberto dos Santos. *Direito e processo*: influência do direito material sobre o processo, cit., p. 47.

Cap. 5 – DIFERENCIAÇÕES NA ATUAÇÃO PROCESSUAL CIVIL E VULNERABILIDADE

especiais selecionando[203] certos temas para contemplar com ritos diferenciados; haveria, nesse caso, quebra da isonomia entre litigantes?

É incontestável o caráter político[204] da escolha legislativa dos procedimentos.

No tocante ao seu objeto, uma rápida análise dos tipos previstos no Código de Processo Civil[205] demonstra a grande preocupação em proteger supostos titulares de direitos patrimoniais; estes, aliás, seriam costumeiramente contemplados pelo legislador[206].

Em prol da previsão de procedimentos especiais, invoca-se o princípio da adequação: o procedimento deve estar em consonância com sua finalidade e com a natureza do direito tutelado, de maneira que as regras

---

[203] Esclarece Antônio Carlos Marcato que a especialidade resulta da alguma peculiaridade da relação jurídica de direito material, da necessidade de uma decisão mais célere ou mesmo de circunstâncias históricas. O autor cita ainda a posição de Chiovenda, para quem "os procedimentos especiais atendem ou à particularidade das formas admitidas para certos grupos de relação jurídica (v.g., causas de pequeno valor, causas de pronto e fácil expediente), ou a relações isoladas (v.g., causas de separação de cônjuges, causas de interdição) ou, finalmente, a particularidades da cognição (v.g., processo cambiário)" (MARCATO, Antônio Carlos. *Procedimentos especiais*. São Paulo: Atlas, 2007. p. 59-60).

[204] Como alerta Ovídio A. Baptista da Silva, "sabe-se que a missão do direito processual é tornar possível a realização do direito material, criando os instrumentos indispensáveis à realização desse objetivo. A opção por um ou outro instrumento será uma tarefa do político e não do processualista, enquanto produtor de normas processuais. O que o processualista poderá fazer – e nós tentaremos fazê-lo – é mostrar as vantagens e defeitos dos instrumentos que poderão ser criados, com a advertência, porém, de que o processo ainda não descobriu um sistema imune de inconvenientes" (SILVA, Ovídio A. Baptista da. *Processo e ideologia*: o paradigma racionalista. Rio de Janeiro: Forense, 2004. p. 23).

[205] Como exemplo, os procedimentos de jurisdição contenciosa previstos no Código de Processo Civil em sua grande maioria favorecem o recebimento de créditos (consignação em pagamento, depósito, anulação e substituição de títulos ao portador, prestação de contas, vendas a crédito com reserva de domínio, monitória) ou asseguram posse e propriedade de bens (possessórias, nunciação de obra nova, usucapião, divisão e demarcação de terras particulares, inventário e partilha, embargos de terceiro, habilitação, restauração de autos).

[206] "Fica evidenciada a preferência pelo patrimônio, em detrimento dos valores inerentes a condição humana, como, alias, o nosso ordenamento sempre apontou. Porquanto, ha uma brutal desigualdade que macula o código de processo civil de inconstitucionalidade, pois totalmente estruturado com procedimentos que cultuam a desigualdade" (PEREIRA FILHO, Benedito Cerezzo; BORGES DE OLIVEIRA, Emerson Ademir. *A estrutura do Código de Processo Civil*: uma afronta à igualdade! Disponível em: <http://www.conpedi.org.br/manaus/arquivos/anais/Benedito%20C.%20P.%20Filho%20e%20Emerson%20 A.%20B.%20de%20Oliveira.pdf>. Acesso em: 18 dez. 2010).

devem ser concebidas para atender às peculiaridades e especificidades do caso concreto.

A resistir à ideia, contudo, há quem invoque a existência de um desequilíbrio[207] no sistema porque procedimentos de desenho especial criam diferenças na proteção de certas posições jurídicas. Por considerar a prestação jurisdicional um serviço público, a afronta à igualdade faz-se sentir porque alguns supostos titulares de direito são acolhidos como "clientes preferenciais" do serviço judiciário em detrimento de outros, que apenas recebem o tratamento de praxe[208].

Enquanto no procedimento comum a análise do mérito exige cognição plenária, exauriente (embasada em cansativa instrução probatória para buscar a certeza) e imparcial (como sinônimo de neutra), no procedimento especial adentra-se facilmente no mérito sem observar garantias inerentes ao procedimento padrão: essa situação seria o "escancaramento da máscara de falsa moralidade que o legislador apregoou quando da feitura do código"[209].

De forma diversa da verificada no processo de conhecimento sob rito comum, nos procedimentos especiais há mistura de elementos de cognição e execução, estando o juiz liberado da busca da certeza para conceder medidas satisfativas em cognição sumária. Há quem explique a brutal diferença com base "no fato de que o Estado liberal capitalista brasileiro, paternalista de origem, antipúblico (privado) por essência, amante dos mais fortes, é protetor da classe dominante detentora do patrimônio, do capital e da propriedade [...]. E edita a legislação de modo bastante claro nesse sentido"[210].

---

[207] Segundo Augusto Tavares Rosa Marcacini, "ao estabelecer procedimentos diferentes, a legislação não apenas permite uma maneira mais adequada de solução de determinados tipos de conflito, nem apenas cria meios mais simples para causas mais simples: procedimentos mais céleres, mais ou menos rigorosos, terminarão por criar diferenças na proteção dos diversos direitos. Não havendo critérios orientados pela relevância do direito defendido, para estabelecer procedimentos mais ágeis, o que se verá será um desequilíbrio do sistema, em prejuízo da desejada isonomia: se a direitos de natureza semelhante forem concedidos meios processuais mais ou menos eficientes para sua defesa, de algum modo os titulares destes direitos estão sendo ou privilegiados, ou preteridos" (MARCACINI, Augusto Tavares Rosa. *Estudo sobre a efetividade do processo civil*. Disponível em: <www.lulu.com/items/volume_66/7816000/7816035/3/.../ 7816035.pdf>. Acesso em: 20 dez. 2010).

[208] Conclui Augusto Marcacini: "Em última análise, está havendo tratamento desigual aos diversos 'tipos sociais', que deveriam ter acesso aos mesmos meios e recursos que o sistema processual oferece aos litigantes" (MARCACINI, Augusto Tavares Rosa. *Estudo sobre a efetividade do processo civil*, cit.).

[209] PEREIRA FILHO, Benedito Cerezzo; BORGES DE OLIVEIRA, Emerson Ademir. *A estrutura do Código de Processo Civil*: uma afronta à igualdade!, cit.

[210] NOCCHI, Nello Augusto dos Santos. *A classe dominante e o processo civil brasileiro*. 2007. Dissertação (Mestrado em Direito) – Centro Universitário Eurípides de

Cap. 5 - DIFERENCIAÇÕES NA ATUAÇÃO PROCESSUAL CIVIL E VULNERABILIDADE

Também o tempo repercute de forma diversa: enquanto no procedimento comum ele atua como inimigo do autor e dádiva para o réu, no procedimento especial a situação se inverte e o tempo se torna forte aliado do autor[211].

De alguma maneira, porém, o legislador tem mitigado, paulatinamente, a diferenciação entre os litigantes. Se a concessão de medidas liminares sempre foi um diferencial nos procedimentos especiais, a previsão de antecipações de tutela – genéricas e específicas – gerou a possibilidade de que mesmo no procedimento comum ordinário possa haver uma proteção apropriada e mais efetiva ao demandante[212].

A conclusão sobre a violação à isonomia procede. Destaca-se, inicialmente, o fato de não haver um critério unívoco para a previsão dos procedimentos especiais[213], a demonstrar que o *discrimen* eleito pelo legislador considera critérios nem sempre legítimos, que não passam pelo mesmo teste de consistência a que a vulnerabilidade é submetida.

Há que se analisar se pelo menos o rito dos Juizados Especiais Cíveis estaria embasado na vulnerabilidade, já que a previsão costuma ser justificada como esforço de ampliação do acesso à justiça promovido com a dispensa de pagamento dos ônus da sucumbência e de contratação de advogado.

Nos Juizados, lamentavelmente, a informalidade e a dispensabilidade de advogado acabam colaborando para uma desigualdade ainda maior; como salientado, o juiz precisa estar atento à disparidade entre o consumidor desinformado, pobre, sem conhecimentos técnicos, litigando talvez pela primeira vez, e a pessoa jurídica estruturada, influente, dotada de departamento jurídico versado no assunto, eficiente e estrategicamente articulado.

Marília, Fundação de Ensino Eurípedes Soares da Rocha. Marília, 2007. Disponível em: <http://www.univem.edu.br/servico/aplicativos/mestrado_dir/ dissertacoes/A_classe_dominante_e_o_processo_civil_brasileiro_1124_pt.pdf>. Acesso em: 22 nov. 2010.

[211] PEREIRA FILHO, Benedito Cerezzo; BORGES DE OLIVEIRA, Emerson Ademir. A estrutura do Código de Processo Civil: uma afronta à igualdade! Disponível em: <http://www.conpedi.org.br/manaus/ arquivos/anais/Benedito%20C.%20P.%20Filho%20e%20 Emerson%20A.%20B.%20de%20Oliveira.pdf>. Acesso em: 18 dez. 2010.

[212] A doutrina reconhece que a previsão generalizada de antecipação, antes limitada a certos procedimentos, configurou significativa alteração no sistema processual; por todos, cita-se Teori Zavascki, para quem a possibilidade de alcançar antecipação de tutelas – até então limitadas a certos procedimentos – ensejou uma notável valorização do princípio da efetividade da prestação jurisdicional (ZAVASCKI, Teori. *Antecipação de tutela*. 3. ed. São Paulo: Saraiva, 2000. p. 71).

[213] Consoante Antônio Carlos Marcato, "tantas são as peculiaridades e os desvios procedimentais em confronto com o procedimento ordinário, que por vezes é difícil, quando não impossível, o enquadramento dos procedimentos especiais na teoria geral do processo, resultando, daí, a necessidade de criar-se uma teoria específica para eles" (MARCATO, Antônio Carlos. Procedimentos especiais, cit., p. 61).

Se o motor da previsão foi, de fato, viabilizar a proteção judiciária, a atuação do magistrado e da serventia judicial precisa ser consentânea com essa diretriz.

A esse propósito, merece transcrição a análise precisa de Carlos Alberto Álvaro de Oliveira ao aduzir que:

> "Enquanto o comum dos mortais há de se contentar com o moroso e pouco eficiente procedimento comum; enquanto o pobre mortal, ou melhor, o mortal pobre, vê-se forçado ao procedimento sumaríssimo (muitíssimo ordinário, por sinal, segundo a conhecida 'blague' de J. J. Calmon de Passos), os donos do Poder estão a salvo dessas mazelas, reinando sombranceiros no Olimpo! As contendas mais sensíveis, que ponham em jogo os valores de maior interesse para as classes dominantes, estas escapam ao rito demorado e ineficiente, prolongado e desastroso. Para esses litígios criaram-se, simplesmente, procedimentos especialíssimos, geralmente com total desconhecimento do tão decantado princípio da igualdade das partes no processo, gerando-se, com isso, dupla desigualdade: desigualdade *de* procedimento e desigualdade *no* procedimento"[214].

Pode-se inferir, portanto, que a previsão de procedimentos especiais não tem embasamento na vulnerabilidade do litigante, mas em critérios políticos diferenciados para contemplar posições de vantagem em relações jurídicas específicas. Em particular no que tange aos Juizados, a preconizada intenção de ampliar o acesso à justiça é completamente esvaziada quando há disparidades de atuação em juízo e o magistrado deixa de atuar para promover o necessário equilíbrio entre os litigantes.

Examinado o panorama existente no ordenamento processual sobre a vulnerabilidade, o desígnio do capítulo posterior é apresentar propostas de aplicação do conceito de vulnerabilidade processual nos momentos mais importantes da tramitação dos feitos apontando as ferramentas que podem ser úteis para a consecução desse mister.

---

[214] OLIVEIRA, Carlos Alberto Álvaro. Procedimento e ideologia no direito brasileiro atual. *Ajuris*: Revista da Associação dos Juízes do Rio Grande do Sul, Porto Alegre, ano 12, n. 33, p. 81, mar. 1985.

6

VULNERABILIDADE COMO CRITÉRIO LEGÍTIMO DE DESEQUIPARAÇÃO NO PROCESSO CIVIL: PROPOSTA DE APLICAÇÃO

6.1. RELEVÂNCIA DA ABORDAGEM

Como restou demonstrado ao abordar o assunto, dentre as inúmeras previsões no ordenamento processual brasileiro que dão tratamento diferenciado a certos litigantes, algumas têm por base as necessidades decorrentes da potencial dificuldade de atuação em juízo enquanto outras se fundam em ordem diversa de fatores.

As previsões existentes enfocam situações específicas revelando a singular sensibilidade do legislador em relação a alguns indivíduos e determinadas situações. É inegável, porém, que dificuldades decorrentes de circunstâncias causadoras de vulnerabilidade – ainda que momentâneas – podem acometer qualquer litigante em hipóteses não vislumbradas pelo legislador.

Deve-se admitir que um indivíduo em situação de exacerbada suscetibilidade deixe de receber o tratamento diferenciado apenas por faltar uma previsão específica em lei? A resposta a essa indagação é negativa. À luz da isonomia, o tratamento dispensado aos litigantes deve considerar sua concreta situação a fim de superar a vulnerabilidade que os acomete ou caracteriza.

Como assevera Eduardo Couture, a Constituição oferece "uma primeira estrutura basilar da ordem processual", mas "em virtude da característica das normas constitucionais, consistente na sua generalidade, veremos aparecer diante de nós o maior campo possível no ordenamento normativo, o mais vasto panorama de aplicação de um preceito adjetivo"[1].

---
[1] COUTURE, Eduardo Juan. *Interpretação das leis processuais*. 2. ed. Rio de Janeiro: Forense, 1993. p. 37.

Lembra Carlos Alberto Álvaro de Oliveira que o reconhecimento constitucional[2] sobre a aplicação imediata dos direitos e garantias fundamentais apresenta grande e duplo significado: em matéria processual os preceitos que os consagram independem da edição de leis concretizadoras e têm eficácia plena sem qualquer condicionamento "à regulação por lei infraconstitucional"[3].

Desponta, portanto, a relevância da abordagem do conceito de vulnerabilidade no processo civil de forma mais ampla para que se possa considerar a situação de diversos litigantes sem condições de praticar os atos processuais por razões alheias à própria vontade segundo os critérios apontados.

A proposta da tese, portanto, visa colaborar para o encontro de respostas a importantes questionamentos formulados por Barbosa Moreira:

> "Como agir para satisfazer as expectativas dos jurisdicionados? Que medidas tomar para suprir ou compensar as carências financeiras, sociais, culturais, psicológicas, daqueles muito que, necessitando da prestação jurisdicional, só conseguem divisá-la de longe, qual miragem pronta a dissipar-se no ar, à primeira tentativa de aproximação?"[4].

A proposta deste capítulo é apresentar os meios de aplicação do conceito da vulnerabilidade atentando à existência de comprometedoras disparidades na situação dos litigantes e contribuir para a concretização da paridade de armas no processo civil.

Na esteira de Teori Zavascki, entende-se que "é preciso que as leis processuais sejam compreendidas, interpretadas e aplicadas segundo os princípios constitucionais aos quais servem e para cuja efetivação exercem função concretizadora"[5].

Serão examinadas, inicialmente, as principais circunstâncias em que a vulnerabilidade processual poderá ser constatada. A análise será dividida segundo os tipos de processo, o que não exclui que algumas das considerações feitas sejam aplicáveis a outro.

---

[2] Art. 5°, § 1°: "As normas definidoras dos direitos e garantias fundamentais têm aplicação imediata".
[3] Oliveira, Carlos Alberto Álvaro de. O processo civil na perspectiva dos direitos fundamentais, cit.
[4] BARBOSA MOREIRA, José Carlos. A Justiça e nós, cit., p. 1-2.
[5] ZAVASCKI, Teori. Antecipação da Tutela. São Paulo: Saraiva, 1997. p. 60.

Após essa apreciação, será tratada a questão do reconhecimento processual da vulnerabilidade pelo juiz, sua possibilidade de reversão e as consequências do seu uso indevido.

A tese propõe, assim, um olhar atento do magistrado para as condições dos litigantes, abordando propostas inovadoras, com base na vulnerabilidade processual, de releitura de previsões do ordenamento mediante a ampliação de dispositivos e entendimentos jurisprudenciais e doutrinários já existentes.

6.2. DIFERENCIAÇÃO NA COMPETÊNCIA

A técnica de procurar facilitar a atuação em juízo promovendo um olhar mais aberto no tocante à competência, conforme observado, tem raízes na tradição jurídica brasileira. Por certo as previsões legislativas denotam importante consideração da situação de vulnerabilidade dos litigantes em face de sua difícil condição pessoal, buscando proporcionar-lhes maior facilidade em sua atuação em juízo.

Nos tempos atuais seria possível considerar que a vulnerabilidade processual pode repercutir na analise da competencia mesmo faltando dispositivo legal a respeito?

Há interessantes precedentes do STJ reconhecendo a possibilidade de que a parte mais frágil litigue em seu domicílio mesmo em hipótese não versada em norma específica. A discussão focou em várias oportunidades a controvérsia entre representante comercial e representado[6]; à luz de tais situações – em que se considerou que a aferição da vulnerabilidade deveria ser empreendida caso a caso – o tema foi ampliado.

Merece destaque específica decisão: inspirada pelo entendimento do Tribunal de Justiça do Rio Grande do Sul, o relator afirma, em feito em que litigava beneficiário da assistência judiciária gratuita que, pelo fato de a Constituição assegurar o acesso à justiça a todo e qualquer cidadão, declinar o foro competente para um lugar distante do domicílio do autor seria negar referido acesso e ferir um dos mais relevantes e fundamentais princípios jurídicos[7].

---

[6] "Reconhecendo as instâncias ordinárias que o foro de eleição impõe ao arrendatário, dificuldades para articular a sua defesa e que a ré opôs exceção 'sem alegar, em nenhum momento, que a propositura da demanda no foro do domicílio da autora lesa interesses da arrendante, dificultado ou impossibilitando sua defesa' deve prevalecer o Acórdão recorrido que repudiou a exceção, na linha de precedentes da Corte". (STJ, REsp 298522/SP).

[7] "Na espécie, é importante considerar que o agravante é beneficiário da justiça gratuita, circunstância que demonstra sua precária condição financeira para exercitar seus direitos.

A decisão cita ainda outro relevante aresto do Tribunal Gaúcho reconhecendo que uma imposição inflexível de competência pode se revelar incoerente e injusta em relação ao incapacitado economicamente[8].

É oportuno salientar também interessante ponderação de Daniel Amorim Assumpção Neves sobre o possível reconhecimento de abusivo foro de eleição em hipóteses outras. Ao examinar o art. 112, parágrafo único, do CPC, afirma o autor que a possibilidade de atuação de ofício pelo magistrado não deveria se limitar ao aderente contratual, mas sim englobar qualquer litigante hipossuficiente comprometido em seu acesso à justiça em razão da indevida eleição de foro[9].

A interpretação do juiz deve verificar-se no sentido não apenas de contemplar com a máxima efetividade as previsões já existentes (de prerrogativas de foro a idosos e mulheres vulneráveis, *v.g.*), como também, no sentido delineado pelos julgadores dos precedentes indicados, considerar que em hipóteses outras a diferenciação de competência pode se revelar imperiosa em razão da vulnerabilidade processual (por problemas de saúde, informação ou geográficos).

No modelo cooperativo de processo, essa espécie de atuação judicial revela a aplicação do dever de auxílio ao evitar que óbices na tramitação do processo em local inviável ou motivador de grande dificuldade ao litigante inviabilizem o acesso à proteção judiciária.

6.3. ANÁLISE DA PETIÇÃO INICIAL

Por razões de economia processual, a lei atribui ao órgão judicial o controle da regularidade formal do processo e da admissibilidade da de-

---

A transferência do Foro para a Comarca de Catanduvas, como é evidente, ensejar-lhe-á consideráveis danos evidentemente maiores que o agravado suportaria. Diante disso, na salvaguarda do princípio de acesso à justiça, deve a demanda permanecer na Comarca de Braço do Norte" (Resp 986.633, Rel. Min. José Delgado, j. 08/04/2008).

[8] "Quando o autor da ação é beneficiário de assistência judiciária gratuita, condição que denota o seu estado de incapacidade econômica, se afigura incoerente e injusta a imposição inflexível da competência exclusiva do Foro da Capital nas ações em que o Estado for parte ou interessado, só servindo, unicamente, para inviabilizar o acesso da parte hipossuficiente ao Judiciário, o que não consoa com o princípio do acesso à justiça inscrito no inc. XXXV do 'Rol das Garantias dos Direitos Individuais' sacramentado na Lei Maior" (AI n. 2002.014957-3, Rel. Des. Luiz Cézar Medeiros, j. 04/11/02).

[9] NEVES, Daniel Amorim Assumpção, et al. *Reforma do CPC*: leis 11.187/2005, 11.232/2005, 11.276/2006, 11.277/2006 e 11.280/2006. São Paulo: Revista dos Tribunais, 2006. p. 414.

Cap. 6 – VULNERABILIDADE COMO CRITÉRIO LEGÍTIMO DE DESEQUIPARAÇÃO NO PROCESSO CIVIL

manda desde o seu início para evitar a tramitação de feitos inviáveis[10]; ao constatar irregularidades na petição inicial, deverá o juiz, qualquer que seja a modalidade de processo, determinar que o autor providencie seu saneamento, emendando-a[11].

Scarpinella Bueno esclarece que o ditame legal se justifica em razão da "necessária e saudável incidência dos princípios da instrumentalidade das formas e da economia processual"; afinal, a vontade de acionar a jurisdição deve ser prestigiada e a manifestação volitiva, se defeituosa, deve ter suas irregularidades corrigidas[12].

Para o autor, o juiz, ao identificar vicissitudes, deve indicar o objeto da emenda e justificar sua razão, sendo errônea a corriqueira prática de simplesmente determinar a emenda da inicial sem motivar a decisão: é imperioso o estabelecimento de um verdadeiro diálogo entre os participantes do processo para que as eventuais falhas sejam sanadas o mais breve possível, "viabilizando, com isso, a determinação da citação do réu e a triangularização da relação processual"[13].

Pode ocorrer que o autor, ao promover a demanda, deixe de apresentar a documentação necessária[14]. O referido art. 284 possibilita, também nessa hipótese, que a falha seja sanada.

Sob o aspecto procedimental, pode ocorrer que o demandante, ciente da insuficiência do prazo fixado pelo magistrado, solicite lapso suplementar para a juntada do documento faltante; em precedente[15] questionável, entendeu o Superior Tribunal de Justiça que no prazo indicado pelo requerente,

---

[10] BARBOSA MOREIRA, José Carlos. *O novo processo civil brasileiro*. 25. ed. Rio de Janeiro: Forense, 2007. p. 23.

[11] CPC, art. 284. Para Cassio Scarpinella Bueno, a chance de emenda contemplada no dispositivo deve ser proporcionada nos processos de conhecimento (de procedimento comum ou especial), de execução (havendo previsão expressa nesse sentido no artigo 616 do CPC) e cautelar (BUENO, Cassio Scarpinella. Comentário ao artigo 284 do CPC. In: MARCATO, Antônio Carlos (Coord.). *CPC interpretado*. p. 915.

[12] BUENO, Cassio Scarpinella. Comentário ao artigo 284 do CPC, cit., p. 914.

[13] Prossegue o autor: "é inconcebível, sobretudo à luz do princípio do contraditório e da ampla defesa, que também se dirige ao juiz e ao autor (e os vincula, nos sucessivos ônus, deveres, direitos, faculdades e obrigações ao longo da relação processual), que a determinação da emenda a inicial seja vista como um 'jogo dos sete erros', em que o advogado do autor tem que identificar o que ao juiz parece insuficiente à luz da lei processual, mas que, para ele, é suficiente" (BUENO, Cassio Scarpinella. Comentário ao artigo 284 do CPC, cit., p. 914.

[14] Nos termos do art. 283 do CPC.

[15] REsp 1062994/MG, Rel. Ministra Nancy Andrighi, Terceira Turma, julgado em 19/08/2010, DJe 26/08/2010.

independentemente de manifestação expressa do juiz[16], deve ser trazida a documentação[17].

A decisão merece ser questionada porque se a parte aguarda definição do órgão judicial, como esperar que sem manifestação do juízo ela cumpra a decisão que ainda desconhece? A demora e a ineficiência da prestação jurisdicional não são argumentos a serem impostos em desfavor dos litigantes ou de seus advogados.

A vulnerabilidade processual será constatada se o juiz perceber, nos Juizados Especiais, que a petição inicial fora reduzida por escrito por um funcionário da serventia porque o litigante compareceu sem advogado e deduziu oralmente sua pretensão no cartório. Nesse caso, é evidente que o magistrado identificará *ictu oculi* a natural deficiência técnica na atuação, devendo estar atento a tal circunstância.

Saliente-se, ainda, que o autor poderá apontar[18], na petição inicial, o requerimento de citação do réu indicando a forma de sua integração ao processo, *v.g.*, pela via postal. Ainda que o demandante não seja tão específico, a citação poderá verificar-se por correio em razão de ser essa a regra no sistema jurídico nacional. Deverá o juiz pura e simplesmente determinar

---

[16] Consta na ementa: "3. Afigura-se desarrazoada a conduta da parte que requer a concessão de prazo de 30 dias para a juntada de documentos e, ato contínuo, se mantém inerte por quase o dobro desse tempo, sob a alegação de que estaria aguardando a manifestação do juízo, sabidamente assoberbado pela enorme quantidade de processos que assola o Poder Judiciário. Era de se esperar que a parte, dentro do prazo por ela próprio estipulado, trouxesse aos autos os documentos comprobatórios de seu crédito, os quais, aliás, já deveriam ter instruído a petição inicial, por serem indispensáveis à propositura da ação. 4. O dever das partes de conduzir seus atos no processo pelos princípios da boa-fé e da lealdade, conforme determina o art. 14, II, do CPC, induz a desnecessidade de intimação da parte para dar cumprimento a prazo dilatório por ela própria requerido".

[17] O entendimento merece questionamento por duas essenciais razões: o dever de colaboração no processo civil incumbe não só às partes, mas também aos integrantes do Poder Judiciário; ao deixar de se manifestar sobre requerimento da parte, houve omissão judicial; ademais, a demora e os problemas do Poder Judiciário não podem ser motivo para prejudicar a parte que procurou agir obedientemente. Sobre o tema, aliás, há súmula do próprio Superior Tribunal de Justiça da qual se depreende que motivos inerentes a problemas na máquina judiciária não devem prejudicar os litigantes (Súmula n. 106, DJU DE 03/06/1994 – Proposta a ação no prazo fixado para o seu exercício, a demora na citação, por motivos inerentes ao mecanismo da Justiça, não justifica o acolhimento da argüição de prescrição ou decadência).

[18] Segundo Clito Fornaciari Júnior, "a citação postal está dentro do poder dispositivo do autor que poderá preferi-la ou não. O momento normal para se requerer a citação postal é o da petição inicial (art. 282, n. VII), mas nada impede que a opção por esta modalidade seja feita em momento posterior" (Fornaciari JÚNIOR, Clito. Citação pelo correio. *Revista de Processo*, São Paulo, n. 3, p. 40).

a aludida providência ou atentar para a situação do demandado antes de determinar a expedição da carta de citação? Informações sobre seu analfabetismo ou sua doença podem impactar na providência jurisdicional?

As possíveis respostas a essas indagações serão delineadas a seguir.

6.4. DETERMINAÇÃO DA CITAÇÃO

A integração do demandado à relação processual é exigência decorrente do direito de defesa – expresso nas garantias constitucionais da ampla defesa e do contraditório – e sua escorreita realização enseja cuidados pela necessária preservação da validade da relação processual e também pela possível produção dos deletérios efeitos da revelia.

A citação é tema de suma importância no sistema processual, tendo sido objeto de atenção pelos legisladores de todos os tempos[19]; ela é vista, dentre os pressupostos processuais, como elemento fundamental ao desenvolvimento regular e válido do processo[20], havendo autores que chegam a negar a própria existência deste se ausente a integração adequada do réu ao feito.

Consoante tratado no capítulo anterior, o legislador revelou sensibilidade ao limitar a citação ao doente enquanto grave seu estado. É importante verificar também se a modalidade de citação pode prejudicar o litigante que padece de alguma sorte de vulnerabilidade.

6.4.1. Modalidade citatória

Até o advento da Lei nº 8.710/1993, citava-se, em regra, por oficial de justiça; a partir da vigência da lei a citação passou a ser realizada, preferencialmente, pela via postal. Para que esta seja reputada válida, é

---

[19] Nas palavras de Luiz Carlos de Azevedo, constata-se na história "a presença sempre constante do ato citatório como condição indispensável à legitimidade do processo (AZEVEDO, Luiz Carlos de, *O direito de ser citado*: perfil histórico. São Paulo: Resenha Universitária/Osasco: Fundação de Ensino para Osasco, 1980. p. 32).

[20] No entender de Cândido Rangel Dinamarco, a citação, enquanto ato pelo qual se transmite ao demandado a ciência da propositura da demanda – tornando-o parte do processo –, completa a estrutura tríplice da relação processual; a partir dela, estarão presentes os três sujeitos indispensáveis à preparação válida e à emissão eficaz do provimento jurisdicional (DINAMARCO, Cândido Rangel. *Instituições do Direito Processual Civil*. São Paulo: Malheiros, 2004. v. II, p. 506).

imprescindível que haja a comprovação de ciência por meio da assinatura do citando ao receber o aviso de recebimento[21].

Sensível aos casos em que essa forma de citação pode causar prejuízo ao réu, o Código de Processo Civil afastou a citação por correio em certas situações em que poderia haver o agravamento de riscos à ampla defesa do demandado ou à celeridade do processo[22].

Como destaca Pedro Dinamarco, há severas críticas doutrinárias essa preferência legal pelo fato de o Brasil ter milhões de analfabetos; apesar de sérias e consistentes as ressalvas, o autor afirma que na prática não têm sido verificados prejuízos relevantes aos réus[23].

A assertiva do autor é difícil de ser aferida concretamente porque faltam pesquisas qualitativas sobre as razões da ausência; ademais, se o réu analfabeto não acessou o teor da comunicação oficial com auxílio de alguém, certamente não participou do processo e não se sabe o grau de seu prejuízo em detalhes.

Dentre as hipóteses previstas no Código de Processo Civil, merece destaque, para os fins deste trabalho, a previsão de afastamento da citação postal quando for ré uma pessoa incapaz[24].

Para Daniel Mitidiero e Luiz Guilherme Marinoni, a previsão inclui tanto o civilmente incapaz (nos termos da lei civil) como quem "não tem condições de compreender adequadamente o conteúdo da correspondência

---

[21] Em razão das polêmicas verificadas, o STJ houve por bem emitir sobre o tema a súmula nº 429, segundo a qual "a citação postal, quando autorizada por lei, exige o aviso de recebimento".

[22] "É preciso conciliar as garantias do demandado, a exigir que ele seja efetivamente comunicado da existência do processo, propiciando-lhe a ampla defesa dos interesses contrários aos do demandante, com a racionalização do processo, que deve ser célere e eficaz. Ora prevalece o valor segurança, ora prevalece o valor celeridade [...] No caso, entendeu o legislador reformista que na grande maioria das situações a via postal é a mais ágil e suficiente para levar ao conhecimento do demandado as informações necessárias para que ele se defenda. Ao mesmo tempo, ele próprio vislumbrou situações em que a citação postal conduziria a um inadmissível agravamento do risco, tornando perigoso esse caminho, ou então que ela poderia até mesmo retardar o andamento do feito" (DINAMARCO, Pedro. Comentários ao art. 222, nota 1. In: MARCATO, Antônio Carlos (Org). *Código de Processo Civil Interpretado*, cit., p. 628).

[23] Conclui o autor: "Até porque este não é um país de ciganos, de forma que a presunção é de que as cartas chegam aos seus destinatários; e se o citando eventualmente é analfabeto, certamente irá pedir ajuda para algum conhecido letrado, como ordinariamente acontece" (DINAMARCO, Pedro. Comentários ao art. 222, nota 1, cit., p. 628).

[24] CPC, art. 222: A citação será feita pelo correio, para qualquer comarca do País, exceto: quando for ré pessoa incapaz.

escrita (pense-se, por exemplo, no analfabeto e naqueles que são portadores de necessidades especiais pela ausência de visão)"[25].

A autora entende que procede a referida observação, pois a citação é ato essencial para a observância de garantias constitucionais ao demandado e precisa ser realizada de forma apta a viabilizar o pleno conhecimento e a reação possível das pessoas que tenham debilidades na saúde ou déficit de informação.

Como bem aduz Augusto Tavares Rosa Marcacini, é preciso haver certo grau de formalidade no ato de citação buscando o sistema atuar de forma "suficiente para assegurar a real ciência do citando"; afinal, como o ato de comunicação "se dirige à parte *leiga* e, por vezes, de pouca cultura e possibilidades econômicas", esses fatores "não lhe permitem compreender plenamente a importância do ato e as consequências dele decorrentes, ou que em muito limitam sua ação. Daí ver com certo temor a citação postal, quando dirigida à camada mais pobre da população"[26].

Seguindo na hipótese formulada anteriormente, imagine-se que, ao explicitar a causa de pedir, o demandante narre ser o réu uma pessoa analfabeta que reside sozinha; deverá o juiz pura e simplesmente determinar a citação pela via postal? Evidente que não: para melhor atender à finalidade de comunicação à parte ré, deverá considerar a condição do litigante e determinar a citação por oficial de justiça.

O mesmo deverá ocorrer se o demandado for pessoa com deficiência visual sem condições de ler a carta enviada pelo juízo[27]. Em interessante precedente da Justiça do Trabalho, entendeu-se que sendo o executado um

---

[25] MARINONI, Luiz Guilherme; MITIDIERO, Daniel. *CPC comentado artigo por artigo*, cit., p. 226.

[26] Estudo sobre a efetividade do processo civil, p. 99. Anota o autor: "Minha experiência na prestação de assistência jurídica à população carente é a principal fonte desta desconfiança. Muitas vezes, tive a oportunidade de verificar que o réu só 'descobriu' a existência do serviço de assistência jurídica gratuita por meio de indicação do Oficial de Justiça, que lhe anotava no mandado o endereço de alguns órgãos prestadores, favor que dependia, por certo, da sensibilidade do meirinho. Entretanto, o mero fato de ser a citação entregue pelo Oficial, que lerá o mandado e, por certo, trocará algumas palavras com o citando, já é fator para atenuar a sua desigualdade social e cultural. A questão que me preocupa é: como uma pessoa analfabeta ou semialfabetizada compreende a citação que lhe é enviada por carta?"

[27] Sobre a deficiência visual, entendeu o STF ser inviável sustentar uma citação "viciada, máxime em se tratando de locadores idosos, sendo o cabeça do casal cego" (RE 82.389-RJ; Segunda Turma; Rel. Min. Cordeiro Guerra; j. 19.09.1975; *DJU* 07.11.1975).

idoso que reside sozinho e é deficiente visual, há que se discutir a necessidade de proteção diferenciada ante tais limitações[28].

---

[28] "Tratando-se de questão de ordem pública, a nulidade absoluta deve ser decretada de ofício pelo magistrado em qualquer grau de jurisdição, porque não se opera, em relação a ela, a preclusão... permanece a irregularidade da capacidade processual do polo passivo da demanda, tendo em vista a sua restrição física... Tratando-se de portador de deficiência visual, as limitações são elementares, as quais foram, inclusive, registradas pelo Oficial de Justiça [...] CERTIFICO que, nesta data, em cumprimento ao presente, diligenciei junto ao endereço do mandado e conversei com o Sr. Camponor Correia Obregon. Este parece ser cego ou enxergar muito mal. Procedi à leitura da notificação e da peça inicial. Aparentemente, ele compreendeu o conteúdo e ficou ciente de tudo. Em face de suas limitações como cego, o mesmo me pediu que entregasse a notificação ao [...], seu procurador". Em tais casos, há necessidade de suprir tal limitação através de curador, incidindo as disposições dos artigos 1780 e 1768, ambos do Código Civil, devendo atuar, necessariamente o Ministério Público do Trabalho, na função institucional privativa de curador, consoante dispõe os artigos 82, I, do CPC, 769 da CLT e 112 da LC 75/93. Como bem apontou o Ilustre membro do Ministério Público do Trabalho à fl. 174, a citação recebida por procurador (advogado) apenas regulariza a capacidade postulatória do reclamado e não a sua capacidade processual, que será sanada apenas através da nomeação de curador. Entretanto, não se compartilha do entendimento de nulidade desde a citação inicial, a qual alcançou a sua instrumentalidade, tampouco acarretou-lhe prejuízo de imediato. Veja-se que o reclamado compareceu na audiência inicial, acompanhado de seu procurador, legalmente constituído (v. procuração de fl. 12), suprindo eventual falta ou nulidade de intimação (v. ata de fl. 11) e apresentando defesa escrita (v. contestação de fls. 13-4). Tem-se que, desta forma, apesar da irregularidade, o ato atingiu a sua finalidade, ou seja, a sua instrumentalidade, não sendo constatado prejuízo até então, razão pela qual, reputam-se válidos aqueles praticados até a sentença. Entretanto, a partir da fase de liquidação de sentença, o prejuízo é notório. Mesmo intimado para manifestar-se no processo, conforme se verifica nas certidões de fls. 31, 35, 47, 58, 79, transcorrendo toda a fase de liquidação e iniciando-se a execução, apenas após a intimação de fl. 100, para ciência do leilão do imóvel, o reclamado apresentou manifestação, conforme fl. 101. Constata-se que o processo transcorreu sem nenhuma intervenção do reclamado, o que, no mínimo, causa estranheza, e o prejuízo é evidente, uma vez que a sua residência foi penhorada e avaliada em R$ 28.000,00, levada a hasta pública, por uma dívida de R$ 4.535,12, valor atualizado em 26/04/2005 e arrematada por R$ 14.500,00 (v. auto de arrematação de fl. 125). Tem-se que, por certo, não se chegou à instrumentalidade dos atos, estando evidenciada a necessidade de curador para assisti-lo e defender seus interesses. Registre-se, por fim, que não se trata de retirar-lhe o livre arbítrio ou imputar-lhe característica depressiva de incapacidade (tanto no caso de deficiência visual, quanto na idade avançada), mas sim, de garantir-lhes a igualdade necessária para possibilitar a participação na vida social (art. 5º, *caput* e inciso I, da Constituição Federal). Diante deste contexto, declara-se a nulidade do processo a partir do despacho de fl. 29, que determina o início da fase de liquidação de sentença, com base no artigo 77, da Lei nº 10.741/2003, Estatuto do Idoso e artigo 246, do CPC. Determina-se a intimação do Ministério Público do Trabalho para que atue como curador do reclamado (assistente litisconsorcial diferenciado), a fim de acompanhar o processo, conforme disposto nos artigos 82, I, do CPC e 112, da LC 75/93" (TRT, 4ª R.; AP 00139-2002-871-04-00-4; Segunda Turma; Rel. Juiz João Ghisleni Filho; j. 05.10.2005; DOERS 19.10.2005).

Nelson Nery Junior preconiza a nulidade da citação feita por oficial de justiça a pessoa analfabeta, surda e muda, defendendo a aplicação do art. 218 na hipótese[29].

Para Augusto Tavares Rosa Marcacini, a pobreza do demandado deveria ser reconhecida em lei como apta a fundamentar a existência de informações no mandado de citação sobre como proceder para buscar assistência jurídica gratuita[30].

Assim, havendo notícias sobre a vulnerabilidade do litigante, o juiz deve determinar a citação por oficial de justiça e recomendar a este que proceda à diligência atentando para eventuais dificuldades do jurisdicionado.

Como muitas vezes, porém, costuma não haver riqueza de detalhes sobre a parte contrária – e, caso haja, nem sempre o magistrado atenta para tal circunstância –, a cognição de ofício, apesar de possível, deverá ocorrer em menor escala; certamente a regra será a alegação de dificuldade pela parte que pretende ver reconhecida sua vulnerabilidade para a prática de um específico ato processual.

No caso mencionado, portanto, o réu receberia a citação por carta e procuraria um advogado – possivelmente não atendendo ao prazo constante do mandado que não conseguira ler –; na hipótese de intempestividade, o

---

[29] Após narrar que o art. 218 teve inspiração em previsão do CPC português – que aborda expressamente a surda-mudez, tendo esta constado no anteprojeto de CPC de Alfredo Buzaid, mas sido retirada na tramitação no Congresso Nacional –, afirma: "A surdo-mudez é moléstia permanente e, se não impossibilita, pelo menos dificulta o entendimento do que seja a citação, fazendo com que não possa o citando entender a importância de produzir a sua defesa no processo civil. No caso dos autos essa importância se notabiliza, porquanto a corré é analfabeta. Logo, não ouviu o que o meirinho lhe transmitiu quando da citação, e, o que é pior, não conseguiu ler o conteúdo da contrafé. Como, MM. Juiz, poderia Diva Lúcia dos Santos, saber que contra ela corria uma ação de busca e apreensão? O que deveria ela fazer? Será que teria entendido que a não contestação faria presumir verdadeiros os fatos articulados na exordial? Num primeiro passo, portanto, verifica-se a existência de *nulidade* no pro cesso pela invalidade da citação. Ao oficial estava *vedada* a realização da citação, porque a citanda se encontrava na circunstância estampada no art. 218 do CPC" (NERY JUNIOR, Nelson. Citação pessoal de surdo-mudo. *Revista de Processo*, São Paulo, n. 53, p. 217-221, jan.-mar. 1992, p. 219.

[30] "Em anteprojeto de lei para substituir a atual Lei de Assistência Judiciária, redigido pela 'Mesa de Debate sobre Assistência Jurídica à População Carente' coordenada pelo Prof. Walter Piva Rodrigues e ligada ao Departamento de Direito Processual da FADUSP, que tive a oportunidade de ajudar a elaborar, sugere-se a inclusão de um requisito a mais a constar no mandado de citação: 'a informação de que o réu, se for pobre, poderá ser defendido gratuitamente por órgão prestador de assistência jurídica, constando do mandado o endereço do órgão oficial, se existir no local, ou indicações de como proceder para obter a assistência na Comarca'" (MARCACINI, Augusto Tavares Rosa. Estudo sobre a efetividade do processo civil, cit., p. 100).

causídico peticionaria ao juízo afirmando o analfabetismo, a dificuldade de compreensão sobre o teor da ordem judicial e a necessidade de concessão de prazo a partir do reconhecimento, pelo juízo, de que até aquele momento ele não teve condições de praticar normalmente os atos processuais por sua vulnerável condição. O fundamento, em se tratando de processo de conhecimento, poderia ser a invalidade da citação[31].

6.4.2. Fixação do prazo de resposta pelo juiz

É pertinente atentar para situações[32] em que o juiz fixa o prazo para a resposta ao agendar a audiência em que o réu deve comparecer a fim de participar de conciliação e apresentar resposta.

Ao abordar a disposição relativa ao rito sumário, Ada Pellegrini Grinover aduz que poderia haver violação ao contraditório a ponto de inviabilizar o exercício da ampla defesa pelo demandado a depender das peculiaridades do caso "dada a exiguidade do prazo reservado pela lei, cabendo ao magistrado designar" a data da audiência "em prazo que permita ao réu desempenhar amplamente seus direitos processuais"[33].

É importante que o juiz fixe um lapso temporal consentâneo com a ampla defesa, especialmente considerando a situação de vulnerabilidade processual do litigante.

Augusto Marcacini adverte com propriedade que alguns dias a menos de prazo para resposta podem impactar negativamente perante o pobre e/ou o litigante não habitual, sendo deveras perversos os prazos curtos que começam a fluir após a citação da parte; afinal, diversamente do grande e habitual demandante, o litigante eventual não dispõe de advogado já escolhido e pronto para defendê-lo e, ainda, caso seja desprovido de recursos financeiros – tendo dificuldade de contratar um advogado –, muito provavelmente não conseguirá responder no prazo[34].

---

[31] CPC, art. 301: "Compete-lhe, porém, antes de discutir o mérito, alegar: I – inexistência ou nulidade da citação".

[32] Exemplificam a referida ocorrência a apresentação de resposta na audiência do rito sumário (art. 277 do CPC) e a audiência preliminar prevista na Lei de Alimentos (Lei nº 5.478, art. 5º, § 1º).

[33] GRINOVER, Ada Pellegrini. Os princípios constitucionais e o Código de Processo Civil, cit., p. 112.

[34] MARCACINI, Augusto Tavares Rosa. Estudo sobre a efetividade do processo civil, cit., p. 123. O autor lembra ainda "que a existência do serviço de assistência judiciária em pouco ameniza o problema destes prazos curtos. Seja em razão do desconhecimento da existência do serviço, seja pela dificuldade de ser atendido imediatamente, ou de

O autor salienta que "a fixação de prazos muito curtos para resposta do réu afronta o princípio da *utilidade* dos prazos processuais"; "prazos inferiores a dez dias, para litigantes não habituais, podem ser considerados bastante exíguos e insuficientes para o oferecimento de defesa segura"[35].

Tem plena razão o doutrinador: se o juiz percebe que determina a citação em ação de alimentos para que compareça à audiência de conciliação e apresentação de resposta um réu pobre, idoso e com dificuldades de locomoção por razões de saúde, o prazo a se fixado não deve ser exíguo, mas apropriado à situação do litigante vulnerável; embora se compreenda a urgência do alimentando autor, a situação do demandado também precisa ser vislumbrada, realizando o magistrado um juízo de ponderação à luz das circunstâncias concretas.

6.5. AUSÊNCIA E REVELIA: POSSÍVEL SUPERAÇÃO DOS EFEITOS DA INÉRCIA

A formulação das regras sobre a revelia e seus efeitos foi conduzida por certos entendimentos doutrinários, destacando-se as teorias da renúncia, da autodeterminação e da inatividade. Segundo as duas primeiras, o réu deixa de comparecer ao processo porque assim quer, por um ato volitivo negativo (prefere não comparecer) ou positivo (não comparece porque quer os efeitos do não comparecimento); caso tenha comparecido extemporaneamente, isso decorreu do fato de ter desejado não o fazer antes. Já a terceira considera simplesmente o fato objetivo do não comparecimento[36].

Há que se perquirir: é adequada a aplicação das teorias da renúncia e da inatividade ante a revelia de um litigante vulnerável que deixou de comparecer não por um ato de vontade, mas pela inviabilidade ensejada por um dos critérios de aferição da vulnerabilidade?

A ausência do réu no processo é vista como fato objetivo, de sorte que, como assevera Calmon de Passos, quando a parte não comparece ou

---

se dirigir ao órgão prestador de assistência judiciária, esta categoria de litigantes terá sempre prejudicada parte considerável de seu prazo para resposta".

[35] "Veja-se, por exemplo, o prazo de cinco dias para resposta na ação de depósito, velho instituto que, nos dias de hoje, praticamente se tornou uma ação cujos polos ativo e passivo irão ser ocupados por 'tipos sociais' claramente reconhecíveis: agentes fiduciários, de um lado, consumidores, de outro. Cite-se, ainda, o prazo de cinco dias para a prestação de contas, para a ação de nunciação de obra nova" (MARCACINI, Augusto Tavares Rosa. Estudo sobre a efetividade do processo civil, cit., p. 123-124).

[36] A sistematização sobre as três teorias é bem identificada na obra de Humberto Bara Bresolin, *Revelia e seus efeitos*. São Paulo: Atlas, 2006.

atua a lei não determina a indagação dos motivos da ausência ou da inatividade, atribuindo, desde logo, a ambas certas consequências processuais[37]. O autor reage de forma pungente contra tal fato: o Brasil tem dimensões continentais e há localidades marcadas pelo atraso e pela pobreza em que analfabetos e marginalizados têm precário acesso aos meios de comunicação e a operadores do direito[38].

Tem razão o jurista baiano porque tratar um litigante vulnerável como um requerido que ignora porque quer a ordem judicial é ignorar as dificuldades que marcam a situação de pobres e doentes no País.

Nos dias atuais, o tema da contumácia gera muitos debates ao se discutir seus efeitos. Rui Portanova alerta que "a forma como se encara a revelia tem indisfarçáveis efeitos do princípio do contraditório. Não se tem mais a ideia de *rebeldia* que empresta o nome ao instituto. Pelo contrário, leva-se em consideração o caso concreto"[39].

Deve-se esclarecer que a maior parte da doutrina abranda o texto frio da lei mitigando o rigor dos efeitos da revelia em nome da instrumentalidade das formas e do escopo social e público do processo, pautado pela busca da verdade real.

A despeito de pronunciamentos afirmando que a presunção de veracidade dos fatos prevista no art. 319 é absoluta[40], a maior parte dos pensadores afirma ser ela relativa, atribuindo relevância às provas dos autos contrárias às alegações do autor derivadas dos poderes instrutórios do juiz ou trazidas pelo próprio réu revel.

---

[37] CALMON DE PASSOS, J. J. *Comentários ao Código de Processo Civil*: (arts. 270 a 331). 8. ed. Rio de Janeiro: Forense, 1998. v. 3, p. 463..

[38] Merecem transcrição suas incisivas palavras: "lugares onde as partes, sem que isso constitua raridade, nem mesmo sabem o real significado de uma citação e, recebendo-a das mãos do oficial (quando as recebem), procuram na cidade o coronel ou o compadre letrado, para que as oriente a respeito. E tanto o oficial quanto o citado viajam léguas 'na alpercata', que ainda é meio de comunicação do mundo esquecido deste Brasil que não 'cheira' a mar, nem a café, nem a petróleo. E todos são brasileiros, apesar de tudo. E porque o são, aliando a essa qualificação cívica a qualificação de seres humanos, esses Josés de Coisa Nenhuma deveriam ser considerados como um dado relevante na solução de problemas dessa ordem. Os cultos, os bem-providos, ou bem-nascidos e os bem-situados financeira e geograficamente, esses dificilmente são revéis. Mas os outros, os que se situam fora da cerca, ou dentro do cercado, esses dificilmente não são revéis de fato ou de direito. E eles foram esquecidos" (CALMON DE PASSOS, J. J. *Comentários ao Código de Processo Civil*: (arts. 270 a 331), cit., p. 341).

[39] PORTANOVA, Rui. *Princípios do processo civil*, cit., p. 162.

[40] GIANESINI, Rita. *Da Revelia no processo civil brasileiro*. São Paulo: Revista dos Tribunais, 1977. p. 74-75.

Umberto Bresolin identifica que a presunção de veracidade, na verdade, opera como uma inversão do ônus da prova em desfavor do réu, pois caberá a ele a produção da prova contrária, transportando o "benefício da dúvida" do réu para o autor[41]. Referida inversão, em seu entendimento, não decorre de uma presunção relativa, mas sim da "intenção do legislador de 1973 de motivar o réu a participar do processo e se manifestar sobre os fatos alegados pelo autor, o que certamente contribui para a descoberta da verdade"[42].

A sistemática do Código trabalhada pela doutrina ainda possibilita que, mesmo sem nenhuma manifestação do réu, o juiz se valha de seus poderes instrutórios sempre que tiver dúvida sobre a veracidade dos fatos apresentados pelo autor.

Serão analisadas em apartado duas hipóteses que poderão se configurar em relação ao réu vulnerável: a manifestação fora do prazo e a apresentação de defesa no prazo, mas de forma incompleta.

6.5.1. Apresentação extemporânea de contestação

Configurada a revelia pela ausência de contestação, o Código de Processo Civil impõe algumas consequências ao demandado[43], tendo a doutrina afirmado que os mesmos efeitos incidem no caso de contestação intempestiva[44].

Em realidade, a partir do próprio sistema normativo do CPC[45], a perda do prazo poderá ser afastada se provada justa causa pela parte. Sob o prisma da vulnerabilidade, portanto, é relevante a indagação sobre o motivo da revelia: o demandado deixou de comparecer efetivamente porque não quis ou porque não teve condições para tanto por problemas de saúde, de informações ou, ainda, de ordem geográfica?

---

[41] BRESOLIN, Umberto Bara. *Revelia e seus efeitos*. São Paulo: Atlas, 2006. p. 134-136.

[42] BRESOLIN, Umberto Bara. *Revelia e seus efeitos*, cit., p. 139.

[43] Podem-se verificar os efeitos processuais do julgamento antecipado da lide (art. 330, II) e do curso dos prazos independentemente de intimação se não houver advogado constituído (art. 322) e o efeito material de presunção de veracidade dos fatos alegados pelo autor (art. 319).

[44] GIANESINI, Rita. *Da Revelia no processo civil brasileiro*, cit., p. 79.

[45] Art. 183. "Decorrido o prazo, extingue-se, independentemente de declaração judicial, o direito de praticar o ato, ficando salvo, porém, à parte provar que o não realizou por justa causa".

Como adverte Leonardo Greco, enquanto muitos se posicionam contra os prazos dilatados reconhecidos em prol da Fazenda Pública, há que se questionar "se ao particular, a quem o juiz reconhecesse estar em dificuldade análoga para o exercício de sua defesa, não deveria o juiz conceder também a dilação do prazo de resposta"[46].

Caso o réu compareça, ainda que em momento posterior, será essencial que o julgador, considerando a diretriz isonômica constitucional e o sistema legal, abra-se à possibilidade de reconhecer como justa causa a impedir a prática do ato a vulnerabilidade do litigante que comprometeu sua atuação em juízo.

Isso se justifica porque, afinal, apesar da previsão legal sobre a revelia, considerá-la critério único e soberano para o julgamento antecipado da lide pode acabar complicando a situação do próprio juiz, impondo-lhe possíveis dificuldades para decidir[47].

Assim, de forma coerente com o livre convencimento motivado, há precedentes[48] reconhecendo ser possível ao juiz não considerar pura e simplesmente a inércia do litigante como elemento suficiente para julgar, determinando a produção de provas a despeito da revelia. Além do sistema de

---

[46] "Aqui o autoritarismo não é do juiz, mas da própria lei, que esquece que as partes são seres humanos com todos os condicionamentos que lhes impõe a vida real numa sociedade massificada" (GRECO, Leonardo. Publicismo e privatismo no processo civil, cit., p. 49).

[47] Já percebera a situação apontada Edson Prata, segundo o qual "A revelia, queiramos ou não aceitar esta verdade, traz, no recôndito do ato, algo antigamente dito injurioso à justiça, ou desprezando-a, ou sonegando-lhe esclarecimentos quanto aos fatos narrados: são mesmos verdadeiros? São inverídicos? Sempre dificulta a tarefa do julgador, não retirando a possibilidade de julgamento injusto" (PRATA, Edson. *A revelia no direito brasileiro*. São Paulo: LEUD, 1981. p. 23).

[48] Seguem alguns excertos decisórios nesse sentido: "É firme a jurisprudência do Superior Tribunal de Justiça no sentido de que a revelia não induz, necessariamente, à procedência do pedido, pois a presunção de veracidade dos fatos alegados pelo autor pode ceder a outras circunstâncias constantes dos autos, em observância ao princípio do livre convencimento do juiz. [...] (REsp 792.435/RJ – Rel. Min. Arnaldo Esteves Lima – 5ª Turma – j. em 06.09.07 – DJ de 22.10.07, p. 354); A presunção da veracidade dos fatos alegados pelo autor é relativa. O alcance do art. 319 do Código de Processo Civil deve ser mitigado, porquanto a revelia não induz obrigatoriamente à procedência do pedido inicial, que dependerá do exame pelo magistrado de todas as evidências e provas dos autos. Precedentes. 2. Recurso especial improvido (REsp 689331/AL – Rel. Min. Castro Meira – 2ª Turma – j. em 21.02.06 – DJ de 13.03.06, p. 266); Na ação de consignação em pagamento, quando decretada a revelia, não será compulsória a procedência do pedido, se os elementos probatórios constantes nos autos conduzirem à conclusão diversa ou não forem suficientes para formar o convencimento do juiz. Recurso especial não conhecido (REsp 769468/RJ – Rel.ª Min.ª Nancy Andrighi – 3ª Turma – j. em 29.11.05 – DJ de 06.03.06, p. 386).

Cap. 6 – VULNERABILIDADE COMO CRITÉRIO LEGÍTIMO DE DESEQUIPARAÇÃO NO PROCESSO CIVIL

valoração da prova brasileiro, a busca pela verdade real também é invocada em algumas decisões para incentivar o aprofundamento da instrução[49].

Não se justifica a ordem judicial de desentranhamento de contestação intempestiva.

O efeito de presunção de veracidade pela revelia não se opera no tocante a questões de direito, mas apenas à matéria fática; assim o réu revel pode, a qualquer momento, questionar a roupagem jurídica dada aos fatos por simples petição de cunho argumentativo a fim de, exercendo o contraditório, tentar influenciar o convencimento do juiz[50].

Como segundo argumento, tem-se a falta de fundamento legal para o desentranhamento, o que enseja a conclusão de que é importante considerar que para o convencimento do juiz as alegações sobre os fundamentos de direito poderão ser cotejadas em seu livre convencimento[51].

Na visão da autora, somando-se às mitigações que a doutrina já desenvolveu em relação aos efeitos da revelia, mais uma análise precisa ser realizada pelo juiz para cumprir seu dever de assegurar a igualdade no processo: em caso de ausência ou comparecimento extemporâneo do réu, deve-se atentar para a razão de tal ocorrência a fim de aferir se há uma

---

[49] "Inicialmente, não se pode deixar de observar que a presunção de veracidade decorrente da revelia, da qual trata o art. 319 do CPC, é apenas relativa, devendo o juiz atentar para os elementos probatórios presentes nos autos, formando livremente sua convicção, para, só então, decidir pela procedência ou improcedência do pedido. Tal posicionamento é unânime na doutrina e na jurisprudência e se coaduna perfeitamente com o a busca da verdade real, a qual vem se impondo com força cada vez maior, na seara do processo civil" (TJMG, AC 499.217-6 – 17ª Câmara Cível – Rel. Des. Eduardo Mariné da Cunha – pub. em 18.08.05).

[50] Consoante relata Carlos Alberto Álvaro de Oliveira, malgrado a "liberdade desfrutada pelo órgão judicial na valorização jurídica da realidade externa ao processo, podem e devem as partes aportar a sua cooperação a respeito", não sendo a labuta atualmente uma atribuição exclusiva do juiz; situação essa que explica a "intervenção do revel no processo, apesar do reconhecimento aí implicado da verdade dos fatos alegados pelo autor (CPC, art. 322, 2ª parte). E isso porque a revelia restringe-se à matéria de fato, com abstração das questões de direito, em relação às quais permite-se à parte procurar persuadir o órgão julgador (OLIVEIRA, Carlos Alberto Álvaro de. Poderes do Juiz e visão cooperativa do processo, cit.).

[51] Há precedentes judiciais neste sentido, merecendo destaque o que segue: AÇÃO CAUTELAR INOMINADA. CONTESTAÇÃO INTEMPESTIVA. DESENTRANHAMENTO DA PEÇA. DESNECESSIDADE. DEVER DE INFORMAÇÃO. EXEGESE DO ART. 322, PARÁGRAFO ÚNICO, DO CPC. Considerando a regra processual do art. 322, parágrafo único, do CPC, deve ser mantida a peça de defesa anexada aos autos, sendo válidas, para formação do juízo de livre convencimento do magistrado, nos termos dos arts. 130 e 131 do CPC, os argumentos exclusivamente de direito nela contidos; incidindo os efeitos da revelia acerca de questões fáticas. (TJPR; AgInstr 0572159-7; 15ª C. Cív.; Rel. Des. Jurandyr Souza Junior; DJPR 01/04/2009; p. 188).

justa causa para a demora ou atuação incompleta do réu ou seu procurador à luz da vulnerabilidade do litigante.

Nesse sentido já decidiu Juizado Especial do Rio Grande do Sul que tendo o réu deixado de comparecer à audiência de instrução por motivo tratamento de saúde – avisado por fax não juntado aos autos –, errou o juiz ao decretar a revelia: seu decreto foi revogado e os atos processuais subsequentes praticados em atenção à ampla defesa e ao devido processo legal[52].

Em abandono à noção de não comparecimento voluntário ou de simples constatação do não comparecimento em bases objetivas, o juiz deve atentar às dificuldades que o réu e os seus procuradores tiveram para apresentar a resposta.

Para ilustrar esse entendimento, basta considerar que muitas vezes o litigante pobre e desinformado percorre um árduo caminho até conseguir ter acesso ao órgão de assistência jurídica que o orientará e elaborará sua defesa. Ainda assim, muitas vezes, por falta de informações, não trará todos os elementos de fato e documentos hábeis para a redação e apresentação da contestação.

Identificado, portanto, um dos critérios de vulnerabilidade em relação à apresentação de defesa, deve o juiz, diante de uma resposta extemporânea, viabilizar o contraditório pleno do réu deixando de pura e simplesmente aplicar os efeitos da revelia sem considerar a razão pela qual o demandado deixou de comparecer ou trazer todos os elementos possíveis.

Vale dizer que em sede de execução não há que se falar em revelia, o que em muito contribui para evitar perversidades de tal índole[53]. Augusto

---

[52] Consta na ementa: "A juntada de atestado médico em que conste a notícia de que, à data e hora da audiência, o autor estaria com crise de hipertensão é suficiente para justificar a ausência. Justificativa que, embora tempestivamente apresentada, somente chegou ao conhecimento do juiz depois de prolatada a sentença *a quo*, inviabilizando a apreciação. Violação do devido processo legal. Necessidade de levantamento do decreto da revelia e renovação de todos os atos processuais subsequentes" (RS; Recurso Cível 71001595339; 3ª Turma Recursal Cível; Rel. Juiz Afif Jorge Simões Neto; DOERS 30/09/2008; p. 65). Eis razões constantes no voto: "Não restam dúvidas de que a necessidade de atendimento médico do réu, que havia sido noticiada tempestivamente, posteriormente comprovada por atestado médico, tem o condão de justificar o não comparecimento da parte. Do vício verificado, resultou prejuízo ao recorrente, que se viu impossibilitado de apresentar sua defesa e de produzir as provas que entendesse convenientes, denotando-se, daí, clara violação aos princípios do contraditório e da ampla defesa".

[53] Como bem aduz Augusto Tavares Rosa Marcacini, "o prazo de três dias para justificação, em execução especial de alimentos, é praticamente impossível de ser cumprido pelo carente; aqui, não fosse a inexistência, na lei, de previsão de efeito semelhante ao da

Marcacini conclui que o sistema processual brasileiro impõe ao contumaz gravames "em proporção inversa ao grau de probabilidade que cerca o direito levado a juízo pela outra parte"[54].

6.5.2. Apresentação incompleta de resposta e complementação

Deve-se enfrentar também a possível ocorrência de revelia parcial quando o réu, em resposta tempestiva, mas incompleta, não se desincumbe de impugnar especificamente cada um dos fatos alegados pelo autor. Nesse caso, a solução ordinária é reputar os fatos não impugnados como verdadeiros.

E se, como destaca Umberto Bresolin, houver situações "em que, por descuido, por falta de técnica do advogado ou por qualquer outra razão que seja, os fatos alegados pelo autor vêm impugnados no bojo de outra peça de resposta, sem que seja apresentada a contestação ou sem que esta traga o conteúdo que lhe é próprio"[55]?

Os vulneráveis (especialmente aqueles identificados pelos critérios técnico e/ou organizacional) são os mais suscetíveis de incorrer nas aludidas irregularidades pelas dificuldades de conhecer os fatos pertinentes à defesa e arregimentá-los (municiando seu advogado – se tiver um – com as informações relevantes).

---

revelia, e o bom-senso dos magistrados em admitir apreciar justificações intempestivas, os litigantes pobres executados por alimentos estariam todos presos. Nem a necessidade do alimentando justifica prazo tão fugaz: se o Judiciário não tem condições de expedir imediatamente o mandado, e cumpri-lo, ato que na prática irá demandar muito mais do que os três dias, não nos parece razoável que o processo venha a ser acelerado apenas no momento que tem o executado para oferecer sua justificativa. E, no dia em que tivermos um aparato judiciário assim tão eficiente, mais ainda poderemos nos assossegar, certos de que a atribuição de prazo razoável ao executado não se tornará espera insuportável para o alimentando" (MARCACINI, Augusto Tavares Rosa. Estudo sobre a efetividade do processo civil, cit., p. 124).

[54] "Ora, no processo de conhecimento, basta o decurso de meros quinze dias, para que, salvo as exceções legais, os fatos sejam havidos por incontroversos. E se, no caso, o cerne da controvérsia residir na matéria de fato, a impossibilidade de opor defesas desta ordem conduzirá inevitavelmente a um julgamento desfavorável ao réu. Noutras palavras, uma situação nem minimamente demonstrada, mas apenas narrada na petição inicial, poderá ser havida como verdadeira e serão produzidas as consequências jurídicas dela decorrentes, diante do silêncio do réu, findo o lapso de quinze dias. De outro lado, a relação fundada num título executivo, que por lei confere uma presunção de existência do direito nele representado, jamais será havida como verdadeira, conquanto o réu da execução tenha sido igualmente inerte" (MARCACINI, Augusto Tavares Rosa. Estudo sobre a efetividade do processo civil, cit., p. 193).

[55] BRESOLIN, Umberto Bara, *Revelia e seus efeitos*, cit., p. 77.

Deve o juiz, diante desse quadro, simplesmente ignorar suas manifestações? Atende o mandamento isonômico considerar que o réu que não conseguiu desincumbir-se do ônus por dificuldades decorrentes de sua vulnerabilidade deve ser tratado da mesma forma que um litigante que teria plenas condições de trazer elementos de convicção a juízo, mas não o fez por simplesmente não querer e/ou desrespeitar a Corte?

A resposta a essa indagação é negativa. Consoante alerta Umberto Bresolin, "seria exagerado apego à letra da lei, em prejuízo do escopo maior do processo, de pacificação com justiça, desconsiderar a eficácia da impugnação do réu aos fatos alegados pelo autor, só porque não deduzida na peça mais adequada, com a consequente sanção de reputá-los verdadeiros"[56].

O réu revel, ademais, ao ingressar nos autos do processo e recebê-lo no estado em que este se encontra, poderá intervir nas fases subsequentes do feito[57], jamais podendo ser excluído do contraditório que eventualmente se opere quanto a questões de fato e produção de provas.

Um questionamento interessante ainda a ser enfrentado, à luz da isonomia, é: por que o autor (que teve tempo para reunir-se com o advogado e escolheu o momento da propositura da demanda) tem a chance de emendar a petição inicial e o réu (que foi surpreendido e tem prazo limitado para se manifestar) não pode completar os termos de sua defesa?

A resposta, a partir do sistema legal, centra-se na falta de previsão legal por não haver um dispositivo similar ao da emenda da inicial para que o réu possa completar a contestação, sendo a referida ausência justificada pelo princípio da eventualidade[58]. Após, portanto, a apresentação da defesa, a possibilidade de atuação complementar do réu é limitada às hipóteses previstas no CPC[59]; quanto ao mais, haveria preclusão consumativa para o réu[60].

---

[56] BRESOLIN, Umberto Bara. *Revelia e seus efeitos*, cit., p. 77.

[57] CPC, art. 322, parágrafo único. "O revel poderá intervir no processo em qualquer fase, recebendo-o no estado em que se encontrar".

[58] Aliado ao princípio da concentração da defesa na contestação, proclamado no art. 300 do CPC, o regramento em comento exige que o demandado deduza todos os argumentos possíveis na contestação sob pena de preclusão consumativa. A afirmação é repetida em doutrina e julgados; como exemplo de um e outro, indicam-se o escólio de Liebman e precedente do STJ (AGResp 297538/MG, 3ª Turma. Rel. Min. Nancy Andrighi, j. 22.05.2001, DJ 25.6.2001, p. 173).

[59] CPC, art. 303. "Depois da contestação, só é lícito deduzir novas alegações quando: I – relativas a direito superveniente; II – competir ao juiz conhecer delas de ofício; III – por expressa autorização legal, puderem ser formuladas em qualquer tempo e juízo".

[60] Segue excerto de julgado representativo da posição dominante: em hipótese em que a ré apresentou contestação incompleta, reputou-se "imprestável a peça que não traz

Há, contudo, que se aprofundar a análise: contempla a isonomia tal tratamento diferenciado entre autor e réu? Se o demandante escolhe o momento da propositura e ainda pode complementar os termos de sua petição inicial, por que o demandado, que não pode optar pelo momento de responder sem sofrer consequências deletérias, não tem oportunidade de completar sua defesa?

Como bem aduz Eduardo Couture, a ideia de bilateralidade do processo faz concluir que as duas partes em litígio se encontram em pé de igualdade no feito[61].

Pode-se inferir que o tratamento diferenciado de possibilitar complementação apenas ao autor excluindo o réu não se justifica: a resposta revela-se positiva em relação a qualquer demandado segundo o princípio da isonomia. As regras técnicas para o avanço do processo consubstanciadas na eventualidade e no ônus da impugnação específica não podem prevalecer sobre a garantia constitucional da igualdade.

Se a essa conclusão se pode chegar em qualquer feito, independentemente da situação do litigante, estando este em uma condição vulnerável ainda mais sensível deve se mostrar o juiz.

Ao apreciar o tema, Eduardo Cambi concluiu que, ante o sistema protetor existente nas demandas sobre relações de consumo, não se sujeita o consumidor demandado ao ônus da impugnação específica e não se verifica a presunção de veracidade decorrente da revelia porque a autonomia privada – grande razão da regra do art. 302 do CPC – é vista de forma

---

conclusão e vem desacompanhada de assinatura e procuração do advogado. Em que pese a argumentação desenvolvida pela agravada em contraminuta, no sentido de que protocolizou a contestação completa e tempestivamente e que a falha teria ocorrido nas dependências do Tribunal de Justiça, entendemos não ser possível a reabertura de prazo para apresentação da peça completa. Não há previsão legal para que se conceda à parte agravada oportunidade para 'emendar' sua contestação, mormente se a responsabilidade pela falha técnica da peça é a ela exclusivamente atribuível. O protocolo comprova apenas que foi dada entrada da petição no Tribunal de Justiça, bem como a respectiva data e horário. A conferência do original e da cópia realizada no momento do protocolo é superficial e, no caso dos autos, é possível que a cópia também estivesse incompleta, de forma que o original a ela correspondia. O ônus de provar a apresentação da contestação a tempo e modo era da agravada, e dele não se desincumbiu. O art. 300 do CPC contém a regra da eventualidade [...]. No caso em tela, à míngua de provas em contrário, a ré deixou de apresentar sua contestação na forma da lei, não sendo possível a sua complementação, modificação ou inovação, operando-se a preclusão consumativa" (TJMG; AGIN 6344437-27.2009.8.13.0024; Belo Horizonte; Décima Segunda Câmara Cível; Rel. Des. Alvimar de Ávila; Julg. 04/08/2010; DJEMG 23/08/2010).

[61] COUTURE, Eduardo Juan. *Introdução ao estudo do processo civil*: discursos, ensaios e conferências. Tradução de Hilomar Martins de Oliveira. 2. ed. Belo Horizonte: Líder, 2009. p. 29.

realista[62]. Sendo o consumidor um mero aderente contratual, é imperativa a intervenção estatal para assegurar a igualdade, sob pena de a relação e sua discussão em juízo darem "ampla margem a abusos de direitos, obrigações iníquas, vantagens exageradas, enriquecimentos sem causa e, sobretudo, tutelas jurisdicionais injustas"[63].

O autor afirma que, como as disposições do Código de Defesa do Consumidor são de ordem pública e interesse social, é natural a conclusão sobre a possível atuação de ofício do magistrado para emprego das normas protetoras, aplicando-as "em detrimento do fornecedor que pretende, em face da ausência ou da imperfeição da defesa processual, fazer valer as cláusulas abusivas, por ele redigidas no contrato, além das obrigações iníquas e as vantagens exageradas"[64].

Há que se destacar, contudo, que súmula do Superior Tribunal de Justiça[65] mitigou a possibilidade de atuação de ofício do juiz na apreciação de cláusulas abusivas em contratos bancários; a publicação do enunciado obviamente ensejou reações contrárias[66] ao seu teor.

---

[62] "A proposta da Lei 8.078/90 é regular o fenômeno contemporâneo da relação de consumo, produto de uma sociedade de massas, onde o contrato, enquanto livre acordo de vontades, deixou de existir, para dar lugar a negócios jurídicos mais céleres, marcados pela padronização das cláusulas, redigidas unilateralmente pelo fornecedor" (CAMBI, Eduardo. A inexistência do ônus da impugnação específica para o consumidor. *Revista de Processo*, São Paulo, v. 30, n. 129, p. 66-74, nov. 2005. p. 69).

[63] CAMBI, Eduardo. A inexistência do ônus da impugnação específica para o consumidor, cit., p. 69.

[64] "Logo, o CDC se aplica mesmo contra a vontade do fornecedor-demandante, ainda que o consumidor-demandado não tenha contestado a ação. Por isto, no exemplo formulado acima, pode o órgão julgador, em qualquer tempo ou grau de jurisdição, reduzir a multa de mora, constante de cláusula contratual, decorrente do inadimplemento da obrigação no seu termo, de 10% (dez por cento) do valor da prestação, para apenas 2% (dois por cento), com fundamento no art. 52, § 1º, do CDC. Aliás, o mesmo poderia ser dito em relação a qualquer cláusula contratual considerada abusiva, evitando, sobretudo, que, em razão de obrigações consideradas iníquas, abusivas, exageradas ou incompatíveis com a boa-fé e a equidade, o fornecedor enriqueça indevidamente" (CAMBI, Eduardo. A inexistência do ônus da impugnação específica para o consumidor, cit., p. 70).

[65] Súmula nº 381: "Nos contratos bancários, é vedado ao julgador conhecer, de ofício, da abusividade das cláusulas".

[66] "[...] desde que sejam respeitados os limites estabelecidos pelo sistema jurídico, em especial os previstos no núcleo principiológico da congruência, não pode ser vedado ao julgador conhecer, de ofício, da abusividade de uma cláusula, em um contrato bancário. Esta é a vontade do sistema jurídico. E não há súmula que tenha o poder de contrariá-la. Assim, a proibição contida no enunciado somente pode se dirigir a hipóteses em que o reconhecimento *ex officio* afronte o princípio da congruência [...]. Por tudo isto, o que se conclui é que, em nosso sentir, o STJ não pretendeu, com a súmula n. 381, impedir, em termos absolutos, a atuação judicial espontânea diante de cláusulas consideradas abusivas, pois, se assim fosse, estaria aquele tribunal mandando às favas, não

Merecem prevalecer as críticas, porque o entendimento sumulado não se justifica: o ordenamento infraconstitucional precisa ser coerente com a proteção preconizada em nível constitucional e os contratos bancários não guardam qualquer diferença em relação a outros pactos de consumo que os libere da apreciação de questões de ordem pública e de interesse social; ao contrário, na sociedade atual a necessidade dos serviços bancários no contexto da sociedade de consumo é de grande relevância e deve ser tratada com cautela.

Se tal se verifica em relação ao consumidor, é importante estender a compreensão sobre a possibilidade de consideração diferenciada pelo magistrado em relação a vulneráveis processuais; assim, ao constatar que o réu é, *v.g.*, um morador de rua e/ou uma pessoa analfabeta que litiga sem advogado por permissão legal – ou tem patrono, mas este não recebeu em tempo, por uma inviabilidade insuperável, dados e documentos necessários –, revela-se apropriada a permissão para que complemente a contestação trazendo argumentos e documentos posteriormente arregimentados pela configuração de uma justa causa para sua omissão anterior.

6.6. JULGAMENTO CONFORME O ESTADO DO PROCESSO

Encerrada a fase postulatória, se o juiz entender que há elementos suficientes, poderá proferir sentença extinguindo o processo com ou sem julgamento do mérito[67].

Em termos de julgamento antecipado da lide, merece destaque, para a consideração da vulnerabilidade, a previsão sobre sua verificação ante a revelia; a partir do efeito de presunção de veracidade dos fatos alegados[68], não há controvérsia sobre sua ocorrência e o autor nada precisa provar, sendo desnecessária a fase probatória.

---

apenas a própria principiologia constitucional, mas também o Código Civil (arts. 421 e 422) e o Código de Defesa do Consumidor (art. 51). Não é isso. A pretensão, com toda a certeza, é a de ajustar a atuação jurisdicional aos limites processuais do *thema decidendum*, para evitar aquele "ativismo judicial" indesejável a que nos referimos" (GAGLIANO, Pablo Stolze; VIANA, Salomão. *É sempre vedado ao julgador conhecer, de ofício, da abusividade de cláusulas em contrato bancário?* Reflexões sobre a Súmula 381 do STJ. Disponível em: <www.flaviotartuce.adv.br>. Acesso em: 11 out. 2010).

[67] CPC, art. 330: "O juiz conhecerá diretamente do pedido, proferindo sentença: I – quando a questão de mérito for unicamente de direito, ou, sendo de direito e de fato, não houver necessidade de produzir prova em audiência; II – quando ocorrer a revelia (art. 319)".

[68] CPC, art. 319: "Se o réu não contestar a ação, reputar-se-ão verdadeiros os fatos afirmados pelo autor".

No que tange à ausência do réu citado fictamente, como bem enfatiza Clito Fornaciari Junior, "a presença do curador especial elide a revelia, não se devendo pois considerar verdadeiros os fatos alegados pelo autor, nem, por outro lado, enseja-se oportunidade do julgamento antecipado da lide"[69].

Caso não entenda estar a causa pronta para ser resolvida, poderá, em decisão interlocutória, designar audiência de conciliação (art. 331, *caput*), ou, se esta for desnecessária, sanear o processo determinando as providências cabíveis para o seu regular prosseguimento (art. 331, § 3º) rumo à fase probatória. A vulnerabilidade do litigante poderá se verificar em tais oportunidades, como será demonstrado.

6.6.1. Tentativa de autocomposição

Embora o alcance do consenso seja depositário de grande expectativa do juiz para que finalize o processo antecipadamente[70] e a disponibilidade[71] do direito seja a tônica em grande parte das negociações, também nesse momento processual o terceiro imparcial – juiz, conciliador ou mediador – deve atentar às circunstâncias das partes. Afinal, a vulnerabilidade do litigante pode ser aferida no momento da promoção da autocomposição

---

[69] "Esse nos parece o entendimento correto, sufragado pelo acórdão examinado e que vai tomando-se pacífico entre os doutrinadores" (FORNACIARI JÚNIOR, Clito. Curador especial – revelia e julgamento antecipado da lide, cit., p. 185).

[70] Como enfatizam Cappelletti e Garth, "existem vantagens óbvias tanto para as partes quanto para o sistema jurídico, se o litígio é resolvido sem necessidade de julgamento. A sobrecarga dos tribunais e as despesas excessivamente altas com os litígios podem tornar particularmente benéficas para as partes as soluções rápidas e mediadas, tais como o juízo arbitral. Ademais, parece que tais decisões são mais facilmente aceitas do que decretos judiciais unilaterais, uma vez que eles se fundam em acordo já estabelecido entre as partes. É significativo que um processo dirigido para a conciliação – ao contrário do processo judicial, que geralmente declara uma parte 'vencedora" e a outra 'vencida' – ofereça a possibilidade de que as causas mais profundas de um litígio sejam examinadas e restaurado um relacionamento complexo e prolongado" (CAPPELLETTI, Mauro; GARTH, Bryant. *Acesso à justiça*, cit., p. 83-84). Fátima Nancy Andrighi, por sua vez, assinala que "a experiência conciliatória, como meio de evitar o processo e de solucionar os já em andamento, cada dia mais tem encontrado espaço nos ordenamentos jurídicos de todos os países em face à sua comprovada eficiência" (ANDRIGHI, Fátima Nancy. Participação no Painel com Prof. Kazuo Watanabe. *Processo de Conhecimento*: inovações. Palestra proferida no Congresso Brasileiro de Processo Civil realizado no Centro de Convenções em Brasília em 21 de junho de 1995).

[71] Destaca Andrea Proto Pisani que a disponibilidade do direito inerente ao objeto do processo serve de fundamento para a conciliação judicial (dentre outros institutos) (*Público e privado no processo civil na Itália*, cit., p. 24).

e, caso não seja devidamente enfrentada, pode ensejar efeitos nocivos na transação porventura entabulada.

Como o jurisdicionado mais fraco suporta o tempo do processo com grandes prejuízos[72], sua precária situação pode acabar induzindo-o a transacionar para receber qualquer valor (ainda que ínfimo), o que estimula o uso da autocomposição de má-fé pelo devedor que pretende continuar violando obrigações, pagar menos do que o devido ou simplesmente ganhar tempo[73].

A esse propósito, Augusto Marcacini alerta que a ineficiência do processo enseja estímulos à conciliação com efeitos perversos porque a morosidade e a incerteza incentivam quem, mesmo tendo razão ou crendo nela, prefira abrir mão de parcela significativa de direito: como o processo necessariamente demanda certo tempo de tramitação, "este prazo de duração já pode significar, para o litigante que tem razão, prejuízo significativo; e, para o outro litigante, um estímulo a se valer de todos os meios processuais e o desestímulo pela solução consensual"[74].

Também Rodolfo de Camargo Mancuso refere que a péssima atuação do Poder Judiciário acaba projetando externalidade negativa que distribui de forma desigual

> "[...] os ônus e encargos entre as classes de litigantes: os abonados, que podem sustentar financeiramente a lide, não têm dificuldade para aguardar o seu desfecho, ao contrário dos hipossuficientes (inclusive os organizacionais), que, mesmo quando assistidos pelo bom direito, não raro *aceitam* o encerramento prematuro do processo, recebendo menos do que fariam jus"[75].

---

[72] Barbosa Moreira ressaltou, já nos idos de 1983, que "de ordinário, para o litigante menos provido de meios fazem sentir-se mais duramente as consequências da demora dos pleitos" (BARBOSA MOREIRA, José Carlos. Tendências contemporâneas do direito processual civil. *Revista de Processo*, São Paulo, n. 31, 1983, p. 203)

[73] Como abordado pela autora desta tese em obra publicada (TARTUCE, Fernanda. *Mediação nos conflitos civis*. São Paulo: Método, 2008), procede a aguda observação de José Ignácio Botelho de Mesquita, para quem a certeza da demora dos processos, aliada à forte insistência para a celebração de acordos e conjugada com a dúvida sobre como o juiz decidirá – se conforme a lei ou a ideologia preferida – pode gerar um grave problema: o "poderoso estímulo ao descumprimento das obrigações e, portanto, à criação de litígios onde, não fora isso, maiores seriam as probabilidades de adesão espontânea ao império da lei (MESQUITA, José Ignácio Botelho de. *Teses, estudos e pareceres de processo civil*. São Paulo: Revista dos Tribunais, 2005. v. I, p. 296).

[74] Propugna o autor que "uma maneira de inverter-se os males causados pelo transcurso tempo, transferindo-os ao litigante que não tem razão, pode ser estabelecida com a instituição de encargos processuais progressivos" (MARCACINI, Augusto Tavares Rosa. Estudo sobre a efetividade do processo, p. 208).

[75] MANCUSO, Rodolfo de Camargo. A resolução dos conflitos e a função judicial no contemporâneo Estado de Direito (nota introdutória), cit., p. 9.

Os administradores e protagonistas dos meios de gestão de conflitos devem estar atentos a todos esses fatores sob pena de, contraditoriamente, estimularem a ida dos inadimplentes ao Poder Judiciário – para se beneficiarem do fato de que suas agruras estimulam qualquer acordo – e comprometerem, significativamente, a almejada distribuição de justiça.

Presente a conscientização sobre a necessária atenção nesse momento processual, é importante aferir como a atuação deve se verificar para buscar atender aos desígnios isonômicos.

A primeira providência do imparcial facilitador da comunicação deve ser informar aos presentes o objetivo da sessão para que não haja equívoco quanto ao teor das comunicações e sejam esclarecidos sobre as consequências da celebração ou não de um acordo[76].

É papel do terceiro imparcial checar se os envolvidos conhecem os dados relevantes para que as soluções construídas consensualmente possam ser acolhidas como fruto de genuíno e esclarecido consentimento[77].

Cientes da confidencialidade e do caráter colaborativo do encontro, as partes terão condições de dialogar em um espaço útil à comunicação. Sendo um dos objetivos a busca de interesses comuns, é importante que o terceiro imparcial, ao facilitar a conversação, formule perguntas qualificadas para que os litigantes consigam divisar pontos produtivos a serem trabalhados para encontrar saídas para seus impasses.

Durante a exposição das partes e de suas razões, pode ser percebida uma gritante disparidade de poder entre os envolvidos na negociação: como deve o terceiro imparcial (conciliador ou mediador) reagir a essa constatação?

É oportuno destacar, em princípio, que a diferença de poder não necessariamente decorre de poderio econômico ou potencial de influência, mas de elementos como a legitimidade dos argumentos invocados, a formulação de ideias criativas, a determinação de não ceder ou a habilidade de invocar princípios morais; ademais, pode ainda acontecer que um indivíduo habi-

---

[76] É o que ressalta Juliana Demarchi: a primeira conduta do conciliador deve ser explicar "o procedimento que será observado", esclarecendo "os objetivos da conciliação, suas regras e as implicações da celebração, ou não, do acordo" (DEMARCHI, Juliana. Técnicas de conciliação e mediação. In: GRINOVER, Ada Pellegrini; LAGRASTA NETO, Caetano; WATANABE, Kazuo (Coords.). *Mediação e gerenciamento do processo*: revolução na prestação jurisdicional. 2. tir. São Paulo: Atlas, 2007. p. 55).

[77] "Empirical studies consistently demonstrate high levels of party satisfaction with mediation outcomes. But can self-determined, 'satisfactory-to-the-parties' decisions be considered fair if they are not informed? Can they even be considered self-determined?" (FRENKEL, Douglas N. STARK, James H. *The Practice of Mediation*. New York: Aspen Publishers: 2008, p. 302-303).

lidoso não tenha realmente poder, mas sua autoconfiança e sua postura o conduzam a uma condição de superioridade[78].

Em outra perspectiva, pode-se identificar que o poder não decorre das pessoas, mas do próprio relacionamento: como a influência de uma das partes deve ser aferida em comparação à da outra, as relações de poder geralmente se verificam de duas formas: simétrica/igual ou assimétrica/desigual[79].

Nas disputas em que as partes têm poderio desigual, o mediador/conciliador pode encarar dois tipos de problemas: de percepção (em que a disparidade de poder não é percebida e há uma errônea consideração da situação) e da existência de relações extremamente assimétricas (em que há uma parte em posição muito mais fraca e ambas as partes sabem disso)[80].

Há quem defenda, sendo o juiz o conciliador, que ele deva assumir um papel ativo a ponto de "atuar assistencialmente para garantir a 'igualdade de armas' entre as partes, mostrando as vantagens da conciliação, sem chegar a ponto de adiantar o seu julgamento sobre a causa"[81].

Como se percebe, é delicada a situação para o magistrado ao conciliar no que tange à preservação de sua isenção enquanto fomenta o acordo.

---

[78] "[...] objective power or stats in the world does not necessarily translate into leverage at the bargaining table. Negotiating power can result form the legitimacy of one's arguments, a good alternative to negotiation or creative ideas for resolution. It can derive from a sense of righteous indignation, a determination not to give in or the ability to appeal to moral principle. It can result from personal abilities such as self-confidence, quick-wittedness or good comunication skills. It can result from having the status quo, or a body of legal ruls, on one's side. In addition, real power does not provide any bargaining leverage unless its holder is aware of it. Conversely, the *perception* of power can often provide a negotiator bargaining leverage even if not real. Thus, assessing who has actual power at the bargaining table is a complex task" (FRENKEL,Douglas N. STARK, James H. *The Practice of Mediation*, cit., p. 297).

[79] "Power is not a characteristic of an organization or person but is an attribute of a relationship. A party's power is directly related to the power of an opponent. Power relations generally occur in two forms: *symmetrical*, or equal; and *asymmetrical*, or unequal, levels of influence" (MOORE, Christopher W. *The mediation process* – practical strategies for resolving conflicts. 3. ed. San Francisco: Jossey Bass, 2003. p. 389).

[80] "Mediators in disputes in which parties have asymmetrical or unequal power relationships face two kinds of problems: (1) perceptual problems (situations in which the stronger party believes that the weaker party has equal power, or in which the weaker party has an inflated view of his or her strength) and (2) extremely asymmetrical relationships (situations in which a party is in a much weaker position, and both parties know it)" (MOORE, Christopher W. *The mediation process* – practical strategies for resolving conflicts, cit., p. 389).

[81] SANTANA DE ABREU, Leonardo. *Comentários ao art. 331 do CPC*. Da audiência preliminar. Disponível em: www.tex.pro.br. Acesso em: 31 jul. 2010.

Uma possibilidade para buscar superar essa dificuldade é promover a comunicação entre os indivíduos sobre pontos de comum interesse: ao invés de enfrentar diretamente o mérito e adiantar impressões sobre a quem assistiria a razão em um potencial julgamento, o juiz deve focar aquele momento de construção de consenso e não eventual prosseguimento sob o prisma contencioso.

Avançada na prática da mediação, a doutrina americana indica elementos sobre a melhor atitude a ser assumida pelo terceiro imparcial.

Identificada a desigualdade de poder, o mediador pode tentar obscurecer a força ou a influência de ambas as partes valendo-se de técnicas estratégicas – *v.g.*, criando dúvidas sobre o verdadeiro poder de ambas (questionando a exatidão de dados e a infalibilidade dos peritos, dentre outros elementos)[82].

São atitudes que podem ser adotadas pelo terceiro imparcial para bem trabalhar eventual disparidade de poder: assistir a parte mais fraca a obter, organizar e analisar dados, bem como identificar e mobilizar seus meios de influência[83]; ajudar e educar a parte a planejar uma efetiva estratégia de negociação; colaborar para que o litigante desenvolva recursos financeiros de forma a poder continuar a participar das negociações; indicar a parte a um advogado ou outra pessoa de recursos; encorajar a parte a fazer concessões realistas[84].

Percebe-se uma atitude firme do terceiro imparcial para buscar minar eventuais vantagens de influência que poderiam comprometer a celebração do acordo em bases satisfatórias a ambas as partes. Vale ainda ressaltar que

---

[82] "In power situations in which parties appear to have an assymetrical relationship and the bases of power differ, the mediator may attempt to obscure the strength or influence of both parties. He or she can pursue this strategy to create doubt about the actual power of the parties by questioning the accuracy of data, the infallibility of experts, the capability or costs of mobilizing coercive power, or the degree of support from authority figures. These techniques can prevent the parties form ascertaining the balance of power. If a party cannot determine absolutely that he or she has more power than another, he or she usually does not feel free to manipulate or exploit an opponent without restraint" (MOORE, Christopher W. *The mediation process* – practical strategies for resolving conflicts, cit., p. 389).

[83] "Assisting the weaker party in obtaining, organizing, and analyzing data and identifying and mobilizing his or her means of influence" (MOORE, Christopher W. *The mediation process* – practical strategies for resolving conflicts, cit., p. 392)

[84] "Assisting and educating the party in planning an effective negotiation strategy [...] Aiding the party in developing financial resources so that he or she can continue to participate in negotiations [...]. Referring the party to a lawyer or other resource person [...]. Encouraging the party to make realistic concessions" (MOORE, Christopher W. *The mediation process* – practical strategies for resolving conflicts, cit., p. 393).

nos Estados Unidos se aceita o conceito de "mediação avaliativa", de sorte que o mediador possa interferir mais incisivamente no mérito[85].

Pode haver certa preocupação pelo fato de que certos participantes estejam na mediação sem assessoramento; assim, recomenda-se ao mediador informar sobre os riscos da participação e da potencial necessidade de patrocínio por alguém letrado na área[86]. Ademais, é conveniente que as partes saibam que o mediador: 1. não tem obrigação de proteger seus interesses ou fornecer informações sobre seus direitos; 2. que a assinatura de um acordo alcançado na mediação pode afetar de maneira adversa seus direitos; 3. que as partes devem consultar um advogado antes de assinar qualquer acordo a que tenham chegado pela mediação caso não estejam seguras sobre seus direitos[87].

Como o terceiro facilitador do diálogo tem um compromisso com a imparcialidade, não deve atuar como advogado ou assessor técnico litigante mais fraco; contudo, permanece seu dever de colaborar para que as partes alcancem um acordo efetivo e durável em bases razoáveis.

6.6.2. Decisão saneadora

Infrutífera a tentativa de conciliação, passará o juiz a determinar providências pertinentes ao seguimento do feito, decidindo as questões processuais pendentes por decisão interlocutória. É digna de destaque a afirmação doutrinária de que a aludida decisão saneadora do processo, em realidade, verifica-se ao longo de toda a relação processual[88] por incumbir

---

[85] No Brasil, após estabelecida a diferença entre conciliação e mediação, essa atitude pode ser assumida pelo conciliador, não pelo mediador;enquanto o conciliador pode propor saídas sugerindo formas de concessão, o mediador deve colaborar para que as próprias partes formulem alternativas, de modo a preservar sua autoria na construção da resposta. É pertinente registrar, porém, entendimento diverso que identifica mediação e conciliação como institutos iguais; é esta a posição do Grupo de Pesquisa e Trabalho em Arbitragem, Mediação e Negociação da Faculdade de Direito da Universidade de Brasília, que se vale das lições de estudiosos americanos como Leonard R. Riskin e L. R. Singer (AZEVEDO, André Gomma de. Glossário: métodos de resolução de disputas – RDS. In: _____ (Org.). *Estudos em arbitragem, mediação e negociação*. Brasília: Brasília Jurídica, 2002. v. 3, p. 308-309).

[86] HIGHTON DE NOLASCO, Elena I. ALVAREZ, Gladys S. *Mediación para resolver conflictos*. 2ª Ed. Buenos Aires: Ad Hoc, 2008, p. 419.

[87] HIGHTON DE NOLASCO, Elena I. ALVAREZ, Gladys S. *Mediación para resolver conflictos*, cit., p. 419 (tradução livre).

[88] "Destinada à verificação da regularidade do processo, bem como à verificação da existência dos requisitos viabilizadores do julgamento de mérito, o saneamento processual não se dá apenas quando encerrada a fase postulatória. Com efeito, desde a postulação,

ao juiz zelar para que o feito transcorra sem irregularidades durante toda a tramitação.

O olhar do juiz em relação aos vícios de representação do litigante vulnerável deve ser compreensivo, já que pode ocorrer que um litigante se torne incapaz em razão de um acidente e seus familiares não tenham condições de regularizar a curatela do enfermo de forma expedita a ponto de atender ao prazo judicial fixado para tanto; por essa razão, é essencial que o juiz defira prazo suplementar para autorizar maiores oportunidades de demonstração.

Na hipótese de reconhecer a inexistência de vícios impeditivos ao seguimento do feito, o juiz ordenará a futura atividade probatória fixando os pontos controvertidos e determinando as provas a serem produzidas – se necessário, designando audiência de instrução e julgamento[89–90].

Ao fixar os pontos controvertidos, o juiz estabelecerá quais alegações são controversas e exigem atividade probatória útil ao processo; para tanto, analisará a pertinência dos meios de prova e deferirá sua realização conforme a necessidade de formação de sua convicção.

Requer análise diferenciada a temática da instrução em diversos aspectos.

6.7. CONSIDERAÇÕES DIFERENCIADAS SOBRE A PROVA

Superada a fase em que se cogitava conformar-se o processo civil com a "verdade formal", o tema da prova foi objeto de grandes transformações. Desde há muito foram identificadas importantes premissas para a atuação em juízo rumo à descoberta da verdade real em amplas bases. Esta é, portanto, a seara em que há maior desenvolvimento doutrinário, jurisprudencial e normativo – graças às previsões do Código de Defesa do Consumidor e às iniciativas de tentativa de codificação no âmbito do processo coletivo.

---

ele ocorre. Veja-se, por exemplo, o indeferimento da petição inicial. E pode se estender no restante do *curso*. Recorde-se o problema, exemplificativamente, da substituição do procurador, em qualquer tempo. Também é o saneamento do processo a sua extinção sem julgamento de mérito, regulada pelo art. 329, remissivo dos arts. 267 e 269, vários incisos" (ROCHA, José Taumaturgo da. Procedimento ordinário: alguns aspectos da demanda, da resposta, do saneamento. *Revista de Processo*, São Paulo, n. 22, p. 172).

[89] CPC, art. 331, § 3º.

[90] As atividades mencionadas poderão ser determinadas pelo juiz ao final da audiência preliminar – caso se verifique – ou em decisão interlocutória em separado, na hipótese de não ter havido a referida designação.

Cap. 6 – VULNERABILIDADE COMO CRITÉRIO LEGÍTIMO DE DESEQUIPARAÇÃO NO PROCESSO CIVIL   315

Como salienta Eduardo Cambi, vem-se reconhecendo que "os poderes instrutórios do juiz devem ser compreendidos como complementares ou integrativos ao exercício do direito à prova pelas partes", devendo o juiz "buscar eliminar as *insuficiências não culpáveis* e as *dificuldades objetivas* da atividade probatória, em nome da melhor reconstrução dos fatos, que é um fator que está diretamente relacionado com a justiça da decisão e, por conseguinte, com a sua legitimação social"[91].

A temática apresenta grande relevo na consideração da vulnerabilidade, pois, como abordado, o litigante menos favorecido costuma enfrentar significativas complicações para se desincumbir totalmente dos ônus processuais.

É importante, assim, aferir como o julgador pode contribuir para a vinda aos autos dos elementos probatórios relevantes.

6.7.1. Inversão do ônus da prova nas relações de consumo

No que tange à distribuição do ônus da prova, esclarece Gian Antoni Micheli ser essencial, para analisar o tema, cotejar a sociedade em concreto – *locus* em que a distribuição se aplica –; afinal, longe de limitar-se à lógica processual, o assunto encontra-se intrinsecamente ligado à própria ética social[92].

Sob o aspecto da vulnerabilidade do consumidor, há polêmica no tocante ao momento do reconhecimento da inversão do ônus da prova nas demandas atinentes à relação de consumo[93], assim como se também deve haver pronunciamento sobre a inversão do ônus de pagar os valores devidos para a produção da prova.

Há entendimento tanto doutrinário quanto pretoriano[94] a respeito de ser a inversão do ônus da prova regra instrutória que deve ser proclamada na

---

[91] CAMBI, Eduardo. *A prova civil:* admissibilidade e relevância. São Paulo: Revista dos Tribunais, 2006. p. 326-327.

[92] MICHELLI, Gian Antoni. *L'onere della prova*, cit., p. 5.

[93] Conforme mencionado, O Código de Defesa do Consumidor, com o propósito de facilitar a atuação em juízo da parte mais vulnerável na relação de consumo, prevê a possibilidade de inversão do ônus da prova em favor do consumidor "quando, a critério do juiz, for verossímil a alegação ou quando for para ele hipossuficiente segundo as regras ordinárias de experiência" (art. 6º, VIII).

[94] CDC. INVERSÃO. ÔNUS. PROVA. MOMENTO. O recorrido adquiriu uma garrafa de refrigerante em um posto de gasolina de uma cidade interiorana. Sucede que, ao abri-la, seu olho foi atingido violentamente pela tampinha, o que lhe causou a perda quase total da visão desse olho e o impediu de ser promovido em sua carreira de

decisão saneadora; contudo, há quem defenda tratar-se de regra de julgamento, posição fartamente defendida em doutrina e também em diversos precedentes[95].

---

[95] policial militar. Por isso, pediu, em juízo, indenização dos danos moral e material, ao indicar o fabricante local daquela marca de refrigerante como réu. O juízo singular julgou improcedentes os pedidos sob o fundamento de que, em apertada síntese, não provara o autor que o réu era o fabricante do refrigerante causador do acidente. Porém, o Tribunal *a quo* deu provimento à apelação do ora recorrido ao fundamento de que cabia à sociedade demonstrar que não fabricava ou distribuía tal refrigerante naquela região, o que faz entender que invertera o ônus da prova no segundo grau de jurisdição. Diante disso, no REsp, o fabricante alegava, dentre outras, a violação do art. 6º, VIII, do CDC, ao afirmar que a inversão do ônus da prova é regra de instrução processual e não de julgamento, razão pela qual o Tribunal *a quo* não poderia tê-la aplicado ao julgar a apelação. Ao iniciar-se o julgamento neste Superior Tribunal, o Min. Castro Filho, valendo-se de precedentes, conheceu e deu provimento ao recurso, ao entender que essa inversão é realmente regra de instrução e determinou o retorno dos autos para que o juízo se pronunciasse a respeito do direito do recorrente de fazer a prova. Por sua vez, a Min. Nancy Andrighi, em seu voto-vista, valendo-se da lição de vários doutrinadores, inclusive estrangeiros, posicionou-se no sentido inverso, o de que a regra do art. 6º, VIII, do CDC é de julgamento. Aludiu que, após o oferecimento e a valoração da prova produzida na fase instrutória, o juiz, diante do conjunto probatório, se ainda em dúvida para julgar a demanda, pode determinar a inversão em favor do consumidor, pois não há que se falar em surpresa ao fornecedor, visto que esse tem ciência de que, em tese, haverá a inversão, além do que é ele quem dispõe do material técnico do produto, certo que o consumidor é a parte vulnerável da relação e litigante eventual. O Min. Ari Pargendler, em seu voto-vista, acompanhou integralmente a divergência ao não conhecer do especial. Já o Min. Carlos Alberto Menezes Direito, apesar de entender que a inversão deve dar-se quando da produção da prova, acompanhou a divergência apenas quanto ao resultado, ao fundamento de que o acórdão destacara tratar-se de responsabilidade objetiva. Assim, entendeu que a hipótese é de aplicação do art. 14 do CDC, de inversão legal, e, incumbida a recorrente de provar a excludente de sua responsabilidade, não cuidou de prová-la. Ao concluir o julgamento, o Min. Humberto Gomes de Barros, em seu voto-vista, acompanhou o Min. Relator. Ao final, conclui-se que a tese quanto à inversão ou não do ônus ainda pende de definição na Turma. Precedente citado: REsp 241.831-RJ, DJ 3/2/2003. REsp 422.778-SP, Rel. originário Min. Castro Filho, Rel. para acórdão Min. Nancy Andrighi, julgado em 19/6/2007.

STJ, Inf. 0143 – 3ª T. SEGURO. PLANO. SAÚDE. ABSORÇÃO. SEGURADORA. INVERSÃO. ÔNUS. PROVA. CDC. Trata-se de ação indenizatória contra seguradora, para ressarcimento integral de honorários médicos cobrados por ocasião de cirurgias cranianas de emergência. Embora a Turma não tenha conhecido do recurso, explicitou-se que a inversão do ônus da prova, prevista no art. 6o, VIII, do CDC não é obrigatória, mas regra de julgamento, *ope judicis*, desde que o consumidor seja hipossuficiente, ou seja verossímil sua alegação. No caso, o Tribunal *a quo* considerou existirem provas suficientes à desconstituição do direito da autora. Outrossim, quando a antiga seguradora foi absorvida, a nova apólice, limitando garantias, firmou diversos aditamentos examinados, inclusive, pelo Juizado Especial Cível e do Consumidor, sendo o valor pago, desde então, proporcional aos novos riscos. Assim, não há ofensa ao art. 1.433 do CC. REsp 241.831-RJ, Rel. Min. Castro Filho, j. 20/8/2002.

A posição da autora se alinha à de Eduardo Cambi, para quem considerar a inversão *critério de julgamento* a ser cogitado pelo juiz apenas no momento de sentenciar enseja *decisões surpresas*: "a facilidade na produção da prova deve ser reconhecida antes da decisão para que a parte onerada tenha amplas condições de provar os fatos controvertidos, evitando que, a pretexto de tutelar o bem jurídico coletivo, se retirem todas as oportunidades de defesa"[96].

No que tange à inversão do pagamento da despesa, há dúvida se esta decorre naturalmente da inversão do ônus de provar, havendo entendimento nos dois sentidos[97].

Sob o aspecto da vulnerabilidade processual, é importante que o magistrado considere a falta de condições técnicas do litigante para determinar a inversão do ônus da prova e, se constatar também hipossuficiência – vulnerabilidade econômica –, que proceda à inversão do ônus de suportar os encargos decorrentes da produção. A referida conclusão é importante porque de nada valerá determinar a inversão do ônus da prova se seu custo for imposto de forma excessiva a uma parte sem condições de arcar com os valores por ela exigidos.

6.7.2. A distribuição dinâmica do encargo de provar

Classicamente sempre se concebeu o ônus a partir da liberdade de realizar "atos ou condutas previstas em uma norma jurídica, para a satisfação de seu interesse próprio[98]. No que tange ao ônus de provar, constitui papel das leis processuais e do magistrado fomentar a produção probatória dando todas as oportunidades possíveis para os litigantes exercerem de maneira apropriada seu direito à prova; sendo eles omissos ao não fazerem todo o possível para "produzir a prova, devem suportar os riscos decorrentes

---

[96] CAMBI, Eduardo. *A prova civil*: admissibilidade e relevância, cit., p. 343.

[97] Durante um longo tempo o STJ viveu dicotomia de entendimentos: Para a 4ª Turma do STJ, a "inversão do ônus da prova significa também transferir ao réu o ônus de antecipar as despesas de perícia tida por imprescindível ao julgamento da causa" (REsp 383.276/RJ, Rel. Min. Ruy Rosado, DJ: 18/06/2002). Já para a 3ª Turma do STJ, a "inversão do ônus da prova não tem o efeito de obrigar a parte contrária a pagar as custas da prova requerida pelo consumidor, mas, sofre as consequências de não produzi--la" (REsp 435.155/MG, Rel. Min. Direito, DJ: 11/02/2003). Por fim o entendimento foi consolidado da seguinte forma na 2ª seção, a 3ª e a 4ª Turmas: "A inversão do ônus da prova não tem o efeito de obrigar a parte contrária a arcar com as custas da prova requerida pelo consumidor, embora fique sujeita às consequências decorrentes da sua não produção".

[98] CAMBI, Eduardo. *A prova civil:* admissibilidade e relevância, cit., p. 315.

de sua inatividade, ainda que, com isso, excepcionalmente, a decisão não corresponda à verdadeira situação substancial"[99].

Percebeu-se, contudo, que a distribuição padrão do encargo de provar ensejava perversidades em certos casos, de forma que a partir da década de 70 do século XX a jurisprudência espanhola passou a reconhecer como necessárias aplicações diferenciadas em situações limite por peculiaridades da relação de direito material discutida em juízo[100]. Em sede doutrinária, o tema engendrou a elaboração da "teoria da carga dinâmica da prova", tendo se dedicado ao tema de forma destacada o jurista argentino Jorge Peyrano[101].

O tema tem grande relevância porque o litigante vulnerável, ao não produzir a prova em razão de suas extremas dificuldades, não está descumprindo o ônus por opção, mas por óbices aos quais não deu causa; assim, sua inércia não decorre de um ato livre, mas é premida pelas circunstâncias.

Nesse cenário, distribuir os encargos de provar entre os litigantes a partir dos critérios clássicos – posição ocupada pelas partes no feito e natureza do fato que será objeto da prova – é situação que em nada colabora "para a descoberta da verdade e o alcance de um resultado justo, capaz de produzir alterações concretas no mundo dos fatos, inviabilizando o próprio acesso da parte à justiça"[102]; questiona ainda Susana Cremasco:

> "Com efeito, o que o jurisdicionado pode esperar de um instrumento que não só não dispõe de mecanismos aptos a revelar a verdade, como não o auxilia e não o socorre nessa função e, ainda, impõe-lhe um resultado desfavorável mesmo quando é ele – e só ele – quem, à luz fatos ocorridos, pode ter razão no conflito ajuizado"[103]?

---

[99] CAMBI, Eduardo. *A prova civil:* admissibilidade e relevância, cit., p. 331.

[100] Eram identificadas situações de grande dificuldade, por exemplo, aquelas em que se exigia do paciente a prova do erro médico.

[101] "En tren de identificar la categoría de las 'cargas probatorias dinámicas', hemos visualizado – entre otras – como formando parte de la misma a aquélla según la cual se incumbe la carga probatoria a quein – por las circunstancias del caso y sin que interese que se desempeñe como actora o demandada – se encuentre en mejores condiciones para producir la probanza respectiva" (PEYRANO, Jorge W. Aspectos procesales de la responsabilidad profesional. In: MORELLO, Augusto M. et al. *Las responsabilidades profesionales* – libro al Dr. Luis O. Andorno. La Plata: LEP, 1992. p. 263).

[102] CREMASCO, Susana Santi. *A distribuição dinâmica do ônus da prova.* São Paulo: GZ, 2009. p. 80.

[103] Prossegue a autora: "Para o jurisdicionado, o fim natural do processo não pode ser outro senão o alcance da verdade e a obtenção de uma sentença justa, condizente com a realidade dos fatos que ele viveu, jamais um jogo no qual se ganha pela astúcia e se

Cap. 6 – VULNERABILIDADE COMO CRITÉRIO LEGÍTIMO DE DESEQUIPARAÇÃO NO PROCESSO CIVIL

É, portanto, relevante considerar um sistema em que não haja distribuição padrão do ônus da prova, mas que possa contar, para a descoberta dos fatos relevantes para a causa, com a contribuição de quem tem melhores condições de aportá-los.

Evidente que referida consideração parte da ideia de um modelo processual publicista ou colaborativo, sendo fácil notar que para a visão liberal do processo é repugnante a interferência judicial no processo para suprir "problemas" das partes.

Inserida no Código Modelo de Processos Coletivos para Ibero-América em 2004, a teoria da carga dinâmica da prova, concebida para buscar a mais eficiente tutela jurisdicional, assevera que "o ônus da prova incumbe à parte que *deter conhecimentos técnicos ou informações específicas* sobre os fatos, ou *maior facilidade na sua demonstração*, não requerendo qualquer decisão judicial de inversão do ônus da prova"[104].

Como destaca Eduardo Cambi, facilitar a demonstração da prova com base nos argumentos técnicos apontados promove adequadamente a *isonomia* entre os litigantes e realça o princípio da *solidariedade* – presente no dever de colaboração para a *descoberta da verdade*, de litigar de boa-fé e de prevenir/reprimir atos contrários à dignidade da justiça[105].

A teoria tem se concretizado no Brasil, malgrado a inexistência de previsão legal, a partir da doutrina e de decisões proferidas em demandas sobre responsabilidade de médicos, contratos bancários e casos de responsabilidade civil nos quais, a despeito de não se tratar de relação de consumo, é mais fácil para o réu do que para o autor provar o fato constitutivo do direito[106].

Para Eduardo Cambi, a aplicação não precisa ficar reduzida às hipóteses indicadas, tendo potencial para colaborar "em outras situações concretas em que a tutela do direito material não pode ser prejudicada pela dificuldade ou impossibilidade de prova, sob pena de valorizar mais o meio (prova) do que o fim (proteção dos direitos)"[107].

Sem dúvida o tema pode colaborar sobremaneira para que o litigante vulnerável não seja vítima de suas impossibilidades e possa contar com o auxílio judicial, em uma perspectiva cooperativa, a fim de que elementos probatórios relevantes venham à seara judicial.

---

perde pela desídia ou pela dificuldade técnica e probatória do outro litigante" (CREMASCO, Susana Santi. *A distribuição dinâmica do ônus da prova*, cit., p. 80).

[104] CAMBI, Eduardo. *A prova civil*: admissibilidade e relevância, cit., p. 341.
[105] CAMBI, Eduardo. *A prova civil:* admissibilidade e relevância, cit., p. 342.
[106] CAMBI, Eduardo. *A prova civil:* admissibilidade e relevância, cit., p. 344.
[107] CAMBI, Eduardo. *A prova civil:* admissibilidade e relevância, cit., p. 346.

6.7.3. Expedição de ordens judiciais para a obtenção de informações relevantes

Ao regrar a prova documental, o Código de Processo Civil atribui aos litigantes o dever de trazer aos autos, na primeira oportunidade, os documentos pertinentes para comprovar os fatos alegados[108]; há jurisprudência, contudo, permitindo a posterior juntada de documentos desde que assegurado o contraditório[109].

Na visão cooperatória do processo, o juiz deve auxiliar as partes a remover os óbices ao exercício de seus direitos ou ao cumprimento de ônus e deveres processuais; assim, alegando o litigante justificadamente uma séria dificuldade de obter documento ou informação condicionante do exercício eficaz de uma faculdade ou do cumprimento de um ônus, o juiz, sempre que possível, deve atuar para remover o obstáculo[110].

No ordenamento pátrio, um dispositivo importante para essa atuação do juiz é a regra sobre a possibilidade de oficiar a repartições públicas para requerer a vinda de documentos relevantes à demanda[111].

Segundo Barbosa Moreira, apesar de haver entendimento restritivo sobre a aplicabilidade da aludida previsão – que só caberia ante a demonstração de inviabilidade ou extrema dificuldade da parte –, não há por que limitar esse mecanismo:

---

[108] Art. 396. "Compete à parte instruir a petição inicial (art. 283), ou a resposta (art. 297), com os documentos destinados a provar-lhe as alegações."

[109] Ícone da jurisprudência, merece transcrição a ementa de precedente do STJ: OFENSA AO ART. 535 – AUSÊNCIA – REEXAME DE PROVA. JUNTADA TARDIA DE DOCUMENTOS – POSSIBILIDADE – OBSERVÂNCIA DO CONTRADITÓRIO – AUSÊNCIA DE MÁ-FÉ. [...] – É possível a juntada de prova documental após a apresentação da inicial ou da defesa, quando estes documentos não forem indispensáveis à formulação do pedido e desde que respeite-se o contraditório. (AgRg no Ag 911.622/RJ, Rel. Ministro Humberto Gomes de Barros, Terceira Turma, julgado em 18.10.2007, DJ 31.10.2007 p. 333). Tal entendimento mitiga o rigor na interpretação da regra do art. 397 do CPC ("É lícito às partes, em qualquer tempo, juntar aos autos documentos novos, quando destinados a fazer prova de fatos ocorridos depois dos articulados, ou para contrapô-los aos que foram produzidos nos autos").

[110] GOUVEIA, Lúcio Grassi de. O dever de cooperação dos juízes e tribunais com as partes: uma análise sob a ótica do direito comparado (Alemanha, Portugal e Brasil), cit., p. 268.

[111] Art. 399. "O juiz requisitará às repartições públicas em qualquer tempo ou grau de jurisdição: I – as certidões necessárias à prova das alegações das partes; II – os procedimentos administrativos nas causas em que forem interessados a União, o Estado, o Município, ou as respectivas entidades da administração indireta".

"Ora, mostra a experiência que o hipossuficiente em geral se defronta aí com sérias dificuldades. Basta pensar nas distâncias que precisa vencer para ir da residência ou do local de trabalho à repartição pública, na escassez de tempo disponível para tratar do assunto, nas inibições psicológicas e culturais que o tolhem [...]. Afigura-se justo reconhecer quando menos uma presunção de necessidade em seu favor"[112].

Como se percebe, o autor reconhece que óbices geográficos podem configurar a vulnerabilidade processual do litigante e o juiz deve atuar para colaborar rumo à superação dos obstáculos.

Nos Juizados Especiais, especialmente quando as partes litigam sem advogados, muitas vezes o magistrado, para formar seu convencimento, busca informações em cadastros informatizados disponibilizados pelos entes públicos federais com o fito de restabelecer o equilíbrio entre os litigantes e aproximar-se ao máximo possível da verdade real[113].

Em casos de assistência judiciária, se a demanda exige complexa e cara base documental, faz-se de rigor a atuação judicial para suprir limitações do litigante hipossuficiente; nesse sentido, há interessantes precedentes reconhecendo ser possível a requisição de certidões nos casos de concessão dos benefícios da gratuidade[114].

Ademais, pode ocorrer, em sede de execução, significativa dificuldade em localizar bens do devedor, a despeito de tentativas do credor. Em embargos de divergência para eliminar a diversidade de entendimentos entre as Turmas do STJ sobre a possibilidade de o juiz oficiar a Receita Federal em tal caso, entendeu-se, pelo caráter público do processo, ser viável a atuação para esse mister[115].

---

[112] BARBOSA MOREIRA, José Carlos, *Por um processo socialmente efetivo*, cit.

[113] "É o que se observa, por exemplo, na consulta rotineira a dados do Cadastro Nacional de Informações Sociais (CNIS) para perscrutar a verdadeira situação do segurado da Previdência Social que chega a juízo desprovido da assistência de advogado" (PEREZ, Michelle Miranda. Capacidade postulatória e a garantia da paridade de armas no âmbito dos Juizados Especiais Federais Cíveis. *Jus Podivm LGV*. Disponível em: <http://www.juspodivm.com.br>. Acesso em: 9 jan. 2010).

[114] TJSP; APL-SRev 637.882.4/9; Ac. 3656131; Guarulhos; Primeira Câmara de Direito Privado; Rel. Des. Luiz Antonio de Godoy; Julg. 26/05/2009; DJESP 19/06/2009.

[115] Dentre as razões de decidir, consta: "em face do interesse da justiça na realização da penhora, ato que dá início a expropriação forçada, admite-se a requisição à repartição competente do Imposto de Renda para fins da localização dos bens do devedor, quando frustrados os esforços desenvolvidos nesse sentido. Cada vez mais se toma consciência do caráter público do processo, que, como cediço, é instrumento de jurisdição". Eis excerto essencial da ementa e dados do *decisum*: "A requisição, frustrados os esforços do exequente para localização de bens do devedor para a constrição, é feita no interesse

Deve-se buscar impedir, portanto, que a parte sofra uma decisão desfavorável por não ter logrado obter informação ou documento imprescindíveis ao processo[116].

6.7.4. Prova pericial

Deferida a realização da prova técnica para aprofundamento a respeito de matéria técnica (não jurídica), as partes poderão indicar quesitos e assistente técnico. A participação do assistente técnico (profissional qualificado na área objeto da perícia contratado para prestar assessoria ao litigante[117]) dá maior segurança à parte por garantir a fiscalização da produção da prova[118].

Há quem afirme com grande certeza que um bom perito assistente enseja decisiva diferença entre ganhar ou perder a demanda[119].

A assertiva foi confirmada em estudo científico: ao investigar a atuação de assistentes em demandas revisionais de contrato, pesquisadores constataram que o parecer técnico foi decisivo em algumas ações – especialmente quando dirimiu dúvida técnica/contábil deixada pelo laudo pericial –; "a pesquisa identificou que 66,66% dos trabalhos elaborados pelos peritos assistentes técnicos resultaram em ganhos para a instituição financeira pela qual foram contratados para elaborar o parecer técnico para constar como prova no processo de ação revisional de contrato", podendo tais ganhos

---

da justiça como instrumento necessário para o Estado cumprir o seu dever de prestar jurisdição. Não é somente no interesse do credor. Embargos conhecidos e acolhidos" (EREsp 163408/RS, Rel. Ministro José Arnaldo Da Fonseca, Corte Especial, julgado em 06/09/2000, DJ 11/06/2001 p. 86).

[116] GOUVEIA, Lúcio Grassi de. O dever de cooperação dos juízes e tribunais com as partes: uma análise sob a ótica do direito comparado (Alemanha, Portugal e Brasil), cit., p. 269.

[117] A afirmação é de Fabio Tabosa, para quem "o assistente terá, nesse sentido, a incumbência de não só lhes possibilitar um contato mais próximo com técnico versado na matéria como também de acompanhar o desenvolvimento da perícia e de detectar eventuais falhas que a maculem, ou explorar questões omitidas pelo vistor oficial, tratando de questões que as partes ou seus procuradores, como leigos, dificilmente teriam como abordar, e contribuindo dessa forma para complementar o conjunto de informações técnicas postas à disposição do juiz" (Comentário 5 ao art. 421. In: MARCATO, Antônio Carlos (Coord.). *Código de Processo Civil Interpretado*, cit., p. 1362).

[118] MOURA, Henrique Luiz de Lucena; SANTOS, Larissa Medeiros. A prova pericial: agilização processual e direito de defesa – um conflito de interesses. *Procuradoria-Geral do Estado de São Paulo*. Disponível em: <http://www.pge.sp.gov.br/centrodeestudos/bibliotecavirtual/Congresso/Tese13.doc>. Acesso em: 21 set. 2010.

[119] HOOG, Wilson Alberto Zappa. *Prova pericial contábil*: aspectos práticos e fundamentais. 5. ed. Curitiba: Juruá, 2008. p. 51.

ser justificados pela construção do parecer, por sua fundamentação e pela abordagem do assistente técnico "efetuando contestações ao laudo do perito oficial e até apresentando informações complementares para o magistrado, auxiliando na tomada de decisões inerentes à lide"[120].

Caso uma das partes não tenha condições de contratar um assistente técnico para acompanhar a perícia em juízo, pode haver comprometimento à igualdade?

A resposta é certamente positiva; considerando um pleito indenizatório por erro médico, se o autor não tiver condições de contratar um assistente técnico decerto sofrerá uma defasagem em sua atuação em relação ao hospital demandado, que poderá influir de modo mais decisivo na elaboração do laudo.

Enfrenta o tema Augusto Tavares Rosa Marcacini, para quem mesmo faltando previsão legal a respeito, deve o carente ter disponibilizada a atuação de um assistente técnico para ser assegurada sua efetiva participação no processo e ser concretizado o equilíbrio entre os polos da demanda[121].

Sendo função do assistente técnico fornecer subsídios sobre matéria de conhecimento específico, para o litigante bem atuar no processo é imperioso valer-se do *expert* para poder entender e, se for o caso, refutar o laudo do perito; para a efetiva paridade de armas, "o carente deve contar com um assistente técnico, que poderá ser nomeado pelo juiz, que arbitrará valor para seus honorários a serem pagos pelo Estado"[122].

Ainda que não haja assistente técnico, pode o litigante apresentar quesitos e manifestar-se sobre o laudo? Embora haja entendimento jurisprudencial restritivo[123], a resposta deve ser positiva.

---

[120] JOSÉ DAS NEVES JÚNIOR, Idalberto; SILVA DE OLIVEIRA, Diego. A relevância do trabalho de perícia contábil desenvolvida por assistente técnico nas ações revisionais de contratos: uma análise documental dos processos da Caixa Econômica Federal – CEF. Disponível em: <http://www.congressousp.fipecafi.org/artigos102010/40.pdf>. Acesso em: 21 set. 2010.

[121] MARCACINI, Augusto Tavares Rosa. *Assistência jurídica, assistência judiciária e justiça gratuita*, cit., p. 88.

[122] Completa o autor: "Melhor solução para o problema, porém, seria o órgão prestador de assistência judiciária contar em seus quadros com profissionais habilitados a funcionar como perito assistente" (MARCACINI, Augusto Tavares Rosa. *Assistência jurídica, assistência judiciária e justiça gratuita*, cit., p. 89.).

[123] Segundo precedente do Tribunal de Justiça de São Paulo, "se a matéria exige conhecimento técnico, a impugnação do laudo pericial se faz mediante crítica de assistente técnico e não da própria parte" (APL 994.07.047144-0; Ac. 4633041; Mauá; Décima Quarta Câmara de Direito Público; Rel. Des. Flávio Cunha da Silva; Julg. 29/07/2010; DJESP 01/09/2010).

Limitar a apresentação de perguntas apenas ao profissional assistente técnico restringe ainda mais a esforçada prática de ato processual por quem não tem condição de arcar com seus custos e inviabiliza a plenitude da defesa.

6.8. CONCESSÃO DE MEDIDAS LIMINARES

A expressão *medida liminar* é utilizada para indicar o provimento concedido no início da tramitação do feito com o propósito de antecipar efeitos da decisão final ou preservar situações até o fim de outro processo.

Conforme mencionado, os efeitos do tempo fazem-se sentir de forma especialmente deletéria pelos litigantes vulneráveis: sejam eles pobres, doentes ou desinformados, o custo da demora para realização dos seus direitos é sentido de forma mais intensa em razão de sua fragilidade[124]. Por essa razão, a sensibilidade do juiz deve ser considerável na análise do tema.

6.8.1. Antecipação de tutela de ofício

O tema é árido e toca em ponto nevrálgico: pode o juiz superar a limitação técnica da parte – cujo advogado deixou de pleitear a antecipação de tutela – e, ao vislumbrar a presença dos requisitos legais, conceder o adiantamento de efeitos da decisão sem requerimento?

A letra do art. 273 veda a concessão de ofício da antecipação de tutela, afirmando seu cabimento apenas em caso de pleito da parte[125]. Na mesma linha, a maior parte dos julgados encontrados[126] em pesquisa rechaça a

---

[124] Atento a tal circunstância, William Santos Ferreira refere-se a situações em que litigantes podem não ter fôlego financeiro nem viver o suficiente para conseguir chegar a órgãos superiores de apreciação para alcançar os resultados a que fazem jus (FERREIRA, William Santos. Súmula vinculante – dilemas entre o congelamento de uma posição e a eternização da divergência. Disponível em: <http://www.juspodivm.com.br/i/a/%7BE55A8315-6AF9-4D14-A1E4-F4C05B7C7449%7D_8.pdf>. Acesso em: 12 jan. 2011).

[125] Há diversos autores que afirmam ser imperiosa a necessidade de requerimento da parte sem nem cogitar sua concessão de ofício. Reis Friede, Rodrigo Klippel e Thiago Albani afirmam que a obrigatoriedade dá rendimento ao princípio dispositivo (FRIEDE, Roy Reis; KLIPPEL, Rodrigo; ALBANI, Thiago. *A tutela de urgência no processo civil brasileiro*. Niterói, RJ: Impetus, 2009. p. 137).

[126] São ilustrativos os seguintes precedentes: "Reputa-se infundada a concessão de tutela antecipada, de ofício, sob o fundamento de risco de lesão irreparável a direito do obreiro, ainda mais quando notória a capacidade econômica de uma das reclamadas para adimplir obrigação pecuniária imposta por esta especializada. No entanto, não há

possibilidade de concessão por iniciativa exclusiva pelo juiz, aparecendo também em doutrina a resposta negativa de forma genérica[127].

Certas questões, contudo, merecem reflexão mais detida: se a parte estiver sem advogado, saberá requerer antecipação de tutela, demonstrando seus requisitos e qualificando-os nos termos legais? O juiz, ao constatar a presença dos pressupostos para a sua concessão, deve atuar para prestar a jurisdição concedendo medida liminar não requerida?

A resposta negativa fundamenta-se na inércia da jurisdição, conquista da ciência moderna para "assegurar o afastamento do juiz dos interesses em conflito, retirando-lhe os poderes de iniciativa"[128]; contudo, como já manifestado, afastamento não implica ignorar o contexto da aplicação das normas nem insensibilidade do juiz a respeito da situação dos litigantes.

Não há como deixar de considerar situações excepcionais em que a atuação do magistrado seja imperiosa ante "o risco iminente de perecimento do direito cuja tutela é pleiteada e do qual existam provas suficientes de verossimilhança. Nesses casos extremos, em que, apesar de presentes os requisitos legais, os efeitos da tutela jurisdicional não é requerida pela

---

mácula suficiente para declarar a nulidade do processo" (TRT 8ª R.; RO 00026-2007-114-08-00-0; Terceira Turma; Rel. Des. Fed. Mário Leite Soares; DJEPA 21/11/2008; Pág. 19); "Impossibilidade de concessão de tutela antecipada de ofício. Pensão por morte. Segurado especial da Previdência. Comprovação, nos autos, da condição de cônjuge e de atividade rural [...]" (TRF 5ª R.; AC 389473; Proc. 2004.81.00.008558-4; CE; Quarta Turma; Rel. Des. Fed. Lázaro Guimarães; Julg. 13/03/2007; DJU 19/04/2007; Pág. 596); "Conforme a redação literal do artigo 273, *caput* do CPC o deferimento da antecipação de tutela encontra se condicionado ao respectivo pedido da parte, razão pela qual o julgador e vedado concedê-la de ofício. Agravo de instrumento conhecido e provido" (TJGO; AI 200903565360; Goiânia; Rel. Des. Leobino Valente Chaves; DJGO 17/12/2009; Pág. 118).

[127] "O legislador processual, rompendo com o dogma da inércia da jurisdição, permite ao juiz conceder tutela cautelar de ofício. Tal possibilidade encontra fundamento no art. 797 do Código de Processo Civil. Seria admissível a antecipação de ofício? A resposta genérica é negativa. O legislador condiciona a medida ao pedido da parte (art. 273)" (BEDAQUE, José Roberto dos Santos. *Tutela cautelar e tutela antecipada*: tutelas sumárias e de urgência (tentativa de sistematização). 5. ed. São Paulo: Malheiros, 2009. p. 142).

[128] Prossegue Bedaque: "Só deve ser aceita a "publicização" do processo se entendida essa expressão como poder conferido ao juiz de alcançar resultado próximo da verdade real, livrando-o de protelações indevidas. Entenda-se verdade real como aquela resultante dos esforços dos sujeitos do processo, inclusive o juiz, para que a realidade seja, na medida do possível, fielmente retratada nos autos. Mais apropriado falar-se em verdade processual" (BEDAQUE, José Roberto dos Santos. *Tutela cautelar e tutela antecipada*: tutelas sumárias e de urgência (tentativa de sistematização), cit., p. 413).

parte, a atuação *ex officio* do juiz constitui o único meio de se preservar a utilidade do resultado do processo"[129].

Em demandas de caráter alimentar – como as previdenciárias – pode ocorrer que um litigante idoso e incapacitado por grave doença não tenha dinheiro para escolher um advogado e acabe sendo representado por um núcleo universitário de prática jurídica conveniado à Defensoria que, por alguma contingência, não formule o pleito antecipatório. Em um caso concreto como esse, faltando o requerimento do patrono, mas evidenciados os requisitos para a concessão da antecipação da tutela, com base no princípio da efetividade da jurisdição e o respeito à dignidade da pessoa humana o juiz procedeu à concessão de ofício da tutela antecipatória[130].

A solução é compreensível porque simples e taxativamente afastar a possibilidade de iniciativa judicial para conceder a antecipação de tutela pode ensejar situações injustas; ademais, não há violação ao princípio dispositivo porque o juiz proferirá decisão judicial nos limites do pedido, estando também assegurado o contraditório porque a antecipação tem por características a provisoriedade e a reversibilidade: "terá a parte contrária, portanto, a oportunidade para demonstrar o não cabimento da providência. E o juiz, convencendo-se do equívoco, poderá revogá-la"[131].

Apesar de possível alegação de afronta ao devido processo legal, a resposta tende a ser positiva: para assegurar o efetivo acesso à justiça e a observância da diretriz isonômica, é preciso perquirir a razão da omissão do requerimento na perspectiva do modelo processual cooperatório.

---

[129] BEDAQUE, José Roberto dos Santos. *Tutela cautelar e tutela antecipada*: tutelas sumárias e de urgência (tentativa de sistematização), cit., p. 413.

[130] "[...] decidi, nos autos mencionados, que devia ser concedido, em antecipação de tutela "ex officio", o benefício de aposentadoria por invalidez a fim de proporcionar ao doente um certo conforto no tempo que lhe resta de vida, apartando a preocupação com a sua subsistência. Enfim, representava o fim de um calvário de mais de sete anos percorrido nas esferas administrativa (5 anos) e judiciária (2 anos)" (NASCIMENTO, Márcio Augusto. Concessão "ex officio" de tutela antecipada. *Jus Navigandi*, Teresina, ano 9, n. 264, 28 mar. 2004. Disponível em: <http://jus2.uol.com.br/doutrina/texto.asp?id=5009>. Acesso em: 9 set. 2010. Para o autor, magistrado federal, a tutela antecipatória pode ser deferida, de ofício, em casos excepcionais onde se evidencia que: 1. o feito tem natureza previdenciária ou assemelhada; 2. o valor do benefício é imprescindível para a subsistência do autor; 3. a parte é hipossuficiente, não só do ponto de vista econômico, mas também de conhecimento de seus direitos; 4. o direito postulado restou provado de forma induvidosa; 5. a falta de prévio requerimento de tutela antecipatória, como motivo para não concessão de antecipação da tutela, revela-se como flagrante injustiça contra a parte autora.

[131] BEDAQUE, José Roberto dos Santos. *Tutela cautelar e tutela antecipada*: tutelas sumárias e de urgência (tentativa de sistematização), cit., 'p. 414.

Há quem afirme, aliás, ser inconstitucional a exigência de requerimento da parte à luz do princípio da inafastabilidade da jurisdição, não havendo como obstaculizar o Poder Judiciário de prestar a jurisdição de forma célere e efetiva[132].

6.8.2. Dispensa de caução e garantias em medidas cautelares

Se o litigante não dispuser de numerário para arcar com o depósito previsto na legislação processual como requisito para a concessão de uma mais eficiente prestação jurisdicional, é possível que apresente sua manifestação e alcance o pleito desejado mesmo sem despender o valor em questão?

Como vem sendo exposto, quando se trata da questão do acesso à justiça, é essencial uma visão realista e contextualizada com base na situação do litigante. Adalberto Narciso Hommerding aborda exatamente o ponto: o dever do Estado de viabilizar a tutela jurisdicional "engloba a proibição de se obstaculizar esse acesso por meio de depósitos prévios, consignações etc. Isso significa que, não sendo razoável ou proporcional as 'consignações obrigatórias', essas não poderão ser exigidas"[133].

Com efeito, diante da constatação da vulnerabilidade econômica do litigante, o juiz deverá analisar com razoabilidade a exigência de depositar, caucionar e apresentar garantias, sob pena de destinar ao hipossuficiente uma prestação jurisdicional de inferior categoria.

Da mesma forma que o sistema prevê facilitações para aquele que pode apresentar em juízo valores significativos, cria óbices ilegítimos a quem, a despeito da pobreza, possa ter razão quanto ao direito material. É, pois, de suma importância que o juiz cotaje a impossibilidade financeira e considere outros elementos para decidir o grau de proteção devida ao litigante.

---

[132] "A consagração constitucional (art. 5°, XXXV) do acesso à justiça reclama conceitos como os da celeridade e efetividade, que pressupõem, para serem efetivados, a instrumentalização de meios necessários para tal fim. Não se concebe o acesso à justiça senão de forma célere e efetiva, a não ser que se queira limitar o princípio do acesso à justiça ao mero aspecto formal. [...] Ao subordinar a antecipação de tutela ao pedido da parte, em caso de abuso de direito de defesa ou de manifesto propósito protelatório, o que ocorre na verdade é negar o acesso à justiça, uma vez que obstaculariza o próprio Poder Judiciário de prestar a jurisdição de forma célere e efetiva. Para nós é inconstitucional a parte do *caput* do art. 273 que subordina, com exclusividade, a antecipação da tutela ao pedido da parte, uma vez que vai de encontro ao inc. XXXV do art. 5° da CF/88" (FRANÇA, Fernando Luís. *A antecipação de tutela ex officio*. Belo Horizonte: Mandamentos, 2003. p. 179).

[133] HOMMERDING, Adalberto Narciso. *Fundamentos para uma compreensão hermenêutica do processo civil*, cit., p. 132.

O art. 804[134] do CPC prevê ser possível ao juiz exigir do requerente da medida cautelar a prestação de uma caução para fazer jus à concessão de medida liminar.

Referida exigência constitui providência apta a promover, com prudência, um contrabalanço no processo – mormente porque muitas vezes a medida de urgência é apreciada e deferida sem a oitiva da parte contrária[135].

Como bem esclarece a doutrina, a caução configura mera contracautela e, se inviável, não compromete a concessão da pretensão. Embora desejável por promover um interessante equilíbrio no processo, não configura requisito necessário ao deferimento da medida urgente; para Márcio Carpena, cabe ao juiz analisar cada situação para apreciar se é o caso ou não de exigi-la, assim como eventuais consequências e valores atingidos[136].

Segundo o autor, o termo "pode" bem consta no art. 804 do Códex porque há realmente situações em que, se exigida a caução, restará inviabilizada ou prejudicada a ordem. Para ilustrar, menciona o requerente pobre que precisa de uma medida de urgência sem ter como arcar com a caução; exigi-la neste caso "representará, de fato, negação de acesso a esse tipo de tutela jurisdicional – o que, por evidente, não pode ser admitido, já que a prestação jurisdicional efetiva não pode ser privilégio de ricos"[137].

Na mesma linha se manifesta Ada Pellegrini Grinover ao abordar a concessão de arresto independentemente de justificação prévia quando pleiteado por pessoas de direito público ou litigante que presta caução[138]; afirma a autora que a previsão não colide com o princípio isonômico em razão tanto da solvência das pessoas de direito público quanto de quem tem condições de prestar caução[139]; contudo, a autora destaca ser neces-

---

[134] "É lícito ao juiz conceder liminarmente ou após justificação prévia a medida cautelar, sem ouvir o réu, quando verificar que este, sendo citado, poderá torná-la ineficaz; caso em que poderá determinar que o requerente preste caução real ou fidejussória de ressarcir os danos que o requerido possa vir a sofrer".

[135] CARPENA, Márcio Louzada. Da caução. In: MACHADO, Antonio Cláudio Costa; VEZZONI, Marina (Org.). *Processo Cautelar*: estudos avançados. São Paulo: Manole, 2010. p. 104.

[136] CARPENA, Márcio Louzada. Da caução, cit., p. 104.

[137] O doutrinador conclui afirmando que, "dependendo dos efeitos da decisão e dos prejuízos que eventualmente poderão derivar do deferimento ou do indeferimento da postulação para qualquer das partes, poderá o juiz dispensá-la ou não" (CARPENA, Márcio Louzada. Da caução, cit., p. 104-105).

[138] Art. 816. "O juiz concederá o arresto independentemente de justificação prévia: I – quando for requerido pela União, Estado ou Município, nos casos previstos em lei; II – se o credor prestar caução (art. 804)."

[139] GRINOVER, Ada Pellegrini. *Os princípios constitucionais e o Código de Processo Civil*, cit., p. 47-48.

sária uma interpretação analógica da Lei nº 1.060/1950 para a concessão dos benefícios da assistência judiciária gratuita a casos em que a prévia exigência da caução possa comprometer o acesso à justiça[140].

Há nesse sentido precedente[141] do Tribunal de Justiça de São Paulo reconhecendo a dispensabilidade da caução em medidas cautelares nas hipóteses em que seu requerente é beneficiário da justiça gratuita.

Têm razão tanto os autores como o precedente citado: em uma perspectiva alinhada ao acesso à justiça e a isonomia do vulnerável processual, é crucial deixar de exigir o valor da caução e conceder a medida com base nos outros requisitos aptos à sua concessão.

Como destaca William Santos Ferreira, "a pior injustiça, em sede de tutelas de urgência, não é aquela que deriva de um pedido indeferido, mas de um pedido sequer apreciado[142]". Espera-se, portanto, que o magistrado, malgrado a ausência de numerário, não deixe pura e simplesmente de analisar o pleito cautelar do litigante vulnerável, mas sim que considere a pertinência de seu deferimento com supedâneo nos demais pressupostos exigidos pelo ordenamento.

6.9. ATIVIDADE EXECUTIVA

Em sede de execução, devem ser observadas as diretrizes mencionadas sobre a competência, a análise da petição inicial e a citação do demandado. Há ainda outros pontos que merecem ser apreciados com atenção pelo magistrado comprometido com a concretização da isonomia se constatada a presença de um litigante vulnerável processualmente.

---

[140] GRINOVER, Ada Pellegrini. *Os princípios constitucionais e o Código de Processo Civil*, cit., p. 61-65 *passim*.

[141] "Sustação de protesto – Dispensa de Caução – Admissibilidade. Presentes o *fumus boni iuris* e o *periculum in mora*, e sendo a caução uma faculdade do juízo (art. 804 do CPC), esta pode não ser exigida quando representar impedimento ao direito da parte de acesso à justiça. Hipótese em que o valor do título em discussão é elevado e o autor (espólio) é beneficiário da justiça gratuita, fato que faz presumir sua hipossuficiência financeira. Liminar mantida. Caução dispensada. Agravo provido" (AI 711203-9/1-00, 24ª Câmara de DireitoPrivado, rel. Salles Vieira, j . 23/08/2007).

[142] FERREIRA, William Santos. As garantias constitucionais do jurisdicionado e a competência nas tutelas de urgência – um enfrentamento positivo. In: FUX, Luiz; NERY JUNIOR, Nelson; WAMBIER, Teresa Celina Arruda Alvim. (Orgs.). *Processo e Constituição*: estudos em homenagem ao Prof. José Carlos Barbosa Moreira. São Paulo: Revista dos Tribunais, 2006. p. 638.

Vale lembrar que a atividade jurissatisfativa envolve tanto o cumprimento de sentença como a execução de título extrajudicial, razão pela qual serão ambos tratados conjuntamente nesta oportunidade.

6.9.1. Atuação de curador especial

É relevante ao tema deste trabalho abordar a polêmica sobre a possível atuação de curador especial ao executado ausente: ante a aplicação subsidiária das regras do processo de conhecimento ao executivo deve o magistrado proceder à referida nomeação?

A resposta foi negativa por muito tempo[143]. Segundo Athos Gusmão Carneiro, a revelia não se coaduna com processo de execução por não terem os embargos natureza de contestação e por não arguir o exequente fatos sujeitos a controvérsia, limitando-se a apresentar um título executivo de sua peculiar eficácia; em sua visão, não haveria contraditório na execução[144]. Também a doutrina se inclinava a esse entendimento por conta da certeza necessária ao crédito para instaurar a execução[145].

---

[143] Raimundo Nonato Fernandes narra que a resposta negativa vinha sendo dada por Turmas do Tribunal Federal de Recursos nos idos de 1980 sob o fundamento de que a citação do executado verificava-se não para se defender, mas para que pagasse a dívida, sendo ainda a natureza processual dos embargos de devedor a de uma ação incidente de conhecimento; o articulista cita que Liebman, sob a vigência do Código de 1939, afirmava o mesmo e que Humberto Theodoro Junior também salientava a índole não contraditória do processo de execução. Conclui então ter inteira procedência o entendimento de "inaplicabilidade, à execução, da norma do art. 9°, II, do CPC, relativa à nomeação de curador especial, quer se trate de réu preso ou que se tenha tornado revel após citação por edital ou com hora certa" (FERNANDES, Raimundo Nonato. Revelia e outros problemas no processo civil. *Revista de Processo*, n. 20, p. 210, out.-dez. 1980).

[144] Conclui o autor: "[...] o processo de execução pressupõe uma "lide sem controvérsia", uma "pretensão resistida". Não há, por princípio, contraditório no processo de execução [...] o embargado é quem poderá sujeitar-se às consequências da revelia, se não impugnar os ditos embargos (art. 740) [...] Não há, pois, "revelia do executado". É um mero "ausente", não um revel. Outrossim, inocorrente a figura da "revelia", o juiz não deverá nomear o curador especial, aludido no art. 9°, II, ao executado citado por edital ou com hora certa e que não se fez representar na execução" (CARNEIRO, Athos Gusmão. Questões polêmicas do novo Código de Processo Civil. *Revista dos Tribunais*, São Paulo, n. 496, p. 18, fev. 1977).

[145] "A declaração de certeza é pressuposto que antecede ao exercício da ação de execução. Daí a afirmação dos processualistas de que o processo de execução não é contraditório (Lopes da Costa. *Direito Processual Civil Brasileiro*. 2. ed. Rio, Forense, 1959, v. IV, n. 38; Micheli, *Derecho Procesal Civil*, Buenos Aires, Ejea, 1970, v. III, p. 144)" (THEODORO JUNIOR, Humberto. A execução forçada no processo civil. *Revista de Processo*, São Paulo, v. 12, n. 46, p. 155, abr./jun. 1987).

Referida posição, porém, não tem prevalecido: entende-se que a garantia do contraditório é importante não só para as partes, mas também para que o juiz possa preservar sua imparcialidade[146]; contudo, como adverte Humberto Theodoro Junior, "deve-se [...] evitar a conclusão de que ocorre um total desequilíbrio entre as partes, pois não é verdade que o Estado seja inteiramente parcial em prol do credor na execução [...] não se pode negar que ao devedor é lícito resistir a pretensão executiva do credor quando indevidamente exercitada"[147].

Após intensa discussão doutrinária, a tese contrária à nomeação foi reputada superada pelo entendimento exposto pelo STF no sentido de ser devida a nomeação de curador especial ao executado ausente[148].

Embora houvesse lacuna na lei, uma importante questão foi solucionada pelo Tribunal Regional Federal da Quarta Região no que tange à possibilidade de o curador especial embargar a execução sem garantir o juízo quando essa providência era necessária. Respondeu positivamente o Pretório porque o curador especial atua por força de um *munus publico* e dele

> "[...] não se pode exigir que coloque seus bens à disposição do juízo ou faça o depósito do valor executado para tanto. Nesse caso e quando se cuida de pessoa pobre, o direito aos embargos não pode ser afastado por

---

[146] A afirmação é de Francesco Carnellutti: "o contraditório não diz respeito apenas, ao interesse das partes; isto fornece o impulso ao contraditório, mas não constitui o seu fim. Na verdade, o juiz tem necessidade do contraditório, mais ainda do que as partes. Vimos, estudando o processo de cognição, como nisto consiste a garantia mais eficaz da imparcialidade do juiz. Não há razão alguma para sustentar que a imparcialidade do juiz valha menos para a execução do que para a cognição" (CARNELLUTTI, Francesco. *Diritto e Processo*, cit., p. 296).

[147] "Mas, para tanto, terá que se valer dos embargos de executado, onde, fora da execução, se instalará o contraditório próprio do processo de conhecimento. Assim, mesmo quando o devedor procura impugnar a pretensão do credor e cria um contraditório em torno dela, a discussão se passa no processo dos embargos, e não no de execução, em face do qual o primeiro é um processo incidente. Desconhece-se, no típico processo executivo, a figura da contestação [...]".

[148] Após apreciar a polêmica, asseverou-se que "a ideia de ausência absoluta do contraditório no processo de execução merece crítica", apesar de poder ser reconhecida certa limitação ao princípio "pela maior probabilidade de adequação ao direito que os títulos executivos ostentam"; conclui então que o art. 601, ao sancionar o executado com a exclusão do contraditório caso atente contra a execução, bem explicita haver então a referida garantia como regra, devendo então o ausente ser amparado por um curador especial (Curador especial. Processo de execução. Executado que não atende a citação edital. E devida a nomeação de curador especial ao executado que, citado por edital, não comparece a juízo. Doutrina. Mérito do acórdão recorrido, que deve subsistir (RE 108073, Rel.: Min. Francisco Rezek, Segunda Turma, j. 24/02/1987, DJ 27-03-1987, p. 5.165).

regra processual de caráter geral, sob pena de haver afronta ao art. 5º, LV, da Constituição, a partir do qual deve ser feita a interpretação conjugada dos arts. 9º, II e 737, I, do CPC, considerado o direito de acesso ao Judiciário, à ampla defesa e ao contraditório"[149].

Como se percebe, concluiu-se pela sua atuação em bases amplas a despeito da ausência da garantia exigida pela lei até então; entendimento esse que se coaduna plenamente com a visão sobre a devida consideração da vulnerabilidade econômica do litigante e será útil para a análise do próximo tópico.

6.9.2. Dispensa de garantia para a concessão de efeito suspensivo

Para a apresentação de embargos do devedor, a Lei nº 11.382/2006 deixou de exigir a garantia do juízo; contudo, para que o executado faça jus à atribuição de efeito suspensivo à apresentação de sua defesa e evite o seguimento da execução, a lei demanda certos requisitos[150]. Para os fins deste trabalho, é importante apreciar a exigência de que a execução esteja garantida por depósito ou caução.

Se o executado for pobre – portanto, sem condições de garantir o juízo – simplesmente não terá condições de obter o efeito suspensivo ainda que haja relevante fundamento e a execução possa ensejar-lhe considerável gravame. A negativa à proteção judicial nesse cenário configura a prestação de jurisdição de qualidade inferior à que pode alcançar um litigante com recursos em evidente violação à isonomia.

Há, portanto, que se perquirir sobre a possibilidade de que o juiz, percebendo a insuficiência econômica do executado, dispense a garantia e foque na presença dos demais requisitos legais para a concessão do efeito suspensivo.

Negando peremptoriamente a possibilidade, há decisões afirmando não haver regra expressa para liberar o litigante de referido ônus processual[151].

---

[149] TRF 4ª R.; AC 2005.70.01.005339-6; PR; Terceira Turma; Relª Desª Silvia Maria Gonçalves Goraieh; DJU 05/07/2006; p. 650).

[150] Art. 739-A. "Os embargos do executado não terão efeito suspensivo. § 1º O juiz poderá, a requerimento do embargante, atribuir efeito suspensivo aos embargos quando, sendo relevantes seus fundamentos, o prosseguimento da execução manifestamente possa causar ao executado grave dano de difícil ou incerta reparação, e desde que a execução já esteja garantida por penhora, depósito ou caução suficientes".

[151] "A garantia do juízo é elemento absolutamente indispensável para o recebimento dos embargos à execução, constituindo-se como verdadeira condição da ação. 2. O fato de

Esse entendimento, no entanto, precisa ser revisto: se para impugnar ou embargar à execução valendo-se do efeito suspensivo exigir-se a garantia do juízo, jamais o hipossuficiente, à míngua de recursos, terá como exercer seu direito de defesa em sede executiva em sua plenitude; assim, o magistrado deve proceder de forma comprometida com o acesso à justiça e considerar a pobreza causa suficiente para dispensar a exigência – como ocorre na execução provisória por força do art. 475-O, § 2º, II.

Para Marcelo Abelha Rodrigues,

> "[...] a regra da constrição judicial como pressuposto para oferecimento da impugnação sofre abrandamentos, e, *v.g.*, se não houver bens a serem penhorados ou eles forem insuficientes para cobrir toda a execução, nada impede que a impugnação ou os embargos sejam ofertados, processados e julgados, afinal de contas a falta de bens penhoráveis trará ao exequente uma situação de suspensão do procedimento executivo, e, por isso mesmo, em respeito à economia processual e celeridade do processo, seriam de bom alvitre o recebimento e processamento da impugnação"[152].

A esse propósito, há interessante precedente do Tribunal Regional Federal da Terceira Região:

> "Havendo nos autos fortes evidências de que a executada é pessoa pobre, bem como nunca ter exercido a gerência da empresa executada, impõe-se sejam recebidos os embargos para discussão, ainda que não seguro o juízo, por ser indispensável a prova da legitimidade/ilegitimidade da agravante para figurar no polo passivo da execução, sob pena de desrespeito ao princípio da ampla defesa"[153].

Na mesma esteira segue o Tribunal de Justiça gaúcho, focando a incongruência da exigência diante da hipossuficiência faticamente configurada e da violação do contraditório[154].

---

o embargante ser considerado juridicamente pobre não configura excepcionalidade à regra peremptória inserta no art. 737 do Código de Processo Civil [...]" (TJDF; APC 4960098; Ac. 115091; DF; Quinta Turma Cível; Relª Desª Adelith de Carvalho Lopes; j. 31.05.1999; *DJU* 01.07.1999; p. 32).

[152] RODRIGUES, Marcelo Abelha. *Manual de execução civil*. Rio de Janeiro: Forense Universitária, 2006. p. 501.

[153] TRF 3ª R.; AG 154096; Proc. 2002.03.00.017246-2; SP; Sexta Turma; Rel. Des. Fed. Mairan Gonçalves Maia Júnior; DJU 07/05/2007; p. 549.

[154] "Em face do pedido de assistência judiciária gratuita é da evidência de que nenhum outro bem do devedor foi encontrado para garantir a dívida, é incongruente exigir-se que, para embargar, o executado garanta a totalidade do crédito reclamado, quando declarou, nos autos, ser pobre e não possuir meios de suportar as custas processuais

À luz da vulnerabilidade processual sob o aspecto econômico e com base no modelo cooperativo de processo, é essencial que o juiz proceda de forma comprometida com a proteção judiciária e com a igualdade, liberando o executado da exigência que ele não pode cumprir por razões involuntárias.

6.10. SISTEMATIZAÇÃO DA TESE: ALEGAÇÃO DE JUSTA CAUSA

Identificadas as principais possibilidades de que o magistrado considere a situação do litigante vulnerável para possibilitar-lhe de forma mais ampla e realista a prática de atos processuais, é importante determinar como atuarão os sujeitos processuais em face da aludida verificação.

A vulnerabilidade emerge como critério caracterizador de uma justa causa para promoção da igualdade real, circunstância permissiva ao juiz de superação de certos efeitos prejudiciais ao litigante.

6.10.1. Configuração da justa causa

Constatada a disparidade entre as partes em razão da vulnerabilidade de um dos litigantes, é possível, por meio da alegação de justa causa, informar o juízo sobre a ocorrência e buscar superá-la; assim, a tese pode ser aplicada e reconhecida no processo civil brasileiro a partir do sistema normativo vigente com base no art. 183, §§ 1º e 2º, do CPC[155].

No Brasil, a expressão *justa causa* foi empregada no direito processual penal como condição da ação e tida por muitos como cláusula de conteúdo indefinido a ser preenchida pelo juiz de acordo com o caso concreto, sendo expressiva a dificuldade de sua conceituação[156].

---

sem prejuízo de sua manutenção. O não recebimento dos embargos configuraria, neste caso, flagrante revés relativamente ao princípio do contraditório, tão caro ao nosso sistema constitucional. Precedentes" (TJRS; APL-RN 70005735915; Santa Bárbara do Sul; Primeira Câmara Especial Cível; Rel. Des. Antônio Corrêa Palmeiro da Fontoura; Julg. 02/12/2003).

[155] Art. 183. "Decorrido o prazo, extingue-se, independentemente de declaração judicial, o direito de praticar o ato, ficando salvo, porém, à parte provar que o não realizou por justa causa. § 1º Reputa-se justa causa o evento imprevisto, alheio à vontade da parte, e que a impediu de praticar o ato por si ou por mandatário. § 2º Verificada a justa causa o juiz permitirá à parte a prática do ato no prazo que lhe assinar".

[156] Como aponta Rogério Lauria Tucci, "a falta de justa causa para a ação penal constitui tema que, até o momento, não encontrou fórmula definidora explícita tido como satisfatória. E isso, por certo, em razão da multivariedade encontradiça no conceito de

Já no direito do trabalho, a *justa causa* é claramente definida como a infração contratual ou legal que pode determinar a rescisão do contrato de trabalho por culpa do empregado ou do empregador,[157] afirmando a doutrina, com unanimidade, que suas hipóteses são previstas de maneira taxativa na Consolidação das Leis do Trabalho[158].

Na seara processual civil revela-se mais condizente a identificação da ocorrência com base nas circunstâncias do caso concreto, já que não há lista de hipóteses expressando casos de aplicação.

Há tradição de normas abertas sobre o tema: desde as Ordenações Afonsinas registra-se previsão normativa para flexibilizar o ônus da prática de certos atos em juízo. Em resgate a lições de outrora, há interessantes dispositivos que bem demonstram a (adequada) relativização do cumprimento de prazos em face de circunstâncias justificáveis[159].

O tema foi versado no anterior Código de Processo Civil com referência ampla e genérica a "motivo de força maior"[160], tendo o atual Código deixado de usar a referida expressão para mencionar "evento imprevisto, alheio à vontade da parte".

---

justa causa." (TUCCI, Rogério Lauria. *Falta de justa causa.* , In: FRANÇA, Rubens Limongi (Org.). *Enciclopédia Saraiva de Direito*. São Paulo: Saraiva, 1977. v. 36, p. 253)

[157] ROCHA, Osiris. Justa causa (direito do trabalho). In: FRANÇA, Rubens Limongi (Org.). *Enciclopédia Saraiva de Direito*. São Paulo: Saraiva, 1977. v. 47, p. 282.

[158] CLT, arts. 482 e 483.

[159] Nas Ordenações Afonsinas, a inobservância do prazo de apresentação do recurso podia ser superada caso o recorrente demonstrasse "justo e legítimo impedimento", também cabendo alegar "justo impedimento" em caso de deserção. Os passos, contudo, eram omissos quanto à precisa configuração de tal motivação. O doutrinador Antonio Joaquim de Gouvêa Pinto consolidou lições de outros estudiosos para listar os casos em que eram considerados legítimas e atendíveis as alegações dos recorrentes quanto ao justo e legítimo impedimento, destacando-se a doença e a pobreza do recorrente, sua prisão, a ocorrência de peste e intempéries climáticas, as ausências por atividades justificáveis, o justo medo de viagem e inimigos, dentre outros. À parte incumbia não apenas provar o impedimento como também que atuou para tentar remover o obstáculo removível; a enfermidade, por exemplo, era fácil de ser provada com a certidão de médico ou cirurgião (PINTO, Antonio Joaquim de Gouvêa. *Manual de appellações e aggravos, ou deducção systematica dos princípios mais sólidos e necessarios á sua Materia, fundamentada nas Leis deste Reino*, cit.).

[160] Decreto-Lei nº 1.608/1939, art. 38: "Se, por motivo de força maior, qualquer ato ou diligência deixar de ser praticado no prazo, o juiz poderá permitir-lhes a realização, mediante requerimento fundamentado e devidamente instruído".

Maria Thereza Rocha Assis Moura anota que a justa causa não deixou de "abarcar tanto o caso fortuito como a força maior, ainda que acolhida a corrente que distingue entre as duas expressões"[161].

No direito estrangeiro, há notícia de que em casos excepcionais o magistrado pode reconhecer circunstâncias legítimas para a concessão de mais prazo; assim, na Inglaterra[162] o juiz pode prorrogar prazo se o demandante for deficiente e na França[163] o juiz pode adiar a prática de atos para que ambas as partes consigam comparecer.

Nos dias atuais, é interessante a previsão aberta para que, à luz das circunstâncias do caso *sub judice*, possam ser aferidas a pertinência e a fundamentação da ocorrência lesiva.

Como bem destaca Luís Roberto Barroso, a textura aberta que pauta os conceitos jurídicos indeterminados dota-os de plasticidade fornecendo "um início de significação a ser complementado pelo intérprete, levando em conta as circunstâncias do caso concreto"; não se encontrando a solução inteiramente no enunciado, "sua função não poderá limitar-se à revelação do que lá se contém; ele terá de ir além, integrando o comando normativo com a sua própria avaliação"[164].

A doutrina brasileira geralmente define a justa causa como o impedimento eficaz, alheio à vontade da parte, que por si só não permite que o ato processual seja realizado, aliando-se normalmente à noção de um fato imprevisível[165].

---

[161] Após chegar a essa conclusão, a autora invoca a lembrança de Hélio Tornaghi, que reputava suficiente, para tal caracterização, que o evento não tivesse sido antevisto nem desejado (MOURA, Maria Thereza Rocha de Assis. *Justa causa para a ação penal*: doutrina e jurisprudência. São Paulo: Revista dos Tribunais, 2001. p. 110).

[162] Prazos processuais – Inglaterra e País De Gales. "A Parte II da Lei de Prescrição de 1980 prevê a possibilidade de prorrogação dos prazos, por exemplo no caso de deficiência do demandante (artigo 28º da referida lei)" (Disponível em: <http://ec.europa.eu/civiljustice/time_limits/time_limits_eng_pt.htm#10>. Acesso em: 29 abr. 2010).

[163] "Em caso de urgência, os tribunais podem reduzir os prazos de comparência e permitir a citação num dia fixo. Do mesmo modo, os tribunais podem transferir o exame do processo para uma data posterior, de modo a permitir a comparência das partes" (Disponível em: <http://ec.europa.eu/civiljustice/time_limits/ time_limits_fra_pt.htm#10>. Acesso em: 29 abr. 2010).

[164] BARROSO, Luís Roberto. Neoconstitucionalismo e constitucionalização do direito: o triunfo tardio do direito constitucional no Brasil, cit.

[165] "Para a caracterização da justa causa exige-se a presença conjunta dos três requisitos obrigatoriamente (fato imprevisto, não submetido à vontade da parte e impeditivo da prática do ato); faltando apenas um deles, não há justa causa. (MACHADO, Antonio Cláudio da Costa. *Código de processo civil interpretado e anotado*. Barueri: Manole, 2006. p. 494); no mesmo sentido, Nelson Nery Junior e Rosa Maria de Andrade Nery

Como se percebe, a vulnerabilidade processual insere-se na definição apresentada, já que impede a prática dos atos pelo litigante a despeito de sua vontade.

A justa causa obsta a realização do ato processual e justifica a sua ausência; a parte omissa poderá praticar o ato posteriormente – em prazo a ser fixado pelo juiz – se provar que não o realizou com base no referido impedimento[166].

É necessária a verificação do nexo de causalidade entre o evento imprevisto e alheio à vontade e a omissão, tendo a causa efetivamente impedido a realização do ato; para Maria Thereza Rocha Assis Moura, a "circunstância que dificulta sem, contudo, impedir a prática do ato, não torna justa a causa"[167].

Na posição da autora, essa assertiva pode fomentar uma visão restritiva ao cogitar sobre gradações de dificuldade não contemplada na lei e sujeita ao alvedrio do julgador sem bases objetivas. Havendo ilegítimo obstáculo em razão da vulnerabilidade da parte a dificultar significativamente a prática do ato, ela pode acabar não se desincumbindo totalmente de seu ônus (v.g., apresentando contestação sem todos os elementos de prova porque os pertences pessoais estão na casa de onde foi alijada); nessa hipótese, com base na justa causa, é pertinente que se permita a complementação de sua manifestação.

Como nos demais ramos jurídicos, para aferir a ocorrência de justa causa no processo civil o juiz precisa, com base nas condições do caso e sob seu prudente critério, decidir com base na diligência comum de um homem médio[168].

Desde há muito Calmon de Passos salienta a importância de que o conceito de justa causa seja útil em situações práticas corriqueiras[169].

---

se referem à justa causa como "o impedimento eficaz por si só para fazer com que não possa ser praticado o ato processual. Este impedimento deve ser alheio à vontade da parte ou interessado e consequência do fato ou evento imprevisto" (NERY JUNIOR, Nelson; NERY, Rosa Maria de Andrade. *Código de processo civil comentado.*, cit., p. 447).

[166] MOURA, Maria Thereza Rocha de Assis. *Justa causa para a ação penal*: doutrina e jurisprudência, cit., p. 108.

[167] MOURA, Maria Thereza Rocha de Assis. *Justa causa para a ação penal*: doutrina e jurisprudência, cit., p. 110.

[168] MOURA, Maria Thereza Rocha de Assis. *Justa causa para a ação penal*: doutrina e jurisprudência, cit., p. 111.

[169] "Como exemplos de justa causa, capaz de autorizar a contestação e elidir os efeitos da revelia já reconhecida, podemos apontar um, de incidência bem provável e frequente no 'outro Brasil', o de fora da cerca: a inexistência, no domicílio do réu, de advogado ou

Doutrina mais antiga costumava indicar como exemplos de justa causa a greve de transportes, o fechamento do fórum, a ocorrência de anormalidade no expediente forense, a doença grave e repentina da parte – que precisaria constituir advogado ou comparecer para depor –, o erro tipográfico do jornal oficial, a não localização dos autos ou sua saída irregular do cartório e o erro da serventia ao assinalar prazo maior para a contestação em caso de procedimento especial[170].

Pesquisa jurisprudencial recente, contudo, revelou rigor crescente para reconhecer a ocorrência de justa causa, concluindo em muitas oportunidades por sua ausência.

Dentre as hipóteses mencionadas, a greve – que sempre foi invocada como exemplo[171] – passou a deixar de ser assim reputada em muitas decisões[172].

A doença do advogado nem sempre tem sido considerada causa suficiente para a devolução do prazo, entendendo muitos julgadores que esta só poderá ser reputada justa se o advogado atuar sozinho nos autos[173] e não tiver condições de substabelecer o mandato a outros causídicos[174].

---

o impedimento ou recusa dos existentes. A lei autoriza a parte, nessas circunstâncias, a atuar em causa própria, mas não lhe impõe essa atuação como dever. O defender-se em juízo requer um mínimo de habilitação que a parte pode não possuir. Assim, o deslocamento do réu à procura de advogados para representá-lo em juízo pode significar obstáculo configurador de justa causa. Em comarcas distantes e desassistidas do Brasil do Norte e do Nordeste, o fato será frequente" (CALMON DE PASSOS, J. J. *Comentários ao Código de Processo Civil*, p. 392).

[170] MOURA, Maria Thereza Rocha de Assis. *Justa causa para a ação penal*: doutrina e jurisprudência, cit., p. 111.

[171] Eis excertos de decisões nesse sentido: "A adesão de considerável parcela de seus funcionários da CEF em greve nacional constitui justa causa que autoriza o conhecimento do recurso de apelação intempestivo. Inteligência do art. 183 do CPC" (TRF 4ª R.; AC 2004.70.00.028338-8-PR; Terceira Turma; Rel. Juiz Fed. Gilson Luiz Inácio; j. 09.11.2010; *DEJF* 19.11.2010; p. 102); "A paralisação dos serviços judiciais em virtude da greve dos servidores do poder judiciário constitui justa causa apta a autorizar a reabertura do prazo processual, nos termos do art. 183, §§ 1º e 2º do Código de Processo Civil. (TJSE; AI 2010208798; Ac. 11000/2010; Primeira Câmara Cível; Relª Juíza Conv. Iolanda Santos Guimarães; *DJSE* 10.11.2010; p. 18).

[172] "A Corte Especial deste Superior Tribunal de Justiça pacificou a vertente de que a deflagração de movimento grevista não caracteriza a justa causa do art. 183, § 1º, do Código de Processo Civil, nem a força maior do artigo 265, inciso V, do Código de Processo Civil" (STJ; EDcl-AgRg-Ag 943.121; Proc. 2007/0192222-7; SP; Sexta Turma; Rel. Des. Conv. Celso Limongi; j. 16.03.2010; *DJE* 19.04.2010).

[173] "A doença do advogado pode constituir justa causa para autorizar a interposição tardia de recurso se for o único procurador da parte constituído nos autos – o que não ocorre na espécie" (AgRg no Ag 1.049.633/RS, Rel. Ministro Ari Pargendler, Terceira Turma, j. 02.09.2008, *DJe* 18.11.2008).

[174] Segundo precedente do STJ, "2. A doença que acomete o advogado somente se caracteriza como justa causa quando o impossibilita totalmente de exercer a profissão ou

Cap. 6 – VULNERABILIDADE COMO CRITÉRIO LEGÍTIMO DE DESEQUIPARAÇÃO NO PROCESSO CIVIL

Merece destaque positivo por sua coerência *decisum* do Tribunal de Justiça do Rio Grande do Sul entendendo configurada a justa causa porque a serventia só havia permitido o cadastramento eletrônico de um advogado e este restou enfermo[175].

O Tribunal de Justiça de São Paulo entendeu que a contestação apresentada um dia após o termo final acompanhada do atestado médico deve ser aceita porque "dentro da razoabilidade que deve pautar o processo como um todo, não é aceitável que uma peça processual ofertada com um dia de atraso, acompanhada de justificativa médica, não mereça credibilidade para ser juntada aos autos"[176].

Erros da serventia no lançamento de informações nos sítios eletrônicos configuram justa causa? Duas concepções podem ser encontradas no STJ a respeito; enquanto a primeira responde pela negativa – entendendo competir ao advogado checar as informações e diligenciar no tocante à observância dos prazos[177] –, uma segunda corrente vê como justificável a falha da par-

---

de substabelecer o mandato a colega seu para recorrer da decisão. 3. A advogada que foi acometida pela enfermidade não é a única procuradora constituída nos autos pela parte recorrente, não havendo que se falar em justa causa ou força maior a possibilitar a devolução do prazo recursal. Portanto, inaplicáveis ao caso os arts. 507 e 183, § 1º, ambos do CPC. Precedente" (REsp 670.147/PE, Rel. Ministro Mauro Campbell Marques, Segunda Turma, j. 03.03.2009, *DJe* 25.03.2009).

[175] Processual civil. Agravo de instrumento. Moléstia do procurador. Força maior/justa causa. Suspensão de prazo recursal. Cadastro e intimações eletrônicas dirigidas exclusivamente a um dos procuradores. Se a própria Justiça Federal cadastra em meio eletrônico exclusivamente um dos procuradores aos quais outorgado mandado nos autos em papel e a ele unicamente dirige suas intimações também via eletrônica, a doença que o acomete durante os últimos dias do respectivo prazo recursal constitui justa causa/força maior e suspende sua fluência (CPC, art. 183 e 507) (TRF 4ª R.; AI 0018025-63.2010.404.0000; RS; Sexta Turma; Rel. Des. Fed. João Batista Pinto Silveira; j. 18.08.2010; *DEJF* 26.08.2010; p. 854).

[176] Eis a ementa do aresto: "Revelia. Intempestividade no oferecimento de contestação. Alegação de aplicabilidade do artigo 183 do C.P.C., por motivo de saúde debilitada do advogado. Apresentação de atestado médico e declaração comprovando falta de condições para trabalhar. Justa causa caracterizada. Revelia afastada [...] (TJSP; APL 991.03.021979-6; Ac. 4290023; Jundiaí; Vigésima Segunda Câmara de Direito Privado; Rel. Des. Andrade Marques; j. 13.01.2010; *DJESP* 08.02.2010).

[177] Há dezenas de decisões do STJ nesse sentido após a decisão da Corte Especial nos embargos de divergência cujo teor é conforme a seguir: "As informações prestadas via internet têm natureza meramente informativa, não possuindo, portanto, caráter oficial" (STJ, ERESP 503761/DF, Corte Especial, DJ 14 nov. 2005, p. 175). Segue precedente mais recente alinhado ao aludido entendimento: "1. As informações processuais disponibilizadas na internet possuem natureza meramente informativa. Precedentes da Corte Especial. 2. Eventual erro ocorrido na disponibilização dessas informações não caracteriza justa causa a ensejar a reabertura do prazo processual nos termos do art.

te induzida pelo Estado[178]: uma vez disponibilizado "o serviço de internet pelo Tribunal, deve ser prestado eficazmente, pois todos os jurisdicionados confiam nas informações prestadas"[179].

O primeiro entendimento não encontra guarida no ordenamento: se o Estado promove a utilização do processo pela via digital, cria naturais expectativas de que as informações que lança em seu sítio são fidedignas, devendo responder por sua autenticidade e não punir o advogado que, de boa-fé, acredita no que o Tribunal divulga. Nesse sentido decidiu o pretório mineiro, afirmando que ao colocar à disposição das partes o andamento processual pela internet – para que todos possam acompanhar o decorrer do processo –, o Tribunal de Justiça veicula banco de dados oficial e as informações ali constantes têm caráter oficial e não apenas informativo; assim, a parte de boa-fé não pode ser afetada "por informações errôneas implantadas na própria página do TJMG"[180].

6.10.2. Lapso temporal e prova da alegação

A lei processual prevê o reconhecimento da ocorrência de justa causa e a consequente concessão de adicional prazo para a prática do ato processual afetado sem especificar elementos procedimentais para a ocorrência.

Malgrado o Código de Processo Civil seja omisso no tocante a prazo e forma para a alegação de justa causa, doutrina e jurisprudência estabeleceram pautas para a dedução dos fatos impeditivos do decurso do prazo.

Indica-se lapso temporal para a arguição em comento: esta deve, preferencialmente, ser formulada enquanto o prazo legal ainda flui[181] ou então

---

183, § 1º, do CPC" (AgRg-Ag 1.287.509-RJ; Proc. 2010/0049380-8; Segunda Turma; Relª Minª Eliana Calmon Alves; j. 01.06.2010; *DJE* 17.06.2010).

[178] "É justificável o equívoco cometido pela parte fora do prazo regular se a tanto foi induzida por informação errada ou imprecisa obtida no serviço oficial de informações posto à disposição das partes e dos seus advogados pelo próprio Poder Judiciário" (STJ; REsp 538.642/RS; Rel. Min. César Asfor Rocha; Quarta Turma; *DJ* 09.09.2003).

[179] Ag. Reg. Nos Emb. Decl. no REsp 262.316-PR, *DJ* 07.10.2002.

[180] TJMG, Agravo nº 1.0432.06.012536-1/001 – Monte Santo de Minas – Relator para o acórdão: Exmo Sr. Des. Elpidio Donizetti, *DJ* 13.08.2007.

[181] Em precedentes, assim entenderam o TJRJ ("não houve nenhum pedido de dilação do prazo conferido, quando ainda fluindo, não se afigurando cabível, diante da previsão legal, que seja alargado o prazo, apenas por conveniência à agravante". AI 0031490-89.2010.8.19.0000; Primeira Câmara Cível; Rel. Des. Custodio Tostes; DORJ 30/08/2010; Pág. 123) e o TJMG ("Nos termos do art. 183, § 1º, do CPC, compete à parte interessada, no curso do lapso temporal facultado para a prática do ato, provar a justa causa que enseja a restituição do prazo para ofertar a sua defesa (AGIN 0169720-

nos cinco dias posteriores ao seu termo final – em contemplação ao prazo geral estabelecido no art. 185 do CPC[182].

Não há fundamento legal nem coerência lógica na exigência porque a vantagem da previsão aberta[183] do Código é proporcionar flexibilidade diante de situações excepcionais. Se o litigante se encontra hospitalizado durante a fluência do prazo, será praticamente impossível que no curso deste consiga se manifestar e praticar o ato processual.

Assiste razão a Misael Montenegro quando diz preferir não fixar espaço temporal para a demonstração da justa causa porque "os casos concretos e os acontecimentos são disformes" e podem admitir, em certas situações, a possibilidade de demonstração do fato logo após sua ocorrência, mas em outros não, razão pela qual propugna "que a circunstância seja comprovada *de imediato*, expressão propositadamente utilizada de modo subjetivo, para que seja *amoldada* pelo magistrado no caso concreto"[184].

Na realidade o momento apropriado para a parte alegar a justa causa e postular a prática do ato verifica-se logo depois da cessação do motivo que a inibiu ou após o lapso temporal necessário para reorganizar-se em reação ao fato que a surpreendeu[185].

Merece prevalecer, portanto, a conclusão de que o prazo para arguir a justa causa deve ser razoável, sendo essa característica aferida à luz das circunstâncias do caso sob análise[186]. Nesse diapasão, entendeu o STJ que

---

79.2010.8.13.0000; Coronel Fabriciano; Terceira Câmara Cível; Rel. Des. Elias Camilo; j. 05.08.2010; *DJEMG* 17.08.2010).

[182] É esta a posição predominante no STJ, merecendo destaque julgado representativo de tal entendimento: "A justa causa prevista no artigo 183 e parágrafos do CPC, deve ser devidamente comprovada no prazo de cinco dias após o encerramento do impedimento (art. 185, CPC)" (AgRg no AgRg no Ag 438.144/SP, Rel. Min. Denise Arruda, Primeira Turma, *DJ* 19.04.2004).

[183] Como aduz com propriedade Barbosa Moreira, "nem sempre convém, e às vezes é impossível, que a lei delimite com traços de absoluta nitidez o campo de incidência de uma regra jurídica, isto é, que descreva em termos pormenorizados e exaustivos todas as situações fáticas a que há de ligar-se este ou aquele efeito no mundo jurídico" (BARBOSA MOREIRA, José Carlos. Regras da experiência e conceitos juridicamente indeterminados. In: _____. *Temas de direito processual*: segunda série. São Paulo: Saraiva, 1980. p. 62).

[184] MONTENEGRO FILHO, Misael. *Código de Processo Civil comentado e interpretado*. 2. ed. São Paulo: Atlas, 2010. p. 251.

[185] FADEL, Sérgio Sahione. *Código de Processo Civil comentado*, cit., p. 225.

[186] A menção à razoabilidade consta em alguns precedentes do STJ: "A justa causa impeditiva de prática de ato pela parte deve ser alegada no devido tempo, *ou em interstício razoável*, não podendo valer-se de requerimento de prorrogação ou de nova publicação da decisão após dois anos da certidão do trânsito em julgado (AgRg no Ag 468.043/

"[...] o novo prazo fixado poderá ter como termo 'a quo' o momento em que a parte veio aos autos para informar a irregularidade da intimação ou então, qualquer outro que o magistrado entender cabível. No presente caso, o juiz de origem atento ao bom-senso e experiência profissional entendeu pela aplicação do segundo procedimento, motivo pelo qual inexiste qualquer malferimento ao artigo apontado como violado"[187].

Além de alegar, com base no art. 182 exige-se que a parte prove a justa causa. Também aqui o magistrado precisa atuar com sensibilidade e evitar rigor excessivo.

No que tange à demonstração da greve, embora nem sempre o Tribunal local emita certidões oficiais a respeito, vários precedentes têm exigido que a parte junte tais documentos aos autos[188].

Exigir a emissão de certidões normalmente não lavradas pelo Tribunal implica duas inoportunas ocorrências: 1. obriga o advogado a despender tempo e energia para a obtenção do documento; 2. obriga a serventia do juízo a deixar de cumprir importantes atividades para emitir documentos atestadores de fatos notórios – como greves e encerramentos de expedientes forenses –; tais exigências por certo não colaboram para a melhor gestão da crise que acomete o Poder Judiciário.

No que tange a documentos sobre doenças e internações, o magistrado deve admitir que, na realidade, pessoas iletradas talvez não saiam com documentação dos hospitais frequentados; assim, deve permitir sua juntada *a posteriori* ou ainda outras provas aptas a demonstrar que a debilidade de saúde realmente ocorreu[189].

PR, Rel. Ministro Castro Filho, Terceira Turma, julgado em 06/04/2006, DJ 08/05/2006, p. 195) (sem grifo no original).

[187] AgRg no Ag 1152621/PR, Rel. Ministro Luis Felipe Salomão, Quarta Turma, j.B25/05/2010, DJe 08/06/2010.

[188] "Não dispondo os autos de elementos para confirmar a suspensão dos prazos em virtude da greve, não há como superar o assentado no acórdão recorrido" (REsp 539.961/SP, Rel. Ministro Carlos Alberto Menezes Direito, Terceira Turma, julgado em 06.04.2004, *DJ* 17.05.2004, p. 218); "Processual civil. Previdenciário. Greve dos serventuários da justiça não comprovada pelo agravante. Agravo de instrumento intempestivo. Decisão mantida. [...] A ocorrência de suspensão do expediente forense que justifique a prorrogação do prazo para a interposição do recurso deve ser comprovada por documento do Tribunal local, no momento da interposição do agravo" (AgRg no Ag 799.433/SP, Rel. Min. Maria Thereza de Assis Moura, Sexta Turma, j. 07.08.2007, *DJ* 27.08.2007, p. 303).

[189] O juiz precisa atentar para o fato de que algumas instituições publicas do sistema de saúde brasileiro não fornecem documentação aos milhares de doentes atendidos.

Como se observa, é importante que o juiz não revele preconceitos ou manifeste uma posição rígida a respeito do tempo e da forma de alegação; como ele lida com um litigante vulnerável, sua atuação deve ser comprometida com a remoção dos óbices de acesso à justiça que a parte experimenta para participar do feito.

6.10.3. Preclusão e/ou atuação de ofício?

Prevalece na jurisprudência que a parte precisa se manifestar sobre a ocorrência da justa causa na primeira oportunidade em que puder falar nos autos sob pena de preclusão[190].

O entendimento esposado não merece prosperar por duas razões: 1. em certos casos o litigante fica inviabilizado de comunicar-se com seu advogado e por isso este pode praticar atos processuais sem conseguir contato com o representado; 2. como assegurar a igualdade é matéria de ordem pública, deve ser objeto de atenção pelo julgador a qualquer tempo.

Se a parte hospitalizada não pôde avisar seu advogado e este, após tentativa infrutífera de contato acabou apresentando em juízo rol de testemunhas que depois soube ser incompleto, o jurisdicionado deve sofrer os efeitos da preclusão e ser inviabilizado de aportar outros elementos? A resposta é negativa: alegando e demonstrando a justa causa por debilidade na saúde que acarrete sua vulnerabilidade processual, deverá ser-lhe permitida a prática do ato processual de forma completa.

No que tange à iniciativa de alegar a justa causa, naturalmente a parte irá, tão logo possa voltar a se comunicar, avisar seu advogado e este peticionará ao juízo relatando a situação de vulnerabilidade. Mas e se o litigante estiver tão debilitado que não tenha condições de se manifestar nem de alegar a ocorrência, sabendo o juiz sobre sua configuração, pode, de ofício, reconhecer a justa causa?

A questão, como é possível notar, diz respeito à iniciativa para o conhecimento da circunstância de vulnerabilidade: pode o juiz atuar de ofício para concretizar a diretriz isonômica se perceber que o litigante é vulnerável?

---

[190] "Não manifestação do agravante sobre referida decisão, apesar de devidamente intimado para tanto, sem qualquer alegação impeditiva de justa causa Preclusão temporal caracterizada. Aplicação do art. 183 do CPC" (TJSP; AI 990.10.054279-6; Ac. 4659844; Ribeirão Preto; Décima Terceira Câmara de Direito Privado; Rel. Des. Irineu Fava; j. 04.08.2010; *DJESP* 31.08.2010).

A resposta natural a essa indagação seria negativa: ante a premissa da inércia da jurisdição, caberia ao litigante alegar e demonstrar sua excepcional situação para que pudesse fazer jus a um tratamento diferenciado.

Aqui mais uma vez a visão liberal do processo pode conduzir à resposta sobre a necessária omissão do juiz, enquanto as concepções publicista e cooperativa conduzem ao entendimento sobre ser necessária sua atuação.

É necessário, contudo, aprofundar a análise para aferir se essa é efetivamente a resposta mais apropriada questionando: a aferição da vulnerabilidade e a respectiva atuação do juiz para promover a igualdade configuram matéria de ordem pública ou de interesse privado?

Há de prevalecer o entendimento de que se está diante de uma questão de ordem pública; sendo seu dever assegurar a igualdade das partes, o juiz não pode se omitir: tendo condições de aferir, *de per se*, circunstância que configure a vulnerabilidade, ele deverá atuar para minorá-la e restabelecer o equilíbrio entre os litigantes. Essa tem sido a pauta interpretativa, aliás, invocada nas demandas de consumo.

Para ilustrar, imagine-se que em uma comarca pequena o juiz saiba pelo noticiário sobre a ocorrência de um acidente envolvendo certo litigante que se encontra hospitalizado; evidente que a partir do fato notório ele poderá adiar[191] a audiência agendada para o dia seguinte com base em motivo justificado.

Embora a lei[192] afirme caber ao advogado provar a ocorrência, é inegável que o juiz poderá, a partir do fato notório, reconhecer a incidência de justa causa que inviabiliza a prática do ato; o mesmo ocorrerá se o juiz souber que o litigante se encontra enfermo, ou por outra fundada razão, inviabilizado de comparecer a juízo.

6.10.4. Contraditório e recorribilidade

Constatada ou alegada uma situação de vulnerabilidade, deve o magistrado proporcionar o contraditório à parte contrária, possibilitando-lhe manifestação antes de proferir a decisão?

---

[191] Art. 453. "A audiência poderá ser adiada: [...] II – se não puderem comparecer, por motivo justificado, o perito, as partes, as testemunhas ou os advogados."

[192] Embora o art. 453, § 1º, afirme incumbir "ao advogado provar o impedimento até a abertura da audiência; não o fazendo, o juiz procederá à instrução", obviamente o juiz poderá, com base no fato notório, reconhecer a incidência de justa causa que impede a prática do ato.

Cap. 6 – VULNERABILIDADE COMO CRITÉRIO LEGÍTIMO DE DESEQUIPARAÇÃO NO PROCESSO CIVIL

Como restou evidenciado, para a autora deste trabalho trata-se de matéria de ordem pública em razão de sua conexão com a garantia constitucional; como abordado no Capítulo 3, em atenção à garantia do contraditório é importante que o juiz fomente a participação das partes a respeito.

Conforme referenciado, há perspectiva de previsões legislativas no Projeto de Lei do Novo Código de Processo Civil expressamente afirmando a necessidade de submissão ao contraditório das matérias cognoscíveis de ofício pelo juiz[193].

No que tange à recorribilidade, a alegação da vulnerabilidade constitui questão incidental decidida por decisão interlocutória, sendo recorrível via agravo.

Caso negado o reconhecimento da vulnerabilidade processual, a parte afetada precisará da devolução imediata da matéria ao Tribunal porque a decisão é suscetível de lhe causar dano grave – pela inviabilidade de participar plenamente do processo –; caso acolhida a alegação de justa causa, a outra parte poderá recorrer, em princípio, via agravo retido já que a simples prática de ato não costuma causar prejuízo; contudo, se houver elementos demonstrando potencial de grave dano, poderá interpor agravo de instrumento.

6.10.5. Constatação de falsidade da alegação inicial sobre vulnerabilidade: sanções

É preciso cogitar de situação em que a vulnerabilidade processual seja invocada de má-fé para buscar superar a inércia injustificada.

É pertinente esclarecer que não se trata da hipótese em que, no curso do processo, a vulnerabilidade do litigante desaparece. Caso isso aconteça – o que, diga-se de passagem, será até melhor para a própria parte – os atos processuais realizados anteriormente sob as prerrogativas próprias devem ser tidos como plenamente válidos e consumados, pois a condição pretérita do litigante os justificou.

Há, no entanto, que se explorar a hipótese em que, alegada a vulnerabilidade pela parte e sendo essa reconhecida pelo juiz, verifique-se que a alegação era falsa ou seriamente injustificada.

---

[193] Projeto de Lei do Senado nº 166/2010, art. 9º: "Não se proferirá sentença ou decisão contra uma das partes sem que esta seja previamente ouvida, salvo se se tratar de medida de urgência ou concedida a fim de evitar o perecimento de direito; art. 10: O juiz não pode decidir, em grau algum de jurisdição, com base em fundamento a respeito do qual não se tenha dado às partes oportunidade de se manifestar, ainda que se trate de matéria sobre a qual tenha que decidir de ofício".

Na perspectiva da publicização do processo civil, alcança relevo a exigência de uma atuação ética[194] das partes e de todos os envolvidos no processo, ganhando evidência os deveres de lealdade e cooperação.

Coerente com essa tendência, o Código de Processo Civil prevê como deveres de todos os participantes do processo expor os fatos conforme a verdade, proceder com lealdade e boa-fé, não formular pretensões ou defesas sabidamente destituídas de fundamento e não praticar atos inúteis à declaração da defesa ou do direito[195].

Para buscar assegurar a concretização de tais regras, são previstas punições a inúmeras condutas tipificadas no Código, como os atos atentatórios à dignidade da justiça[196] e as hipóteses de litigância da má-fé[197], assim como é reconhecido o dever de indenizar a parte prejudicada pela atuação indevida.

Ante a tendência ética do processo civil[198] e o dever de atuação conforme a boa-fé processual, será admissível que a parte que alegar falsa

---

[194] Como identificado por Brunela Vieira de Vincezi, "o conteúdo ético do processo, em especial o exercício ético das faculdades, direitos, ônus e poderes processuais, revela-se postulado defendido de forma irrestrita no processo civil contemporâneo" (VINCEZI, Brunela Vieira de. *A boa-fé no processo civil*. São Paulo: Atlas, 2003. p. 20).

[195] CPC, art. 14, I a IV: "São deveres das partes e de todos aqueles que de qualquer forma participam do processo: I – expor os fatos em juízo conforme a verdade; II – proceder com lealdade e boa-fé; III – não formular pretensões, nem alegar defesa, cientes de que são destituídas de fundamento; IV – não produzir provas, nem praticar atos inúteis ou desnecessários à declaração ou defesa do direito".

[196] Art. 600. "Considera-se atentatório à dignidade da Justiça o ato do executado que: I – frauda a execução; II – se opõe maliciosamente à execução, empregando ardis e meios artificiosos; III – resiste injustificadamente às ordens judiciais; IV – não indica ao juiz onde se encontram os bens sujeitos à execução; IV – intimado, não indica ao juiz, em 5 (cinco) dias, quais são e onde se encontram os bens sujeitos à penhora e seus respectivos valores."

[197] Art. 17. "Reputa-se litigante de má-fé aquele que: I – deduzir pretensão ou defesa contra texto expresso de lei ou fato incontroverso; II – alterar a verdade dos fatos; III – usar do processo para conseguir objetivo ilegal; IV – opuser resistência injustificada ao andamento do processo; V – proceder de modo temerário em qualquer incidente ou ato do processo; VI – provocar incidentes manifestamente infundados; VII – interpuser recurso com intuito manifestamente protelatório".

[198] No que tange à ética processual, o Ministro Celso de Mello assim se pronunciou: "o ordenamento jurídico brasileiro repele práticas incompatíveis com o postulado ético-jurídico de lealdade processual. O processo não pode ser manipulado para viabilizar o abuso de direito, pois essa é uma ideia que se revela frontalmente contrária ao dever de probidade que se impõe à observância das partes. O litigante de má-fé – trata-se de parte pública ou privada – deve ter a sua conduta sumariamente repelida pela atuação jurisdicional dos juízes e dos tribunais, que não podem tolerar o abuso processual como prática descaracterizadora da essência ética do processo" (Embargos de declaração no

ou infundadamente estar em condição de vulnerabilidade deixe de sofrer qualquer reprimenda?

É forçoso admitir que não, embora possa ser discutida a natureza e gravidade dessa reprimenda.

Em primeiro lugar, para evitar excessiva desconfiança, há que se considerar que a boa-fé sempre se presume. Em sede doutrinária, Jônatas Milhomens advertiu há muito tempo que, para que o processo tenha efetividade e operabilidade, a boa-fé dos litigantes deve ser presumida, ainda que relativamente;[199] de referida suposição decorre, *v.g.*, a presunção de veracidade da declaração de pobreza para fins de aplicação da Lei nº 1.060/1950.

Em segundo lugar, deve-se esclarecer que a boa-fé apenas será violada caso o litigante alegue a vulnerabilidade falsamente ou levante argumentos que de antemão já sabe serem infundados. Não ocorre a violação da boa-fé quando a negação ou retratação do reconhecimento da vulnerabilidade ocorre diante da divergência entre as interpretações dos fatos dadas pela parte que os alegou e o entendimento do juiz. Este pode, *v.g.*, entender que a doença alegada como configuradora da vulnerabilidade não é grave o suficiente para caracterizar justa causa; nesse caso, não há que se falar em má-fé exceto se houver um despropósito evidente na alegação.

Como bem destaca Helena Abdo, não basta a rejeição dos pleitos formulados para caracterizar a má-fé: é preciso haver desvio de finalidade para configurar abuso[200].

Não seria razoável punir a parte que, de boa-fé – acreditando ser vulnerável e estar amparada por uma justa causa – formula seu pedido e, após o contraditório, o tem negado ou revogado ante o convencimento do juiz sobre os argumentos da parte contrária. Sobretudo quando se tem em mente a diversidade de interpretações quanto aos fatos encontradas entre os diferentes juízos[201] e a sensibilidade exigida do juiz para identificar a vulnerabilidade e agir de acordo com sua constatação à luz da igualdade, seria despropósito considerar que o litigante que tem repelida uma postulação litiga de má-fé.

Outra questão relevante diz respeito à iniciativa da imposição de sanção. Pode o juiz, ao tomar conhecimento da falsidade da alegação, agir de ofício? Ou deverá ser provocado para tanto pela parte contrária?

Recurso Extraordinário nº 246.564, Rel. Min. Celso de Mello, julgado em 19 de outubro de 2010).

[199] MILHOMENS, Jônatas. *Da presunção de boa-fé no processo civil*. Rio de Janeiro: Forense, 1961. p. 31.
[200] ABDO, Helena. *Abuso do processo*. São Paulo: Revista dos Tribunais, 2007. p. 87-88.
[201] CASTRO FILHO, José Olímpio. *Abuso do direito no processo civil*. 2. ed. Rio de Janeiro: Forense, 1960, p. 36.

Rui Stocco, em raciocínio que pode ser utilizado analogicamente, assevera que a permitida condenação de ofício do litigante de má-fé tem "a virtude de conferir ao julgador instrumento eficaz para coibir abusos, as chicanas e a fraude processual"[202]. Pondera, contudo, "que se converte em vício ou grave defeito, permitir que se aplique uma pena – seja de que natureza for – sem assegurar o direito de defesa" e que "mais do que defeito, tal previsão ofende o *due process of law* e afronta os princípios constitucionais do contraditório e da ampla defesa"[203]. Conclui então o autor que, a fim de acomodar a imposição de multa de ofício e o princípio do contraditório,

"[...] quando o magistrado vislumbrasse a possibilidade de aplicação de sanção por litigância de má-fé, poderia despachar nos autos esclarecendo que, havendo possibilidade dessa imposição, que a parte se manifestasse e apresentasse os esclarecimentos ou defesa que entendesse pertinentes para, só então, após os esclarecimentos ou o decurso *in albis* do prazo, tomar a providência que julgasse cabível"[204].

Essa posição se revela plenamente adequada à luz da garantia do contraditório, da igualdade e do dever de esclarecimento previsto no modelo cooperatório de processo.

Há, contudo, posicionamento em contrário sustentando que, como a multa verte em favor da outra parte, não há interesse público que justifique a atuação de ofício do juiz; contudo, as sanções impostas não se resumem à sanção pecuniária, como restará demonstrado adiante.

Helena Abdo entende que hoje a discussão sobre a possibilidade de condenação de ofício está superada à luz do reconhecimento do caráter eminentemente público do processo[205].

Há ainda que se cogitar a respeito da responsabilidade do advogado que maneja o pedido de má-fé sem conhecimento do cliente, ou ainda que distorce os fatos que lhe foram apresentados.

José Olímpio de Castro Filho já demonstrou a ocorrência constante da formulação de incidentes protelatórios e pretensões infundadas praticadas por advogados sem anuência do cliente, mas que "se o advogado ou procurador é o instrumento desse abuso, ou é o autor desse abuso, nem por isso este

---

[202] STOCO, Rui. *Abuso de direito e má-fé processual*. São Paulo: Revista dos Tribunais, 2002. p. 101.
[203] STOCO, Rui. *Abuso de direito e má-fé processual*, cit., p. 101.
[204] STOCO, Rui. *Abuso de direito e má-fé processual*, p. 101.
[205] ABDO, Helena. *Abuso do processo*, cit., p. 233-234.

se justifica, nem deve ser tolerado"[206]. Conclui, todavia, que "responsável, sempre, perante o juízo ou a parte contrária, é a parte, em cujo nome está sendo praticado o abuso, ainda que a tal parte possa caber, em dadas circunstâncias, o direito de, por sua vez, responsabilizar o mandatário"[207].

É também esse o entendimento de Arruda Alvim, para quem teria havido culpa *in eligendo* do litigante e esta ensejaria sua responsabilidade de arcar com as sanções impostas em favor do adversário; assim, ainda que o advogado tenha exorbitado os poderes constantes do mandato, o cliente responde perante a parte contrária pelos prejuízos causados por ter escolhido aquele profissional para representá-lo em juízo[208].

Como se percebe, quando "o ato abusivo é praticado pelo advogado, em nome de seu constituinte, sem, contudo, a *ciência* e *aprovação* deste", o problema apresenta difícil solução, mas tem prevalecido que quem responde é a parte[209]. Registra-se cada vez mais novos precedentes, contudo, prevendo condenação solidária do advogado com a parte que representa[210].

Há ainda que se ponderar se a alegação da vulnerabilidade não foi fruto de uma desinformação sobre o conceito ou de uma deficiência de compreensão, que pode derivar até mesmo de uma deficiência técnica do advogado que assiste a parte.

Recente julgado do Tribunal de Justiça de São Paulo afastou a condenação por litigância de má-fé em caso similar; o Desembargador Luiz Sabbato, ao relatar uma apelação, entendeu que a parte, diante de certas impropriedades ostentadas na conduta processual e da falta de dialética jurídica retratada nos meios de defesa, "mais não fez senão litigar sem preparo. Ora, despreparo para litigância não é o mesmo que litigância de má-fé"[211].

---

[206] CASTRO FILHO, José Olímpio de. *Abuso de direito no processo civil*, cit., p. 36.

[207] CASTRO FILHO, José Olímpio de. *Abuso de direito no processo civil*, cit., p. 37.

[208] ALVIM, Arruda. Resistência injustificada ao andamento do processo. *Revista Brasileira de Direito Processual*, Belo Horizonte, v. 15, n. 59, p. 19-20, jul./set. 2007.

[209] ABDO, Helena. *Abuso do processo*, cit., p. 176-177.

[210] "Não são inéditas decisões em que há condenação solidária entre advogado e cliente, nos próprios autos em que praticado o abuso, tendo em vista a gritante participação dolosa do patrono. um acórdão do Tribunal Regional do Trabalho da 2ª Região condenou o advogado, solidariamente ao cliente, por ter distribuído 59 (cinquenta e nove) reclamações trabalhistas idênticas contra a mesma empresa num só dia. o referido acórdão reconheceu, no caso concreto, a existência de conluio ('*consilium fraudis*') entre o patrono e o seu constituinte, relevando a participação intelectual do causídico" (ABDO, Helena. *Abuso do processo*, cit., p. 179).

[211] TJSP, AC nº 990.10.025426-0, 13ª Câmara de Direito Privado, Rel. Desembargador Luiz Sabatto, julgado em 10 de março de 2010. No mesmo sentido: Ag 990.10218050-6.

Por fim, com relação à natureza e gravidade das penas, há que se identificar se houve prejuízo para a outra parte – como despesas com produção de provas – ou não, já que o ordenamento dá soluções diferenciadas ante as diversas situações de violação dos deveres processuais.

Os pleitos de má-fé geram responsabilidade por perdas e danos em favor da parte prejudicada[212]; eis uma opção de sanção para a parte que alega vulnerabilidade falsamente e causa danos a outrem.

Outras soluções são dadas para condutas desleais que embora não causem danos – pelo menos não diretos ou mensuráveis – à outra parte, violam os escopos do processo, da jurisdição e sua própria dignidade: há uma série de multas previstas para esse mister, merecendo destaque pela pertinência com o tema do trabalho a previsão de condenação do litigante de má-fé em multa de até 1% do valor da causa, em indenização de até 20% sobre esse montante[213] e outra pela qual quem alega ser pobre falsamente para se valer dos benefícios da assistência judiciária gratuita fica sujeito à multa de até o décuplo das custas[214].

Caso, portanto, seja constatado abuso da parte ao se valer da alegação infundada de vulnerabilidade processual para obter indevidas concessões de novas oportunidades no processo, o aparato repressor do Código deve atuar de forma substancial para punir o indivíduo que agiu de má-fé. Não se deve, assim, deixar de reconhecer a vulnerabilidade processual por receio de seu uso como mecanismo ilegítimo.

Como bem disse William Shakespeare, "nossas dúvidas são traidoras e nos fazem perder o que, com frequência, poderíamos ganhar, por simples medo de arriscar".

Fica, assim, a lição de que receio, temor e medo dificilmente irão colaborar para a mudança do estado de coisas no delicado momento de crise da prestação jurisdicional diante da aflitiva conjuntura do Poder Judiciário.

---

[212] Art. 16 do CPC: "Responde por perdas e danos aquele que pleitear de má-fé como autor, réu ou interveniente".

[213] Art. 18 do CPC: "O juiz ou tribunal, de ofício ou a requerimento, condenará o litigante de má-fé a pagar multa não excedente a um por cento sobre o valor da causa e a indenizar a parte contrária dos prejuízos que esta sofreu, mais os honorários advocatícios e todas as despesas que efetuou".

[214] Lei nº 1.060/1950, art. 4º: "A parte gozará dos benefícios da assistência judiciária, mediante simples afirmação, na própria petição inicial, de que não está em condições de pagar as custas do processo e os honorários de advogado, sem prejuízo próprio ou de sua família. § 1º Presume-se pobre, até prova em contrário, quem afirmar essa condição nos termos desta lei, sob pena de pagamento até o décuplo das custas judiciais".

CONCLUSÃO

1. Tema de grande relevância, a igualdade, a despeito de sua difícil delimitação em bases objetivas, não pode ser abandonada pelo estudioso das ciências sociais por suas conexões com a justiça e a legitimação democrática do sistema jurídico. A análise da realidade institucional brasileira desde sua gênese permite a constatação de significativas disparidades nos planos social e econômico com o constante reforço de privilégios em favor de certos indivíduos; como resultado, a noção de cidadania na sociedade brasileira não logrou o mesmo desenvolvimento verificado em outros países, tendo o Estado pátrio assumido o dever de suprir as diferenciações "naturais" da sociedade sem, contudo, lograr êxito. Como a prestação jurisdicional verifica-se por meio de serviço estatal e a visão da coisa pública no País tem gestão peculiar, o impacto dessa sistemática teve efeitos que repercutem até os dias de hoje.

2. Invocar a máxima *tratar igualmente os iguais e desigualmente os desiguais na medida de sua desigualdade* para enfrentar os desafios igualitários hodiernos pode, em vez de colaborar para a redução das diferenças, aprofundar a aceitação das disparidades como parte de uma realidade natural e insuperável. Em termos de garantias de direitos civis, é corrente a distinção da cidadania brasileira entre os privilegiados, os "cidadãos simples" e os "elementos"; há acomodação social no que tange a essa situação, afirmando-a natural por força da globalização, dos avanços tecnológicos e da hierarquia social. O discurso de Rui Barbosa sobre iguais e desiguais, lamentavelmente, acaba favorecendo a que se apartem as pessoas e sugerindo ser inviável superar a divisão entre favorecidos e carentes. Como resultado, os necessitados experimentam abissal distanciamento em relação ao sistema formal de justiça; para reverter o preocupante quadro de descrença e de falta de confiança dos jurisdicionados, é preciso que o sistema constitucional e o ordenamento processual sejam concretizados em bases isonômicas.

3. Sob o prisma constitucional, a igualdade é abordada enquanto princípio, garantia e direito fundamental, o que avulta seu relevante aspecto político e reitera o necessário comprometimento dos agentes públicos com sua efetivação. Em face multiplicidade de contemplações possíveis, é essencial que haja esforços para implementar a isonomia, apesar das dificuldades experimentadas. Cogitar sobre a igualdade em um prisma meramente formal não atende aos desideratos constitucionais; para que os objetivos da República Federativa do Brasil passem de meras promessas para o plano da realidade, demanda-se atuação eficaz dos agentes estatais, sendo imprescindível que o arsenal de direitos fundamentais constitucionalmente garantidos seja reconhecido como conjunto de normas de eficácia plena capazes de assegurar o direito ao tratamento diferenciado.

4. A concretização dos direitos humanos fundamentais situa-se no centro do debate contemporâneo de Direito Constitucional e se expande por todos os ramos do Direito. Em face da configuração desigual da sociedade brasileira, é forçoso rever concepções rígidas e abrir-se para, com base no neoconstitucionalismo, rever paradigmas sobre a teoria e a aplicação do direito fundada na hermenêutica comprometida com a pauta constitucional. Enquanto seara jurídica, a ciência processual foi afetada pela "invasão constitucional" e sua compreensão não pode mais se limitar ao conjunto fechado de regras processuais do Código de Processo Civil ou de outras leis processuais: cada ato normativo deve se comunicar com a Constituição e ser interpretado sob a égide de seus princípios e direitos fundamentais de forma consentânea com a realidade social. Configurada a dedução em juízo da controvérsia, os sujeitos do processo situam-se em uma arena pública e o juiz, enquanto agente estatal, precisa observar as pautas constitucionais para realizar as promessas isonômicas.

5. Inserida no devido processo legal, a isonomia conecta-se a outras garantias constitucionais. Para concretizar a inafastabilidade da jurisdição, é imperativo assegurar que os necessitados possam transpor os óbices sociais e econômicos que dificultam o acesso a ela. A isonomia relaciona-se também à dignidade porque contar com iguais oportunidades é essencial para o desenvolvimento pleno dos direitos de personalidade. Da perspectiva do devido processo legal, é preciso considerar que este não deve focar simplesmente as regras procedimentais que descrevem as diferentes previsões positivadas em nível infraconstitucional, mas também a harmonia das previsões com a igualdade; como esta constitui fator que legitima a segurança jurídica, o

intérprete deve estar preparado para lidar com eventuais conflitos entre tão importantes diretrizes. O contraditório e a ampla defesa também se ligam à isonomia porque a efetiva participação dos sujeitos processuais demanda a equalização de oportunidades. O liame entre igualdade e imparcialidade é polêmico, variando a visão sobre a atuação do juiz e seus limites conforme a perspectiva liberal ou social adotada; como a indiferença não se coaduna com o compromisso estatal de reduzir desigualdades, o magistrado precisa considerar a imparcialidade não em uma dimensão estática, mas sim na perspectiva dinâmica e participativa. Na hipótese de conflito entre princípios, o intérprete deverá pautar-se pela técnica da ponderação para decidir como proceder no caso concreto sob análise.

6. Assumido o compromisso com a isonomia, há significativa diferenciação no modo de ver o desenvolvimento do processo fundado no reconhecimento das disparidades entre os litigantes e da postura adotada pelo juiz ante a referida constatação. A despeito de as diferenças entre os sujeitos serem decorrências naturais da heterogênea condição humana, o intérprete não pode deixar de reagir às distinções verificadas; por força da missão constitucional de concretizar a isonomia, o juiz deve assumir a posição de agente público e enfrentar a difícil situação dos litigantes com que se depara.

7. Conquanto possa causar perplexidade o fato de tantas normas contemplarem sujeitos tidos como especiais, é importante o reconhecimento legislativo das diferenças. Ao lado de previsões na seara material, é relevante contar com regras processuais porque o processo faz emergir um novo vínculo entre os indivíduos e as disparidades da relação originária podem repercutir de maneira comprometedora no ambiente judicial. É essencial que o legislador, atento à realidade social, considere as potenciais dificuldades verificadas pelos litigantes e busque assegurar que o processo não reproduza o desequilíbrio da relação material, viabilizando a remoção de óbices ilegítimos à atuação em juízo para promover paridade participativa. A visão que melhor atende aos desígnios constitucionais com base na perspectiva isonômica considera o processo como procedimento em contraditório com efetiva oportunidade de participação. Ao averiguar se há – ou pode haver – um caráter protetor na atuação do juiz no processo, conclui-se que a expressão *tutela jurisdicional* preconiza ser necessário conceder amparo a todos os sujeitos processuais para que o procedimento seja, de fato, legítimo.

8. É importante ainda conceber a função do processo civil preconizada pelas perspectivas liberal e publicista para aferir como a igualdade pode ser contemplada. A visão liberal considera o processo um vínculo de interesse precípuo das partes; estas devem ter plena autonomia e, em face da índole privatista, o juiz deve agir com o mínimo de intervencionismo, não suprindo omissões dos litigantes. Já de acordo com a concepção publicista, em razão da função social do processo predomina o interesse público geral e são conferidos amplos poderes ao juiz para dirigir o feito, até mesmo no tocante à atividade probatória. Esta última visão revela maior conexão com a igualdade em bases reais ao atribuir ao juiz o poder-dever de se comprometer com os melhores rumos do processo.

9. A aplicação da isonomia propugnada nesta tese tem por objetivo conferir a concreta oportunidade de atuação no processo de pessoas em situação vulnerável para evitar que dificuldades inerentes à sua condição desfavorável comprometam a efetivação de seus direitos, evitando que o processo civil entrave o reconhecimento dos interesses protegidos pelo sistema. A proposta deste trabalho é avançar ao máximo na equalização de oportunidades processuais para que o mérito da causa não tenha sua análise prejudicada por deficiências processuais ligada a fatores aos quais a parte não deu causa voluntariamente. Em uma perspectiva publicista, não será comprometida a segurança nem a imparcialidade; ao contrário, será propiciada a aplicação equilibrada das regras do ordenamento para superar obstáculos ilegítimos. Não há qualquer afronta à imparcialidade judicial porque esta se refere à equidistância pela ausência de interesses no tocante às pessoas e ao objeto do conflito e pode estar presente mesmo quando o juiz atue de forma comprometida com o melhor andamento do feito; não há como sustentar a indiferença do magistrado em relação ao contexto social e aos resultados do processo, exceto proclamando a figura de um juiz omisso. Preconiza-se que o juiz brasileiro assuma sua condição de agente público focado em realizar as diretrizes processuais da Constituição Federal de modo condizente com o contexto social e o momento histórico.

10. Para concretizar a isonomia na seara processual, é imprescindível que o intérprete conceba mecanismos de inclusão e participação efetiva; nesse diapasão, o modelo processual de cooperação alinha-se às garantias da igualdade e do contraditório ao propugnar uma atuação colaborativa dos sujeitos processuais. Nessa concepção, o magistrado atua pautando-se em quatro deveres essenciais: esclarecimento, preven-

ção, consulta e auxílio às partes, diretrizes que atendem à proposta de promover verdadeira paridade na seara processual com transparência e comprometimento com a escorreita prestação jurisdicional, dando voz aos litigantes e não permitindo que dificuldades técnicas obstaculizem o reconhecimento dos direitos. No sistema processual brasileiro, há hipóteses que se coadunam com os deveres em comento, como a determinação de emenda da petição inicial e a iniciativa do juiz para produzir provas não pleiteadas pelas partes. Sob o manto do princípio da cooperação, o juiz pode ser visto como um dinâmico administrador do trâmite processual, já que ao comporem suas controvérsias na arena pública as partes contam com um terceiro imparcial, comprometido com a mais eficiente configuração do procedimento. Como para participar dessa maneira o juiz precisa dedicar tempo e atenção aos feitos, a sobrecarga sofrida pelo magistrado brasileiro pode dificultar sua atuação em termos colaborativos; assim, para que a prestação jurisdicional se verifique consoante preconizado pelo modelo é essencial promover ajustes na estrutura do Poder Judiciário que habilitem seus componentes a desempenhar as funções com maior eficiência. De qualquer maneira, tudo recomenda que nas instâncias em que a estrutura judicante permita a referida atuação o magistrado desempenhe sua missão de forma comprometida com as diretrizes cooperativas fomentando uma gestão clara e compartilhada dos rumos do processo.

11. Para que se estabeleça um ponto de equilíbrio no processo, além da atuação atenta do juiz é essencial que os litigantes possam participar de maneira efetiva do feito superando barreiras decorrentes das disparidades sociais; embora estas sejam suportadas com maior intensidade pelos desfavorecidos em condição vulnerável, é imperioso que a ocorrência em tela não fulmine as chances de distribuição de justiça. Além da debilidade financeira, a condição de vulnerabilidade pode decorrer de fatores como a falta de saúde, de informações e a presença de óbices geográficos significativos que comprometem a atuação em juízo. É forçoso que o Direito Processual se alinhe às tendências verificadas em outras searas do conhecimento e reconheça diferenciações operando para que a situação de litigantes vulneráveis seja cotejada de maneira proporcional ao seu *status* – ou à falta dele.

12. Como tem sido árdua a trilha para recolocar o direito no "mundo social", é importante que o sistema jurídico enfoque os participantes da vida social em bases concretas e realistas. A partir da metade do século XX, o Direito brasileiro, alinhado à tendência mundial de reconhecer diferenciações, passou a contar com normas protetoras em

favor de certas categorias para diferenciá-las e permitir-lhes superar disparidades de ordem socioeconômica. O primeiro reconhecimento expresso da vulnerabilidade no ordenamento brasileiro verificou-se no Código de Defesa do Consumidor (CDC), que reputa todo consumidor vulnerável por sua debilidade – sobretudo de informações – em relação ao fornecedor. Para que ocorra a inversão do ônus da prova, é necessário demonstrar que, além de frágil, o litigante é tecnicamente comprometido por não ter condições de se desincumbir da produção probatória – sofrendo, nas palavras do legislador, de hipossuficiência técnica. Na visão da pesquisadora, com base no léxico e na tradição do uso do termo no sistema jurídico brasileiro, *hipossuficiência* é sinônimo de vulnerabilidade econômica; assim, a Lei n. 8.078/90 não deveria ter se referido à hipossuficiência como critério para inverter o ônus da prova, mas sim mencionar a vulnerabilidade técnica para produzi-la; é compreensível, porém, que tenha mudado o termo para evitar repetição, uma vez que a vulnerabilidade em sentido amplo já havia sido referida no inicio da normatização. Reitera-se, pois, que para fins deste trabalho a vulnerabilidade indica o gênero da suscetibilidade em sentido amplo, sendo a hipossuficiência uma de suas espécies, a vulnerabilidade econômica.

13. Não há regramento específico na legislação processual reconhecendo a peculiar situação de litigantes em condição de desigualdade por sua desfavorecida condição pessoal. A técnica empreendida pelos legisladores tem sido editar normas para temáticas específicas de direito material e ali prever regras diferenciadas em prol do litigante envolvido naquela sorte de situação, mas esse panorama é insuficiente. Como o Código de Processo Civil não traz previsão sobre a possibilidade de o magistrado moderar as consequências nefastas do descumprimento dos ônus processuais pelo vulnerável, o intérprete deve pautar-se pelo dever judicial de assegurar a isonomia.

14. Embora toda pessoa seja em alguma medida vulnerável, algumas sofrem mais significativas dificuldades por características relativas, contingentes e provisórias que comprometem sua participação a ponto de inviabilizar a prática de atos em juízo. Conceitua-se a *vulnerabilidade processual* como a suscetibilidade do litigante que o impede de praticar atos processuais em razão de limitação pessoal involuntária ensejada por fatores de saúde e/ou de ordem econômica, informacional, técnica ou organizacional de caráter permanente ou provisório. Ante a promessa constitucional isonômica, o juiz deve identificar como a vulnerabilidade pode impactar nos feitos cíveis e atuar para minimizar

suas ilegítimas consequências. A relevância da conceituação tem por objetivo possibilitar ao juiz a compreensão de que situações extremas precisam ser consideradas em hipóteses não vislumbradas pelo legislador; afinal, a despeito da existência de previsões específicas para facilitar a atuação de certos litigantes, por não conseguir a lei prever todos os casos em que óbices ilegítimos podem comprometer a atuação por situação alheia à vontade da parte, é necessário considerar a vulnerabilidade processual em termos amplos.

15. A vulnerabilidade deve ser analisada com base nas condições do litigante, sendo importante identificar critérios objetivos para sua aferição. Na perspectiva processual, como resultado de constatações na vida social e de previsões engendradas no sistema jurídico, podem ser identificados como fatores legítimos para aferir a vulnerabilidade processual a insuficiência econômica, a existência de significativos óbices geográficos, a ocorrência de debilidades na saúde e/ou no discernimento, a configuração de dificuldades técnicas – por desinformação pessoal sobre temas jurídicos e probatórios relevantes – e a incapacidade de organização.

16. A hipossuficiência tem repercussão processual ao impedir, dificultar ou limitar a prática de atos pelo litigante e deve ser amenizada em razão da previsão constitucional que atribui ao Estado obrigação de prestar assistência jurídica integral e gratuita aos necessitados. Quando o sujeito não conseguir dar andamento ao feito em razão de significativo óbice econômico, o magistrado deve agir para que o obstáculo pecuniário não comprometa a proteção judiciária. É inconstitucional dificultar ainda mais a situação dos litigantes pobres negando andamento ao processo até que seja provada sua penúria; decisões que exigem a comprovação da insuficiência financeira e sustam o andamento do feito enquanto falta a árdua prova negativa não devem prevalecer por comprometer o acesso à justiça, a isonomia, o devido processo legal e a duração razoável do processo.

17. A parte pode ainda ter notáveis dificuldades de locomoção ao local da prática dos atos processuais em razão de obstáculos geográficos consideráveis. Como alguns atos exigem a presença física dos litigantes e/ou de seus procuradores, sua localização em ponto deveras distante pode repercutir de modo negativo na atuação em juízo, razão pela qual o juiz deve estar atento a essa ocorrência e atuar colaborativamente para superar as possíveis falhas.

18. É perceptível que a prática dos atos processuais pode ser também comprometida por problemas de saúde, devendo o julgador sensibilizar-se no

tocante às situações vivenciadas pelos litigantes e por seus advogados. Essa dificuldade contingencial também poderá se verificar se pessoa próxima da família da parte ou do advogado sofrer grave enfermidade e aquele que deveria estar em juízo não tiver condições de comparecer por precisar cuidar do doente. Nesse caso, sendo inviável a substituição do litigante perante o enfermo ou do causídico na representação do cliente –, o juiz deverá reconhecer a vulnerabilidade momentânea e permitir a dilação de prazo para que não haja comprometimento dos atos processuais.

19. A desinformação pessoal é grave problema porque a ignorância pode afetar a ciência sobre os direitos e as possibilidades de exercê-los em juízo. Ante a complexidade do quadro normativo brasileiro, é inviável exigir que o jurisdicionado conheça todas as previsões jurídicas, não se podendo negar a realidade sociológica em que os litigantes são desprovidos de informações processuais básicas. Por tais razões, faz-se imperativo que o juiz identifique a situação e se sensibilize a respeito do eventual desconhecimento de pautas de conduta pelo litigante vulnerável. É também fator de vulnerabilidade a deficiência técnica, já que a participação dos litigantes aportando elementos pertinentes é essencial para o bom desenvolvimento do feito. Podem ser identificadas como óbices técnicos as dificuldades experimentadas pela atuação do advogado e os obstáculos vivenciados para provar os fatos constitutivos do alegado direito. É mister que o juiz considere a situação das partes que litigam sem advogado nos casos autorizados por lei com o máximo de atenção para evitar que a facilitação prevista pelo sistema se converta em triste armadilha, sendo forçoso que exerça o dever de informação preconizado pelo modelo processual cooperativo. Ao constatar que o litigante demanda sem advogado, o juiz e seus auxiliares deverão atuar para esclarecer-lhe os elementos processuais relevantes atentando para suas particulares condições de modo a assegurar a devida ciência dos atos processuais. É possível essa colaboração em prol da melhor prestação jurisdicional sem comprometer a imparcialidade, desde que as explicações estejam centradas nas informações atinentes ao procedimento e não ao mérito dos litígios. É preciso, portanto, que o magistrado e seus auxiliares sejam comedidos em suas manifestações, equilibrando a atuação das partes para permitir que ambas tenham ciência dos rumos do processo e possam ver concretizados o contraditório e a ampla defesa. Na perspectiva instrutória, é importante divisar as diferentes causas de dificuldades. A primeira refere-se à vulnerabilidade técnica – desconhecimento informativo peculiar à área de conhecimento ligada aos elementos da relação de direito material – e

pode ser superada com base na teoria da carga dinâmica da prova, pela qual a parte com melhores condições de provar os fatos pertinentes deve aportar os elementos de que dispõe em colaboração com a Justiça. Outra causa de dificuldade é a falta de acesso às fontes de prova pela disparidade de força na relação material, hipótese em que também se revela possível amenizar o rigor na distribuição do encargo de provar.

20. Pode ser considerado vulnerável organizacional quem não consegue mobilizar recursos para sua própria estruturação pessoal e encontra restrições logísticas para atuar, sendo relevantes, sob o aspecto processual, três fatores: disparidade de poder e organização entre demandantes habituais e eventuais; comprometimento da atuação de litigantes que não têm casa ou foram desta despojados; limitações tecnológicas – faltando estrutura e/ou conhecimentos informáticos. Na hipótese de haver desequilíbrio no tocante à estrutura de representação dos litigantes, o juiz deve colaborar para viabilizar manifestações e praticar os atos processuais possíveis a fim de possibilitar que a parte com dificuldades tenha voz. Quando os litigantes não têm núcleo próprio de instalação, é importante aferir se condições de moradia ou indisponibilidade de acesso a bens podem afetar ilegitimamente a atuação processual, reconhecendo o juiz a ocorrência de justa causa para possibilitar a prática de atos processuais tão logo superada a dificuldade vivenciada pelo litigante. Por fim, o vulnerável cibernético precisa ser lembrado porque a exclusão digital é uma realidade preocupante no Brasil. Como a lei de informatização do processo judicial adveio para ampliar o acesso à justiça, racionalizar e dar maior eficiência à prestação jurisdicional colaborando para sua razoável duração, na situação em que o jurisdicionado possa ter negada uma dessas garantias a interpretação deve ser favorável ao fornecimento de novas oportunidades de atuação a partir da remoção dos obstáculos.

21. O *discrimen* da vulnerabilidade processual atende aos critérios apontados pela doutrina para o reconhecimento de sua legitimidade. O elemento tomado como fator de distinção não diferencia excessivamente a ponto de incidir sobre diminuto grupo ou única pessoa: há milhões de jurisdicionados sofrendo dificuldades de atuar em juízo em razão de pobreza, enfermidades, deficiências geográficas e limitações estruturais. O critério foca as pessoas e não um elemento neutro em relação a elas: o traço distintivo reside a um só tempo no indivíduo – que tem sérios óbices para se desincumbir dos ônus processuais por condições involuntárias – e na situação – já que a atuação em juízo demanda formalidades e

atuação do agente público comprometida com a isonomia. Há correlação lógica abstrata entre o fator erigido em critério de *discrimen* e a disparidade estabelecida no tratamento jurídico diversificado, sendo tradicional no Direito reconhecer vulnerabilidades e prever meios de restaurar o desequilíbrio gerado por desigualdades materiais. Há fundamento racional, portanto, por ser a vulnerabilidade processual apta a embasar diferenciações para a promoção de igualdade substancial. Por fim, o tema guarda harmonia com a totalidade da ordem constitucional por atender aos ditames da isonomia e do acesso à justiça.

22. Há tradição de normas distintivas no processo civil brasileiro; enquanto as prerrogativas têm por base a prevalência do interesse público, os privilégios são diferenciações direcionadas a priorizar interesses particulares e usualmente violam a isonomia pela inadequação do fator de *discrimen*. As diferenciações existentes no sistema processual brasileiro foram analisadas para aferir se a vulnerabilidade constitui seu supedâneo, tendo sido positiva a resposta no tocante às regras facilitadoras em razão da hipossuficiência, ante a vulnerabilidade econômica; à nomeação de curador especial ao réu preso, pela vulnerabilidade organizacional; às distinções em razão de enfermidades, pela vulnerabilidade na saúde; às vantagens processuais conferidas ao consumidor, ante sua vulnerabilidade técnica; à facilitação ao autor das demandas coletivas, pela vulnerabilidade organizacional; ao reconhecimento de ofício da incompetência do foro de eleição no contrato de adesão, pela vulnerabilidade técnica do aderente; à proteção ao credor alimentar – vulnerável econômico; às previsões facilitadoras em prol de crianças e adolescentes, por sua vulnerabilidade econômica, informacional e organizacional; à anulação da convenção de distribuição diversa do ônus da prova, ante a vulnerabilidade técnica, informacional e organizacional do litigante. Foram reputadas diferenciações embasadas em critérios diversos: a nomeação de curador especial ao réu citado fictamente, prevista para viabilizar algum grau de contraditório ao ausente, que não se sabe se é ou não vulnerável; as previsões processuais em prol da Fazenda e do Ministério Públicos, que, por terem estrutura considerável de recursos humanos e físicos, não são vulneráveis econômicos nem organizacionais; a previsão de competência *ratione muneris*, embasada em indevidos privilégios a certos indivíduos sem fator legítimo para a diferenciação; o tratamento do credor exequente, naturalmente mais favorável pelo reconhecimento do crédito; a previsão de procedimentos especiais, focada em critérios legislativos diferenciados para contemplar posições de vantagem em relações jurídicas específicas. Sobre a distinção de competência em favor da esposa, é importante perscrutar

com detalhes a condição da beneficiária para aferir se a igualdade em relação ao homem é real ou apenas formal, já que ela pode ser ou estar vulnerável nos aspectos econômico e organizacional em razão de situações familiares ou de outra ordem. No tocante ao idoso, a edição de normas protetoras considerou sua maior suscetibilidade a problemas de saúde e à violência; contudo, nem sempre tal se verifica, podendo a vulnerabilidade configurar-se em consequência de situações culturais, econômicas, sociais e de saúde, entre outras; a experiência desmente a pressuposta consistência do *discrimen* em toda hipótese, sendo mais apropriado o cotejo da proporcionalidade em cada caso concreto em exame. As previsões que conferem *ius postulandi* aos litigantes, por um lado, favorecem o vulnerável econômico, ampliando o acesso ao Poder Judiciário pela redução de gastos, mas, por outro, termina por prejudicá-lo uma vez que, em regra, ele é vulnerável técnico. Essa ordem de deficiência pode prejudicar a parte quando a outra se encontra em vantagem técnica e também nos casos em que a parte litiga em paridade de armas com a outra, mas faltam conhecimentos específicos para praticar atos processuais, *v.g.*, requerer antecipação da tutela. Conclui-se que, embora o reconhecimento de *jus postulandi* possa ter tido por base a pressuposição de vulnerabilidade econômica, acaba ensejando a vulnerabilidade técnica.

23. A presente tese propõe que, com base na vulnerabilidade processual, empreenda-se a releitura de previsões do ordenamento para permitir a participação real dos litigantes com dificuldades notáveis. Ao analisar a competência, a interpretação do juiz deve contemplar com máxima efetividade as previsões facilitadoras existentes e também considerar hipóteses outras em que a diferenciação pode se revelar imperiosa em razão da vulnerabilidade processual – por problemas de saúde, informação ou geográficos. No modelo cooperativo de processo, a atuação em comento revela a aplicação do dever de auxílio do juiz para evitar que a tramitação do processo em local inviável ou motivador de grande dificuldade inviabilize o acesso à proteção judiciária. Na mesma linha, ao constatar falhas na petição inicial, o juiz deverá dar oportunidades para que estas sejam sanadas esclarecendo os pontos reputados indevidos. Ao determinar a citação, o juiz deve assegurar sua realização de maneira a viabilizar o pleno conhecimento e a real chance de reação de pessoas vulneráveis – *v.g.*, por debilidades na saúde –; assim, sabedor da vulnerabilidade, deve determinar a citação por oficial de justiça e recomendar a este que proceda à diligência atentando para eventuais dificuldades do jurisdicionado. Nas hipóteses em que o magistrado agenda audiência para o réu comparecer – com o propósito de parti-

cipar de conciliação e apresentar resposta –, é imperioso fixar lapso temporal consentâneo com a ampla defesa considerando, em particular, eventual situação de vulnerabilidade organizacional do litigante.

24. Em caso de ausência ou comparecimento extemporâneo do réu, o juiz deverá atentar para a razão da ocorrência com a finalidade de aferir se há uma justa causa para a demora ou atuação incompleta do demandado. Ao identificar que as omissões decorreram de dificuldades do réu e/ou de seus procuradores para apresentar a resposta em razão de um dos fatores de vulnerabilidade, o juiz deve viabilizar o contraditório pleno. Para tanto, deve eximir-se de pura e simplesmente aplicar os efeitos da revelia para considerar a razão pela qual o demandado deixou de comparecer a juízo ou de trazer todos os elementos possíveis. No que tange à impossibilidade de completar a contestação, conclui-se que a possível emenda do ato postulatório apenas pelo autor não se justifica por violar a isonomia; a eventualidade e o ônus da impugnação específica não podem prevalecer sobre a garantia constitucional da igualdade – em especial se o réu for vulnerável; assim, deve ser proporcionada a chance de complementar a manifestação defensiva.

25. Ao procurar promover o consenso, o terceiro imparcial – juiz, conciliador ou mediador – deve atentar às circunstâncias das partes para identificar se há desequilíbrio apto a comprometer a manifestação de vontade. Se a vulnerabilidade aferida no momento da tentativa de autocomposição não for devidamente enfrentada, efeitos perversos podem afetar a transação porventura entabulada. É importante a atitude firme e colaborativa do terceiro imparcial para minar eventuais percepções de vantagens e influências que podem inviabilizar a celebração do acordo em bases satisfatórias a ambas as partes. Como o facilitador do diálogo tem compromisso com a imparcialidade, não deve atuar como assessor técnico da parte mais fraca, mas sim colaborar para que as partes alcancem um acordo efetivo e durável em bases razoáveis por meio da devida promoção da comunicação em bases equilibradas sobre aspectos objetivos do procedimento. Infrutífera a tentativa de acordo, ao dar prosseguimento ao feito e proceder ao saneamento o juiz, caso identifique vícios – v.g., de representação –, deve ser compreensivo e deferir, em caso de vulnerabilidade, prazo suplementar para autorizar oportunidades mais efetivas de superação das falhas.

26. No tocante à instrução, o sistema não deve se contentar em todo e qualquer caso com a distribuição padrão do ônus da prova, mas sim contar, para a descoberta dos fatos relevantes para a causa, com a

CONCLUSÃO

contribuição de quem tem melhores condições de aportar elementos de convicção ao juízo. Para esse mister, a consideração da carga dinâmica da prova pode colaborar sobremaneira a fim de que o litigante vulnerável não seja vítima de suas impossibilidades e conte com o auxílio judicial, em uma perspectiva cooperativa, para que elementos probatórios relevantes venham à seara judicial. O juiz deve cooperar ainda procedendo à expedição de ordens judiciais para obter informações relevantes quando a parte não consiga fazê-lo em razão de vulnerabilidade econômica, técnica ou geográfica. No que tange à prova pericial, para suprir desequilíbrios técnicos o Estado deve viabilizar a presença de um assistente técnico em prol do litigante vulnerável.

27. No que concerne à antecipação de tutela, é possível cogitar sobre sua concessão de ofício em prol do vulnerável técnico, econômico e organizacional; apesar da possível alegação de afronta ao devido processo legal, para assegurar o efetivo acesso à justiça e a observância da diretriz isonômica é preciso perquirir a razão da omissão na perspectiva do modelo processual cooperativo atuando para superá-la. Caso o litigante não disponha de bens para disponibilizar garantias previstas na lei em sede de tutela de urgência ou na via executiva, é possível que apresente sua manifestação e alcance o pleito sem despender os valores, sendo dispensado do requisito pecuniário; afinal, asseverar o contrário significa relegar o hipossuficiente a uma prestação jurisdicional de categoria inferior à destinada ao litigante com condições financeiras em flagrante violação à isonomia.

28. A vulnerabilidade emerge como critério caracterizador de justa causa para a promoção da igualdade real. Constatada a vulnerabilidade processual do litigante, é possível reconhecer a ocorrência de justa causa e intentar superá-la com amparo no sistema normativo vigente, consoante disposto no art. 183, §§ 1º e 2º, do CPC. A lei processual prevê o reconhecimento da justa causa e a consequente concessão de prazo adicional para a prática do ato afetado sem especificar elementos procedimentais para a ocorrência; malgrado a referida omissão, doutrina e jurisprudência estabeleceram prazo e forma de alegação. No que alude ao prazo, afirmam que a alegação deve ser arguida enquanto o lapso temporal do ato a ser praticado flui ou nos cinco dias posteriores ao termo final do prazo. Embora o entendimento esposado faça referência ao prazo geral previsto no art. 185 do CPC, não há fundamento legal nem coerência lógica na exigência porque a vantagem da previsão aberta do Códex é proporcionar flexibilidade diante de situações excepcionais. Se o litigante não pode atuar enquanto flui o prazo, é evidente que não

conseguirá reportar sua grave situação. A parte poderá alegar, portanto, a justa causa e postular a prática do ato cessado o motivo que a inibiu ou após o lapso temporal necessário para reorganizar-se em relação ao fato que a surpreendeu. O art. 182 do Códex exige que, além de alegar, a parte prove a justa causa; também aqui o magistrado precisa atuar com sensibilidade e evitar rigor excessivo, admitindo a juntada *a posteriori* de documentos comprobatórios ou mesmo a produção de outras provas para demonstrar a vulnerabilidade. É importante que o julgador não manifeste posição rígida sobre o tempo e a forma de alegação; por lidar com um litigante vulnerável, sua atuação deve ser comprometida com a remoção dos óbices de acesso que a parte experimenta para participar do feito de forma proporcional às dificuldades vivenciadas.

29. Embora prevaleça na jurisprudência a assertiva de que a parte precisa alegar a ocorrência da justa causa na primeira oportunidade em que puder manifestar-se nos autos sob pena de preclusão, o referido entendimento não merece prosperar: o litigante pode ter ficado inviabilizado de comunicar-se com seu advogado e este, para atender ao prazo, pode ter se manifestado de forma incompleta. Ao tomar conhecimento, posteriormente, da dificuldade e da existência de dados relevantes em poder do representado, o juiz deve permitir que ele complete sua manifestação; nesse caso, não há que se falar em preclusão porque assegurar a igualdade é diretriz de ordem pública e deve ser objeto de atenção pelo julgador a todo tempo. No que tange à iniciativa de alegação, naturalmente a parte deve, tão logo possa se comunicar, relatar ao juízo a justa causa; contudo, se o litigante não puder se manifestar, o magistrado, ao tomar ciência da ocorrência, poderá reconhecê-la de ofício. Porque é seu dever assegurar a igualdade de oportunidades, ele não poderá se omitir: constatando a vulnerabilidade processual, deverá atuar para mitigá-la e restabelecer o equilíbrio entre os litigantes. Por consequência, embora a lei estabeleça que cabe ao advogado provar a ocorrência, o juiz poderá reconhecer a justa causa, *v.g.*, na hipótese de constituir fato notório que a parte se encontra hospitalizada.

30. No que concerne à recorribilidade, a alegação da vulnerabilidade constitui questão incidental a ser decidida por decisão interlocutória, sendo recorrível via agravo. Se constatado abuso da parte – que alegou infundadamente a vulnerabilidade processual para obter indevidas novas oportunidades no processo –, o aparato repressor do Código de Processo Civil deverá incidir para punir o indivíduo que agiu de má-fé. Não se deve deixar de reconhecer a vulnerabilidade processual por receio de

seu uso como mecanismo ilegítimo porque há um arsenal de medidas a serem aplicadas contra o litigante que age de maneira abusiva. Temor e medo, aliás, dificilmente irão colaborar para a mudança do estado de coisas em que a sociedade se encontra. Como bem disse Machado de Assis, "o medo é um preconceito dos nervos. E um preconceito desfaz-se; basta a simples reflexão"[1].

---

[1] ASSIS, Machado de. *Helena*. Versão eletrônica disponível em: < http://www.machado-deassis.net/ hiperTx_romances/obras/tx_helena.htm>. Acesso em: 4 jan. 2010.

REFERÊNCIAS

ABDO, Helena. *Abuso do processo*. São Paulo: Revista dos Tribunais, 2007.

ABREU, Charles Jean Início de. *Estudo crítico ao Estatuto da Criança e do Adolescente*. Porto Alegre: Síntese, 1999.

ALBERTON, Genacéia da Silva. Ação comunicativa e jurisdição: uma contribuição habermasiana. *Fundação Escola Superior do Distrito Federal e Territórios*. Disponível em: <http://www.escolamp.org.br/arquivos/revista_23_06.pdf>. Acesso em: 13 dez. 2010.

ALBUQUERQUE, Eduardo Corte Real Martim de. *Da igualdade*: introdução à jurisprudência. Coimbra: Almedina, 1993.

———. Direito constitucional e direito ordinário: jurisdição constitucional e jurisdição especializada. *Revista dos Tribunais*, São Paulo, v. 91, n. 799, p. 33-51, maio/2002.

———. *Teoria dos direitos fundamentais*. Trad. Virgílio Afonso da Silva. São Paulo: Malheiros, 2006.

ALMEIDA, Lília Bilati; PAULA, Luiza Gonçalves de. O retrato da exclusão digital na sociedade brasileira. *Revista de Gestão da Tecnologia e Sistemas de Informação/Journal of Information Systems and Technology Management*, v. 2, n. 1, p. 55-67, 2005. Disponível em: <http://www.buscalegis.ufsc.br/revistas/files/journals/2/articles/30689/public/30689-32934-1-PB.pdf>. Acesso em: 7 dez. 2010.

ALVARADO VELLOSO, Adolfo. La imparcialidad y el sistema inquisitivo de juzgamiento. AROCA, Juan Montero (Coord.). *Proceso civil e ideología*. Valencia: Tirant lo Blanch, 2006.

ALVES, Francisco Glauber Pessoa. *O principio jurídico da igualdade e o processo civil brasileiro*. Rio de Janeiro: Forense, 2003.

ALVIM, Arruda. Resistência injustificada ao andamento do processo. *Revista Brasileira de Direito Processual*, Belo Horizonte, v. 15, n. 59, jul./set. 2007.

AMENDOEIRA JUNIOR, Sidnei. *Poderes do juiz e tutela jurisdicional*: a utilização racional dos poderes do juiz como forma de obtenção da tutela jurisdicional efetiva, justa e tempestiva. São Paulo: Atlas, 2006.

ANDRADE, Carlos Frederico Guerra. Experimentação com seres humanos no Brasil: realidade ou ficção? Uma análise à luz da vulnerabilidade dos sujeitos de pesquisa. *Revista do Programa de Pós-Graduação em Direito da Universidade Federal da Bahia*. Homenagem ao Prof. Orlando Gomes, Salvador, n. 16, 2008. Disponível em: <http://www.ppgd.ufba.br>. Acesso em: 14 jan. 2010.

ANDRADE, Darcy Bessone de Oliveira. *Aspectos da evolução da teoria dos contratos*. São Paulo: Saraiva, 1949.

ANDRIGHI, Fátima Nancy. *Processo de conhecimento*: inovações. Participação no Painel com Prof. Kazuo Watanabe. Palestra proferida no Congresso Brasileiro de Processo Civil realizado no Centro de Convenções em Brasília em 21 de junho de 1995.

APPIO, Eduardo. *Direito das minorias*. São Paulo: Revista dos Tribunais, 2008.

ARAGÃO, Alexandre Santos de. A supremacia do interesse público no advento do Estado de Direito e na hermenêutica do direito público contemporâneo. In: Sarmento, Daniel. *Interesses públicos versus interesses privados*: desconstruindo o princípio do interesse público. 2. tir. Rio de Janeiro: Lumen Juris, 2007. p. 1-23.

ARAÚJO, Luiz Alberto David. *A proteção constitucional das pessoas portadoras de deficiência*. Brasília: Corde, 1994.

ARENDT, Hannah. *A condição humana*. 4. ed. Rio de Janeiro: Forense Universitária, 1989.

ARISTÓTELES. *Ética a Nicômaco*. Trad. Leonel Vallandro e Gerd Bornheim. São Paulo: Abril Cultural, 1973.

———. *Política*. Trad. Therezinha M. Deustch. São Paulo: Nova Cultural, 1999 (Coleção Os pensadores).

AROCA, Juan Montero. El proceso civil llamado "social" como instrumento de "justicia" autoritária. In: AROCA, Juan Montero (Coord.). *Proceso civil e idología*. Valencia: Tirant lo Blanch, 2006.

ASCENSÃO, José de Oliveira. *Introdução à ciência do direito*. 3. ed. Rio de Janeiro: Renovar, 2005.

ASSIS, Araken de. *Cumprimento da sentença*. Rio de Janeiro: Forense, 2006.

ATCHABAHIAN, Serge. *Princípio da igualdade e ações afirmativas*. São Paulo: RCS, 2004.

ÁVILA, Humberto. *Teoria dos princípios*: da definição à aplicação dos princípios jurídicos. 8. ed. São Paulo: Malheiros, 2008.

AZEVEDO, Luiz Carlos de. *O direito de ser citado*: perfil histórico. São Paulo: Resenha Universitária/Osasco: Fundação de Ensino para Osasco, 1980.

BACHOF, Otto. *Normas constitucionais inconstitucionais*. Coimbra: Almedina, 1994.

BANDEIRA DE MELLO, Celso Antônio. *Conteúdo jurídico do princípio da igualdade*. 3. ed. 17. tir. São Paulo: Malheiros, 2009.

———. *Curso de direito administrativo*. 15. ed., ref., ampl. e atual. 17. tir. São Paulo: Malheiros, 2003.

BARBOSA, Lívia. O Brasil pelo avesso: carnavais, malandros e heróis e as interpretações da sociedade brasileira. In: GOMES, Laura Graziela; BARBOSA, Lívia; DRUMMOND, José Augusto (Orgs.). *O Brasil não é para principiantes*: carnavais, malandros e heróis 20 anos depois. 2. ed. Rio de Janeiro: FGV, 2001.

BARBOSA, Rui. *Oração aos moços*. São Paulo: Martin Claret, 2003.

BARBOSA MOREIRA, José Carlos. A constitucionalização do processo no direito brasileiro. In: *Estudos de direito processual constitucional*: homenagem brasileira a Héctor Fix-Zamudio em seus 50 anos como pesquisador do direito. Mac-Gregor, Eduardo Ferrer; Larrea, Arturo Zaldívar Lelo de (Coord.). São Paulo: Malheiros, 2009. p. 47-56.

_____. A efetividade do processo de conhecimento. *Revista de Processo*, São Paulo, v. 19, n. 74, p. 126-37, abr./jun. 1994.

_____. A função social do processo civil moderno e o papel do juiz e das partes na direção e instrução do processo. *Revista de Processo*, São Paulo, ano 10, n. 37, p. 140-150, jan./mar. 1985.

_____. A justiça e nós. In: _____. *Temas de direito processual*: sexta série. São Paulo: Saraiva, 1997. p. 1-16.

_____. Ações coletivas na Constituição Federal de 1988. *Revista de Processo*, São Paulo, v. 16, n. 61, p. 187-200, jan./mar. 1991.

_____. *Desinformação jurídica*. In: _____. *Temas de direito processual*: sexta série. São Paulo: Saraiva, 1997.

_____. El neoprivatismo en el proceso civil. In: AROCA, Juan Montero (Coord.). *Proceso civil e ideología*. Valencia: Tirant lo Blanch, 2006.

_____. Imparcialidade: reflexões sobre a imparcialidade do juiz. *Fiscolex*. Disponível em: <http://www.fiscolex.com.br/doc_6223623_IMPARCIALIDADE_REFLEXOES_IMPARCIALIDADE_JUIZ.aspx>. Acesso em: 15 dez. 2010.

_____. La igualdad de las partes en el proceso civil. *Revista de Processo*, São Paulo, v. 11, n. 44, p. 176-185, out./dez. 1986.

_____. O direito à assistência jurídica. *Revista de Direito da Defensoria Pública do Estado do Rio de Janeiro*, Rio de Janeiro, ano 4, v. 5, p. 130, 1991.

_____. O direito à assistência jurídica: evolução no ordenamento brasileiro de nosso tempo. In: TEIXEIRA, Sálvio de Figueiredo (Coord.). *As garantias do cidadão na justiça*. São Paulo: Saraiva, 1993. p. 207-218.

_____. O neoprivatismo no processo civil. *Revista de Processo*, São Paulo, v. 30, n. 122, p. 9-21, abr. 2005.

_____. *O novo processo civil brasileiro*. 25. ed. Rio de Janeiro: Forense, 2007.

_____. O poder da Suprema Corte norte-americana e suas limitações. *Revista Magister de Direito Civil e Processual Civil*, Porto Alegre, v. 23, p. 12-19, mar./abr. 2008.

_____. Por um processo socialmente efetivo. *Fiscolex*. Disponível em: <http://www.fiscolex.com.br/doc_6223618_por_processo_socialmente_ efetivo_%c2%b6e1_ br_0_%c2%b11%c2%b6_e1%c2%b1.aspx>. Acesso em: 20 dez. 2010.

_____. Regras da experiência e conceitos juridicamente indeterminados. In: _____. *Temas de direito processual*: segunda série. São Paulo: Saraiva, 1980. p. 61-72.

_____. Saneamento do processo e audiência preliminar. *Revista de Processo*, São Paulo, v. 40, p. 109-135, 1985.

_____. Tendências contemporâneas do direito processual civil. *Revista de Processo*, São Paulo, n. 31, p. 199-209, jul./set. 1983.

BARBOZA, Heloisa Helena. Vulnerabilidade e cuidado: aspectos jurídicos. In: PEREIRA, Tânia da; OLIVEIRA, Guilherme de (Coords.). *Cuidado e vulnerabilidade*. São Paulo: Atlas, 2009. p. 106-118.

BARCELLOS, Ana Paula de. *A eficácia jurídica dos princípios constitucionais*: o principio da dignidade da pessoa humana. 2. ed. Rio de Janeiro: Renovar, 2008.

BARRETO, Tobias. *Estudos de Direito*. Brasília, Distrito Federal: Senado Federal/Conselho Editorial: Superior Tribunal de Justiça, 2004.

BARROS, Marco Antonio de. Arquitetura preambular do processo judicial eletrônico. *Revista dos Tribunais*, São Paulo, n. 889, v. 98, p. 427-460, nov. 2009.

BARROSO, Luís Roberto. *Interpretação e aplicação da Constituição*. 6. ed. São Paulo: Saraiva, 2003.

———. Neoconstitucionalismo e constitucionalização do direito: o triunfo tardio do direito constitucional no Brasil. *Jus Navigandi*, Teresina, ano 9, n. 851, 1 nov. 2005. Disponível em: <http://jus2.uol.com.br/doutrina/texto.asp?id=7547>. Acesso em: 20 abr. 2010.

BASTOS, Celso Ribeiro. *Comentários à Constituição do Brasil*. São Paulo: Saraiva, 1988.

———. *Dicionário de direito constitucional*. São Paulo: Saraiva, 1994.

BAUMAN, Zygmunt. *O mal-estar da pós-modernidade*. Trad. Mauro Gama e Cláudia Martinelli Gama. Rio de Janeiro: Jorge Zahar, 1998.

BAUR, Fritz. O papel ativo do juiz. *Revista de Processo*, São Paulo, ano 7, n. 27, p. 186-199, jul./set. 1982.

BECKER, Laércio Alexandre. *O mito da neutralidade do juiz*. Disponível em <http://www.acta-diurna.com.br/biblioteca/doutrina/d19990628010.htm>. Acesso em: 15 dez. 2010.

BEDAQUE, José Roberto dos Santos. *Direito e processo*: influência do direito material sobre o processo. 5. ed. São Paulo: Malheiros, 2009.

———. *Efetividade do processo e técnica processual:* tentativa de compatibilização. São Paulo: Malheiros, 2006.

———. *Poderes instrutórios do juiz*. 4. ed. São Paulo: Revista dos Tribunais, 2009.

———. *Tutela cautelar e tutela antecipada*: tutelas sumárias e de urgência (tentativa de sistematização). 5. ed. São Paulo: Malheiros, 2009.

BENJAMIN, Antônio Herman V.; MARQUES, Cláudia Lima; MIRAGEM, Bruno. *Comentários ao Código de Defesa do Consumidor*. 2. ed. São Paulo: Revista dos Tribunais, 2006.

BERIZONCE, Roberto O. *Efectivo acceso a la justicia:* propuesta de un modelo para el Estado Social de Derecho. La Plata: Libreria Ed. Platense, 1987.

BIDART, Adolfo Gelsi. La humanización del proceso. *Revista de Processo*, São Paulo, n. 9, p. 105-151, jan./mar. 1978.

BOBBIO, Norberto. *A era dos direitos*. Trad. Carlos Nelson Coutinho. Rio de Janeiro: Elsevier, 2004.

BOBBIO, Norberto. *A teoria das formas de governo*. Trad. Sérgio Bath. 9. ed. Brasília: UnB, 1997.

BONAVIDES, Paulo. *Curso de direito constitucional*. 18. ed. São Paulo: Malheiros, 2006.

BORGES, Janine Soares. *O garantismo no sistema infanto-juvenil*. Ministério Público do Estado do Rio Grande do Sul. Disponível em: <http://www.mp.rs.gov.br/ infancia/doutrina/id214.htm>. Acesso em: 4 set. 2010.

BORTHWICK, Adolfo E.C. *Principios formativos de los procesos*: principios que rigen el proceso civil, penal, laboral, administrativo y constitucional. Corrientes: Mario A. Viera Editor, 2005.

BRASIL. Câmara dos Deputados. *Projeto de Lei e Outras Proposições*. Disponível em: <http://www.camara.gov.br/sileg/Prop_Detalhe.asp?id=19849>. Acesso em: 7 ago. 2010.

———. Ministério da Justiça. III Diagnóstico da Defensoria Pública. Brasília: Ministério da Justiça, 2009.

———. Senado Federal. Estatuto da Igualdade Racial. Brasília, 2006. *CEDINE: Conselho estadual dos Direitos dos Negros*. Disponível em: <http://www.cedine.rj.gov.br/legisla/federais/Estatuto_da_Igualdade_Racial_Novo.pdf> Acesso em: 7 ago. 2010.

BRESOLIN, Humberto Bara. *Revelia e seus efeitos*. São Paulo: Atlas, 2006.

BREVE memorial apresentado pelo Conselho Federal da OAB. Disponível em: <http://www.oab.org.br/arquivos/pdf/Geral/TST.pdf>. Acesso em: 19 abr. 2010.

BUARQUE DE HOLANDA, Sérgio. *Raízes do Brasil*. 26. ed. São Paulo: Companhia das Letras, 2004.

BUENO, Cassio Scarpinella. Comentário ao art. 687. In: MARCATO, Antônio Carlos (Coord.). *Código de Processo Civil interpretado*. São Paulo: Atlas, 2004.

———. *Curso sistematizado de direito processual civil*: teoria geral do direito processual civil. São Paulo: Saraiva, 2007. v. 1.

———. *Curso sistematizado de direito processual civil*: procedimento comum, ordinário e sumário. 2. ed. São Paulo: Saraiva, 2007. t. 1.

BÜLOW, Oskar von. *La teoría de las excepciones procesales y los presupuestos procesales*. Trad. Miguel Angel Rosas Lichtschein. Buenos Aires: EJEA, 1964.

CABRAL, Antonio do Passo. Imparcialidade e impartialidade: por uma teoria sobre repartição e incompatibilidade de funções nos processo civil e penal. In: JORDÃO, Eduardo Ferreira; DIDIER JR., Fredie (Coords.). *Teoria do processo*: panorama doutrinário mundial. Salvador: JusPodivm, 2007.

CABRAL, Antonio. Il principio del contraditório come diritto d'influenza e dovere di dibattito. *Rivista di Diritto Processuale*, Padova, v. 60, n. 2, p. 449-464, apr./giug. 2005.

CAHALI, Yussef. *Divórcio e separação*. 9.e d. São Paulo: Revista dos Tribunais, 2000.

CALAMANDREI, Piero. *Direito processual civil*. Tradução de Luiz Abezia e Sandra Drino Fernandez Barbery. São Paulo: Bookseller, 1999.

———. *Instituzioni di diritto processuale civil secondo il nuovo Codice*. 2. ed. Padova: CEDAM, 1943. v. 1.

———. *Instituzioni di diritto processuale civil secondo il nuovo codice*. 2. ed. Padova: CEDAM, 1943. v. 1.

CALMON, Petrônio. *Comentários à Lei de Informatização Judicial*: Lei 11.419, de 19 de dezembro de 2006. Rio de Janeiro: Forense, 2007.

CALMON DE PASSOS, J. J. A instrumentalidade do processo e devido processo legal. *Revista de Processo*, São Paulo, ano 26, n. 102, p. 55-67, abr./jun. 2001.

———. *Comentários ao Código de Processo Civil*: (arts. 270 a 331). 8. ed. Rio de Janeiro: Forense, 1998. v. 3.

———. Considerações de um troglodita sobre o processo eletrônico. In: JAYME, Fernando Gonzaga; FARIA, Juliana Cordeiro de; LAUAR, Maria Terra (Coords.). *Processo civil*: novas tendências: estudos em homenagem ao Professor Humberto Theodoro Junior. Belo Horizonte: Del Rey, 2008. p. 95-99.

———. Democracia, participação e processo In: GRINOVER, Ada Pellegrini et al. (Org.). *Participação e Processo*. São Paulo: Revista dos Tribunais, 1988. p. 83-97.

———. Tutela constitucional das liberdades. *Revista eletrônica de Direito do Estado*, Salvador: Instituto Brasileiro de Direito Público, n. 16, out./dez. 2008. Disponível em: <www.direitodoestado.com.br>. Acesso em: 1º maio 2010.

CÂMARA, Alexandre Freitas. *Lições de direito processual civil*. 8. ed. Rio de Janeiro: Lumen Juris, 2003.

———. Poderes instrutórios do juiz e processo civil democrático. *Revista de Processo*, São Paulo, v. 32, n. 153, p. 33-46, nov. 2007.

CAMBI, Eduardo. A inexistência do ônus da impugnação específica para o consumidor. *Revista de Processo*, São Paulo, v. 30, n. 129, p. 66-74, nov. 2005.

———. *A prova civil*: admissibilidade e relevância. São Paulo: Revista dos Tribunais, 2006.

———. Foro privilegiado da mulher, isonomia constitucional na sociedade conjugal e o processo civil. *Revista de Processo*, São Paulo, v. 21, n. 83, p. 177-190, jul./set. 1996.

———. *Neoconstitucionalismo e neoprocessualismo*. São Paulo: Revista dos Tribunais, 2009.

———. Neoprivatismo e neopublicismo a partir da Lei 11.690/2008. *ABDPC*. Disponível em: <www.abdpc.com.br>. Acesso em: 20 maio 2010.

CAMPOS, Joana Paixão. *A conciliação judicial*. Dissertação (Mestrado em Ciências Jurídicas Forenses) – Faculdade de Direito da Universidade Nova de Lisboa, 2009.

CANÇADO TRINDADE, Antônio Augusto. *Proteção internacional dos direitos humanos*: fundamentos jurídicos e instrumentos básicos. São Paulo: Saraiva, 1991.

———. *Direito constitucional*. 6. ed. Coimbra: Almedina, 1993.

———. *Direito constitucional e teoria da Constituição*. 7. ed., 3. reimpr. Lisboa: Almedina, 2003.

CANOTILHO, J. J. Gomes; MOREIRA, Vital. *Fundamentos da Constituição*. Coimbra: Coimbra Ed., 1991.

———. *Direito constitucional e teoria da Constituição*. 6. ed. Lisboa: Almedina, 2002.

———. *Estudos sobre direitos fundamentais*. Coimbra: Coimbra Ed., 2004.

CAPPELLETTI, Mauro. *Juízes legisladores?* Trad. Carlos Alberto Alvaro de Oliveira. Porto Alegre: Sérgio Antonio Fabris, 1999.

———. Problemas de reforma do processo nas sociedades contemporâneas. *Revista de Processo*, São Paulo, ano 17, n. 65, p. 127-143, jan./mar. 1992.

———. *Proceso, ideologias, sociedad*. Buenos Aires: Jurídicas Europa – América, 1974.

———. *Processo, ideologias e sociedade*. Porto Alegre: SAFE, 2007. v. 1.

———; GARTH, Bryant. *Acesso à justiça*. Trad. Ellen Gracie Northfleet. Porto Alegre: Sergio Antonio Fabris, 1988.

CARNEIRO, Athos Gusmão. Questões polêmicas do novo Código de Processo Civil. *Revista dos Tribunais*, São Paulo, n. 496, p. 15-21, fev. 1977.

CARNEIRO, Paulo César Pinheiro. A*cesso à Justiça*: juizados especiais cíveis e ação civil pública. Rio de Janeiro: Forense: 1999.

CARNELLUTTI, Francesco. *Diritto e processo*. Napole: Morano, 1958.

CARPENA, Márcio Louzada. Da caução. In: COSTA MACHADO, Antonio Cláudio; VEZZONI, Marina (Orgs.). *Processo cautelar*: estudos avançados. São Paulo: Manole, 2010.

CARVALHO, Amilton Bueno de. A lei, o juiz, o justo. *Ajuris*: Revista da Associação dos Juízes do Rio Grande do Sul, Porto Alegre, v. 14, n. 39, p. 132-152, mar. 1987.

CARVALHO, José Murilo de. *Cidadania no Brasil*: o longo caminho. 3. ed. Rio de Janeiro: Civilização Brasileira, 2002.

CARVALHO, José Pereira de. *Primeiras linhas sobre o processo orphanológico*: legislação orphanológica até ao presente. 8. ed. Rio de Janeiro: Eduardo & Henrique Laemmert, 1865.

CASTRO FILHO, José Olímpio. *Abuso de direito no processo civil*. 2. ed. Rio de Janeiro: Forense, 1960.

CÍCERO, Marcus Tullius. *Da República*. Trad. Amador Cisneiros. São Paulo: Abril Cultural, 1973.

CIMADAMORE, Alberto D.; CATTANI, Antonio D. A construção da pobreza e da desigualdade na América Latina: uma introdução. In: CATTANI, Antonio David; CIMADAMORE, Alberto D. (Orgs.). *Produção de pobreza e desigualdade na América Latina*. Trad. Ernani Só. Porto Alegre: Tomo Editorial/Clacso, 2007. p. 7-14.

CIPRIANI, Franco. *El proceso civil italiano entre revisionistas y negacionistas*. In: MONTERO AROCA, Juan (Coord.). *Proceso civil e ideología*. Valencia: Tirant lo Blanch, 2006.

COMOGLIO, Luigi Paolo. I modelli di garanzia costituzionale del processo. *Rivista Trimestrale di Diritto e Procedura Civile*, Milano, v. 45, n. 3, p. 673-641, sett. 1991.

———. Il giusto processo nella dimensione comparatistica. *Rivista di Diritto Processuale*, Milano, v. 57, n. 3, p. 702-758, 2002.

Conheça o posicionamento do STJ sobre o excesso de linguagem do juiz. *Superior Tribunal de Justiça*. Disponível em: <www.stj.jus.br>. Acesso em: 30 ago. 2010.

Constituição da Organização Mundial da Saúde (OMS/WHO) – 1946. Biblioteca Virtual de Direitos Humanos. Disponível em: <http://www.direitoshumanos.usp.br/ index.php/OMS-Organiza%C3%A7%C3%A3o-Mundial-da-Sa%C3%BAde/constituicao-da-organizacao-mundial-da-saude-omswho.html>. Acesso em: 20 nov. 2010.

COSTA, Daniel de Lucca Reis. *A rua em movimento*: experiências urbanas e jogos sociais em torno da população de rua. 2007. Dissertação (Mestrado em Antropologia Social) – Faculdade de Filosofia, Letras e Ciências Humanas, São Paulo: Universidade de São Paulo, 2007.

COSTA, Lopes da. *Direito processual civil brasileiro*. 2. ed. Rio de Janeiro: Forense, 1959. v. 4.

COSTA, Moacyr Lobo da; AZEVEDO, Luiz Carlos. *Estudos de história do processo*: recursos. São Paulo: FIEO, 1996.

COSTA, Paula Bajer Fernandes Martins da. *Igualdade no direito processual penal brasileiro*. São Paulo: Revista dos Tribunais, 2001.

COSTA MACHADO, Antonio Cláudio. *A intervenção do Ministério Público no processo civil brasileiro*. 2. ed. São Paulo: Saraiva, 1998.

———. *Código de Processo Civil interpretado e anotado*. 2. ed. Barueri: Manole, 2008.

_____. *Código de Processo Civil interpretado e anotado*. Barueri: Manole, 2006.

COSTA MACHADO, Antônio Cláudio da Costa et al. Processo de realização dos direitos fundamentais: um caminho teórico para distinguir os fenômenos "efetivação" e "concretização". *Revista Mestrado em Direito da Unifieo*, Osasco, ano 5, n° 5, p. 123-156, 2005.

COUTINHO, Heliana Maria de Azevedo. O papel do juiz: agente político no estado democrático de direito. *Justiça e Democracia*, São Paulo, v. 1, p. 132-146, jan./jul. 1996.

COUTURE, Eduardo Juan. *Fundamentos de direito processual civil*. Florianópolis: Conceito Editorial, 2008.

_____. *Interpretação das leis processuais*. 2. ed. Rio de Janeiro: Forense, 1993.

_____. *Introdução ao estudo do processo civil*: discursos, ensaios e conferências. Trad. Hilomar Martins de Oliveira. 2. ed. Belo Horizonte: Líder, 2009.

CPC vai prever atuação de advogados em Juizados. Disponível em: <http://www.conjur.com.br>. Acesso em: 12 maio 2010.

CREMASCO, Susana Santi. *A distribuição dinâmica do ônus da prova*. São Paulo: GZ, 2009.

CRETELLA NETO, José. *Fundamentos principiológicos do processo civil*. Rio de Janeiro: Forense, 2002.

CRUZ, José Raimundo Gomes da. Anotações sobre A Lei 10.444, de 07.05.2002. *Revista do Instituto dos Advogados de São Paulo*, São Paulo, v. 6, n. 12, p. 57-75, jul./dez. 2003.

CRUZ E TUCCI, José Rogério. *A causa petendi no processo civil*. São Paulo: Revista dos Tribunais, 1993.

_____. Falta de justa causa. In: FRANÇA, Rubens Limongi (Org.). *Enciclopédia Saraiva de Direito*. São Paulo: Saraiva, 1977. v. 36.

_____. *Organização judiciária e competência recursal*. Aula ministrada em 31 outubro de 2008 em disciplina do curso de Pós-Graduação da Faculdade de Direito da USP.

_____; AZEVEDO, Luis Carlos. *Lições de processo civil romano*. 1. ed., 2. tir. São Paulo: Revista dos Tribunais, 2001.

CRUZ E TUCCI, José Rogério; TUCCI, Rogério Lauria. *Devido processo legal e tutela jurisdicional*. São Paulo: Revista dos Tribunais, 1983.

CUNHA, Leonardo José Carneiro da. *A Fazenda Pública em juízo*. São Paulo: Dialética, 2010.

DALLARI, Dalmo de Abreu. *O poder dos juízes*. 3. ed. Saraiva: 2007.

_____. *O poder dos juízes*. São Paulo: Saraiva: 1996.

_____. Privilégios antidemocráticos. *CONAMP em Revista*, Brasília, n. 1, out./dez. 2002.

DE MASI, Domênico. *Os sentidos da democracia*: política do dissenso e hegemonia global. São Paulo: Vozes; FAPESP, 1999.

DECLARAÇÃO DOS DIREITOS DAS PESSOAS DEFICIENTES. *DHNET*. Disponível em: <http://www.dhnet.org.br/direitos/sip/onu/deficiente/lex61.htm>. Acesso em: 4 dez. 2010.

DELGADO, Maurício Godinho. *Curso de direito do trabalho*. São Paulo: LTr, 2004.

DEMARCHI, Juliana. Técnicas de conciliação e mediação. In: GRINOVER, Ada Pellegrini; LAGRASTA NETO, Caetano; WATANABE, Kazuo (Coords.). *Mediação e gerenciamento do processo*: revolução na prestação jurisdicional. 2. tir. São Paulo: Atlas, 2007.

DENTI, Vittorio. Il ruolo del giudice nel processo civile tra vecchio e nuovo garantismo. *Rivista Trimestrale di Diritto e Procedura Civile*, Milano, anno XLI, p. 726-740, 1984.

———. *Processo civile e giustizia social*. Milano: Edizioni de Comunità, 1971.

———. Valori costituzionali e cultura processuale. *Rivista di Diritto Processuale*, Padova, v. 39, n. 3, 1984.

Desigualdade na América Latina é a maior do mundo, diz Annan. Disponível em: <http://noticias.uol.com.br/ultnot/afp/2006/11/03/ult34u167291.jhtm>. Acesso em: 28 nov. 2010.

DEVEALI, Mário. *Lineamientos de derecho del trabajo*. 3. ed. Buenos Aires, 1956.

DI PIETRO, Maria Sylvia Zanella. *Direito administrativo*. 14. ed. São Paulo: Atlas, 2002.

Diário do Congresso Nacional. Brasília, 3 maio 1989. Seção II. p. 1663.

DIAS, Maria Berenice. *A Lei Maria da Penha na justiça*. São Paulo: Revista dos Tribunais, 2007.

DIAZ, Laura Mota. Instituições do Estado e produção e *reprodução* da desigualdade na América Latina. In: CATTANI, Antonio David; CIMADAMORE, Alberto D. (Orgs.). *Produção de pobreza e desigualdade na América Latina*. Trad. Ernani Só. Porto Alegre: Tomo Editorial/Clacso, 2007.

Dicionário Michaelis. Disponível em: <http://michaelis.uol.com.br/moderno/ portugues/index.php?lingua=portugues-portugues&palavra=vulnerável>. Acesso em: 16 dez. 2010.

DIDIER JUNIOR, Fredie Souza. *Curso de direito processual civil*: teoria geral do processo e do processo de conhecimento. 7. ed. Juspodivm: Salvador, 2007.

———. Sobre dois importantes (e esquecidos) princípios do processo: adequação e adaptabilidade do procedimento. *Jus Navigandi*, Teresina, ano 6, n. 57, jul. 2002. Disponível em: <http://jus2.uol.com.br>. Acesso em: 4 set. 2008.

———. O princípio da cooperação: uma apresentação. *Revista de Processo*, São Paulo, v. 30, n. 127, p. 75-79, set. 2009.

DIEZ-PICAZO GIMENEZ, Ignacio. Con motivo de la traducción al italiano de la obra del profesor Juan Montero Aroca sobre los principios políticos del proceso civil español. In: AROCA, Juan Montero (Coord.). *Proceso civil e ideología*. Valencia: Tirant lo Blanch, 2006.

DINAMARCO, Cândido Rangel. *A instrumentalidade do processo*. 8. ed. São Paulo: Malheiros, 2000.

———. *Fundamentos do direito processual civil moderno*. 3. ed. São Paulo: Malheiros, 2000. t. 2.

———. *Instituições de direito processual civil*. 6. ed. São Paulo: Malheiros, 2009. v. 1 e 2.

DINAMARCO, Pedro. Comentários ao art. 222, nota 1. In: MARCATO, Antônio Carlos (Coord.). *Código de Processo Civil interpretado*. São Paulo: Atlas, 2008.

Diversidade cultural no Brasil. *UNESCO*. Disponível em: <http://www.unesco.org/pt/ brasilia/ culture-in-brazil/cultural-diversity-in-brazil>. Acesso em: 28 nov. 2010.

DWORKIN, Ronald. *A virtude soberana*: a teoria e a prática da igualdade. Trad. Jussara Simões; rev. técnica e da trad. Cícero Araújo, Luiz Moreira. São Paulo: Martins Fontes, 2005.

──────. *Levando os direitos a sério*. São Paulo: Martins Fontes, 2007.

EUROPA. European Commission. *França*. Em caso de urgência, os tribunais podem reduzir os prazos de comparência e permitir a citação num dia fixo. Do mesmo modo, os tribunais podem transferir o exame do processo para uma data posterior, de modo a permitir a comparência das partes. Disponível em: <http://ec.europa.eu/ civiljustice/ time_limits/time_limits_fra_pt.htm#10>. Acesso em: 29 abr. 2010).

──────. *Prazos processuais* – Inglaterra e País De Gales. A Parte II da Lei de Prescrição de 1980 prevê a possibilidade de prorrogação dos prazos, por exemplo no caso de deficiência do demandante (artigo 28º da referida lei). Disponível em: <http:// ec.europa.eu/civiljustice/time_limits/time_limits_eng_pt.htm#10>. Acesso em: 29 abr. 2010.

FADEL, Sérgio Sahione. *Código de Processo Civil comentado*. 7. ed. Rio de Janeiro: Forense, 2004.

FARIA, Anacleto. *O princípio da igualdade jurídica*. São Paulo: Revista dos Tribunais, 1973.

FARIA, Helena Lopes de; MELO, Mônica de. *Direitos humanos*: construção da liberdade e da igualdade. Convenções sobre a Eliminação de Todas as Formas de Discriminação Contra a Mulher e a Convenção para Prevenir, Punir e Erradicar a Violência Contra a Mulher. São Paulo: Centro de Estudos, 1998.

FAZZALARI, Elio. *Istituzioni di diritto processuale*. Padova: CEDAM, 1975.

──────. Processo (Teoria generale). *Novissimo digesto italiano*. Torino: UTET, 1966. v. 13.

FERNANDES, Raimundo Nonato. Revelia e outros problemas no processo civil. *Revista de Processo*, São Paulo, n. 20, out./dez. 1980.

FERRAJOLI, Luigi. *Derecho y razón*: teoría del garantismo penal. 2. ed. Trad. Perfecto Andrés Ibáñez, Alfonso Ruiz Miguel, Juan Carlos Bayón Mohino, Juan Terradillos Basoco e Rocío Cantarero Bandrés. Madrid: Trotta, 1997.

FERRAZ JUNIOR, Tercio Sampaio. *Introdução ao estudo do direito*: técnica, decisão e dominação. São Paulo: Atlas, 2001.

──────. Limites da interpretação jurídica. *Revista dos Tribunais*, São Paulo, ano 58, v. 232, p. 57-77, 2009.

──────. *O justo e o belo*: estudos de filosofia do direito: reflexões sobre o poder, a liberdade, a justiça e o direito. São Paulo: Atlas, 2002.

FERREIRA, Gilmar Mendes; COELHO, Inocêncio Mártires, BRANCO, Gustavo Gonet. *Curso de direito constitucional*. 2 ed. São Paulo: Saraiva, 2008.

FERREIRA, William Santos. As garantias constitucionais do jurisdicionado e a competência nas tutelas de urgência – um enfrentamento positivo. In: FUX, Luiz; NERY JUNIOR, Nelson; WAMBIER, Teresa Celina Arruda Alvim. (Orgs.). *Processo e Constituição*: estudos em homenagem ao Prof. José Carlos Barbosa Moreira. São Paulo: Revista dos Tribunais, 2006. p. 627-655.

_____. Súmula vinculante – dilemas entre o congelamento de uma posição e a eternização da divergência. Disponível em: <http://www.juspodivm.com.br/ i/a/%7BE55A8315-6AF9-4D14-A1E4-F4C05B7C7449%7D_8.pdf>. Acesso em: 12 jan. 2011.

FIGUEIRA JÚNIOR, Joel Dias. *Juizados Especiais Estaduais Cíveis e Criminais*: comentários à Lei 9.099/1995. 4. ed. São Paulo: Revista dos Tribunais, 2005.

_____. *Juizados Especiais Estaduais Cíveis e Criminais*: comentários à Lei 10.259, de 10.07.2001. São Paulo: Revista dos Tribunais, 2002.

_____. O princípio constitucional da igualdade em confronto com a lei que confere tratamento processual privilegiado aos idosos: análise da constitucionalidade da Lei 10.173, de 09/01/2001. *Revista de Processo*, São Paulo, v. 27, n. 106, p. 293-296, abr./jun. 2002.

FONSECA, Regina Lúcia Teixeira Mendes da. A "oração aos moços" de Ruy Barbosa e o princípio da igualdade a brasileira. *Pública Direito*. Disponível em: <http://www.publicadireito.com.br/conpedi/manaus/arquivos/Anais/sao_paulo/2684.pdf>. Acesso em: 1º dez. 2010.

FORNACIARI JÚNIOR, Clito. Citação pelo correio. *Revista de Processo*, São Paulo, n. 3, p. 38-43.

_____. Curador especial – revelia e julgamento antecipado da lide: a defesa do réu pelo curador especial exclui a revelia e obsta o julgamento antecipado da lide, com base no art. 330, n. Ii, do diploma processual, do contrário seria inútil a figura do curador especial. *Revista de Processo*, São Paulo, n.1, p. 182-186, jan./mar. 1976.

FRANÇA, Antônio de S. Limongi. Cibernética jurídica. In: FRANÇA, Rubens Limongi (Coord.). *Enciclopédia Saraiva do Direito*. São Paulo: Saraiva, 1977. v. 14, p. 95-96.

FRANÇA, Fernando Luís. *A antecipação de tutela* ex officio. Belo Horizonte: Mandamentos, 2003.

FRANCO, Fernão Borba. Processo administrativo, teoria geral do processo, imparcialidade e coisa julgada. In: JORDÃO, Eduardo Ferreira; SOUZA JR., Fredie Didier (Coords.). *Teoria do processo*: panorama doutrinário mundial. Salvador: JusPodivm, 2007.

FREIRE, Ricardo Maurício. *Devido processo legal*: uma visão pós-moderna. Salvador: JusPodivm, 2008.

FRIEDE, Roy Reis; KLIPPEL, Rodrigo; ALBANI, Thiago. *A tutela de urgência no processo civil brasileiro*. Niterói: Impetus, 2009.

FUX, Luiz. *Juizados Especiais Cíveis e Criminais e suspensão condicional do processo*. Rio de Janeiro: Forense, 1996.

_____. *Tutela de segurança e tutela da evidência* (fundamentos da tutela antecipada). São Paulo: Saraiva, 1996.

_____. Tutela jurisdicional: finalidade e espécie. *Informativo Jurídico da Biblioteca Ministro Oscar Saraiva*, v. 14, n. 2, p. 153-168, jul./dez. 2002.

GAGLIANO, Pablo Stolze; VIANA, Salomão. É sempre vedado ao julgador conhecer, de ofício, da abusividade de cláusulas em contrato bancário? Reflexões sobre a Súmula 381 do STJ. Disponível em: <www.flaviotartuce.adv.br>. Acesso em: 11 out. 2010.

GALANTER, Marc. Why the haves come out ahead: speculations on the limits of legal change (Por que os ricos saem na frente: especulação sobre os limites da mudança legal). *Law and Society Review*, Denver, v. 9, n. 1, p. 95-160, 1974. Reprinted by permission of the *Law and Society Association*, p. 1-72.

GALUPPO, Marcelo Campos. *Igualdade e diferença*: Estado democrático de direito a partir do pensamento de Habermas. Belo Horizonte: Mandamentos, 2002.

GARCIA MEDINA, José Miguel. Princípio do contraditório, processo civil moderno e a proibição de "decisões surpresa" no Projeto do novo CPC. Disponível em: <www.professormedina.com.br>. Acesso em: 14 ago. 2010.

Giamberardino, André Ribeiro. Tráfico de drogas e o conceito de controle social: reflexões entre a solidariedade e a violência. *Revista Brasileira de Ciências Criminais*, São Paulo, v. 83, p. 250-300, 2010.

GIANESINI, Rita. *Da revelia no processo civil brasileiro*. São Paulo: Revista dos Tribunais, 1977.

GIARDELLI, Lucas; TOLLER, Fernando M.; CIANCIARDO, Juan. Os parâmetros para julgar normas que realizam distinções – Paralelismo entre a doutrina da Corte Suprema norte-americana e a do sistema interamericano sobre o direito à igualdade. *Revista dos Tribunais* (São Paulo), São Paulo, v. 99, n. 898, p. 9-48, ago. 20.

GIMENEZ, Ignacio Diez-Picazo. Con motivo de la traducción al italiano de la obra del profesor Juan Montero Aroca sobre los principios políticos del proceso civil español. In: AROCA, Juan Montero (Coord.). *Proceso civil e ideología*. Valencia: Tirant lo Blanch, 2006.

GIORGI, Raffaele de. *Democracia e riscos*: vínculos com o futuro. Porto Alegre: Sergio Antonio Fabris, 1998.

GODINHO, Robson Renault. O Ministério Público e o Estatuto do Idoso: aspectos processuais. *Revista de Processo*, São Paulo, v. 32, n. 143, p. 136-161, jan. 2007.

GOLDSCHMIDT, James. *Teoría general del processo*. Trad. Leonardo Prieto Castro. Barcelona: Labor, 1936.

GOMES, Joaquim B. Barbosa. *Ação afirmativa e o princípio constitucional da igualdade* (o Direito como instrumento de transformação social – a experiência dos EUA). Rio de Janeiro: Renovar, 2001.

GOMES, Luis Flávio. STF, foro privilegiado e violação da igualdade. Disponível em: <www.editoramagister.com.br>. Acesso em: 16 nov. 2010.

GOMES, Orlando. *Contratos*. 17. ed. Rio de Janeiro: Forense, 1996.

GOMES NETO, José Mário Wanderley; VEIGA, Ana Carolina Gomes. Crítica aos dispositivos processuais contidos no Estatuto do Idoso: um estudo de caso frente ao acesso à justiça. *Revista de Processo*, São Paulo, v. 32, n. 143, p. 253-274, 2007.

GONÇALVES, Maria Eduarda. *Direito da informação*: novos direitos e formas de regulação na sociedade da informação. Coimbra: Almedina, 2003.

GONÇALVES, Plínio Aroldo. *Técnica processual e teoria do processo*. Rio de Janeiro: Aíde, 2001.

GONTIJO, Daniela Tavares. MEDEIROS, Marcelo. Crianças e adolescentes em situação de rua: contribuições para a compreensão dos processos de vulnerabilidade e desfiliação social. *Ciência Saúde Coletiva*, v. 14, n. 2, p. 467-475, abr. 2009. Disponível em: <www.scielo.br>. Acesso em: 31 jul. 2010.

GOUVEIA, Lúcio Grassi de. A função legitimadora do princípio da cooperação intersubjetiva no processo civil brasileiro. *Revista de Processo*, São Paulo, v. 34, n. 172, p. 32-53, jun. 2009.

---------. O dever de cooperação dos juízes e tribunais com as partes: uma análise sob a ótica do direito comparado (Alemanha, Portugal e Brasil). *Revista da ESMAPE*, Recife, ano 5, n. 11, p. 247-273, jan./jun. 2000.

GRECO, Leonardo. Publicismo e privatismo no processo civil. *Revista de Processo*, São Paulo, v. 33, n. 164, p. 29-56, out. 2008.

GRECO FILHO, Vicente. *Direito processual civil brasileiro.* 17. ed. São Paulo: Saraiva, 2007. v. 1.

GREEN, Duncan. *Da pobreza ao poder*: como cidadãos ativos e estados efetivos podem mudar o mundo. Tradução de Luiz Vasconcelos. São Paulo: Cortez: Oxfam International, 2009.

GRINOVER, Ada Pellegrini. A conciliação extrajudicial no quadro participativo. In: ---------; Dinamarco, Candido Rangel; Watanabe, Kazuo (Coord.). *Participação e processo.* São Paulo: Revista dos Tribunais, 1988.

---------. Acesso à justiça e o Código de Defesa do Consumidor. In: ---------. *O processo em evolução.* Rio de Janeiro: Forense Universitária, 1996.

---------. *Novas tendências do direito processual*: de acordo com a Constituição de 1988. São Paulo: Forense Universitária, 1990.

---------. O advogado e os princípios éticos do processo. *FiscoLex.* Disponível em: <www.fiscolex.com.br/doc_6221355_o_advogado_principios_eticos_processo.aspx>. Acesso em: 20 dez. 2010.

---------. *Os princípios constitucionais e o Código de Processo Civil.* São Paulo: José Bushatsky, 1975.

---------. Tutela jurisdicional nas obrigações de fazer e não fazer. *Ajuris*: revista da Associação dos Juízes do Rio Grande do Sul, Porto Alegre, v. 22, n. 65, p. 13-30, nov. 1995.

---------; CINTRA, Antonio Carlos de Araújo; DINAMARCO, Cândido Rangel. *Teoria geral do processo.* 26. ed. São Paulo: Malheiros, 2010.

---------. et al. *Código Brasileiro de Defesa do Consumidor comentado pelos Autores do Anteprojeto.* 3. ed. Rio de Janeiro: Forense, 1993.

GUASP, Jaime. *Derecho procesal civil.* 3. ed. Madrid: Centro de Estudios Constitucionales, 1977. t. 1.

GUEDES, Jefferson Carús. Direito processual social no Brasil: as primeiras linhas. *Revista de Processo*, São Paulo, ano 31, n. 142, p. 137-167, dez. 2006.

GUERRA FILHO, Willis Santiago. Sobre princípios constitucionais gerais: isonomia e proporcionalidade. *Revista dos Tribunais*, São Paulo, v. 84, n. 719. p. 58-59, set. 1995.

GUSDORFF, Georges. *Les sciences humaines et la pensée occidentale*: la conscience révolucionaire, les ideologies. Paris: Payot, 1978. v. 3.

GUTIÉRREZ PÉREZ, Benjamin. *Derecho procesal civil I*: principios y teoría general del proceso. Huancayo: UPLA: 2006.

HERTEL, Daniel Roberto. Reflexos do princípio da isonomia no direito processual. *Jus Navigandi*, Teresina, ano 10, n. 761, 4 ago. 2005. Disponível em: <http://jus.uol.com.br/revista/texto/7112>. Acesso em: 10 jan. 2011.

HIGHTON DE NOLASCO, Elena; ALVAREZ, Gladys S. *Mediación para resolver conflictos*. 2. ed. Buenos Aires: Ad Hoc, 2008.

HIRONAKA, Giselda Maria Fernandes Novaes. *Responsabilidade pressuposta*. Belo Horizonte: Del Rey, 2005.

HOBBES, Thomas. *Leviatã ou matéria, forma e poder de um Estado eclesiástico e civil*. Trad. João e Maria Beatriz da Silva. São Paulo: Abril Cultural, 1974.

HOMMERDING, Adalberto Narciso. *Fundamentos para uma compreensão hermenêutica do processo civil*. Porto Alegre: Livraria do Advogado: 2007.

HOOG, Wilson Alberto Zappa. *Prova pericial contábil*: aspectos práticos e fundamentais. 5. ed. Curitiba: Juruá, 2008.

INSTITUTO BRASILEIRO DE GEOGRAFIA E ESTATÍSTICA – IBGE. *Síntese de indicadores sociais 2009*: uma análise das condições de vida da população brasileira, v. 26. Disponível em: <http://www.ibge.gov.br/home/presidencia/noticias/noticia_visualiza. php?id_noticia=1476&id_pagina=1>. Acesso em: 5 maio 2010.

JARDIM, Afrânio Silva. *Da publicização do processo civil*. Rio de Janeiro: Liber Juirs, 1982.

KATZMAN, Ruben. *Marco conceptual sobre activos, vulnerabilidad y estructura de oportunidades*. Comisión Económica para América Latina y el Caribe CEPAL. Oficina de Montevideo. Disponível em: <http://www.eclac.org/publicaciones/xml/6/10816/LC-R176.pdf>. Acesso em: 19 nov. 2010.

KOMATSU, Roque. *Da invalidade no processo civil*. São Paulo: Revista dos Tribunais, 1991.

KOWARICK, Lúcio. Sobre a vulnerabilidade socioeconômica e civil: Estados Unidos, França e Brasil. *Revista Brasileira de Ciências Sociais*, v. 18, n. 51, p. 61-86, fev. 2003. Disponível em: <http://www.scielo.br/pdf/rbcsoc/v18n51/15986.pdf>. Acesso em: 31 jul. 2010.

LEAL, Rosemiro Pereira. *Teoria geral do processo*: primeiros estudos. 4. ed. rev. ampl. Porto Alegre: Síntese, 2001.

LEITE, Carlos Henrique Bezerra. *Curso de direito processual do trabalho*. 4. ed. São Paulo: LTr, 2006.

LEONARDO, Rodrigo Xavier. *Imposição e inversão do ônus da prova*. Rio de Janeiro: Renovar, 2004.

LEONEL, Ricardo de Barros. *Manual do processo coletivo*. São Paulo: Revista dos Tribunais, 2002.

———. Meios de defesa do executado. *Revista IOB de Direito Civil e Processual Civil*, v. 53, p. 120-139, 2008.

———. Reforma do Poder Judiciário: primeiras reflexões. *Revista Magister de Direito Civil e Processual Civil*, Porto Alegre, v. 4, p. 76-103, jan./fev. 2005.

LIBERATI, Wilson Donizeti. *Comentários ao Estatuto da Criança e do Adolescente*. 10. ed. São Paulo: Malheiros, 2008.

Liebman, Enrico Tullio. *Manual de direito processual civil*. 3. ed. Trad. e notas de Cândido Rangel Dinamarco. São Paulo: Malheiros, 2005. v. 1.

LIMA, Roberto Kant de. Carnavais, malandros e heróis: o dilema brasileiro do espaço público. In: GOMES, Laura Graziela; BARBOSA, Lívia; DRUMMOND, José Augusto

(Orgs.). *O Brasil não é para principiantes*: carnavais, malandros e heróis 20 anos depois. 2. ed. Rio de Janeiro: FGV, 2001.

_____; AMORIM, Maria Stella de; BURGOS, Marcelo Baumann. A administração da violência cotidiana no Brasil: a experiência dos Juizados Especiais Criminais. *Revista Ciências Sociais*, Rio de Janeiro, v. 8, n. 1/2, p. 79-111, 2002.

LOBO, Paulo Luiz Netto. Princípios sociais dos contratos no Código de Defesa do Consumidor e no novo Código Civil. *Revista do Direito do Consumidor*, São Paulo, ano 11, n. 42, p. 187-195, abr./jun. 2002.

_____. *Teoria geral das obrigações*. São Paulo: Saraiva, 2005.

_____. Princípio da igualdade e o Código Civil. *Jus Vigilantibus*, Vitória, 17 jan. 2004. Disponível em: <http://jusvi.com/doutrinas_e_pecas/ver/1771>. Acesso em: 2 out. 2007.

LOPES, João Batista. *Tutela antecipada no processo civil brasileiro*. São Paulo: Saraiva, 2001.

LOPES, José Reinaldo de Lima. Crédito ao consumidor e superendividamento – uma problemática geral. *Revista de Direito do Consumidor*, São Paulo, n. 17, p. 57-64, jan./mar. 1996.

LUCON, Paulo Henrique dos Santos. Comentário ao art. 475-B. In: MARCATO, Antônio Carlos (Coord.). *Código de Processo Civil interpretado*. São Paulo: Atlas, 2008.

_____. *Devido processo legal substancial*. Disponível em: <http://www.mundojuridico.adv.br>. Acesso em: 20 jul. 2008.

_____. Garantia do tratamento paritário das partes. In: Cruz e Tucci, José Rogério (Coord.). *Garantias constitucionais do processo civil*. São Paulo: Ed. Revista dos Tribunais, 1999. p. 132-150.

MACEDO JR., Ronaldo Porto. *Contratos relacionais e defesa do consumidor*. 2. ed. São Paulo: Revista dos Tribunais, 2007.

MACHADO, Antônio Alberto. *Curso de processo penal*. 3. ed. São Paulo: Atlas, 2010.
MADALENO, Rolf. Execução de alimentos pela coerção pessoal. In: TESHEINER, José Maria Rosa; MILHORANZA, Mariângela Guerreiro; PORTO, Sérgio Guilherme Porto (Coords.). *Instrumentos de coerção e outros temas de direito processual civil*: estudos em homenagem aos 25 anos de docência do Professor Dr. Araken de Assis. Rio de Janeiro, Forense, 2007.

MALLET, Estêvão. Discriminação e processo do trabalho. In: CALVET, Antonio Amaral (Org.). *Discriminação*. São Paulo: LTr, 2000. p. 156-168.

MANCUSO, Rodolfo de Camargo. A coisa julgada e sua recepção no Código Civil. In: FILOMENO, José Geraldo Brito (Coord.). *O Código Civil e sua interdisciplinaridade*: os reflexos do Código Civil nos demais ramos do Direito. Belo Horizonte: Del Rey, 2004. p. 283-306.

_____. A Fazenda Pública em juízo. In: SANTOS, Ernane Fidelis dos; WAMBIER, Luiz Rodrigues; NERY JR., Teresa Celina Arruda Alvim Wambier (Coords.). *Execução civil*: estudos em homenagem ao professor Humberto Theodoro Jr. São Paulo: Revista dos Tribunais, 2007. p. 360-369.

MANCUSO, Rodolfo de Camargo. A resolução dos conflitos e a função judicial no contemporâneo Estado de Direito (nota introdutória). *Revista dos Tribunais*, São Paulo, ano 98, v. 888, p. 9-36, out. 2009.

———. *Ação civil pública*. 11. ed. São Paulo: Revista dos Tribunais, 2009.

FILOMENO, José Geraldo Brito (Coord.). *Ação civil pública*. 9. ed. São Paulo: Revista dos Tribunais, 2004.

———. *Manual do consumidor em juízo*. 4. ed. São Paulo: Saraiva, 2007.

———. *Resolução dos conflitos e a função judicial (no contemporâneo Estado de Direito)*. 2. ed. São Paulo: Revista dos Tribunais, 2010.

———. Tutela judicial da criança e adolescente em áreas de conflito armado nos morros e favelas. *Revista dos Tribunais*, São Paulo, v. 84, n. 712, p. 66-70, fev. 1995.

MARCACINI, Augusto Rosa Tavares. *Estudo sobre a efetividade do processo civil*. 1999. Tese (Doutorado) – Faculdade de Direito, Universidade de São Paulo, São Paulo, 1999.

MARCACINI, Augusto Tavares Rosa. *Assistência jurídica, assistência judiciária e justiça gratuita*. Rio de Janeiro: Forense, 1996.

———. *Assistência jurídica, assistência judiciária e justiça gratuita*. São Paulo, Edição eletrônica, 2009. Disponível em: <http://www.lulu.com/items/volume_67/8095000/ 8095567/1/print/AJG-versaoElet-1.pdf>. Acesso em: 5 dez. 2010.

MARCATO, Antônio Carlos. A imparcialidade do juiz e a validade do processo. *Jus Navigandi*, Teresina, ano 6, n. 57, jul. 2002. Disponível em: <http://jus2.uol.com.br>. Acesso em: 16 mar. 2008.

———. Comentário ao artigo 284 do CPC. In: ————— (Coord.). *CPC interpretado*. São Paulo: Atlas, 2004.

———. Preclusões: limitação ao contraditório? *Revista de Processo*, São Paulo, ano 5, n. 17, p. 110-111, 1980.

MARCATO, Antônio Carlos. *Procedimentos especiais*. São Paulo: Atlas, 2007.

MARIN, James. *Defesa e vulnerabilidade do contribuinte*. São Paulo: Dialética, 2009.

Marinoni, Luiz Guilherme. Da teoria da relação jurídica processual ao processo civil do estado constitucional. *ABDPC*. Disponível em: <www.abdpc.org.br>. Acesso em: 18 abr. 2010.

Marinoni, Luiz Guilherme. *Novas linhas do processo civil*. 4. ed. São Paulo: Malheiros, 2000.

———. O direito à tutela jurisdicional efetiva na perspectiva da teoria dos direitos fundamentais. Disponível em: <www.professormarinoni.com.br>. Acesso em: 1 maio 2010.

———. *Técnica processual e tutela de direitos*. 3. ed. São Paulo: Revista dos Tribunais, 2010.

———; ARENHART, Sérgio Cruz. *Curso de processo civil: execução*. 2. ed. São Paulo: Revista dos Tribunais, 2008. v. 3.

———; BECKER, Laércio A. A influência das relações pessoais sobre a advocacia e o processo civil brasileiros. Disponível em: <http://www.professormarinoni.com.br/manage/pub/anexos/2007081011250503.pdf>. Acesso em: 26 dez. 2009.

———; MITIDIERO, Daniel. *CPC comentado artigo por artigo*. 2. ed. São Paulo: Revista dos Tribunais, 2010.

MARQUES, Cláudia Lima. *Contratos no Código de Defesa do Consumidor*. 5. ed. São Paulo: Revista dos Tribunais, 2006.

MARQUES, José Frederico. *Manual de direito processual civil*. 2. ed. atual. 2. tir. Campinas: Millennium, 2000.

MARQUES, Ramiro. A ética de Lawrence Kohlberg. Instituto Politécnico de Santarém. Escola Superior de Educação. Disponível em: <http://www.eses.pt/usr/ramiro/docs/etica_pedagogia/kohlberg.pdf>. Acesso em: 14 set. 2010.

MARTINS-COSTA, Judith. A "guerra" do vestibular e a distinção entre publicidade enganosa e clandestina. *Revista de Direito do Consumidor*, São Paulo, n. 6, p. 219-231, abr./jun. 1993.

MAZZILLI, Hugo Nigro. *A defesa dos interesses difusos em juízo*. 15. ed. São Paulo: Saraiva, 2002.

─────. Ministério Público e a pessoa portadora de deficiência. Disponível em: <www.institutointegrar.org.br/arquivos/O%20Ministrio%20Publico%20 e%20a%20 Pessoa%20Portadora%20de%20Deficincia.doc> Acesso em: 12 jan. 2011.

MENDES, Regina Lúcia Teixeira. Igualdade à brasileira: cidadania como instituto jurídico no Brasil. In: AMORIM, Maria Stella de; LIMA, Roberto Kant; TEIXEIRA, Regina Lúcia (Orgs.). *Ensaios sobre a igualdade jurídica*. Rio de Janeiro: Lúmen Júris, 2005. p. 1-34.

MÈNDEZ, Juan E.; O´Donnell, Guillermo; Pinheiro, Paulo Sérgio (Orgs.). *Democracia, violência e injustiça*: o não Estado de direito na América Latina. São Paulo: Paz e Terra, 2000.

MENDONÇA LIMA, Alcides de. Do saneamento do processo. *Revista de Processo*, São Paulo, v. 15, n. 60, p. 7-14, out./dez. 1990.

MENEZES, Paulo Lucena de. Igualdade. In: DIMOULIS, Dimitri (Coord.). *Dicionário brasileiro de direito constitucional*. São Paulo: Saraiva, 2007. p. 175-178.

MENGER, Anton. *El derecho civil y los pobres*. Buenos Aires: Atalaya, 1947.

MESQUITA, José Ignácio Botelho de. *Teses, estudos e pareceres de processo civil*. São Paulo: Ed. Revista dos Tribunais, 2005. v. 1.

MEZZOMO, Marcelo Colombelli. Apontamentos iniciais sobre o Estatuto do Idoso. *Jus Navigandi*, Teresina, ano 9, n. 572, 30 jan. 2005. Disponível em: <http://jus2.uol.com.br>. Acesso em: 13 jan. 2010.

MICHELLI, Gian Antonio. *Derecho procesal civil*. Trad. Santiago Sentís. Buenos Aires: Ejea, 1970. v. 3.

─────. *L'onere della prova*. Padova: Cedam, 1966.

MILHOMENS, Jônatas. *Da presunção de boa-fé no processo civil*. Rio de Janeiro: Forense, 1961.

MINHOTO, Antonio Celso Baeta; OTERO, Cleber Sanfeleci. Portador de deficiência, federação e inclusão social. In: MINHOTO, Antonio Celso Baeta (Org.). *Constituição, minorias e inclusão social*. São Paulo: Rideel, 2009. p. 13-64.

MIRANDA, Jorge. *Manual de direito constitucional*. Coimbra: Coimbra, 2000. t. 4.

MITIDIERO, Daniel. *Bases para construção de um processo civil cooperativo*: o direito processual civil no marco teórico do formalismo – valorativo. 2007. Tese (Doutorado) – Faculdade de Direito, Universidade Federal do Rio Grande do Sul, Porto Alegre, 2007.

_____. *Colaboração no processo civil*: pressupostos sociais, lógicos e éticos. São Paulo: Revista dos Tribunais, 2009.

MONTENEGRO FILHO, Misael. *Código de Processo Civil comentado e interpretado*. 2. ed. São Paulo: Atlas, 2010.

MONTERO AROCA, Juan. El proceso civil llamado "social" como instrumento de "justicia" autoritária. In: _____ (Coord.). *Proceso civil e ideología*. Valencia: Tirant lo Blanch, 2006.

MORAES, Alexandre de. Direitos humanos fundamentais e a Constituição de 1988. In: _____ (Coord.). *Os 10 anos da Constituição Federal*: temas diversos. São Paulo: Atlas, 1999.

MORAES, Paulo Valério Dal Pai. *Código de Defesa do Consumidor*: o princípio da vulnerabilidade (no contrato, na publicidade, nas demais práticas comerciais, interpretação sistemática do direito). 3. ed. Porto Alegre: Síntese, 2009.

MOREIRA, Eduardo Ribeiro. *Neoconstitucionalismo*: a invasão da Constituição. São Paulo: Método, 2008.

MORELLO, Augusto M. *El proceso justo*. 2. ed. La Plata: Librería Editora Platense, 2005.

MOURA, Henrique Luiz de Lucena; SANTOS, Larissa Medeiros. A prova pericial: agilização processual e direito de defesa – um conflito de interesses. *Procuradoria-Geral do Estado de São Paulo*. Disponível em: <http://www.pge.sp.gov.br/centrodeestudos/bibliotecavirtual/Congresso/Tese13.doc>. Acesso em: 21 set. 2010.

MOURA, Maria Thereza Rocha de Assis. *Justa causa para a ação penal*: doutrina e jurisprudência. São Paulo: Revista dos Tribunais, 2001.

NASCIMENTO, Amauri Mascaro. *Curso de direito processual do trabalho*. 15. ed. São Paulo: Saraiva, 1994.

NASCIMENTO, Márcio Augusto. Concessão "ex officio" de tutela antecipada. *Jus Navigandi*, Teresina, ano 9, n. 264, 28 mar. 2004. Disponível em: <http://jus2.uol.com.br/doutrina/texto.asp?id=5009>. Acesso em: 9 set. 2010.

Nascimento, Renata. As atitudes do Rei em favor da nobreza e as queixas apresentadas em Cortes: a permanência dos abusos da fidalguia durante o governo de D. Afonso V (1448-1481). Trabalho apresentado junto à Associação Nacional de História – ANPUH, no XXIV Simpósio Nacional de História – 2007, pela Professora da Universidade Federal de Goiás (UFG) Renata Cristina de S. Nascimento. Disponível em: <http://snh2007.anpuh. org/resources/content/anais/Renata%20C%20S%20Nascimento.pdf>. Acesso em: 2 dez. 2008.

NERY JUNIOR, Nelson. Aspecto do processo civil no Código de Defesa do Consumidor. *Revista de Direito do Consumidor*, São Paulo, v. 1, p. 200-221, 1992.

_____. Citação pessoal de surdo-mudo. *Revista de Processo*, São Paulo, n. 53, p. 217-221. jan./mar. 1992.

_____. *Princípios do processo civil na Constituição Federal*: processo civil, penal e administrativo. 9. ed. rev. e aum. com as novas súmulas do STF (simples e vinculantes) e com análise sobre a relativização da coisa julgada. São Paulo: Revista dos Tribunais, 2009.

_____; NERY, Rosa Maria de Andrade. *Código de processo civil comentado*. 9. ed. São Paulo: Revista dos Tribunais, 2006.

REFERÊNCIAS

_____;_____. *Código de processo civil comentado*. 10. ed. São Paulo: Revista dos Tribunais, 2008.

NEVES, Daniel Amorim Assumpção et al. *Reforma do CPC*: Leis 11.187/2005, 11.232/2005, 11.276/2006, 11.277/2006 e 11.280/2006. São Paulo: Revista dos Tribunais, 2006.

NEVES JÚNIOR, José das; OLIVEIRA, Diego da Silva. A relevância do trabalho de perícia contábil desenvolvida por assistente técnico nas ações revisionais de contratos: uma análise documental dos processos da Caixa Econômica Federal – CEF. Disponível em: <http://www.congressousp.fipecafi.org/artigos102010/40.pdf>. Acesso em: 21 set. 2010.

NOCCHI, Nello Augusto dos Santos. *A classe dominante e o processo civil brasileiro*. 2007. Dissertação (Mestrado em Direito) – Centro Universitário Eurípides de Marília, Fundação de Ensino Eurípedes Soares da Rocha. Marília, 2007. Disponível em: <http://www.univem.edu.br/servico/aplicativos/mestrado_dir/dissertacoes/A_classe_dominante_e_o_processo_civil_brasileiro_1124_pt.pdf>. Acesso em: 22 nov. 2010.

NUNES, Elpídio Donizette. Jurisdição, judicação e tutela legal na teoria do processo contemporâneo. In: LEAL, Rosemiro Pereira (Org.). *Estudos continuados de teoria do processo*. Porto Alegre: Síntese, 2001. v. 2.

NUNES, Luiz Antônio Rizzatto. *Curso de direito do consumidor*. 4. ed. São Paulo: Saraiva, 2009.

Oliveira, Carlos Alberto Álvaro de. A urgência e o direito de família (as chamadas medidas provisionais do art. 888 do CPC). *Gontijo*. Disponível em: <www.gontijo-familia.adv.br>. Acesso em: 28 ago. 2008.

_____. *Do formalismo no processo civil*. 4. ed. São Paulo: Saraiva, 2010.

_____. O formalismo-valorativo em confronto com o formalismo excessivo. *Revista de Processo*, São Paulo, ano 31, n. 137, p. 7-31, jul. 2006.

_____. O formalismo-valorativo no confronto com o formalismo excessivo. *Universidade Federal do Rio Grande do Sul*. Disponível em: <http://www6.ufrgs.br/ppgd/doutrina/ CAO_O_Formalismo-valorativo_no_confronto_com_o_Formalismo_excessivo_290808.htm>. Acesso em: 30 out. 2010.

Oliveira, Carlos Alberto Álvaro de. O processo civil na perspectiva dos direitos fundamentais. *Mundo Jurídico*. Disponível em: <http://www.mundojuridico.adv.br>. Acesso em: 4 ago. 2006.

_____. Os direitos fundamentais à efetividade e à segurança em perspectiva dinâmica. *Atualidades Jurídicas*: Revista Eletrônica do Conselho Federal da OAB, n. 3, jul./ago. 2008. Disponível em: <www.oab.org.br>. Acesso em: 9 ago. 2010.

_____. Poderes do Juiz e visão cooperativa do processo. *Mundo Jurídico*. Disponível em: <http://www.mundojuridico.adv.br>. Acesso em: 24 out. 2010.

_____. Procedimento e ideologia no direito brasileiro atual. *Ajuris*: Revista da Associação dos Juízes do Rio Grande do Sul, Porto Alegre, ano 12, n. 33, p. 81, mar. 1985.

OLIVEIRA, Rafael Tomáz de. *O conceito de princípio entre a otimização e a resposta correta*: aproximações sobre o problema da fundamentação e da discricionariedade das decisões judiciais a partir da fenomenologia hermenêutica. Dissertação (mestrado) – Universidade do Vale do Rio dos Sinos. Disponível em: <http://www.dominiopublico.gov.br/download/texto/cp042844.pdf>. Acesso em: 10 dez. 2010.

ONU BRASIL. Disponível em:<http://www.onu-brasil.org.br>. Acesso em: 22 dez. 2009.

ORWELL, George. *A revolução dos bichos*. Disponível em: <http://achiame.com/ portal/sites/default/files/books/A%20Revolucao%20dos%20Bichos.pdf>. Acesso 12 jan. 2011.

OTERO, Paulo. Pessoa humana e Constituição: contributo para uma concepção personalista do direito constitucional. In: LEITE NETO, Diogo (Coord.). *Pessoa humana e direito*. Coimbra: Almedina, 2009, p. 349-379.

PAREDES, Wilfrido Palaces. O dilema da liberdade e igualdade do homem segundo Rousseau. In: Colóquio Rousseau, 2., 2005. *Anais...* UNICAMP. Disponível em: <http://www.unicamp.br/~jmarques/gip/AnaisColoquio2005/cd-pag-texto-43.htm>. Acesso em: 30 jul. 2010.

PARIZ, Ângelo Aurélio Gonçalves. *O princípio do devido processo legal*: direito fundamental do cidadão. Coimbra: Almedina, 2009.

PATROCÍNIO, Wanda Pereira. Vulnerabilidade social, velhice e resiliência. *Revista Kairós*, São Paulo, Caderno Temático 7, p. 31-40, jun. 2010. Disponível em: <http://revistas.pucsp.br/index.php/kairos/article/viewFile/3920/2560>. Acesso em: 25 out. 2010.

PAZ, Adriana Aparecida; SANTOS, Beatriz Regina Lara dos; EIDT, Olga Rosario. Vulnerabilidade e envelhecimento no contexto da saúde. *Acta Paulista de Enfermagem*, v. 19, n. 3, jul./set. 2006. Disponível em: <http://www.scielo.br/scielo.php?script= sci_arttext&pid=S0103-21002006000300014>. Acesso em: 19 nov. 2010.

PEREIRA, Sergio Gischkow. *Estudos de direito de família*. Porto Alegre: Livraria do Advogado, 2004.

PEREIRA FILHO, Benedito Cerezzo; OLIVEIRA, Emerson Ademir Borges de. A estrutura do Código de Processo Civil: uma afronta à igualdade! *CONPEDI*. Disponível em: <http://www.conpedi.org.br/manaus/arquivos/anais/Benedito%20C.%20P.%20Filho% 20e%20 Emerson%20A.%20B.%20de%20Oliveira.pdf>. Acesso em: 18 dez. 2010.

PEREZ, Michelle Miranda. Capacidade postulatória e a garantia da paridade de armas no âmbito dos Juizados Especiais Federais Cíveis. *Jus Podivm LGV*. Disponível em: <http://www.juspodivm.com.br>. Acesso em: 9 jan. 2010.

PERLINGIERI, Piero. *Perfis do direito civil*. Rio de Janeiro: Renovar, 2007.

Pesquisa mostra que a confiança é menor entre os mais pobres. *RPC*. Disponível em: <http:portal.rpc.com.br>. Acesso em: 12 jan. 2010.

PEYRANO, Jorge W. Aspectos procesales de la responsabilidad profesional. In: MORELLO, Augusto M. *et al*. (Coords.). *Las responsabilidades profesionales*: libro al Dr. Luis O. Andorno. La Plata: LEP, 1992.

PEYRANO, Jorge Walter. El cambio de paradigmas en materia procesal civil. *Revista de Processo*, São Paulo, ano 35, n. 184, jun. 2010, p. 154-162.

PICÓ Y JUNOY, Joan. El derecho procesal entre el garantismo y la eficacia: un debate mal planteado. In: MONTERO AROCA, Juan (Coord.). In: _____ (Coord.). *Proceso civil e ideología*. Valencia: Tirant lo Blanch, 2006.

PINHEIRO, Humberto Lippo. Pessoas portadoras de deficiência e as políticas públicas. *Instituto Integrar*. Disponível em: <www.institutointegrar.org.br/arquivos/Pessoas% 20Portadoras%20de%20Deficiencia%20e%20as%20Politicas%20Publicas.doc>. Acesso em: 16 dez. 2010.

PINHEIRO, Paulo Sérgio. Introdução: o Estado de direito e os não privilegiados na América Latina. In: MÈNDEZ, Juan E.; O´Donnell, Guillermo; Pinheiro, Paulo Sérgio (Orgs.). *Democracia, violência e injustiça*: o não Estado de direito na América Latina. São Paulo: Paz e Terra, 2000.

PINTO, Antonio Joaquim de Gouvêa. *Manual de appellações e aggravos, ou deducção systematica dos princípios mais sólidos e necessarios á sua materia, fundamentada nas Leis deste Reino*. 2. ed. dupl. augm. Lisboa: Impressão Regia, 1820. Disponível em: <http://purl.pt>. Acesso em: 1 dez. 2008.

PIOVESAN, Flávia. *Direitos humanos e o direito constitucional internacional*. 4. ed. São Paulo: Max Limonad, 2000.

_____; IKAWA, Daniela. A violência doméstica contra a mulher e a proteção dos direitos humanos. In: GRUPO de Trabalho de Direitos Humanos. *Direitos humanos no cotidiano jurídico*. São Paulo: Centro de Estudos da Procuradoria-Geral do Estado, 2004. (Série Estudos, n. 14).

PISANI, Andrea Proto. Público e privado no processo civil na Itália. *Revista da EMERJ*, v.4, n.16, p.23-42, 2001.

PIZZOL, Patricia Miranda. Comentário ao art. 100. In: MARCATO, Antônio Carlos (Coord.). *Código de Processo Civil interpretado*. São Paulo: Atlas, 2008.

PONTES DE MIRANDA, Francisco Cavalcanti. *Comentários à Constituição de 1967 com a Emenda nº 1 de 1969*. 2. ed. 2. tir. São Paulo: Revista dos Tribunais, 1974. t. 4.

_____. *Comentários ao Código de Processo Civil*: arts. 796-889. Rio de Janeiro: Forense, 1976. t. 12.

PORTANOVA, Rui. *Princípios do processo civil*. 5. ed. Porto Alegre: Livraria do Advogado, 2003.

PRATA, Edson. *A revelia no direito brasileiro*. São Paulo: LEUD, 1981.

PROJETO de Lei nº 4559/2004 – Não violência contra a Mulher. *Secretaria Especial de Políticas para as Mulheres*. Disponível em: <http://200.130.7.5/spmu/legislacao/projeto_lei/expo_motivos.htm>. Acesso em: 7 ago. 2010.

RIBEIRO, Fábio Túlio Correia. *Processo do trabalho básico*: da inicial à sentença. São Paulo: LTr, 1997.

RICOEUR, Paul. Tolerância, intolerância, intolerável. In: *Leituras 1*: em torno ao político. São Paulo: Loyola, 1995.

ROCHA, Cármen Lúcia Antunes. *Ação afirmativa*: o conteúdo democrático do princípio da igualdade jurídica. *Revista Trimestral de Direito Público*, São Paulo, n. 15, p. 85-99, 1996.

_____. *O princípio constitucional da igualdade*. Belo Horizonte: Lê, 1990.

ROCHA, Fernando Luiz Ximenes. Direitos fundamentais na Constituição de 1988. In: MORAES, Alexandre de (Coord.). *Os 10 anos da Constituição Federal*: temas diversos. São Paulo: Atlas, 1999.

ROCHA, José Taumaturgo da. Procedimento ordinário: alguns aspectos da demanda, da resposta, do saneamento. *Revista de Processo*, São Paulo, n. 22, p. 169-177, abr./jun. 1981.

ROCHA, Osiris. Justa causa (direito do trabalho). In: FRANÇA, Rubens Limongi (Org.). *Enciclopédia Saraiva de Direito*. São Paulo: Saraiva, 1977. v. 47.

RODRIGUES, Marcelo Abelha. *Manual de execução civil*. Rio de Janeiro: Forense Universitária, 2006.

ROSS, Alf. *Direito e justiça*. Trad. Edson Bini; revisão técnica Alysson Leandro Mascaro. 1. reimpr. Bauru/ SP: EDIPRO, 2003.

ROSSATO, Luciano Alves; LÉPORE, Paulo Eduardo; CUNHA, Rogério Sanches. *Estatuto da Criança e do Adolescente*. São Paulo: Revista dos Tribunais, 2010.

ROUSSEAU, Jean Jacques. *Emilio ou da educação*. Trad. Sérgio Milliet. São Paulo: Bertrand Brasil, 1995.

_____. *O contrato social*. Trad. Rolando Roque da Silva. São Paulo: Cultrix, 1965.

ROXIN, Claus. *Derecho procesal penal*. 25. ed. Buenos Aires: Del Puerto, 2000.

SALGADO, Joaquim Carlos. *A ideia de justiça em Kant*. 2. ed. Belo Horizonte: UFMG, 1995.

SANTOS, Boaventura de Sousa. Introdução a sociologia da administração da justiça. *Boaventura de Sousa Santos*. Disponível em: <http://www.boaventuradesousasantos.pt/media/pdfs/Introducao_a_sociologia_da_adm_justica_RCCS21.PDF>. Acesso em: 17 dez. 2010.

_____. *Pela mão de Alice*: o social e o político na pós-modernidade. 12. ed. São Paulo: Cortez, 2008.

SANTOS, Élvio Gusmão. Igualdade e raça. O erro da política de cotas raciais. *Jus Navigandi*, Teresina, ano 14, n. 2041, 1 fev. 2009. Disponível em: <http://jus.uol.com.br/revista/texto/12281>. Acesso em: 7 dez. 2010.

SANTOS, Moacyr Amaral. *Primeiras linhas de direito processual*. 27 ed. São Paulo: Saraiva, 2010. v. 1.

SANTOS, Nelton dos. Comentário ao art. 188. In: MARCATO, Antônio Carlos (Coord.). *Código de Processo Civil interpretado*. São Paulo: Atlas, 2004.

SARLET, Ingo Wolfgang. *Dignidade da pessoa humana e direitos fundamentais*. Porto Alegre: Livraria do Advogado, 2001.

_____. *Dignidade da pessoa humana e direitos fundamentais na Constituição Federal de 1988*. 6. ed. Porto Alegre: Livraria do Advogado, 2008.

SARMENTO, Daniel. *Livres e iguais*: estudos de direito constitucional. Rio de Janeiro: Lúmen Júris, 2006.

SCARANCE FERNANDES, Antonio. *Processo penal constitucional*. 4. ed. São Paulo: Revista dos Tribunais, 2005.

SCHMITT, Christiano Heineck. A necessária proteção do consumidor idoso. *Estado de Direito*, Porto Alegre, ano 3, n. 22, set./out. 2009.

SCHUBSKY, Cassio (Org.). *Escola de Justiça*: história e memória do Departamento Jurídico XI de Agosto. São Paulo: Imprensa Oficial do Estado de São Paulo; Departamento Jurídico XI de Agosto, 2010.

SILVA, Fernanda Duarte Lopes Lucas da. *Princípio constitucional da igualdade*. 2. ed. Rio de Janeiro: Lúmen Júris, 2003.

_____. *Princípio constitucional da igualdade*. Rio de Janeiro: Lúmen Júris, 2001.

SILVA, Jaqueline Mielke. *O direito processual civil como instrumento de realização de direitos*. Porto Alegre: Verbo Jurídico, 2005.

SILVA, José Afonso da. *Comentário contextual à Constituição*. 6. ed. São Paulo: Malheiros, 2009.

_____. *Curso de direito constitucional positivo*. 26. ed. São Paulo: Malheiros, 2004.

_____. *Poder constituinte e poder popular*. São Paulo: Malheiros, 2000.

SILVA, Ovídio Baptista da. *Jurisdição e execução nas tradições romano canônica*. 2. ed. São Paulo: Revista dos Tribunais, 1997.

SILVA, Virgílio Afonso da. *A constitucionalização do direito*: os direitos fundamentais nas relações entre particulares. 1. ed., 2. tir. São Paulo: Malheiros, 2008.

SIPS – Sistema de Indicadores de Percepção Social: Justiça, pesquisa divulgada pelo IPEA (Instituto de Pesquisas Econômicas Aplicadas), fundação do Governo Federal, em 17.11.2010. *Governo Federal*. Disponível em: <http://www.ipea.gov.br/portal/images/stories/PDFs/SIPS/101117_sips_justica.pdf>. Acesso em: 23 nov. 2010.

SOMBRA, Thiago Luís Santos. *A eficácia dos direitos fundamentais nas relações jurídico-privadas*. Porto Alegre: Sergio Antonio Fabris, 2004.

SOUZA, Artur César de. *A parcialidade positiva do juiz*. São Paulo: Revista dos Tribunais, 2008.

_____. A parcialidade positiva do juiz. *Revista de Processo*, São Paulo, n. 183, p.25-76, maio 2010.

SOUZA, Carlos Aurélio Mota de. *Poderes éticos do juiz*: a igualdade das partes e a repressão ao abuso no processo. Porto Alegre: Sergio Antonio Fabris, 1987.

SOUZA, Rogerio de Oliveira. Da hipossuficiência. *Poder Judiciário do Estado do Rio de Janeiro*. Disponível em: <www.tjrj.jus.br>. Acesso em: 10 jan. 2010.

STOCO, Rui. *Abuso de direito e má-fé processual*. São Paulo: Revista dos Tribunais, 2002.

TABOSA, Fábio. Comentário 5 ao art. 421. In: MARCATO, Antônio Carlos (Coord.). *Código de Processo Civil interpretado*. São Paulo: Atlas, 2008.

_____. Comentário ao art. 333. In: MARCATO, Antônio Carlos (Coord.). *Código de Processo Civil interpretado*. São Paulo: Atlas, 2008.

TARTUCE, Fernanda. Assistência judiciária gratuita: suficiência da afirmação de pobreza – acórdão comentado. *Lex*: Revista do Direito Brasileiro, São Paulo, v. 46, p. 74-82, 2010.

_____. Aumento dos poderes decisórios no "Código dos Juízes" e sua repercussão no processo civil. *Revista da Escola Paulista de Direito*, São Paulo, v. 1, p. 405-423, 2005.

_____. *Mediação nos conflitos civis*. São Paulo: Método, 2008.

TARTUCE, Flávio. *Função social dos contratos*: do Código de Defesa do Consumidor ao novo Código Civil. São Paulo: Método, 2007.

TAVARES, José de Farias. *Estatuto do Idoso*. Rio de Janeiro: Forense, 2006.

TEIXEIRA DE SOUSA, Miguel. Aspectos do novo processo civil português. *Revista de Processo*, São Paulo, n. 86, p. 174-184, abr./jun. 1997.

――――. Sobre o sentido e a função dos pressupostos processuais (algumas reflexões sobre o dogma da apreciação prévia dos pressupostos processuais na ação declarativa). *Revista de Processo*, São Paulo, v. 16, n. 63, p. 63-87, jul./set. 1991.

――――. Um novo processo civil português: à la recherche du temps perdu? In: BRITO, Rita (Coord.). *Novos rumos da justiça cível*. Coimbra: Centro de Estudos Judiciários, 2009. p. 7-28.

TELLES, Vera Silva. A "nova questão social" brasileira: ou como as figuras do nosso atraso viraram símbolo de nossa modernidade. *Cadernos CRH*, 30/31, Salvador, p. 87-88, jan./dez. 1999. Disponível em: <http://www.fflch.usp.br/sociologia/veratelles/artigos/1999%20Questao%20Social.pdf>. Acesso em: 16 nov. 2010.

TEPEDINO, Gustavo; SCHREIBER, Anderson. Minorias do direito civil brasileiro. *RTDC*: Revista Trimestral de Direito Civil, ano 3, v. 10, p. 135-155, abr./jun. 2002.

FRENKEL, Douglas N.; STARK, James H. *The practice of mediation*. New York: Aspen Publishers: 2008.

MOORE, Christopher W. *The mediation process* – practical strategies for resolving conflicts. 3. ed. San Francisco: Jossey Bass Publishers, 2003.

THEODORO JÚNIOR, Humberto. A execução forçada no processo civil. *Revista de Processo*, São Paulo, v. 12, n. 46, p. 152-164, abr./jun. 1987.

――――. *Curso de direito processual civil*. Rio de Janeiro: Forense, 2006. v. 1.

――――. Direito processual constitucional. *Revista Magister de Direito Civil e Processual Civil*, Porto Alegre, v. 25, p. 26-38, jul./ago. 2008.

――――; NUNES, Dierle; BAHIA, Alexandre G. M. F. Litigiosidade em massa e repercussão geral no recurso extraordinário. *Revista de Processo*, São Paulo, v. 177, p. 9-46, nov. 2009.

TOCQUEVILLE, Alexis de. A democracia na América. In: WEFFORT, Francisco Correia (Org.). *Os clássicos da política*. São Paulo: Ática, 1998.

TOMÉ, Maria José Romão Carreiro Vaz. Algumas considerações sobre a dependência. In: LEITE NETO, Diogo (Coord.). *Pessoa humana e direito*. Coimbra: Almedina, 2009. p. 295-348.

TORRES, Ricardo Lobo. A segurança jurídica e as limitações constitucionais ao poder de tributar. *Revista Eletrônica de Direito Tributário*, Salvador, n. 4, out./dez. 2005. Disponível em: <http://www.direitodoestado.com/revista/REDE-4-OUTUBRO-2005-RICARDO%20TORRES.PDF>. Acesso em: 12 dez. 2010.

TRINDADE, José Damião de Lima. *Anotação sobre a história social dos direitos humanos:* direitos humanos: construção da liberdade e da igualdade. São Paulo: Centro de Estudos da Procuradoria-Geral do Estado de São Paulo, 1998. (Série Estudos, n. 11).

TROCKER, Nicolò. *Processo civile e Costituzione*. Milano: Giuffrè, 1974.

UNITED NATIONS DEPARTMENT OF ECONOMIC AND SOCIAL AFFAIRS. Division for Social Policy and Development. Disponível em: <http://www.un.org/ esa/socdev>. Acesso em: 30 nov. 2010.

VERCELONE, Paolo. *Estatuto da Criança e do Adolescente comentado*. São Paulo: Malheiros, 1992.

VIANNA, Segadas. In: SÜSSEKIND, Arnaldo et al. *Instituições de direito do trabalho*. 2. ed. São Paulo: LTr, 2002. v. 1.

VINCENZI, Brunela Vieira de. *A boa-fé no processo civil*. São Paulo: Atlas, 2003.

WAMBIER, Teresa Celina Arruda Alvim. A globalização como caminho para o aprimoramento dos ordenamentos jurídicos – o caso do Brasil. *Revista del Instituto Panamericano de Derecho Procesal*, p. 73-95. Disponível em: <http://egacal.e-ducativa.com/upload/Q2009_ArrudaTeresa.pdf. Acesso em: 12 jan. 2011>.

WATANABE, Kazuo. Acesso à justiça e sociedade moderna. In: GRINOVER, Ada Pellegrini; DINAMARCO, Cândido Rangel; WATANABE, Kazuo (Coords.). *Participação e processo*. São Paulo: Revista dos Tribunais, 1988.

———. Assistência judiciária como instrumento de acesso a ordem justa. *Revista da Procuradoria-Geral do Estado*, São Paulo, n. 22, p. 89, 1984.

WATANABE, Kazuo. Assistência judiciária e o Juizado Especial de Pequenas Causas. *Revista dos Tribunais*, São Paulo, ano 76, n. 617, p. 249-253, mar. 1987.

———. Tutela antecipatória e tutela específica das obrigações de fazer e não fazer – arts. 273 e 461, CPC. *Revista de Direito do Consumidor*, São Paulo, n. 19, p. 77-101, jul./set. 1996.

WERTHEIN, Jorge. A sociedade da informação e seus desafios. Ciência da Informação, Brasília, v. 29, n. 2, p. 71-77, maio/ago. 2000. *Scielo Brazil*. Disponível em: <http://www.scielo.br/pdf/ci/v29n2/a09v29n2.pdf>. Acesso em: 7 dez. 2010.

WOLKMER, Antonio Carlos. *História do direito no Brasil*. 3. ed. Rio de Janeiro: Forense, 2003.

YARSHELL, Flavio Luiz. *Tutela jurisdicional*. 2. ed. São Paulo: DPJ, 2006.

———. Três temas de direito processual no âmbito do direito das obrigações e dos contratos. In: FILOMENO, José Geraldo Brido; GONÇALVES, Renato Afonso; WAGNER JR., Luiz Guilherme da Costa (Coords.). *O Código Civil e sua interdisciplinaridade*: os reflexos do Código Civil nos demais ramos do direito. Belo Horizonte: Del Rey, 2004.

———. *Tutela jurisdicional*. São Paulo: Atlas, 1999.

ZAFFARONI, Eugenio Raúl. *Poder Judiciário*: crise, acertos e desacertos. São Paulo: Revista dos Tribunais, 1995.

———. In: CURY, Munir; SILVA, Antônio Fernando do Amaral e; MENDEZ, Emílio García (Orgs.) *Estatuto da Criança e do Adolescente comentado*. 5. ed. São Paulo: Malheiros, 2002.

ZANETI JUNIOR, Hermes. O problema da verdade no processo civil: modelo de prova e de procedimento probatório. *Revista de Processo*, São Paulo, n. 116, p. 334-371, jul./ago. 2004.

ZAVASCKI, Teori. *Antecipação da tutela*. 3. ed. São Paulo: Saraiva, 2000.

www.editoraforense.com.br
forense@grupogen.com.br